高等学校工程管理专业规划教材

工程项目投融资管理

吴泽斌　吴伟程　主　编

中国建筑工业出版社

图书在版编目（CIP）数据

工程项目投融资管理/吴泽斌主编. —北京：中国建筑工业出版社，2019.6（2024.2重印）
高等学校工程管理专业规划教材
ISBN 978-7-112-23626-8

Ⅰ.①工…　Ⅱ.①吴…　Ⅲ.①基本建设投资-高等学校-教材②基本建设项目-融资-高等学校-教材　Ⅳ.①F283②F830.55

中国版本图书馆 CIP 数据核字（2019）第 072608 号

　　本教材在系统介绍工程项目投资与融资基本理论的基础上，列举了大量的工程项目投融资管理案例，以案例证明所述方法的实用性，为读者提供理论与实践相结合的学习模式。本教材主要内容包括：工程项目投资管理概述、工程项目投资决策、工程项目投资估算与经济评价、工程项目投资风险与规避、工程项目融资管理概述、工程项目融资主要模式、工程项目融资结构、工程项目融资风险与规避。

　　本教材可作为高等院校工程管理专业、建筑企业或从事工程项目投融资管理的管理人员、技术人员和大中型企业管理岗位培训的教材和参考资料。

　　为更好地支持相应课程的教学，我们向采用本书作为教材的教师提供教学课件，有需要者可与出版社联系，邮箱：jckj@cabp.com.cn，电话：01058337285，建工书院：http://edu.cabplink.com。

责任编辑：张　晶　吴越恺
责任校对：党　蕾

高等学校工程管理专业规划教材
工程项目投融资管理
吴泽斌　吴伟程　主　编

*

中国建筑工业出版社出版、发行（北京海淀三里河路9号）
各地新华书店、建筑书店经销
北京红光制版公司制版
建工社（河北）印刷有限公司印刷

*

开本：787×1092毫米　1/16　印张：15½　字数：381千字
2019年9月第一版　　2024年2月第四次印刷
定价：**36.00**元（赠教师课件）
ISBN 978-7-112-23626-8
（33919）

前　言

　　工程项目投资融资常常相伴而生、互相影响。工程项目投融资管理是工程项目管理的一项重要工作，以科学系统的方法进行投融资管理是项目决策者和管理者的基本素质，也是工程项目顺利建设的重要条件。近年来，建筑业正在向技术提升、结构优化、质量安全、低碳环保迈进，要求工程项目管理者的投融资管理水平也越来越高。

　　本教材在系统介绍工程项目投资与融资基本理论的基础上，重点介绍了工程项目的投资决策方法、投资估算与经济评价、当前主流的融资模式、融资的结构以及投融资过程中的风险与规避方法。与此同时，本教材列举了大量的工程项目投融资管理案例，以案例证明所述方法的实用性，为读者提供理论与实践相结合的学习模式。本教材可作为高等院校工程管理专业、建筑企业或从事工程项目投融资管理的管理人员、技术人员和大中型企业管理岗位培训的教材和参考资料。

　　本教材由吴泽斌、吴伟程主编，参编人员均来自江西理工大学经济管理学院。全书共8章，具体分工如下：第1章由肖亮、朱迪编写；第2章由吴立珺、吴泽斌编写；第3章由赵静、吴泽斌、吴伟程编写；第4章由宋云、吴泽宇、吴伟程编写；第5章由李西玉、吴泽斌编写；第6章由赵琪、吴泽斌编写；第7章由任高峰、龚学瑶、吴伟程编写；第8章由李杨、吴泽宇编写。最后由吴泽斌、吴伟程统稿。本书每一章都附有相应的思考题，以便读者在学习后能通过练习与思考掌握并巩固相关的知识。

　　在编写过程中，本教材参考了一些专家学者的研究成果、文献和著作，已在参考文献中注明。在此向相关的作者和机构表示最诚挚的感谢。

　　投融资管理理念在不断更新、方式在不断创新，工程项目投融资管理涵盖的知识也在不断丰富和扩展。由于编者的水平有限，书中难免存在错漏和不妥之处，恳请广大读者和同行批评指正！

吴泽斌　吴伟程

2018 年 12 月于江西理工大学

目　　录

1 工程项目投资管理概述

1.1 工程项目概述

1.1.1 项目定义与项目特征

1. 项目的定义

国际项目管理协会专业资质认证标准 ICB（IPMA Competence Baseline）认为，项目是一个特殊的将被完成的有限任务，它是在一定的时间内每一系列特定目标的多项相关工作的总称。它包含了三层含义：①项目是一项有待完成的任务，有特定的环境和要求；②在一定的组织机构内，利用有限资源（人力、物力、财力等）在规定的时间内完成任务；③任务要满足一定性能、质量、数量和技术指标等要求。

项目是一件事情、一项独一无二的任务，也可以理解为是在一定的时间和一定的预算内所要达到的预期目的。

项目是一个动态的概念，可以把一条高速公路的建设过程视为项目，但不可以把高速公路本身称为项目。日常生活中，安排一个演出活动、开发一种新产品、策划一场婚礼、主持一次会议、工厂的现代化改造等，都可以称为项目。

从不同的角度，对项目的定义有不同的描述：

1）《质量管理体系项目管理指南》GB/T 19016—2005 ISO 10006:2003 将项目定义为由一组有起止时间的、相互协调的受控活动所组成的特定过程，该过程要达到符合规定要求的目标，包括时间、费用和资源的约束条件。

2）联合国工业发展组织《工业项目评估手册》对项目的定义是一个项目是一项投资的一个提案，用来创建、扩建或发展某些工厂企业，以便在一定周期时间内增加货物的生产或社会的服务。

3）世界银行认为所谓项目，一般系指同一性质的投资，或同一部门内一系列有关或相关的投资，或不同部门内的一系列投资。

4）美国项目管理协会的定义："项目是分阶段完成的一项独特性的任务，一个组织在完成一个项目时会将项目划分成一系列的项目阶段，以便更好地管理和控制项目，更好地将组织的日常运作与项目管理结合在一起。"

5）《项目管理学》（邱苑华 等）一书认为项目是在一定的时间内，为了达到特定目标而调集到一起的资源组合，是为了取得特定的成果开展的一系列相关活动。并归纳为项目是特定目标下的一组任务或活动。

2. 项目的特征

1）一次性。一次性特征是项目与其他重复性操作（运行）工作的最大区别，是项目的最重要特征。项目具有明确的开始时间和结束时间，表明项目的任务一旦完成（或因项目目标不能实现而项目被中止），项目即告结束，没有重复。

2）唯一性（或称专门性）。每个项目的内涵是唯一的或者专门的，具有排他性，即独特的产品、服务或结果。有些项目即使所提供的产品或服务是相类似的，但由于时间、地点、内外部环境、自然和社会条件的差别，项目的过程总具有自身的独特性。

3）目的性。任何一个项目，都必须预先设定组织的目的和项目的目标，并付诸实施，最终达到已被界定和明确的目标，从而结束这一项目。项目与非项目工作的最基本的区别在于，当确定的目标达到后，项目会中止，而非项目工作通常会继续进行（选定新的目标）。

4）不确定性。首先，项目往往需要在不同的方面进行不同程度的创新，而创新就包含着各种不确定性。其次，项目的一次性使得人们没有改进的机会，因而不确定性会增高。最后，项目环境多数是开放的和相对变动较大的，也增加了项目的不确定性。

5）不可挽回性。项目做坏了不可以重来，也不可以试着去做。项目是在特定的条件下实施的，各种资源的使用是受到一定限制的，项目必须确保成功，一旦失败，就永远失去了重新实施原项目的机会。

综上，项目的特征可以概括为：由多个部分组成，跨越多个组织，需要多方合作才能完成；通常是为了追求一种新产物才组织项目；可利用资源预先要有明确的预算，一经约定，不再接受其他支援；有严格的时间界限；项目的构成人员来自不同专业的不同职能组织，项目结束后原则上要回原职能组织；项目成果的保全（或扩展）通常由项目参加者以外的人员来进行。

1.1.2 建设工程项目的定义

《建设工程项目管理规范》GB/T 50326—2017 对建设工程项目的定义是：为完成依法立项的新建、扩建、改建等各类工程而进行的、有起止日期的、达到规定要求的一组相互关联的受控活动组成的特定过程，包括策划、勘察、设计、采购、施工、试运行、竣工验收和考核评价等（以下简称为工程项目）。

工程项目（又称为土木工程项目或建筑工程项目）是以建筑物或构筑物为目标产出物的、有开工时间和竣工时间的相互关联的活动所组成的特定过程。建筑物是指房屋建筑，它占有建筑面积，满足人们的生产、居住、文化、体育、娱乐、办公和各种社会活动的要求。构筑物是指通过人们的劳动而得到的公路、铁路、桥梁、隧道、水坝、电站、线路、管路、水塔、烟囱等土木产出物，并以其不具有建筑面积为主要特征而区别于建筑物。

1. 工程项目的特征

1）一次性。工程项目的实施过程，除了有确定的开工时间和竣工时间外，还有过程的不可逆性、设计的单一性、生产的单件性和项目产品位置的固定性。

2）产品的特定性。每一个工程项目的最终产品均有特定的功能和用途，在概念阶段策划并决策、在设计阶段具体确定、在实施阶段形成、在结束阶段交付。

3）实施过程的复杂性。工程项目的实施主要是在露天进行的，受自然条件的影响大，活动条件艰难，变更很多，组织管理工作任务繁重且非常复杂，目标控制和协调活动困难重重。

4）生命期的长期性。工程项目从概念阶段到结束阶段，少则几个月，多则几年甚至几十年。工程产品的使用期也很长，其自然寿命主要是由设计寿命决定的。

5）风险的大量性。工程项目体型庞大，需要投入的资源多，生命周期很长，投资额巨大，风险量也很大。投资风险、技术风险、自然风险和资源风险产生频率高、损失量大，在实施过程中必须突出风险管理。

2. 工程项目的利益相关者

利益相关者是指参与项目活动，在项目执行中或完成时与他们的利益密切相关的个人和组织。工程项目的利益相关者包括：

（1）业主

业主可以是一个人（或几个人），也可以是一个组织。业主是项目最终成果的接收者和经营者，对项目负有最大的责任。

（2）项目团队

项目团队是项目实施期间由一些不同背景、不同技能和不同知识的人员组成的。团队成员共同努力实现项目目标。

（3）项目经理

项目经理是项目的负责人，是项目组织的核心，是项目成败的关键人物，负责沟通项目的各个有关方面，协调各方的利益，尽可能使各方面的需求和期望得到满足。

（4）承包商

承包商承接项目并满足客户的需求，参与从项目启动到结尾的全过程，其能力的高低直接影响项目完成的质量。

（5）分包商

分包商分担一部分承包商与业主签订合同中的任务，在某些专业领域有其特长，业主要通过承包商来管理分包商。

（6）供应商

供应商为项目提供原材料、设备、工具和劳务人员等，要按时、保质、保量提供项目所需的各类物资，按承包商（分包商）的需求提供各工种人员。

（7）服务商

服务商为项目提供中介服务，包括质量监督机构、质量检测机构、代建单位、勘察设计单位、监理单位、招标代理单位和造价咨询单位等。

（8）其他利益相关者

除上述利益相关者外，有些人或组织与项目也有一定的利益关系，如政府相关部门、社区公众、新闻媒体、行业组织和合作伙伴等。

1.2 工程项目管理概述

1.2.1 管理的内涵

管理活动始于人类群体生活中的共同劳动，至今已有悠久的历史。对于什么是管理，至今专家和学者们仍然各抒己见，没有统一的表述。

"科学管理之父"弗雷德里克·泰罗（Frederick Winslow Taylor）认为："管理就是确切地知道你要别人干什么，并使他用最好的方法去干"（《科学管理原理》）。在泰罗看来，管理就是指挥他人用最好的办法去工作。

诺贝尔奖获得者赫伯特·西蒙（Herbert A. Simon）对管理的定义是："管理就是制

定决策"(《管理决策新科学》)。

彼得·德鲁克（Peter F. Drucker）认为："管理是一种工作，它有自己的技巧、工具和方法；管理是一种器官，是赋予组织以生命的、能动的、动态的器官；管理是一门科学，一种系统化的并到处适用的知识；同时管理也是一种文化。"（《管理——任务、责任、实践》）。

亨利·法约尔（Henri Fayol）在其名著《工业管理与一般管理》中给出管理概念之后，它就产生了整整一个世纪的影响，对西方管理理论的发展具有重大的影响力。法约尔认为，管理是所有的人类组织都有的一种活动，这种活动由五项要素组成的：计划、组织、指挥、协调和控制。法约尔对管理的看法颇受后人的推崇与肯定，形成了管理过程学派。孔茨（Koontz）是二战后这一学派的继承与发扬人，使该学派风行全球。

斯蒂芬·罗宾斯给管理的定义是：所谓管理，是指同别人一起，或通过别人使活动完成得更有效的过程。

综上，可以概括理解为：管理是指在特定的环境条件下，以人为中心通过计划、组织、指挥、协调、控制及创新等手段，对组织所拥有的人力、物力、财力、信息等资源进行有效的决策、计划、组织、领导、控制，以期高效地达到既定组织目标的过程。

管理职能，指管理承担的功能。针对管理的基本职能的界定，法约尔最初提出把管理的基本职能分为计划、组织、指挥、协调和控制。后来，又有学者认为人员配备、领导、激励、创新等也是管理的职能。何道谊《论管理的职能》依据业务过程把管理分为目标、计划、实行、检馈、控制、调整六项基本职能，加之人力、组织、领导三项人的管理方面的职能，系统地将管理分为九大职能。现在最为广泛接受的是将管理分为四项基本职能：

①计划；②组织 ；③领导；④控制。

1.2.2 建设工程项目管理的概念

《建设工程项目管理规范》GB/T 50326—2017 对建设工程项目管理的定义是：运用系统的理论和方法，对建设工程项目进行的计划、组织、指挥、协调和控制等专业化活动。

计划：为组织确定任务、宗旨、目标，实现目标的战略、措施、程序以及实现目标的时间表和预算。

组织：根据组织的目标、战略和内外环境设计组织结构，并为不同岗位配置人力资源的过程。

指挥：对组织成员施加影响，以推动其实现组织目标的过程。

协调：为了完成计划和实现目标，对各项工作及各位人员的活动进行调节，使之同步，互为依托，目的是减少矛盾，把内耗降到最低的程度。

控制：衡量和纠正下属活动，以保证事态发展符合计划要求的过程。

1.2.3 工程项目管理的类型

按照工程项目不同参与方的工作性质和组织特征，工程项目管理可分为以下类型：

（1）业主方的项目管理

业主方是工程项目实施过程中人力资源、物资资源的总组织者，其管理目标包括总投资目标、进度目标和质量目标。

（2）总承包方的项目管理

总承包方是工程项目的重要参与方，涉及项目实施的全过程，其管理目标包括总投资目标、成本目标、进度目标和质量目标。

（3）设计方的项目管理

设计方是工程项目建设的参与方之一，负责完成工程项目的设计任务，其管理目标包括项目投资目标、设计的成本目标、设计的进度目标和设计的质量目标。

（4）施工方的项目管理

施工方是工程项目建设的重要参与方，负责完成项目的施工任务，其管理目标包括施工的成本目标、进度目标和质量目标。

（5）供货方的项目管理

供货方是工程项目的参与方之一，其管理目标包括供货方的成本目标、进度目标和质量目标。

1.2.4 工程项目的生命期与建设程序

1. 工程项目的生命期

工程项目生命期是指从概念的提出到竣工验收为止所经历的全部时间，分为四个阶段：概念阶段（启动阶段）、规划设计阶段、实施阶段和结束阶段。项目立项（立项批准）是项目决策的标志。项目的实施阶段包括设计前的准备阶段、设计阶段、施工阶段、动用前准备阶段和保修期。

2. 建设程序

建设程序是工程项目技术规律、经济规律、社会规律和建设规律的综合体现。

中国政府对建设程序做了较为严格的规定，包括项目建议书、可行性研究、设计工作、建设准备、建设实施和竣工验收交付使用六个阶段。项目建议书阶段和可行性研究阶段合称为决策阶段，是一般项目的概念阶段；建设准备阶段和建设实施阶段合称为实施阶段；竣工验收交付使用（包括试运转和用后服务）是结束阶段。

世界银行贷款项目的建设程序包括项目选定、准备、评估、谈判、实施和总结评价六个阶段。项目选定、准备和评估是概念阶段；谈判和实施包括了设计阶段和实施阶段；总结评价阶段是结束阶段。

1.2.5 工程项目管理知识体系

1）项目范围管理：是对一个项目从立项到完成整个过程所涉及的工作范围进行的管理和控制。

2）项目时间管理：是为确保项目按时完成对所需要的各个过程活动进行管理。

3）项目费用管理：项目离不开一定的费用支撑，为保障项目实际发生的费用不超过预算费用，必须对费用进行控制。

4）项目质量管理：是为了确保项目质量目标要求而开展的项目管理活动，包括项目过程质量管理和项目产出物的质量管理。

5）项目职业健康安全与环境管理：是为了保障人的生命安全和保护环境而开展的项目管理活动。

6）项目人力资源管理：是对项目的人力资源所开展的有效的规划、积极的开发、合理的配置、准确的评估和适当的激励等方面的管理工作。

7）项目沟通管理：对项目信息传递的内容、方法和过程进行全面的管理，保证项目产生的各类信息能够及时以合理的方式收集、处理、储存和交流。

8）项目采购管理：是对从项目外部获取资源或服务过程进行管理。

9）项目风险管理：是对项目风险进行识别、分析和应对的系统管理。

10）项目综合管理：是指为保证项目各项工作能够协调配合而开展的综合性和全局性的管理工作。

1.3 投 资 概 述

在金融学与经济学中，常常用到一个很有意思的假定：经济世界中的代表性个体一生的收入是不平稳的，一般来说，年轻的时候收入高，年老的时候（例如退休人员）收入很低，甚至没有收入来源；此外，每个人却都偏好每个时期的消费要平稳。这就带来一个问题：个人如何将高收入期的购买力转移到低收入期？一种方法是将他的财富以金融资产的形式"储存"起来：在高收入期，他可以用储蓄购买股票、债券等金融资产；在低收入期，他可以通过出售金融资产获得消费所需的资金。这样，他就可以调整一生的消费时机，通过这种调整来获得最为满意的消费。

下面，我们先用一个简单的图形来解释当期消费和将来消费的权衡（Trade-off）关系（如图 1-1 所示）。

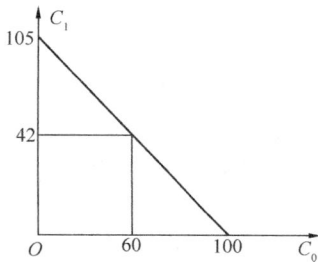

图 1-1 当期消费和将来消费之间的权衡

在图 1-1 中，假设一个人一生简化为两期，他在初期拥有 100 元的初始财富。他既可以将 100 元全部用来进行当期消费，也可以进行年收益率为 5% 的投资，然后进行消费。消费和投资的数量由他自己选择。因而，其当期消费 C_0 可以是从 0 元到 100 元的任何一个数值，同样他的将来消费 C_1 也可以是从 105 元到 0 元的任何一个数值。在一般情况下，这个人可能在当期消费其部分财富，并把其余部分进行投资。例如，选择当期消费 60 元（$C_0 = 60$ 元）并投资 40 元，则其将来的消费就是，当期的投资额加上 5% 的投资收益，共计为 42 元（$C_1 = 42$ 元）。

在上面这个例子中要注意的是，这个 5% 的收益率我们称为货币的纯时间价值（Pure Time Value of Money），它反映的是个体为推迟消费所要求的价值补偿程度，实际上就是无风险的实际利率。但是，以上的例子是以经济社会总体价格水平保持不变为前提的，如果投资者预期到价格水平将上涨的话，必然要求更高的投资收益率。比如，如果投资者预期到第二期价格水平将比初期上涨 3%，则投资者将要求 8% 的回报率（3% + 5% = 8%）；不仅如此，由于投资是有风险的，投资者还将要求对其承担的投资风险进行补偿，一般称为风险升水或者风险溢价（Risk Premium），这样如果某个项目的风险溢价评估为 2%，同时预期将来价格水平上涨 3%，则可以得出结论：投资者要求的投资回报率将是 10%。

综合上述分析，我们对投资做一个较严谨的分析：

投资即货币（或财富）所有者让渡货币（或财富）现期的使用权，以期在未来获得一定的货币（或财富）收入的行为，这部分货币（或财富）收入是对货币（或财富）所有者推迟消费的总体补偿，它包含以下三个部分：①货币的时间价值；②预期通胀率；③未来投资收益的不确定性或者说投资风险。实际上，这个定义中货币（或财富）所有者可以是个人，或是企业，或是政府，还可以是特殊机构，如养老基金等，我们可以用投资者笼统称呼。投资包括投资主体、投资目的、投资方式和行为内在联系的统一。

（1）投资主体

从事投资事业，首先是由谁来投资？投资活动的经济主体，简称投资主体或投资者。在现实的经济生活中，投资主体有多种层次和多种类型。比如直接从事投资的各级政府、企业、事业单位或者个人等。投资就是这些人或人化的社会组织的一种有意识的经济活动。

（2）投资目的

投资主体为什么要投资？投入一定量货币的目的在于保证投资能够收回并实现增值。投资活动是为了获得预期的效益，首先是经济效益。进行任何经济活动，使成果超过消耗，以少投入换取多产出，是任何社会形态下人类经济活动都要接受的一条基本经济规律，经济效益是投资活动的出发点和归宿点。经济效益有其自然方面，还有其社会方面，不同社会形态下的经济效益，其社会实质和衡量标准是不相同的。投资的效益不仅仅体现在经济效益上，还体现在社会效益和环境效益等诸多方面。

（3）投资方式

进行投资要有必要的手段，投资手段包括有形资产和无形资产。除货币现金外的其他有形资产，如机器设备、原料、土地、技术、商标权、商誉和专利权等资产构成投资时，必须使用价值尺度使其转化为一定量的货币。所以，投资手段可概括为一定量货币的投入。投资可以运用多种形式，投放于多种事业：一种是直接投资，主要是形成实物资产；另一种是间接投资，主要是形成金融资产。

（4）投资的行为过程

投资的行为过程既包括一定量货币的投入，也包括货币转化为资产，即资金的投入、使用和回收，它是资金运动的全过程。无论是社会总投资还是单个投资，投入只是投资的开始，只有通过投入、使用、回收的资金运动全过程，才能考察投资预期目的的实现程度，从而构成投资行为整体。

1.4 工程项目投资管理概述

1.4.1 工程项目投资

工程项目投资的概念有双重含义。

第一层含义是广义上的理解——投资就是指投资者在一定时间内新建、扩建、改建、迁建或恢复某个工程项目所作的一种投资活动。从这个意义上讲，工程项目建设过程就是投资活动的完成过程，工程项目管理过程就是投资管理过程。

第二层含义是狭义上的理解——投资就是指进行工程项目建设花费的费用，即工程项目投资额。

一个工程项目的总投资，一般是指工程建设过程中所支出的各项费用之和，是建设项目按照确定的建设内容、建设规模、建设标准、功能要求和使用要求全部建成并验收合格交付使用所需的全部费用。生产性建设工程总投资包括建设投资、建设期利息和流动资产投资三部分；非生产性建设工程总投资包括建设投资和建设期利息两部分。

建设投资由工程费用（包括设备工器具购置费用和建筑安装工程费用）、工程建设其他费用和预备费（包括基本预备费和涨价预备费）组成。固定资产投资方向调节税目前暂不征收。设备工器具购置费用是指按照建设项目设计文件要求，建设单位（或其委托单位）购置或自制达到固定资产标准的设备和新扩建项目配置的首套工器具及生产家具所需的费用。它由设备工器具原价、工器具原价和包括设备成套公司服务费在内的运杂费组成。建筑安装工程费用亦被称为建筑安装工程造价，是指建设单位支付给从事建筑安装工程施工单位的全部生产费用，包括用于建筑物的建造及有关的准备、清理等工程的费用，用于需要安装设备的安置、装配工程费用。它是以货币表现的建筑安装工程的价值，其特点是必须通过兴工动料、追加活劳动才能实现。工程建设其他费用是指未纳入以上两项的、由项目投资支付的、为保证工程建设顺利完成和交付使用后能够正常发挥效用而发生的各项费用的总和。

建设期利息是指项目建设投资中债务资产部分在建设期内应计的贷款利息。

建设项目投资和建设期利息又可分为静态投资和动态投资两部分。涨价预备费、建设期利息等构成动态投资，其余部分是静态投资部分（包括建筑安装工程费、设备工器具费、工程建设其他费和基本预备费）。

流动资产投资是指生产经营项目投产后，为了购买原材料、燃料、支付工资及其他经营费用所需的周转资金，也就是财务学中的营运资金。流动资产投资随着项目投产而发生，随着生产负荷的改变而增减。与固定资产投资一样，流动资产投资也是长期占用的投资，所不同的是，流动资产投资是周转资金，在项目计算期末应收回全部流动资金。

首先，工程项目投资管理贯穿于工程项目的整个过程，从项目规划开始，一直到项目竣工结束，涉及工程项目建设的所有环节，并且不同环节之间存在着紧密衔接关系。其次，工程造价会根据市场行情的波动不断变化，国家政策的调整也会对工程造价起到宏观调控作用，工程项目投资管理便会发生同步性变化。最后，工程项目投资管理与施工方案是相互影响的，无论在任何管理环节，都需要以施工方案为基础，对工程项目投资管理进行综合考虑，及时、主动掌握投资管理，加强对工程项目建设的控制力度。

1.4.2 工程项目投资的特点

（1）大额性

建设项目往往规模巨大，其投资额动辄数百万、上千万，甚至达到数百亿。投资规模巨大的设备工程关系到国家、行业或地区的重大经济利益，对宏观经济可能也会产生重大影响。

（2）单件性

对于每一项建设项目，用户都有特殊的功能要求，建设项目及其计价方式的独特性使其不能像一般工业产品那样按品种、规格、质量成批定价，而只能根据各个建设项目的具体情况单独确定投资。

（3）阶段性

建设项目周期长、规模大、投资大，因此需要按程序分成相应阶段依次完成。相应地，也要在工程的建设过程中多次地进行投资数额的确定，以适应建立建设项目各方经济关系、进行有效的投资控制的要求（图 1-2）。

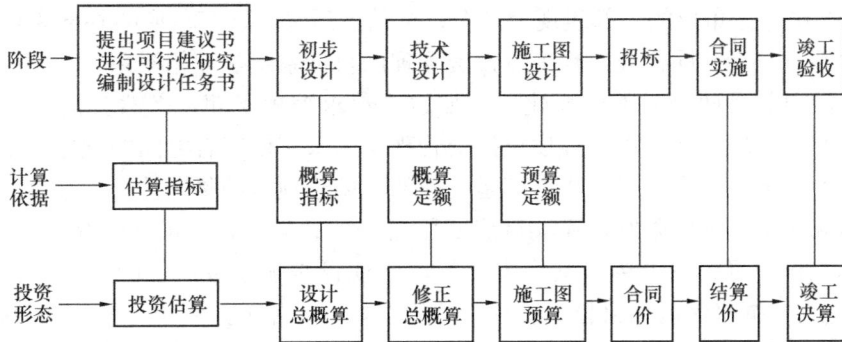

图 1-2 建设项目投资确定过程

（4）投资确定的层次性

工程建设项目是一个庞大又复杂的体系。为了便于对其进行设计、施工与管理，必须按照统一的要求和划分原则进行必要的分解。具体的工程建设项目一般分为建设项目、单项工程（或工程项目）、单位工程、分部工程和分项工程。建设项目是指具有设计任务书和总体设计，经济上实行独立核算，行政上具有独立组织形式的建设单位；单项工程是指在一个建设项目具有独立的设计文件、建成后能独立发挥生产效能的工程，它由若干个单位工程组成；单位工程是指具有独立设计，可以独立组织施工的工程，它和单项工程的区别在于单位工程不能独立发挥设计生产（或使用）效能；分部工程是按工程部位、设备型号、使用材料及施工方法不同对一个单位工程划分的部分工程；单项工程是指通过简单的施工过程就能生产出来，并能用适量计量单位（如 m^3，kg 等）计算的建筑安装产品，它是将分部工程按不同的施工方法、不同的材料、不同的质量要求和不同的设计尺寸，进一步划分的易于计算工程量和工料消耗量的若干子项目。

1.4.3 工程项目投资管理的目标

从本质上说，工程项目投资管理的最终目标就是实现项目预期的投资效益。而在项目建设阶段，工程项目投资管理就是要在业主所确定的投资、进度和质量目标指导下，合理使用各种资源完成工程项目建设任务，以期达到最佳的投资效益。

投资、进度和质量形成了工程项目投资管理的目标系统。这三方面的要求可以表示成如图 1-3 所示的工程控制目标系统。

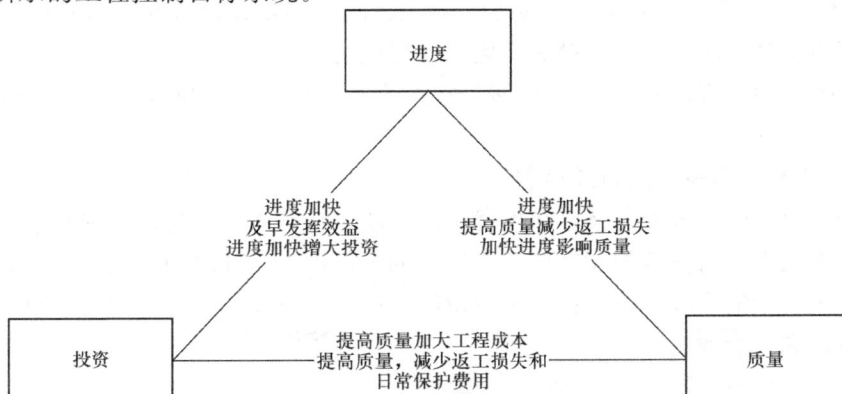

图 1-3 投资、进度、质量三者关系

在图 1-3 中，三角形的内部表现为三个目标的矛盾关系，三角形的外部表现为三个目标的一致关系。三者共同构成工程项目投资管理的目标系统，互相联系、互相影响，一方面的变化必然引起另两个方面的变化，例如过于追求缩短工期，必然会损害项目的功能（质量），引起成本增加，所以工程项目投资管理应追求它们三者之间的优化和平衡，任何强调最短工期、最高质量、最低成本都是片面的。由于项目的复杂性和动态性，以及人们的认识能力和技术水平的限制，在项目前期往往很难对项目做出正确的综合评价和预测。因此在实际工作中可先适当突出某个主目标，即项目必须予以保证的目标（比如质量目标），并以此为依据来编制项目目标计划，然后在执行计划的过程中不断收集数据和信息，对比实际情况和原定计划，调整各目标之间的比重关系，不断修正和完善原目标计划，形成一个循序渐进的目标管理过程。

工程项目投资管理的内容很宽泛，为了突出重点，本书将着重介绍投资控制的理论与方法。

1.4.4 工程项目投资的合理估计与确定

工程项目投资的合理估计与确定是工程项目投资管理的首要内容，它是要在建设程序的各个阶段，采用科学的计算方法和切合实际的计价依据，合理确定投资估算、设计概算、施工图预算、承包合同价、结算价和施工决算。根据建设程序，工程项目投资的合理确定分为如下六个阶段：

1）在项目建议书阶段、可行性研究阶段，按照规定的投资估算指标、类似工程造价资料或其他有关参数，编制投资估算。也就是说，投资估算是在整个投资决策过程中，对建设项目投资数额进行的估计，是判断项目可行性和进行项目决策的重要依据之一。同时投资估算也是编制初步设计和概算的投资控制目标。

2）在初步设计阶段，根据有关概算定额或概算指标编制建设项目总概算。经有权部门批准的总概算，即为控制拟建项目投资的最高限额。对在初步设计阶段实行建设项目招标承包制签订承包合同协议的，其合同价也应在总概算相应的范围以内。

3）在施工图设计阶段，根据施工图纸确定的工程量，套用有关预算定额单价、取费率和利税率等编制施工图预算。经承发包双方共同确认、有关部门审查通过的预算，可作为结算工程价款的依据。

4）在工程招投标阶段，承包合同价是以经济合同形式确定的建筑安装工程投资。

5）在工程实施阶段，要按照承包方实际完成的工程量，以合同价为基础，同时考虑因物价上涨以及其他因素引起的投资变化，合理确定结算价。

6）在竣工验收阶段，对从筹建到竣工投产全过程的全部实际支出费用进行汇总，编制竣工决算。

1.4.5 工程项目投资的有效控制

工程项目投资的有效控制就是在投资决策阶段、设计阶段、建设项目发包阶段和建设实施阶段，把工程项目投资的发生控制在批准的限额以内，随时纠正发生的偏差，以保证项目投资管理目标的实现，以求在各个建设项目中能合理使用人力、物力、财力，取得较好的投资效益和社会效益。

工程项目投资有效控制应遵循以下原则：

（1）以设计阶段为重点进行建设全过程投资控制

投资控制应贯穿于项目建设全过程，但影响造价最大的阶段在于施工以前的投资决策和设计阶段，而在项目做出投资决策后，控制项目投资的关键就在于设计阶段。

（2）主动控制

投资控制不仅要反映投资决策，反映设计、发包和施工，被动地控制项目投资，更要能动地影响投资决策，影响设计、发包和施工，主动地控制项目投资。

（3）令人满意原则

工程项目的基本目标是对建设工期、项目投资和工程质量进行有效控制，这三大目标组成的目标系统是一个相互制约、相互影响的统一体，同时使三个目标达到最优几乎是不可能实现的，为此，应根据工程项目的客观条件进行综合研究，实事求是地确定一套切合实际的衡量准则。只要投资控制的方案符合这套衡量准则，得到令人满意的结果，则投资控制即达到了预期的目标。

（4）技术与经济相结合

技术与经济相结合是控制投资的有效手段。为此应通过技术比较、经济分析和效果评价，正确处理技术先进与经济合理之间的对立统一关系，力求达到技术先进条件下的经济合理，在经济合理基础上的技术先进，把控制投资的观念渗透到各项设计和技术措施中。

1.4.6 工程项目投资与项目全寿命费用的关系

工程项目投资与工程项目的全寿命费用是两个完全不同的概念。工程项目投资是指工程所有相关活动中所发生的全部费用之和；而全寿命费用是指工程项目一生所消耗的总费用，包括工程建设、运营和报废等各阶段的全部费用。具体来说，全寿命费用包括工程项目投资、工程交付使用后的经常性开支费用（含经营费用、日常维护修理费用、使用期内大修理和局部更新费用等）以及该工程使用期满后的报废拆除费用等。

工程寿命周期内各阶段费用的变化情况如图1-4所示。项目的决策—设计—制造过程所花费用是递增的，直到安装过程开始时才表现出下降趋势，其后的运行阶段基本保持一定的费用水平，而此阶段的持续时间要比设计、制造阶段长得多，最后当费用再度上升时就是需要更新的时期，工程的全过程完结。这样，工程项目总费用（全寿命周期费用），即图1-4中曲线所包括的总面积。

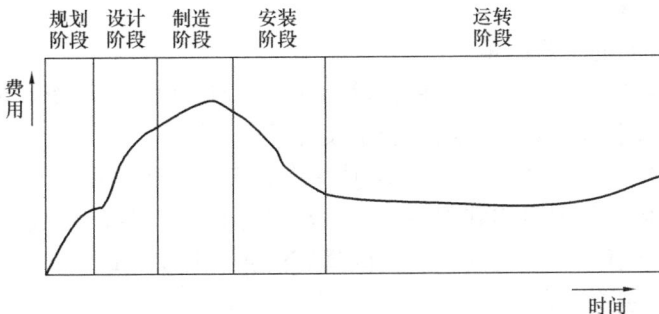

图1-4 全寿命费用曲线

工程项目投资分析应以全寿命周期费用为基础，而不能单纯地以投资额为基础，特别是对于那些使用过程中经常性开支较大的工程，更应重视全寿命期的分析，从投资决策阶段和设计过程起就应考虑全寿命费用（特别是使用维护费用）的最优化。必要时，应重新审查原始设计和其他与寿命周期费用有关的参数，通过对这些参数的比较选择来降低总费用。

1.4.7 项目生命周期投资控制的主要内容

工程建设项目从立项到实施完成，投资控制贯穿于项目建设全生命周期中，但各阶段有不同的控制重点。

（1）工程项目投资决策阶段

项目立项、可行性研究报告阶段处于项目实施的概念阶段，通过对项目所涉及的业务领域、政策支持、技术可行性、总投资、资金、经济效益、环境、安全、社会效益等方面进行论证和评估，决策项目是否具有可行性。

1）影响项目投资的主要因素

影响决策阶段投资的主要因素有项目建设规模的选择（充分考虑市场、技术、资源、资金环境、管理水平、经济规模等因素）、生产技术方案（生产工艺方案和设备方案）的选择和建设地点的选择。

2）投资控制的主要内容

决策阶段投资控制的重点是项目可行性研究报告一定要全面、客观、真实反映项目实施全过程所需各项费用，编制投资计划（即投资估算），用以指导设计阶段的设计工作以及投资控制工作。项目投资估算准确的前提是项目可行性研究报告必须从建设单位客观实际需求出发，在搜集信息、充分调研并对项目实施具备的资源和条件科学分析的基础上，制定合理的投资目标和投资计划。对项目准备、实施和运行三个不同阶段，采用一定的测算方法，对完成项目所需的各项资源（人力、设备、材料等）及每种资源的需求量进行合理估计，形成工程项目决策阶段的投资估算。投资估算的精度一般在$-20\%\sim+20\%$。

可行性研究报告一经批准，投资估算就作为投资控制的目标，对初步设计概算的编制起到控制作用。需要关注的是，上级管理部门对项目具体问题不可能了解得十分清楚，审批项目时主要依据项目可行性研究报告。因此，在编写项目可行性研究报告时，绝对不能把项目的可行性报告变为项目批准的"可批性"报告。否则，项目后续的投资控制也就成了空中楼阁。

（2）初步设计阶段

1）影响项目投资的主要因素

初步设计阶段，由设计单位根据初步设计（扩大初步设计）图纸、概算定额、各项费用取费标准预先计算和确定建设费用，初步设计投资概算。

初步设计概算层次性明显，分成建设项目总概算、单项工程综合概算和单位工程概算。工程项目投资概算是项目实施中各项工程费用的汇总，是投资控制的目标。初步设计概算较投资估算的准确性有所提高，投资概算的精度一般在$-10\%\sim+10\%$。

2）投资控制的主要内容

初步设计阶段投资控制就是既要编制出满足设计任务书要求，造价又受控于决策投资（可行性研究报告投资估算）的设计文件。初步设计阶段的投资概算对整个工程项目投资控制管理起着十分重要的作用。

建设单位要优选勘察设计单位，通过优化比选工程项目建设方案，选择工艺流程和设备配置是进行工程项目投资控制的基础。此阶段的投资控制可通过多方案选择、优化设计，召开由工艺部门、质量部门、工程部门等相关部门和业内专家组成的团队，深度论证初步设计方案，将问题解决在施工之前。

（3）施工图设计阶段

1）影响项目投资的主要因素

施工图设计阶段推行限额设计，根据施工图纸进行计算和确定工程建设费用——施工图预算。施工图预算比设计概算更为详尽和准确，但同样受前一阶段所确定的工程造价的控制。

根据投资控制的目标，将投资概算分解落实到每一个具体子项目得到项目投资预算。施工图预算在施工阶段作为控制建筑安装工程投资的目标。投资预算的精度一般在-10%～$+10\%$。

2）投资控制的主要内容

此阶段投资控制可通过严格审查施工图设计，施工组织设计和施工方案，加强施工图会审和设计交底工作，按合理工期组织施工，避免不必要的赶工费；在整个设计过程中，设计人员与管理人员密切配合，做到技术与经济的统一。设计人员设计时需考虑经济支出，做出方案比较，优化设计；管理人员及时进行造价计算，为设计人员提供信息，改变设计过程不算账、设计完成见分晓的现象。

（4）项目施工阶段

投资控制的主要内容如下：

1）无论建设方、施工方或者监理方提出的变更申请，都要严格变更审批程序。业主要制定职责明确、线条清晰的项目变更工作流程，以科学、审慎的态度对待各项变更。

2）在招投标阶段，推行建设工程招标投标是控制建设项目实施阶段投资控制的有效手段。要做好招标投标工作，选择有实力、信誉好、经验丰富的招标代理单位，把好资格审查关，制定科学的评标定标方法是关键。

3）在施工阶段，主要是以施工图预算或建安工程承包合同价为目标，控制建安工程造价。

① 要加强对施工方案的技术经济比较，通过定性分析和定量分析，对质量、工期、造价三项技术经济指标进行比较，可以合理有效地利用人力、物力、财力资源，取得较好的经济效益。

② 加强设计变更的管理。设计变更是工程变更的一部分，在每一变更设计之前，必须进行工程量及投资增减分析，切实防止施工单位低价中标后通过设计变更提高工程造价的目的。

③ 对工程现场签证手续严格把关，尽量减少签证数量。

（5）项目收尾阶段

项目收尾阶段是项目施工的最后阶段，主要任务是对工程项目进行竣工结算，为后期的项目决算打下基础。

（6）竣工结算阶段

工程项目竣工结算阶段是工程造价控制的最后阶段，核算实际完成工程量，并审核或编制竣工结算是这一阶段的主要工作。项目决算最接近项目实际成本。

复 习 思 考 题

1. 项目与工程项目的定义。
2. 工程项目生命周期如何划分？
3. 投资与金融资产的定义。
4. 简述工程项目投资与项目全寿命费用的关系。

2 工程项目投资决策

2.1 决策分析概述

2.1.1 决策分析的概念

决策分析简称决策。决策就是决定一个对策，是人类的一种有目的的思维活动，决策存在于人类的一切时间活动中，存在于人类历史的全程中。自古以来，人类就以自身特有的决策能力，改变着与其自然及社会的关系，以求得生存与发展。在我国及世界上许多国家的历史上，涌现出来许多杰出的政治家、思想家、军事家等，他们有着许多著名的决策范例，也留下了许多涉及决策思想的著作。如孙膑献计于田忌赢得与齐王的赛马、诸葛亮借东风打败曹操而至三分天下等决策事例，至今仍为人们传颂。而《孙子兵法》《资治通鉴》《史记》以及古希腊许多哲学家的著作等则记载了人类在政治、经济、军事等领域的各种决策活动，其决策思想和决策方法至今对人们仍有一定的启发意义和指导意义。但由于早期人类社会活动的范围比较狭小，生产力水平低下，因而决策的影响在深度和广度上都有限。人们主要凭借日积月累的经验、智慧和个人才能进行决策，缺乏科学理论方法的指导，因而这种传统意义上的经验决策已很难适应现代化社会大生产和现代科学技术的飞速发展。

决策科学化是在20世纪初开始形成的，特别是第二次世界大战以后，决策研究在吸收了行为科学、系统理论、运筹学、计算机科学等多门学科成果的基础上，结合决策实践，到20世纪60年代形成了一门专门研究和探索人们做出正确决策规律的科学——决策学。其中较为突出的就是20世纪60年代美国著名的经济与管理学家西蒙（H. A. Simon）提出的现代决策理论，他指出"管理就是决策"，突出了决策在现代管理中占有的核心地位。决策学研究决策的范畴、概念、结构、决策原则、决策程序、决策方法、决策组织等，并探索这些理论与方法的应用规律。随着决策理论与方法研究的深入与发展，决策渗透到社会经济、生活各个领域，尤其是应用到企业经营活动中从而出现了经营管理决策。

在现代管理科学中，对决策的理解基本上可以归纳为三种：一是把决策看成从几种备选的行动方案中做出最终抉择，是决策者的拍板定案，这是狭义的理解；二是认为决策是对不确定条件下发生的偶发事件所做的处理决定，这类事件既无先例，又没有可遵循的规律，做出选择要冒一定的风险，也就是说，只有冒一定风险的选择才是决策，这是对决策概念最狭义的理解；三是把决策看成是一个包括提出问题、确立目标、设计和选择方案的过程，即人们为了实现某一特定目标，在占有一定信息和经验的基础上，根据主客观条件的可能性提出各种可行方案，采用一定的科学方法和手段，进行比较、分析和评价，按照决策准则，从中筛选出最满意的方案，并根据方案的反馈情况对方案进行修正控制，直至目标实现的整个系统过程，这是广义的理解。

2.1.2 决策分析的基本要素

为了说明决策分析的基本要素，决策理论家萨凡奇曾举了一个鸡蛋煎饼的无数据决策的例子来说明决策的内容和过程。

【例 2-1】 一名家庭主妇准备用 6 个鸡蛋和一碗面粉做鸡蛋煎饼。她的做法是先把鸡蛋打到碗里，然后再向碗里加入面粉。当他已经向碗里打了 5 个鸡蛋（假设这个 5 个鸡蛋都是好的）并准备打第 6 个鸡蛋时，由于不知道第 6 个鸡蛋是好是坏，她将面临两种可能的状态：

状态 1：第 6 个鸡蛋是好的；

状态 2：第 6 个鸡蛋是坏的。

由于鸡蛋状态的不确定性，她将面临 3 种不同的可供选择的方案：

方案 1：将第 6 个鸡蛋直接打入已有的 5 个鸡蛋的碗里；

方案 2：将第 6 个鸡蛋打入另外一个碗里以便检查其好坏；

方案 3：将第 6 个鸡蛋扔掉。

我们将上述每一种打蛋方案和鸡蛋质量状态列成表格来进一步分析每一个方案在每种状态下的结果（表 2-1）。

打蛋方案和鸡蛋质量状态表 表 2-1

结果 方案 \ 状态	状态 1	状态 2
方案 1	6 个鸡蛋的煎饼	5 个鸡蛋浪费，无蛋的煎饼
方案 2	6 个鸡蛋的煎饼，多洗一个碗	5 个鸡蛋的煎饼，多洗一个碗
方案 3	5 个鸡蛋的煎饼，浪费一个鸡蛋	5 个鸡蛋的煎饼

3 种方案如何决策，涉及不同决策者不同的评价准则。从例 2-1 可以看出决策分析包括以下几个基本要素：

1) 决策者。决策者即决策主体，可以是个体，也可以是群体，如某上市公司的总经理（个体）或董事会（群体）。决策者受社会、政治、经济、文化、心理等因素的影响。在例 2-1 中，决策者为家庭主妇。

2) 决策目标。指决策者对于决策问题所希望达到的目标，可以是单个目标，也可以是多个目标。例 2-1 中，决策者的目标表现为希望做成的煎饼含的鸡蛋越多越好，所付出的劳动越少、越方便越好。

3) 行动方案。指实现决策目标所采取的具体措施和手段。行动方案有明确方案和不明确方案两种。前者是指有有限个明确的方案，如例 2-1 中决策者有 3 种可供选择的方案。后者一般只是对产生方案可能的约束条件加以描述，而方案本身可能是无限个，要找出合理或最优的方案可借助运筹学的线性规划等方法。

4) 自然状态。指决策者无法控制但可以预见的决策环境客观存在的各种状态。自然状态可能是确定的，也可能是不确定的，其中不确定的又分为离散型和连续型两种情况。例 2-1 中的自然状态是鸡蛋的质量状态，它是不确定的和离散的，分好的和坏的两种。

5) 决策结果。指各种决策方案在不同的自然状态下所出现的结果。例 2-1 中 3 种可能的方案在两种可能的自然状态下对应 6 种可能的结果。

6）决策准则。指评价方案是否达到决策目标的价值标准，也是选择方案的依据。一般来说，决策准则依赖于决策者的价值取向或偏好。

2.2 工程项目决策阶段的关键要素

2.2.1 工程项目决策阶段投资控制的含义和流程

（1）决策阶段投资控制的含义

决策阶段的投资控制包括两层含义：一是指对决策阶段本身发生成本的控制。对于这一部分用于实地调查、科学研究、决策咨询等方面的费用要本着科学决策有利的原则，舍得投入。二是指对项目建设前期所确定的工程投资规模的控制。工程投资规模是由建设方案、建设标准、对建设宏观经济环境的预测等综合因素决定的，是按照工程项目建设目标进行整体优化的结果。

在工程的前期决策阶段，投资方或其委托机构运用科学的方法对项目进行全面的分析和论证，按照可持续发展和全生命周期费用最低的原则，合理确定投资规模，做好多方案比选和定量研究，提供详细的技术、经济、环境、社会及财务等多方面指标，为科学决策和控制投资提供可靠依据。如果决策失误，后续的投资控制目标本身就有问题，控制得再好也只是实现了一个错误的目标。项目决策的内容是决策工程投资的基础，对工程投资及工程建成后的经济效益起着决定性的影响，决策阶段是工程投资控制的重要阶段。

（2）决策阶段投资控制的流程

根据重大工程项目决策的主要步骤绘制决策阶段投资控制的流程图，如图 2-1 所示，对于大中型项目而言，在决策过程中可适当增设反馈环节，分别聘请有资质的咨询机构或专家进行独立评审，有利于提高重大工程项目决策的科学性。

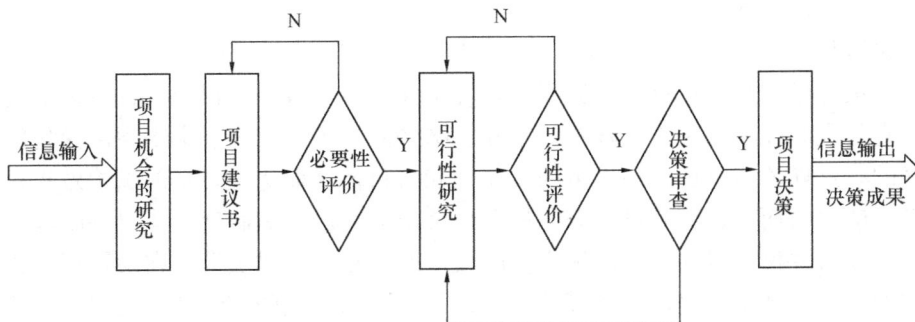

图 2-1 决策阶段投资决策流程图

2.2.2 工程项目投资决策的基本要素

投资决策是指投资者为了实现预期目标，在面临多种机会方案选择时，借助一定的科学方法对若干可行性方案进行论证和选择，从中筛选出相对效益最大的方案的过程。项目的投资决策是指从项目投资主体的利益出发，根据客观条件和投资项目的特点，在掌握有关信息的基础上，运用科学的决策手段和方法，按一定的程序和标准，对投资项目做出选择或决定的过程。建设项目投资决策体系的构成要素涉及众多的内外部因素，主要有以下基本要素：

（1）决策主体

决策主体是由个体或群体组成的具有智能性和能动性的主体系统，其形式可以是个人，也可以是个人组成的集体、组织、机构等。建设工程项目投资决策主体是建设项目投资主体人即投资人，投资人可以聘请具有相应资质的项目管理公司代为负责前期策划、编制项目建议书及可行性报告等工作。

（2）决策目标

决策目标是投资项目决策所要达到的目的。目标明确，决策行为才能方向明确；目标划分合理，目标的制定才具针对性。确定决策目标，即确定投资预期目标，决定了投资方向、投资规模、投资结构以及未来投资成本效益的评估标准，为投资决策奠定良好的基础。

（3）决策信息

决策信息指有关决策对象规律、性能及所处环境等各方面的知识、消息。决策的任何阶段都离不开信息，在决策目标的引导下，信息对决策具有重要的影响，正确而充分的信息是科学决策的前提和保障。决策的信息主要源自两方面：

1）决策客体信息。决策客体是指项目决策主体选择行动方案的决策对象，通常包括人、财、物、时间、空间等几个方面；

2）决策环境信息。决策环节是影响决策主体决策的所有决策系统外部、内部环境的总称，包括自然环境、社会环境、经济环境等。在不同决策环境下，所做出的项目决策是不同的。即使是同一个项目，决策环境的不断变化会导致决策及决策执行不断调整，因此随时密切跟踪这一状态变量的变化趋势，理清其中的复杂关系对决策成败有重大意义。

（4）决策理论和方法

决策理论和方法是指导和帮助决策主体处理决策信息，任何决策时间都少不了正确的决策理论和方法作指导。

（5）决策程序

投资决策程序就是在投资决策过程中，各工作环节中遵循的符合其自身运动规律的先后顺序，它是人们在项目决策实践中，不断总结经验，不断对客观事物规律深化的基础上制定出来的，这样才能避免出现决策的主观性和盲目性从而达到理想的决策效果。

对于一般项目而言，决策过程分为投资机会研究阶段、编制项目建议书阶段、可行性研究阶段、项目评价阶段和项目决策审批阶段。对于重大项目决策，在决策程序中可以考虑适当增加必要性评价和决策审查等环节，以提高项目决策的科学性，为科学决策提供充分的依据，投资决策各阶段主要内容如图 2-2 所示。例如，影响国计民生的重大工程项目——三峡工程的决策过程，在项目立项前国家发展和改革委员会（原中华人民共和国国家计划委员会）组织了由 350 名专家参加的必要性评价，在项目审批前由国务院组织了另外的 163 名专家进行决策前审查，从而提高了项目决策的科学性，避免了行政主管部门审批的局限性。

投资机会研究是项目的起源，是在市场调查、分析和信息捕捉的基础上完成的初步构想，合理的投资规模的确定是该阶段最重要的工作；项目可行性研究是前期决策的核心工作，其主要工作内容是论证和评估，它主要是在对市场以及项目特性考查的基础上，对项

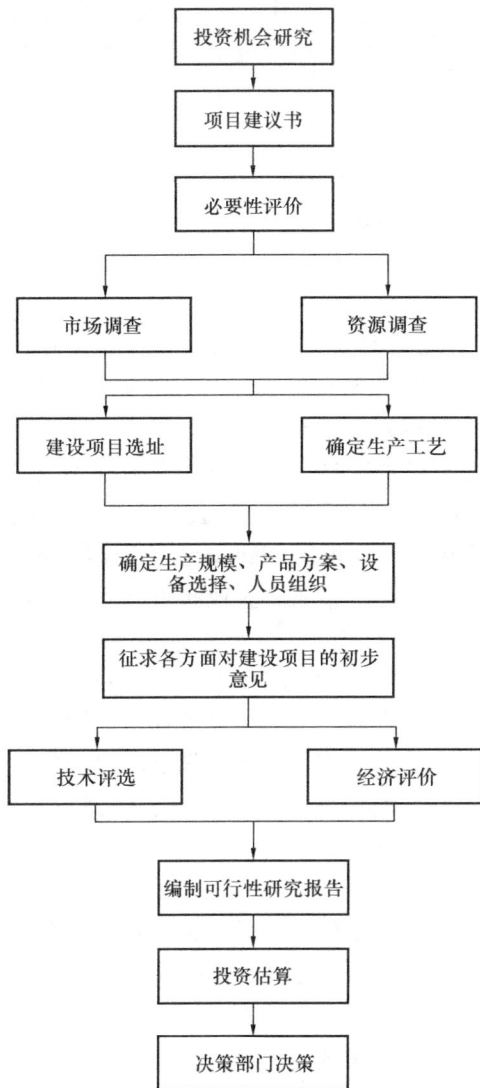

投资机会研究

↓

项目建议书

↓

必要性评价

↓

市场调查 　 资源调查

↓

建设项目选址 　 确定生产工艺

↓

确定生产规模、产品方案、设备选择、人员组织

↓

征求各方面对建设项目的初步意见

↓

技术评选 　 经济评价

↓

编制可行性研究报告

↓

投资估算

↓

决策部门决策

图 2-2　建设项目投资决策阶段工作程序

目投资可行性进行技术分析和财务分析，评估项目的经济效益、社会效益和环境效益；投资估算的编制和审查工作是前期决策的关键环节。

2.2.3　工程项目决策阶段的关键要素的确定

决策阶段影响工程项目投资额的主要因素包括项目建设规模、建设地区及建设地点（厂址）的选择、决策方案、设备方案、工程方案、环境保护措施等。

1. 项目建设规模

（1）规模效益

当项目单位产品的报酬为一定时，项目的经济效益与生产规模成正比。效益规模的客观存在对项目规模的合理选择意义重大而深远，可以充分利用规模效益来合理确定和有效控制工程造价，提高项目的经济效益。但同时也须注意，规模扩大所产生的效益不是无限的，它是受技术进步、管理水平、项目经济技术环境等多种因素的制约。超过一定的限度，规模效益将不再出现，甚至可能出现规模报酬递减。

（2）制约项目规模合理化的因素

1）市场因素。市场因素是项目规模决定中需考虑的首要因素。其中，项目产品的市场需求状况是确定项目生产规模的前提。

2）技术因素。先进的生产技术及技术装备是项目规模效益赖以存在的基础，而相应的管理技术水平则是实现规模的保证。若与经济规模生产相适应的先进技术及其装备的来源没有保障，或获取技术的成本过高，管理水平跟不上，则不仅预期的规模效益难以实现，还会给项目的生存和发展带来危机，导致项目投资效益低下，工程造价支出严重浪费。

3）环境因素。项目的建设、生产和经营离不开一定的社会经济环境，项目规模确定中需的主要环境因素有：政策因素，燃料动力供应，协作及土地条件，运输及通信条件等。

2. 建设标准

工艺装备、建筑标准、配套工程、劳动定员等方面的标准或指标。建设标准的编制、评估、审批是项目可行性研究的重要依据，是衡量工程造价是否合理及监督检查项目建设的客观尺度。建设标准能否起到工程造价、指导建设的作用，关键在于标准水平订得是否合理。因此，建设标准水平应从我国目前的经济发展水平出发，区别不同地区、不同规模、不同等级、不同功能，合理确定。在建筑方面，应坚持适用、经济安全、朴实的原则、建设项目标准中的各项规定，能定量的应尽量给出指标，不能规定指标的要有定性的原则要求。

3. 建设地区及建设地点（厂址）

建设地区的选择要遵循两个基本原则：

1）靠近原料、燃料提供地和产品消费地的原则。满足了这一要求，在项目建成后，可避免原料、燃料和产品的长期运输，节省费用，降低生产成本，并且缩短流通时间，加快流动资金的周转速度。

2）工业项目适当聚集的原则。在工业布局中，通常是一系列相关的项目形成适当规模的工业基地和城镇，从而有利发挥"集聚效益"。集聚效益形成的客观基础有三方面：第一，现代化生产是一个复杂的分工合作体系，只有相关企业集中配置，对各种资源和生产要素充分利用，才能便于形成综合生产能力，尤其对那些具有密切投入产出链环关系的项目，集聚效益尤为明显；第二，现代产业需要有相应的生产性和社会性基础设施相配合，其能力和效率才能充分发挥，企业布点适当集中，才可能统一建设比较齐全的基础结构设施，避免重复建设，节约投资，提高这些设施的效益；第三，企业布点适当集中，才能为不同类型的劳动者提供多种就业机会。

另外，厂址的选择还应满足以下要求：①节约用地。项目的建设应尽可能节约土地，尽量把厂址放在荒地和不可耕种的地点，避免大量占用耕地，节约土地的补偿费用；②应尽量选在工程地质、水文地质条件好的地段；③厂区土地面积与外形能满足厂房与各构筑物的需要，并适合于按科学的工艺流程布置厂房与构筑物；④应靠近铁路、公路、水路，以缩短运输距离，减少投资；⑤应便于供电和其他协作条件的取得；⑥应尽量减少对环境的污染。

以上条件不仅关系到建设投资的高低和建设期限，对项目投产后的运营状况也有很大影响。因此，在确定厂址时，也应进行方案的技术经济分析、比较，选择最佳厂址。

4. 生产工艺

评价及确定采用的工艺是否可行，主要有两项标准：先进适用和经济合理。这是评定工艺的最基本的标准。先进与适用，是对立统一的。保证工艺的先进性是首先要满足的，它能够带来产品质量、生产成品的优势，但是不能单独强调先进而忽视适用，还要考察工艺是否符合我国国情和国力，是否符合我国的技术发展政策；经济合理是指，在可靠性研究中可能提出几个不同的工艺方案，各方案的劳动需要量、能源消耗量、投资数量等可能不同，在产品的质量和产品成本等方面也有差异，因而应反复进行比较，从中挑选最经济合理的工艺。

5. 设备造型

在设备的选用中，处理好以下问题，能降低产品成本，从而降低工程造价。

1）要尽量选用国产设备。凡国内能够制造，并能保证质量、数量和按期供货的设备，或者进口一些技术资料就能仿制的设备，原则上必须国内生产，不必从国外进口。

2）要注意进口设备之间以及国内设备之间的行业配套问题。

3）要注意进口设备与原材料、部品部件及维修能力之间的配套问题。

4）要注意进口设备与原有国产设备、厂户之间的配套问题。

5）引进技术资料的注意事项。

2.2.4 工程项目投资规模确定的方法

1. 市场分析研究

市场分析研究主要从地方经济发展的需要和企业发展的战略角度，研究项目是否必要、适时，并研究项目的合理投资时机。在市场调查的基础上，对项目产品在寿命期内的需求发展趋势、市场结构的变化方向和特征，以及价格变化情况进行全面系统的研究，制定市场营销策略，预测项目产品的有效需求量和可能销售量。以此为依据，结合项目所用技术和外部条件，研究确定项目的合理规模。

2. 工程技术分析研究

工程技术分析研究主要研究项目各种可用的生产技术及其经济特征，结合项目的实际情况选择最佳的决策方案。同时研究各种可能的技术来源及获得方式，寻求最佳方案。

3. 经济分析研究

经济分析研究主要运用各种估算技术和经验，全面、科学地估算项目的全部投资，包括固定资产投资、无形资产投资和流动资产投资等。

（1）资金筹措

研究各种可能的资金来源，如资本金、银行贷款、发行债券等，分析各种来源的资金的使用成本，按照投资者认为比较合适的资金结构，选择各种来源的资金数量以及资金筹措方案。

（2）项目计划与资金规划

根据项目的组成、工程量、实施难度等实际情况，安排项目的实施计划，以及为保证项目实施的资金规划。

（3）财务分析与国民经济分析

财务分析从企业微观经济的角度，用现行价格，对项目运营后可能的财务状况以及项目的财务效果进行科学的分析、测算和评价，判断项目投资在财务上的可行性。

国民经济分析是从国民经济宏观角度，用影子价格、影子汇率、影子工资和社会折现率等经济参数，计算、分析项目需要国家付出的经济代价和对国家的经济贡献，判断项目投资的经济合理性和宏观可行性。

2.3 工程项目投资决策阶段的工作内容

2.3.1 项目建议书阶段

项目建议书是业主单位向国家提出的要求建设某一项目的建议文件，是对工程项目建设的轮廓设想。项目建议书的主要作用是推荐一个拟建项目，论述其建设的必要性、建设条件的可行性和获利的可能性，供国家选择并确定是否进行下一步工作。

项目建议书的内容视项目的不同而有繁有简，但一般应包括以下几方面内容：

（1）项目提出的必要性和依据；

（2）产品方案、拟建规模和建设地点的初步设想；

（3）资源情况、建设条件、协作关系等的初步分析；

（4）投资估算和资金筹措设想；

（5）项目的进度安排；

（6）经济效益和社会效益的估计。

项目建议书按要求编制完成后，应根据建设规模和限额划分分别报送有关部门审批。按现行规定，大中型及限额以上项目的项目建议书首先应报送行业归口主管部门，同时抄送国家发展和改革委员会。行业归口主管部门根据国家中长期规划要求，着重从资金来源、建设布局、资源合理利用、经济合理性、技术政策等方面进行初审。行业归口主管部门初审通过后报国家计委，由国家计委从建设总规模、生产力总布局、资源优化配置及资金供应可能、外部协作条件等方面进行综合平衡，还要委托具有相应资质的工程咨询单位评估后审批。凡行业归口主管部门初审未通过的项目，国家发展和改革委员会不予审批；凡属小型或限额以下项目的项目建议书，按项目隶属关系由部门或地方计委审批。

项目建议书经批准后，可以进行详细的可行性研究工作，但并不表明项目非上不可，项目建议书不是项目的最终决策。

2.3.2 可行性研究阶段

项目建议书一经批准，即可着手开展项目可行性研究工作。可行性研究是对工程项目在技术上是否可行和经济上是否合理进行科学的分析和论证。

（1）可行性研究的工作内容

可行性研究应完成以下工作内容：

1）进行市场研究，以解决项目建设的必要性问题；

2）进行工艺技术方案的研究，以解决项目建设的技术可能性问题；

3）进行财务和经济分析，以解决项目建设的合理性问题。

凡经可行性研究未通过的项目，不得进行下一步工作。

（2）可行性研究报告的内容

可行性研究工作完成后，需要编写出反映其全部工作成果的"可行性研究报告"。就其内容来看，各类项目的可行性研究报告内容不尽相同但一般应包括以下基本内容：

1）项目提出的背景、投资的必要性和研究工作依据；

2）需求预测及拟建规模、产品方案和发展方向的技术经济比较和分析；

3）资源、原材料、燃料及公用设施情况；

4）项目设计方案及协作配套工程；

5）建厂条件与厂址方案；

6）环境保护、防震、防洪等要求及其相应措施；

7）企业组织、劳动定员和人员培训；

8）建设工期和实施进度；

9）投资估算和资金筹措方式；

10）经济效益和社会效益。

2.3.3 可行性研究报告的审批

根据《国务院关于投资体制改革的决定》（国发〔2004〕20号），政府投资项目和非政府投资项目分别实行审批制、核准制或备案制。政府投资项目实行审批制，非政府投资项目实行核准制或登记备案制。

（1）政府投资项目

① 对于采用直接投资和资本金注入方式的政府投资项目，政府需要从投资决策的角度审批项目建议书和可行性研究报告，除特殊情况外不再审批开工报告，同时还要严格审批其初步设计和概算；② 对于采用投资补助、转贷和贷款贴息方式的政府投资项目，则只审批资金申请报告。

（2）非政府投资项目

对于企业不使用政府资金投资建设的项目，政府不再进行投资决策性质的审批，区别不同情况实行核准制或登记备案制。

1）核准制。企业投资建设《政府核准的投资项目目录》中的项目时，仅需向政府提交项目申请报告，不再经过批准项目建议书、可行性研究报告和开工报告的程序。

2）备案制。对于《政府核准的投资项目目录》以外的企业投资项目，实行备案制。除国家另有规定外，由企业按照属地原则向地方政府投资主管部门备案。

可行性研究报告经过正式批准后，将作为初步设计的依据，不得随意修改和变更。如果在建设规模、产品方案、建设地点、主要协作关系等方面有变动以及突破原定投资控制数时，应报请原审批单位同意，并正式办理变更手续。可行性研究报告经批准，建设项目才算正式立项。

（3）可行性研究和项目建议书的主要区别

1）研究任务不同。项目建议书是初步选择项目，起决定是否需要进行下一步工作，主要考察建议的必要性和可行性；可行性研究则需要进行全面深入的技术经济分析论证，做多方案比较，推荐最佳方案，或者否定该项目并提出充分理由，为最终决策提供可靠依据。

2）基础资料依据不同。项目建议书是依据国家长远规划和行业、地区规划以及产业政策，拟建项目的有关自然资源条件和生产布局状况，项目主管部门的有关批文。可行性研究除把已批准的项目建议书作为研究以外，还需详细的设计资料和其他数据资料做编制依据。

3）内容繁简和深度不同。两个阶段基本内容大致相似，但项目建议书不可能也不必要做得很细致，内容比较粗略简单，属于定性性质的，可行性研究报告则是在这个基础上进行充实补充，使其更完善，具有更多的定量论证。

4）投资估算的精度不同。项目建议书的投资估算，一般根据国内外类似已建工程进行测算或者对比推算，误差准许控制在±20%；可行性研究必须对项目所需的各项费用进行比较详尽精确的计算，误差要求不应超过±10%。

2.3.4 项目评估

（1）概念

建设项目咨询评估是通过对可行性研究报告的评价，从客观经济和微观经济相结合的角度，在不同的建设方案中筛选并提出更优化的方案或措施，由施工主管部门决策，使项目投资效果最好，或者用最少的投资来取得最大的经济和社会效益。

（2）项目评估的作用

通过项目评估，促进建设项目前期工作，促进建设项目的科学化、民主化，促进投资管理的加强和投资效益的提高。项目的作用概括为以下几个方面：

1）优化建设方案，完善项目可行性研究；

2）实事求是地校核投资，落实资金筹措办法和渠道；

3）促进项目决策科学化，避免重复建设和盲目建设；

4）有利于宏观经济调控，落实科学发展规划；

5）有助于统一认识，协调行动，为项目实施创造条件。

（3）项目评估和可行性研究的主要区别

1）立足点不同。可行性研究一般是站在用资角度考虑问题，项目评估一般是站在银行、国家投资角度考虑问题。

2）侧重点不同。可行性研究侧重于项目技术、经济方面的论证。项目评估侧重于对可行性研究的质量和可靠性的审查和评估。

3）作用不同。可行性研究主要是作为决策的依据，更确切地说它是为项目评估提供依据和资料。项目评估不仅是为项目决策服务，而且是银行参与决策和决定贷款与否的依据，同时，两者相互不能代替。

4）单位不同。可行性研究报告由有资格的设计或咨询机构来编制；项目评估则由项目隶属的政府部门（计委、经委等）、项目主管部门、贷款银行等有权机构，或由上级部门委托有资格专门评估机构来做。

（4）项目评估与可行性研究报告的内在联系

项目评估与可行性研究有着密切的内在联系，两者的理论基础，基本内容和要求都是一致的，同时两者具有因果关系。没有项目的可行性研究，就不会有项目的评估；不经项目评估，项目的可行性研究也就不能最后成立。

2.3.5 项目后评价

（1）概念

项目后评价是指对已完成项目（或规划）的目的、执行过程、效益、作用和影响进行系统的、客观的分析；通过项目实践活动的检查总结，确定项目预期的目标是否达到，项目主要效益指标是否实现，通过分析评价达到肯定成绩、总结经验、吸取教训、改进工作、不断提高项目决策水平和投资效果的目的。

（2）后评价的作用

后评价是在项目投资完成以后，通过对项目目的、执行过程、效益、作用和影响进行的全面系统的分析，总结正反两方面的经验和教训，使项目的决策者和建设者学习到更加科学合理的方法和策略，提高决策、管理和建设水平。后评价是增强投资活动工作者责任心的重要手段。后评价主要是为投资决策服务的，总之，后评价要从投资开发项目实践中吸取教训，再运用到未来的开发实践当中去。

（3）项目后评价和项目前评估的主要区别

项目后评价与项目前期准备阶段的评估，在评价的原则和方法上没有太大的区别，都采用定量和定性相结合的方法。但是，由于两者评价的时点不同，目的也不完全相同，因此存在一定的区别。前评估的目的是确定项目是否可以立项，它站在项目的起点，主要应用预测技术来分析评价项目未来效益，确定项目投资是否值得及可行。后评价则是在项目建成之后，总结项目的准备、实施、完工和运营，并通过预测对项目的未来进行新的分析评价，其目的是为了总结经验教训，为改进决策和管理服务。所以后评价是站在项目完工的时点上，一方面检查总结项目实施过程，找出问题，分析原因；另一方面，要以评价时点为基点，预测项目未来的发展。前评估的重要判别标准是投资者要求获得效益率或基准收益率，而后评价的评价标准侧重点是前评估的结论，主要采用对比的方法，这就是前评价与后评估的区别。

复 习 思 考 题

1. 什么是决策分析？决策分析有哪些特点？决策分析由哪些要素构成？
2. 正确决策应该遵循哪些基本原则？
3. 决策分析的主要步骤有哪些？
4. 追踪决策有哪些基本特征？

3 工程项目投资估算与经济评价

工程项目投资估算与经济评价是工程投资决策的核心内容。工程项目投资决策的准确性不仅关系到企业的生存和发展，而且对项目是否可行具有关键性的作用。要提高项目决策水平就必须做好项目的投资估算与经济评价工作，这有利于合理确定投资规模，有效控制工程项目总造价。通过财务评价还可以准确地反映项目的经济效益情况，有助于合理地分配使用人力、物力和财力，从而取得工程项目的最大经济效益。

3.1 工程项目投资估算

投资估算是项目开发前期投资决策过程中必不可少的步骤，是编制项目建议书、可行性研究报告的重要组成部分，是项目开发人员进行投资决策的基本参考，也是政府机关进行工程项目审批的重要依据。投资估算的准确与否不仅对可行性研究的合理性有很大的影响，而且直接关系到下一阶段设计概算、施工图预算的编制，因此，投资估算对整个工程项目建设成本有着至关重要的作用。

3.1.1 投资估算的概念和内容

1. 工程项目投资估算的概念

工程项目投资估算是指在工程项目建设前期的投资决策过程中，以方案设计或可行性研究文件为依据，按照规定的程序、方法和依据，对拟建工程项目所需总投资额进行的预测和估计，是在明确项目的建设规模、产品方案、技术方案、设备方案、厂址方案、工程建设方案以及项目进度计划等的基础上，估算项目从筹建、施工直至建成投产所需的全部投资总额。工程项目投资估算是工程项目建设前期编制项目建议书和可行性研究报告的重要组成部分，是工程项目投资决策的重要依据之一。

工程项目投资估算有广义的投资估算和狭义的投资估算之分。广义的投资估算是指工程项目在整个投资决策的过程中，依据已有的资料，运用一定的经验方法和手段对拟建工程项目全部投资费用进行的预测和估算。而狭义的投资估算是指在项目建议书及可行性研究阶段，对拟建项目工程造价进行的测算，该估算对工程总造价有一定的控制作用，同时也是设计单位编制设计文件的依据。

投资估算按委托内容还可分为建设项目的投资估算、单项工程的投资估算和单位工程的投资估算，各项内容的投资估算所涵盖的范围也有所不同。

2. 工程项目投资估算的阶段划分

工程项目投资估算是在进行初步设计之前伴随各工作阶段的一项重要工作。因不同阶段所掌握的资料和具备的条件有所不同，因而投资估算的准确程度不尽相同，对整个项目所起的作用和影响程度也存在差异。我国工程项目建设前期主要分为项目规划阶段、项目建议书阶段、初步可行性研究阶段、详细可行性研究阶段、项目评估阶段等五个阶段。随着投资估算阶段的逐步深入，掌握的资料会越来越丰富和详细，进行估算的条件技术也会越来越成熟和完备，故对投资估算要求的准确度也会越来越高。工程项目决策各阶段的投资估算允许误差率见表 3-1。

工程项目决策各阶段的投资估算允许误差率   表 3-1

序号	工程项目决策阶段	投资估算误差率
1	项目规划阶段	大于±30%
2	项目建议书阶段	±30%以内
3	初步可行性研究阶段	±20%以内
4	详细可行性研究阶段	±10%以内
5	项目评估阶段	±10%以内

（1）项目规划阶段的投资估算

工程项目规划阶段，是指有关部门根据国民经济发展规划、地区发展规划和行业发展规划的要求，编制一个工程项目的建设规划。此阶段主要依据工程项目的投资规划，按项目规划的要求和内容，粗略地估算工程项目建设所需的投资数额，是决定一个项目是否展开深入研究的重要依据之一。项目规划阶段对投资估算精度的要求为允许误差大于±30%。

（2）项目建议书阶段的投资估算

项目建议书阶段，是指按项目建议书中的产品方案、项目建设规模、产品主要生产工艺、企业车间组成、初步选择的建厂地点等，估算工程项目建设所需的投资数额。此阶段项目投资估算是主管部门审批项目建议书的依据，可以从经济学的角度判断一个项目是否需要进行下一阶段的工作。项目建议书阶段对投资估算精度的要求为误差控制在±30%以内。

（3）初步可行性研究阶段的投资估算

初步可行性研究阶段，是指在掌握基本资料的条件下，大致估算工程项目建设所需的投资数额。此阶段项目投资估算是初步明确项目方案，为项目下一步进行技术经济论证提供依据，同时是判断一个项目是否进行详细可行性研究的依据。初步可行性研究阶段对投资估算精度的要求为误差控制在±20%以内。

（4）详细可行性研究阶段的投资估算

详细可行性研究阶段的投资估算较为重要。详细可行性研究阶段，是指在掌握更详细、更丰富的资料的前提下，通过对项目进行技术经济论证，从而估算工程项目建设所需的投资数额。此阶段项目投资估算可以对工程项目是否真正可行做出判断，若确定可行，便进入项目评估阶段并作为编制设计任务书的依据。详细可行性研究阶段对投资估算精度的要求为误差控制在±10%以内。

（5）项目评估阶段的投资估算

项目评估阶段，是指对工程项目进行全面、系统、详尽的技术经济分析，决定项目是否可行，并通过多方案比选出最佳投资方案，进而估算工程项目建设所需的投资数额。此阶段可作为对可行性研究结果进行评价以及对项目进行最终决定的重要依据，投资估算经审查批准后，即是设计任务书中规定的工程项目投资限额，对工程设计概算起控制作用。

项目评估阶段对投资估算精度的要求为误差控制在±10％以内。

工程项目的投资估算涉及项目规划、项目建议书、初步可行性研究、详细可行性研究、项目评估等阶段，是项目投资决策的重要依据之一。投资估算的准确性不仅影响可行性研究工作的质量和技术经济评价的结果，还直接关系到下一阶段设计概算和施工图预算等的编制。因此，要做到全面准确地对工程项目建设总投资进行投资估算，就要从工程项目建设前期的各个阶段对其进行严格控制。

3. 工程项目总投资的构成

工程项目总投资的构成如图 3-1 所示。

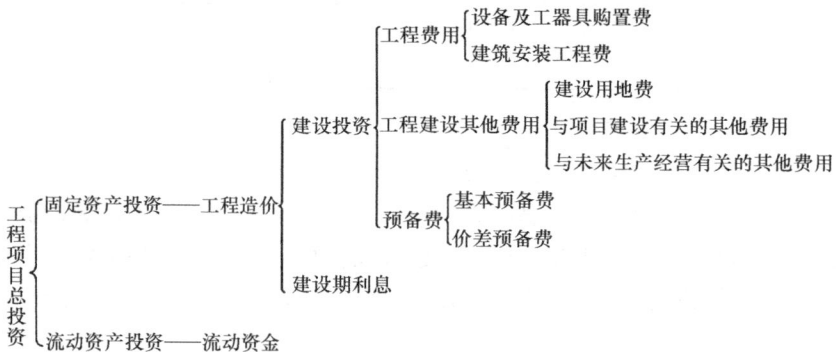

图 3-1　工程项目总投资的构成

工程项目总投资是投资主体为完成工程项目建设并而获取预期收益，所需投入的全部费用总和，包括固定资产投资和流动资产投资。固定资产投资是从筹建、施工直至建成投产的全部投资项目的费用；而流动资产投资，和固定资产投资相对应，是指可以在一年或者超过一年的一个营业周期内变现或者耗用的资产。

固定资产投资包括建设投资和建设期利息。建设投资是固定资产投资（即工程造价）的主要构成部分，是为完成工程项目建设，在项目建设期内投入且形成现金流出的全部费用；建设期利息则是指工程项目在建设期间内发生并计入固定资产的利息，主要有建设期发生的支付银行贷款、出口信贷、债券等的借款利息和融资费用等。

建设投资又包括工程费用、工程建设其他费用和预备费三部分。工程费用是指建设期内直接用于工程建造、设备购置及其安装的建设投资，可分为建筑安装工程费和设备及工器具购置费；工程建设其他费用是指建设期发生的与土地使用权取得、整个工程项目建设以及未来生产经营有关的构成建设投资但不包括在工程费用中的费用；预备费是在建设期内因各种不可预见因素的变化而预留的可能增加的费用，有基本预备费和价差预备费两种。

3.1.2　投资估算的影响因素

投资估算作为造价控制的龙头，对整个工程项目建设的推进具有指导性作用。但在实际的项目建设中，投资者和建设者往往更多地关注过程中的造价控制，而忽略前期控制即投资估算的影响因素，各方面不确定的因素会导致项目前期投资决策阶段的投资估算存在较大的偏差，从而导致对工程项目建设的评估缺乏科学性和整体性。工程项目投资估算精度的影响因素主要分为宏观层面和微观层面。

1. 宏观层面

宏观层面主要是由国家的宏观环境造成的，如国家政治、经济及其他各方面的政策等影响因素，这些因素是企业无法控制的，其对于企业的影响往往是比较大的。

1）工程造价方面信息的颁布及变动。如住房和城乡建设部发布新的工程量清单计价模式、工程材料和设备信息价的变动等，都会极大地影响投资者在进行投资估算时的风险态度。

2）地区工程造价指数。包括各个时期的基准利率，主要反映在人工、材料、机械等各种生产资料的价格变动方面，该指标可以反映出不同时期工程造价的变化趋势，也是工程项目成本管理和动态结算的重要依据之一。

3）当地的自然条件。如施工建设场地的条件、工程地质水文条件、地震烈度等情况和有关数据的准确性。

4）当地的城市基础设施情况。如给水排水、通信、煤气供应、热力供应、公共交通、消防等基础设施配套是否齐全。

5）地区的人工、材料、机械各类生产资料的供应情况等。

2. 微观层面

微观层面主要是由企业自身经营和管理造成的，这些因素是企业能够控制的，可以通过管理者的经验和方法等采取相关措施，来削弱其对工程项目建设投资估算的影响。

1）项目投资估算所需资料的可靠程度。详细而可靠的项目技术经济历史资料是提高投资估算准确度的保障，如已经投入项目的实际投资额、相关单元指标、物价浮动指数、项目拟建规模、建筑材料和设备等数据和资料的可靠性。

2）投资估算人员的知识经验、编制水平等。投资估算误差在所难免，估算编制人员要充分利用工程造价的相关资料，综合考虑各方面专家的意见，并结合自身的知识经验尽量做到全面、准确地完成投资估算的工作。

3）项目本身的内容和复杂程度。如果拟建项目本身比较复杂、内容较多时，在进行估算工程项目建设所需投资额时就容易发生漏项或者重复计算的情况，从而导致投资估算结果过低或过高，严重影响其准确性。

4）项目设计深度和详细程度。在可行性研究报告的编制过程中普遍存在工程方案、技术方案、设备方案、环境保护措施等方案设计深度不够的情况，依据这样的方案编制投资估算时，估算编制人员工作难度加大，只能依靠个人能力和工作经验判别不确定因素，导致投资估算的准确性大打折扣，给后续设计概算和施工图预算的编制工作留下了隐患。

3.1.3 投资估算的原则

工程项目投资估算是拟建项目前期可行性研究的重要内容，是项目投资决策的重要依据，是项目技术经济评价的基础。投资估算的准确性与合理性，直接决定着项目能否通过主管部门的审批并继续展开下一阶段的工作。因此，在编制工程项目投资估算时应符合以下原则：

1）实事求是的原则。要从实际出发，对工程项目的相关信息展开深入调查研究，掌握第一手数据资料，不能弄虚作假，避免因数据资料缺乏可靠性与真实性而导致投资估算的结果出现偏差。

2）合理利用资源，效益最高的原则。在市场经济的社会环境下，要学会利用有限的经费、有限的资源，尽可能地满足项目的需要，实现工程项目效益最大化的目标。

3）尽量做到快、准的原则。一般工程项目的投资估算误差往往比较大，在投资估算的编制过程中，要通过艰苦细致的工作，加强深入研究，积累多方面的资料，尽量做到又快又准地确定项目的投资估算。

4）适应高科技发展的原则。从投资估算编制人员的角度出发，在资料搜集、信息储存和处理、编制方法选择和使用以及编制过程中的技术手段等方面逐步实现计算机与网络的集成化，学会借助高科技手段完成投资估算的编制工作。

3.1.4 投资估算的编制

1. 投资估算的编制依据

工程项目投资估算的编制依据是指在编制投资估算时所遵循的计量规则、市场价格、费用标准及工程计价有关参数、费率等基础资料。投资估算的编制依据主要有以下几个方面：

1）项目建议书（或建设规划），可行性研究报告（或设计任务书），方案设计（包括设计招标或城市建筑方案设计竞选中的方案设计，其中包括文字说明和图纸）。

2）国家和地方政府的有关法律、法规或规定；政府有关部门、金融机构等发布的价格指数、利率、汇率、税率等有关参数。

3）行业管理部门、当地造价管理机构或行业协会等编制的投资估算指标、概算指标、工程建设其他费用定额（规定）、综合单价、价格指数和有关造价文件等。

4）同类项工程项目的各种技术经济及指标和参数。

5）当地同期的人工、材料、机械设备等市场信息价。

6）当地建筑工程取费标准，如措施费、企业管理费、规费、利润、税金以及与建设有关的其他费用标准等。

7）项目所在地的现场情况，如地理位置，水文地质条件，交通、供水、供电条件等。

8）经验参考数据，如材料、设备运杂费率，设备安装费率，零星工程及辅材的比率等。

9）委托单位提供的其他工程项目有关资料。

2. 投资估算的编制流程

工程项目投资估算的编制一般包括静态投资、动态投资与流动资产投资三部分，主要包含以下流程：

1）分别估算各单项工程所需的建筑工程费、设备及工器具购置费、安装工程费，在汇总各单项工程费用的基础上，估算工程建设其他费用和基本预备费，完成工程项目静态投资部分的估算。

2）在确定静态投资部分的基础上，估算价差预备费和建设期利息，完成工程项目动态投资部分的估算。

3）估算工程项目的流动资产投资。

4）估算工程项目建设总投资。

工程项目投资估算编制的具体流程如图 3-2 所示。

3. 投资估算的方法

（1）静态投资部分的估算方法

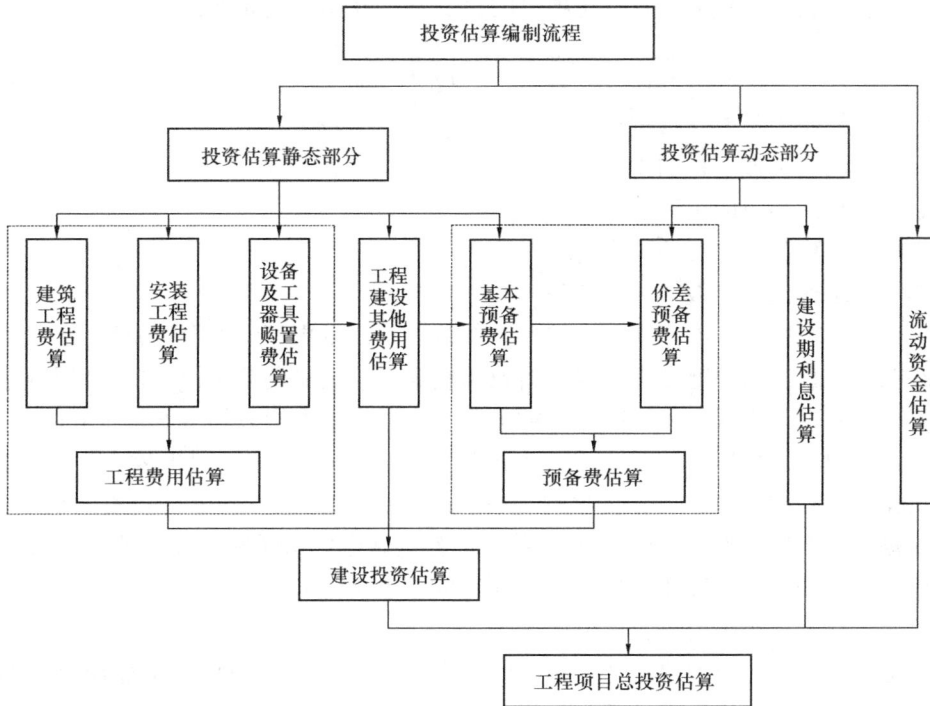

图 3-2　工程项目投资估算编制的流程

　　静态投资部分的估算方法有很多，包括资金周转率法、生产能力指数法、系数估算法、比例估算法、指标估算法等，这些方法分别适用于不同阶段和不同项目的投资估算。在工程项目投资决策的各个阶段，为确保投资估算的科学性和准确性，满足前期各阶段对投资估算内容与深度的要求，并为投资决策提供理论依据，应按项目的性质、技术要求和数据资料的具体情况，有针对性地选用适宜的投资估算方法。

　　1）资金周转率法

　　资金周转率法是通过资金周转率来测算投资额的一种简单方法。计算公式如下：

$$资金周转率 = \frac{年销售额}{总投资额} = \frac{产品的年产量 \times 产品单价}{总投资额}$$

$$总投资额 = \frac{产品的年产量 \times 产品单价}{资金周转率}$$

　　资金周转率是反映资金周转速度的指标，可以用资金在一定时期内的周转次数表示。企业资金在生产经营过程中不间断地循环周转，从而使企业获得盈利。不同性质的项目或不同产品的车间装置，其资金周转率不同，如化学工业的资金周转率近似值为 1.0，生产合成甘油的化工装置的资金周转率为 1.41。

　　此方法比较简便，计算速度快，但精确度较低。资金周转率法适用于项目规划阶段或项目建议书阶段的投资估算。

　　2）生产能力指数法

　　生产能力指数法是由于在项目规划阶段投资者仅以市场要求和利益刺激拟建某项目，故投资估算编制人员只能根据已建成的、性质类似的建设项目的投资额和生产能力，以及拟建项目的生产能力来粗略估算拟建项目的投资额。计算公式如下：

$$C_2 = C_1 \left(\frac{Q_2}{Q_1}\right)^n f$$

式中 C_2——拟建项目的投资额；

  C_1——已建类似项目的投资额；

  Q_2——拟建项目的生产能力；

  Q_1——已建类似项目的生产能力；

  n——生产能力指数，$0 \leqslant n \leqslant 1$；

  f——不同时期、不同地点的定额、单价、费用变更等的综合调整系数。

生产能力指数法的关键是生产能力指数的确定，一般需要结合行业特点以及可靠的例证来确定，不同生产率水平和不同性质的项目中，生产能力指数的取值是不同的。若拟建项目与已建类似项目的规模相差不大，生产规模比值在 $0.5 \sim 2$，则指数 n 的取值近似为1；若拟建项目与已建类似项目的规模比值在 $2 \sim 50$，且拟建工程项目规模的扩大仅靠增大设备规格来达到时，则 n 取值为 $0.6 \sim 0.7$；若是靠增加相同规格设备的数量来达到时，n 取值为 $0.8 \sim 0.9$。一般拟建项目与已建项目的生产能力规模比值不宜大于50，以在10倍范围内效果较好，否则误差会偏大。

此方法计算简便，速度快，计算精确度略高，误差在20％以内，虽然误差仍然较大，但就其特点来看不需要详细的工程设计资料，只需要工艺流程及规模即可，对于总承包工程而言可以作为投资估算的旁证，在进行总承包工程报价时，承包商大都采用这种方法估算工程项目的总投资额。生产能力指数法多适用于项目建议书阶段的投资估算。

【例3-1】某地2004年动工兴建一座年产30万吨合成氨的化肥厂，该厂在建设时总投资为28000万元，若在2017年开工兴建一座年产45万吨合成氨的化肥厂需要投资多少？假定合成氨的生产能力指数为0.81，从2004年至2017年每年平均工程造价指数为1.1，即平均每年递增10％。

【解】拟建化肥厂总投资额＝$28000 \times (45/30)^{0.81} \times (1.1)^{22} = 316541.77$ 万元

有些规划项目，在国内尚且没有类似的项目可供参考，在此阶段内也不可能获得国外的相关询价资料，则投资估算编制人员就需要去寻找各种可供利用的资料来完成工程项目的投资估算工作。美国斯坦福估计咨询及研究所（简称SRI）编制的《Process Economics Program（PEP）报告》，每年会根据市场变动情况用计算机进行分析，这个资料对于编制规划阶段的投资估算，同样具有一定的参考价值。

3）系数估算法

系数估算法也称为因子估算法，是以拟建项目的主体工程费或主要设备购置费为基数，根据已建类似项目的其他辅助配套工程费占主体工程费或设备购置费的百分比为系数来估算工程项目静态投资的方法。

当项目工艺设备已经选定，其他设施还未进行设计时，采用此方法比较简便快捷，但没有考虑设备规格、材质的差异，故计算精确度较低。系数估算法多用于项目建议书阶段的投资估算。世行项目投资估算常用的方法是朗格系数法，而我国国内多采用设备系数法和主体专业系数法。

方法一：朗格系数法

朗格系数法是以设备费为基础，乘以适当的系数来推算工程项目建设的投资费用。计算公式如下：

$$C = (1 + \sum K_i) \times K_c \times E = K_L \times E$$

式中　C——工程项目建设投资费用；

　　　E——工程项目建设的主要设备费用；

　　K_i——附属设施（管线、仪表、电气、安装、土建等）费用的估算系数；

　　K_c——包括管理费、合同费、应急费等间接费在内的总估算系数；

　　K_L——朗格系数。

运用朗格系数法虽然计算简便，但也存在一定的弊端，没有考虑装置规模大小发生变化的影响、不同地区自然地理条件的影响、不同地区经济发展情况的影响、不同地区气候环境的影响、主要设备规格及材质发生变化时的影响，从而导致计算的精确度不够高。

由于朗格系数法是以设备费为计算基础，而设备费在一项工程中所占的比重对于石油、石化、化工工程而言达到 45%～55%，同时，一项工程中每台设备所包含的管道、电气、自控仪表、绝热、油漆、建筑等都有一定的规律，所以只要对不同类型工程项目的朗格系数准确掌握，估算的精确度仍然可以较高，运用朗格系数法进行投资估算的误差通常是在 10%～15%。

【例 3-2】某工业项目根据方案提出的主要设备，按照现行市场价格计算，设备费为 800 万元。已知与设备配套的其他辅助费用（含土建费）系数为设备费的 155%，间接费率为设备及其辅助费用的 15%，试估算拟建项目的投资额为多少？

【解】拟建项目的投资额 = 800 × (1 + 1.55) × (1 + 0.15) = 2346 万元

方法二：设备系数法

设备系数法是以拟建工程项目的设备购置费为基数，根据已建成的类似工程项目的建筑安装工程费和其他工程费等占设备价值的百分比，求出拟建工程项目建筑安装工程费和其他工程费用，进而求出工程项目的静态投资费用。计算公式如下：

$$C = E \times (1 + f_1 P_1 + f_2 P_2 + f_3 P_3 + \cdots) + I$$

式中　　　C——拟建工程项目的静态投资费用；

　　　　　E——拟建工程项目根据当时当地价格计算的设备购置费；

P_1、P_2、$P_3\cdots$——已建成类似项目中建安工程费和其他工程费等占设备购置费的比例；

f_1、f_2、$f_3\cdots$——不同时间、地点而产生的定额、价格、费用标准等差异的综合调整系数；

　　　　　I——拟建项目的其他费用。

方法三：主体专业系数法

主体专业系数法是以拟建工程项目中最主要、投资比重较大并与生产能力直接相关的工艺设备投资为基数，根据已建成类似工程项目的有关统计资料，计算出拟建项目各专业工程（总图、土建、采暖、给水排水、管道、电气、自动化控制等）占工艺设备投资的百分比，据此求出拟建工程项目各专业投资，然后加总即为拟建工程项目的静态投资费用。计算公式如下：

$$C = E \times (1 + f_1 P'_1 + f_2 P'_2 + f_3 P'_3 + \cdots) + I$$

式中　　　C——拟建工程项目的静态投资费用；

E——拟建工程项目与生产能力直接相关的工艺设备投资；

P'_1、P'_2、P'_3…——已建成类似项目中建安工程费和其他工程费等占设备购置费比例；

f_1、f_2、f_3…——不同时间、地点而产生的定额、价格、费用标准等差异的综合调整系数；

I——拟建项目的其他费用。

4）比例估算法

比例估算法是根据已建成的类似工程项目中主要设备购置费占整个工程项目的投资比例，先逐项估算出拟建项目的主要设备购置费，再按比例估算拟建过程项目静态投资费用的方法。计算公式如下：

$$I = \frac{1}{K} \sum_{i=1}^{n} Q_i P_i$$

式中　I——拟建工程项目的静态投资费用；

K——已建成类似项目中主要设备购置费占整个工程项目的投资比例；

n——主要设备种类数；

Q_i——第 i 种主要设备的数量；

P_i——第 i 种主要设备的购置单价（到厂价格）。

此方法主要应用于设计深度不足，拟建工程项目与已建成类似工程项目的主要设备购置费比重都比较大，并且行业内相关基础资料完备的情况。

5）指标估算法

指标估算法是国内使用最广泛的一种方法，多用于可行性研究阶段的工程项目投资估算。指标估算法是指依据投资估算指标，对各单位工程或单项工程费用进行估算，进而估算工程项目总投资的方法。

首先将拟建工程项目以单项工程或单位工程为单位，按建设内容纵向划分为各个主要生产系统、辅助生产系统、公用工程、服务性工程、生活福利设施以及各项其他工程费用；同时，将其按费用性质横向划分为建筑工程费、安装工程费、设备购置费等；然后根据各项具体的投资估算指标，进行各单位工程或单项工程的投资估算，在此基础上汇集编制拟建工程项目的各个单项工程费用和拟建项目的工程费用投资估算；最后，再按照相关规定估算工程建设其他费用、基本预备费等构成拟建工程项目的静态投资费用。

①建筑工程费估算。建筑工程费用是指为建造永久性建筑物和构筑物所需要的费用，主要通过单位实物工程量的建筑工程费乘以实物工程总量来估算建筑工程费。不同的专业工程应选择不同的实物工程量计算办法。当无适当估算指标或类似工程造价资料时，可采用计算主体实物工程量套用相关综合定额或概算定额进行估算，但通常需要较为详细的工程资料，工作量较大，实际工作中可根据具体条件和要求选用。

②安装工程费估算。安装工程费用包括安装主材费和安装费。其中，安装主材费可以根据行业和地方相关部门定期发布的价格信息或通过市场询价进行估算；安装费则根据设备的专业属性分别进行估算。

③设备及工器具购置费估算。设备购置费根据项目的主要设备表及其价格、费用资料编制，工器具购置费则按设备购置费的一定比例计取。对于价值较高的设备应按单台（或套）估算其购置费，价值相对较小的设备可按类别估算，国内设备和进口设备应分别

估算。

④ 工程建设其他费用估算。工程建设其他费用的估算应结合拟建项目的具体情况，有合同或协议明确的费用按合同或协议列入；无合同或协议明确的费用，则根据国家和行业建设部门、工程所在地地方政府的有关工程建设其他费用定额（规定）和计算办法进行估算。

⑤ 基本预备费估算。基本预备费的估算一般是以拟建项目的工程费用和工程建设其他费用之和为基数，乘以基本预备费率进行计算。基本预备费率的大小，应根据拟建工程项目的具体设计深度，以及在估算中所采用的各项估算指标与设计内容的贴近度、项目所属行业主管部门的具体规定来确定。基本预备费的计算公式如下：

基本预备费 ＝（工程费用 ＋ 工程建设其他费用）× 基本预备费费率

在使用指标估算法编制投资估算的过程中，必须对工艺流程、定额、价格及费用标准进行分析，对比所套用的指标与具体工程项目之间的标准或条件是否存在差异。若有差异时，应进行必要的换算或调整，并结合每个工程的实际特点，准确地反映设计参数，切勿盲目套用一种指标。

（2）动态投资部分的估算方法

动态投资部分包括价差预备费和建设期利息两部分。动态部分的投资估算应以基准年静态投资的资金使用计划为基础来计算，而不是以编制年的静态投资费用为基础计算。

1）价差预备费

价差预备费是指为在建设期内利率、汇率或价格等因素的变化而预留的可能增加的费用，亦称为价格变动不可预见费。价差预备费的内容包括：人工、材料、设备、施工机具的价差费，建筑安装工程费及工程建设其他费用调整，利率、汇率调整等增加的费用。价差预备费一般根据国家规定的投资综合价格指数，按估算年份价格水平的静态投资额为基数，采取复利计算的方法。计算公式如下：

$$PF = \sum_{t=1}^{n} I_t \left[(1+f)^m (1+f)^{0.5} (1+f)^{t-1} - 1 \right]$$

式中　PF——价差预备费；

n——建设期年份数；

I_t——建设期中第 t 年的静态投资计划额，包括工程费用、工程建设其他费用及基本预备费；

f——年涨价率（政府有规定的按规定执行，没有规定的由可行性研究人员预测）；

m——建设前期年限（从编制估算到开工建设）。

【例3-3】某建设项目建安工程费 5000 万元，设备购置费 3000 万元，工程建设其他费用 2000 万元，已知基本预备费率 5%，项目建设前期年限为 1 年，建设期为 3 年，各年投资计划额为：第一年完成投资 20%，第二年 60%，第三年 20%。年均投资价格上涨率为 6%，求建设项目建设期间价差预备费。

【解】基本预备费＝（5000＋3000＋2000）×5%＝500 万元

静态投资＝5000＋3000＋2000＋500＝10500 万元

建设期第一年完成投资＝10500×20%＝2100 万元

第一年价差预备费：$PF_1 = I_1[(1+f)(1+f)^{0.5}-1] = 191.8$ 万元

第二年完成投资 $= 10500 \times 60\% = 6300$ 万元

第二年价差预备费：$PF_2 = I_2[(1+f)(1+f)^{0.5}(1+f)-1] = 987.9$ 万元

第三年完成投资 $= 10500 \times 20\% = 2100$ 万元

第三年价差预备费：$PF_2 = I_3[(1+f)(1+f)^{0.5}(1+f)^2-1] = 475.1$ 万元

故建设期间价差预备费：$PF = 191.8 + 987.9 + 475.1 = 1654.8$ 万元

2）建设期利息

建设期利息主要是指在建设期内发生的为工程项目筹措资金的融资费用及债务资金利息。建设期利息的计算，是根据建设期资金用款计划，在总贷款分年均衡发放的前提下，按当年借款在年中支用考虑，即当年借款按半年计息，上年借款按全年计息。计算公式如下：

$$q_j = \left(P_{j-1} + \frac{1}{2}A_j\right)i$$

式中　q_j——建设期第 j 年应计利息；

　　　P_{j-1}——建设期第 $(j-1)$ 年末累计贷款本金和利息之和；

　　　A_j——建设期第 j 年贷款金额；

　　　i——年利率。

国外贷款的利息计算中，年利率应综合考虑贷款协议中向贷款方加收的手续费、管理费、承诺费以及国内代理机构向贷款方收取的转贷费、担保费和管理费等。

【例3-4】某新建项目，建设期为3年，分年均衡进行贷款，第一年贷款300万元，第二年贷款600万元，第三年贷款400万元，年利率为12%，建设期内利息只计息不支付，计算建设期利息。

【解】在建设期内，各年利息计算如下：

$q_1 = 1/2 \times 300 \times 12\% = 18$ 万元

$q_2 = (300 + 18 + 1/2 \times 600) \times 12\% = 74.16$ 万元

$q_3 = (318 + 600 + 74.16 + 1/2 \times 400) \times 12\% = 143.06$ 万元

故建设期利息 $q = q_1 + q_2 + q_3 = 18 + 74.16 + 143.06 = 235.22$ 万元

（3）流动资金的估算方法

流动资金是指生产经营性项目投产后，为进行正常生产运营，用于购买原材料、燃料，支付工资及其他经营费用等所需的周转资金，即项目运营需要的流动资产投资。流动资金估算一般采用分项详细估算法，个别情况或者小型项目可采用扩大指标估算法。

1）分项详细估算法

分项详细估算法是根据项目的流动资产和流动负债，估算项目流动资金的方法。其中，流动资产的构成要素一般包括存货、库存现金、应收账款和预付账款；流动负债的构成要素一般包括应付账款和预收账款。计算公式如下：

流动资金 ＝ 流动资产 － 流动负债

流动资产 ＝ 应收账款 ＋ 预付账款 ＋ 存货 ＋ 库存现金

流动负债 ＝ 应付账款 ＋ 预收账款

流动资金本年增加额 ＝ 本年流动资金 － 上年流动资金

进行流动资金估算时，首先要计算各类流动资产和流动负债的年周转次数，然后再分项进行详细估算。

① 年周转次数。年周转次数是指流动资金的各个构成项目在一年内完成多少个生产过程，计算公式如下：

$$年周转次数 = \frac{360}{流动资金最低周转天数}$$

各类流动资产和流动负债的最低周转天数，可参照同类企业的平均周转天数并结合项目具体特点确定，除此之外，还应考虑储存天数、在途天数以及适当的保险系数。若年周转次数已知，可按如下公式计算各项流动资金的年平均占用额度：

$$各项流动资金年平均占用额度 = \frac{年周转额度}{年周转次数}$$

② 应收账款。应收账款是指企业对外销售商品、提供劳务尚未收回的资金。应收账款的周转额度应为全年赊销销售收入，在流动资金估算时，可用销售收入代替赊销收入。计算公式如下：

$$应收账款 = \frac{年销售收入}{应收账款年周转次数}$$

③ 预付账款。预付账款是指企业未购买各类材料、半成品或服务所预先支付的款项。计算公式如下：

$$预付账款 = \frac{外购商品或服务年费用}{预付账款年周转次数}$$

④ 存货。存货是指企业为销售或者生产耗用而储备的各种物资，主要有原材料、辅助材料、燃料、低值易耗品、维修备件、包装物、在产品、自制半成品和产成品等。为简化计算，在投资估算中仅考虑外购原材料、燃料、其他材料、在产品和产成品，并分项进行计算。计算公式如下：

$$存货 = 外购原材料、燃料 + 其他材料 + 在产品 + 产成品$$

$$外购原材料、燃料 = \frac{年外购原材料、燃料费用}{外购原材料、燃料年周转次数}$$

$$其他材料 = \frac{年其他材料费用}{其他材料年周转次数}$$

$$在产品 = \frac{年外购原材料、燃料费用 + 年工资及福利费 + 年修理费 + 年其他制造费用}{在产品年周转次数}$$

$$产成品 = \frac{年经营成本 - 年其他营业费用}{产成品年周转次数}$$

⑤ 库存现金。库存现金是指企业为维持正常生产运营必须预留的货币资金，包括现金和银行存款。计算公式如下：

$$库存现金 = \frac{年工资及福利费 + 年其他费用}{库存现金年周转次数}$$

年其他费用 = 制造费用 + 管理费用 + 营业费用 −（以上三项费用中所含的工资及福利费、折旧费、摊销费、修理费）

⑥ 流动负债。流动负债是指在一年或者超过一年的一个营业周期内，需要偿还的各种债务，包括短期借款、应付票据、应付账款、预收账款、应付工资、应付福利费、应付

股利、应交税金、其他暂收应付款、预提费用和一年内到期的长期借款等。在项目的投资估算中，流动负债只考虑应付账款和预收账款两项。计算公式如下：

$$应付账款 = \frac{外购原材料、燃料动力费及其他材料年费用}{应付账款年周转次数}$$

$$预收账款 = \frac{预收的年营业收入}{预收账款年周转次数}$$

2）扩大指标估算法

扩大指标估算法是根据现有同类企业的实际资料，求得各种流动资金率指标，亦可依据行业或部门给定的参考值或经验值确定比率，将各类流动资金率乘以相对应的费用基数来估算流动资金。一般常用的基数有营业收入、经营成本、总成本费用和建设投资等。计算公式如下：

$$年流动资金额 = 年费用基数 \times 各类流动资金率$$

此方法简单易行，但准确度不高。扩大指标估算法适用于项目建议书阶段的投资估算。

3.1.5　投资估算的意义及作用

1）项目建议书阶段的投资估算，是项目主管部门审批项目建议书的依据之一，并对项目的规划、规模起参考作用。国家发改委规定，超过一定规模的项目需要由中央或地方政府主管部门进行相关的项目国民经济评估、项目社会影响评估或项目环境影响评估，政府主管部门有权依据这些评估的结果做出是否批准项目建议书的决定，以确保整个国民经济的正常运转和环境的稳步持续发展。

2）项目可行性研究阶段的投资估算，是工程项目投资决策的重要依据，也是研究、分析、计算项目投资经济效果的重要条件，其准确与否直接影响着可行性研究工作的质量和经济评价的结果。项目经济评价所给出的分析数据以及各种评价结果是工程项目投资决策的前提和保障，这些不但能减少或避免项目决策的失误，而且能够大大优化项目决策的结果。

3）工程项目投资估算对设计概算起控制作用，设计概算不得突破政府主管部门批准的投资估算额，并应控制在投资估算额以内。根据国家发改委的要求，可行性研究报告一经批准，其投资估算就成为设计任务书中下达的最高投资限额，即作为工程总造价的最高限额，不得随意突破。

4）工程项目投资估算可作为项目资金筹措及制定贷款计划的依据，建设单位可以根据批准的投资估算额，进行资金筹措和向银行申请贷款。绝大多数金融机构在进行项目融资时都要求申请融资者提供相应的项目评估材料，并且多数金融机构会要求对项目做进一步的评估，甚至规定不经评估的项目融资是不允许的。例如，很多商业银行明确规定任何项目融资都必须以评估结果作为贷款的依据和凭证，凡是未经项目评估的项目融资申请一律不能予以贷款。

5）项目投资估算是核算投资项目固定资产投资和编制固定资产投资计划的重要依据。

6）项目投资估算是进行设计招标、优选设计单位和设计方案的依据。在进行工程设计招标时，投标单位报送的标书中，除了具有设计方案的图纸说明、建设工期等，还包括项目的投资估算文件和技术经济分析，以便衡量设计方案的经济合理性。

7）项目投资估算是实行工程限额设计的依据。实行工程限额设计，要求设计者必须在一定的投资额范围内确定设计方案，以便控制项目的标准。

在项目的全生命周期中，不同阶段的成本控制对工程总投资的影响程度也有所不同，如图 3-3 所示。工程项目建设施工阶段进行成本控制对总投资的影响程度大约只有 5%～35%；在设计阶段的成本控制，对工程项目总投资的影响程度可达 35%～75%；而在项目前期的投资决策阶段，对工程总投资的影响可高达 75%～95%。由此可见，做好工程项目前期投资决策阶段的成本控制，对于整个项目工程总造价的控制有着至关重要的作用。

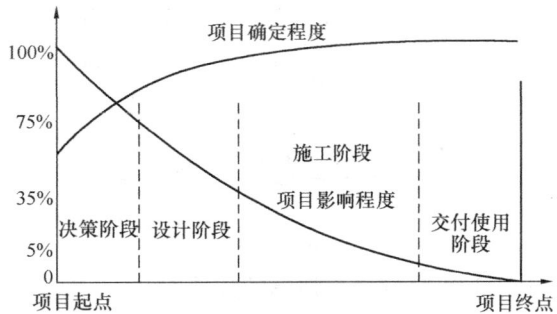

图 3-3　项目各阶段成本控制对总投资的影响程度

3.1.6　投资估算存在的问题及改进

1. 工程项目投资估算问题分析

工程项目投资估算的准确与否直接影响着下一阶段工作的开展与进行，在我国现有的工程项目管理体系中，大部分项目估算的投资额是不能一次性到位的，导致当前普遍存在着"三超"（即概算超估算、预算超概算、决算超预算）的现象，同时"钓鱼工程"也屡禁不止。出现这些问题的原因主要有以下几个方面：

（1）项目外部环境的不确定性

工程项目的投资决策是基于可行性研究对未来环境的预测，在投资估算中对各种设备和材料等的采购价格难以准确把握。价格信息滞后，不能明确价格变化的实际情况，仅靠对价格指数的调整，很难准确地反映出设备、材料等的真实价格，给投资估算工作带来了一定的难度。

（2）项目行为主体的不确定性

政府部门、建设单位、设计单位、施工单位等不同的行为主体，其所代表的利益各不相同，采取的主观行为和意志也不一样，投资估算工作缺乏一定的客观性和公正性。工程项目由于受到审批权限的限制或为达到项目目的而人为地压低投资限额，导致在初步设计和施工图设计等阶段，资金出现缺口；编制投资估算时由于各单位计算口径不一，往往会发生重复计算或漏算，使得投资限额过高或过低，给项目前期工作带来不利影响。

（3）项目信息的不完备性

设计、咨询单位编制项目建议书和可行性研究报告的时间，往往被建设单位限制，难以做到详细调查研究、实地考察、多方案比较，仅靠查询资料进行调整或依据经验来估算，存在很大的局限性，不利于全面、准确地对工程项目进行投资估算。

在工程项目的投资决策阶段、初步设计阶段、施工图设计阶段和竣工阶段四个阶段分别对应着四种不同性质的工作，即投资估算、设计概算、施工图预算、竣工决算。通过审查批准的投资估算，是工程项目投资控制额的依据。初步设计阶段的设计概算应控制在批准的工程项目可行性研究投资估算的限额内，不得任意突破，如若突破，幅度超过国家规定的范围应报请审批部门重批可行性研究报告；施工图预算应控制在设计概算的范围之内，不得随意突破；同理，竣工决算也不得随意突破施工图预算的限额范围。项目不同阶段的工程造价控制如图 3-4 所示。

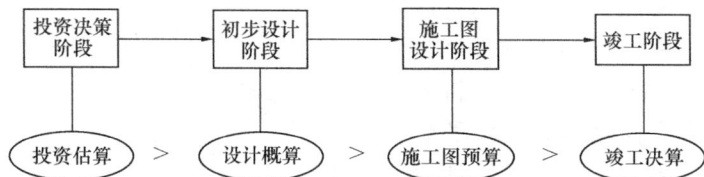

图 3-4 项目不同阶段的工程造价控制

2. 工程项目投资估算的建议

工程项目投资估算对于投资决策过程具有指导性作用，是编制项目建议书和可行性研究报告的重要依据，投资估算的准确与否直接影响着后续工作的开展与进行。实现投资估算在工程投资控制中的作用，是一项有价值、有意义的工程。只有通过全社会的参与、各方面人才的配合，才能为后续的设计概算、施工图预算、竣工决算奠定坚实的基础。

（1）加快投资估算指标的更新速度

投资估算指标往往根据历史的预、决算资料和价格变动等资料编制，其编制基础依照的是预算定额、概算定额和估算指标。由于科学技术的不断进步，新材料、新工艺、新技术不断涌现，定额的时效性问题突出，满足不了建设发展的需要，因此要对估算指标加快更新速度，及时吸收新技术，不断提高质量水平。

（2）建立价格信息网络，加强设备材料的动态管理

面对庞大的建筑市场，仅靠各地造价部门采集价格显然是不够的，应当建立一套以标准定额信息中心为核心的各地造价管理部门、设备生产厂家和材料销售部门参加的价格信息网络系统。同时设立信息专员，及时提供和反馈价格信息，如设备价格指数每半年或一年发布一次，材料每季度或每月发布一次，形成一套较完整的价格体系，为设备和材料价格的动态管理提供可靠依据。

（3）保证设计深度，增强设计人员责任感

投资控制贯穿于工程项目建设的全过程，设计专业也有义不容辞的责任。设计文件必须达到国家规定的设计深度，严格执行设计标准，保证工程质量，建立健全质量保证体系，设计人员要强化经济意识，增强设计责任感，做到技术与经济的有机结合。

（4）全面了解工艺流程，谨防估算漏项

凡是生产性工程项目，均有其工艺生产流程程序，并有与之配套的辅助生产设施，就编制人员而言，在操作时应做到两点：第一，亲临类似生产现场，认真了解生产工艺流程，关注生产设施以及相应辅助公用设施；第二，紧密结合设计方案的条件，合理运用有关工程的概预算资料，尽量考虑齐全，避免出现漏算、少算现象。

（5）及时积累已完工程，总结经验

做好估算工作要注意积累与总结，发现问题，弄清原委。可分别从项目综合指标、投资百分比、预算有关资料的技术经济指标着手进行归纳，在平时的工作中注意积累及收集施工图预算的指标，包括一些主要的工程实物量，分门别类进行归纳整理。有了预算指标资料，在估算投资时才可以操作自如、得心应手。

3.2 项目经济评价

项目经济评价是项目前期研究工作的重要内容，是可行性研究的核心内容，是项目或方案投资决策的重要依据之一。它是根据国民经济和社会发展以及行业、地区发展规划的要求，在项目初步方案的基础上，采用科学、规范的分析方法，对拟建项目建设期、生产期内的投入产出诸多经济因素进行调查、预测、研究、计算和验证，对其财务可行性和经济合理性进行分析论证，做出全面评价，为项目的科学决策提供经济方面的参考依据。

3.2.1 经济评价的概念

项目经济评价是指对工程项目进行经济方面的计算、分析、论证，并提出结论性意见的全过程，是工程项目可行性研究工作的一项重要内容，也是最终可行性研究报告的一个重要组成部分。

项目经济评价包括宏观层面和微观层面两部分，其中宏观层面主要是国民经济评价，微观层面主要是财务评价。项目经济评价的内容及侧重点，应根据项目性质、项目目标、项目投资者、项目财务主体以及项目对经济与社会的影响程度等具体情况来确定。对于费用效益计算比较简单、建设期和运行期比较短、不涉及进出口平衡的一般项目，如果财务评价的结论能够满足投资决策的需要，可不进行国民经济评价；对于关系公众利益、国家安全和市场不能有效配置资源的经济社会发展的项目，除进行财务评价外，还应进行国民经济评价。

1. 国民经济评价的内涵及作用

国民经济评价是按照资源合理配置的原则，从国家经济整体利益的角度出发，计算工程项目所耗费的社会资源和对社会所产生的影响，分析项目的经济效益，评价项目在宏观经济上的合理性。项目国民经济评价旨在把国家有限的资源（包括资金、外汇、劳动力、土地和自然资源等）投入到国家和社会最需要的项目上，并使这些可用于投资的社会有限资源能够合理配置和有效利用，从而获取最大的经济效益。

国民经济评价的作用主要体现在以下三个方面：

1）宏观上合理配置国家的有限资源。国家的资源是有限的，而同一种资源可以用作不同的方面，我们必须从中做出合理的选择。此时，就需要从国家整体利益的角度来开展国民经济评价。如果把国民经济看作一个大系统，项目建设就是这个大系统中的一个子系统。国民经济评价就是要分析项目从国民经济大系统中所吸取的投入以及项目产出对国民经济这个大系统经济目标的影响，从而选择对大系统目标最有利的项目或方案。

2）真实反映项目对国民经济的净贡献。我国作为发展中国家，很多商品的价格不能真实反映其价值，也不反映供求关系。在这种"价格失真"的条件下，按现行价格来计算项目的投入或产出，不能确切地反映项目建设给国民经济带来的效益和费用。因此，必须通过国民经济评价进行价格调整，借助能反映资源真实价值的影子价格来计算建设项目的效益和费用，以便得出该项目的建设是否符合国民经济发展总目标的结论。

3）有利于投资决策的科学化。投资决策的科学化主要在于引导投资方向、控制投资规模和提高计划质量。借助国民经济评价的相关指标及参数，可以起到鼓励或抑制某些行业或项目发展的作用，从而促进国家资源的合理配置；当投资规模不合理时，可通过适当调整社会折现率来达到有效控制投资规模的目的。

在市场经济条件下，大部分项目通过财务评价可以满足投资决策的要求，但是有些项目（如交通运输项目、水利水电项目、战略性资源开发项目等）的财务评价不能全面真实地反映其经济价值，对于此类项目的实施，不仅要考虑项目本身的效益和费用情况，也要考虑到项目处于国民经济发展的大背景下，不可避免地对整个社会产生影响，带来或正或负的外部效益。例如公路建设项目，从项目本身来说，作为公益性的基础设施建设，不是收费公路，在财务上项目是没有收益的，无法进行财务评价，但从国民经济的整体性来看，公路的建设将大大增加旅客、货物的运输量，节约旅客、货物的在途时间，缓解其他道路的拥挤状况，并给周边地区的土地带来增值等，这些都属于国民经济效益。因此，国民经济评价可以为此类项目是否可行提供参考依据，其评价结论是项目投资决策的重要内容之一。

2. 财务评价的内涵及作用

财务评价是指根据国家现行的财税制度和价格体系，从项目本身的角度出发，计算项目范围内的财务效益和费用，编制财务分析报表，确定财务评价指标，考察项目的盈利能力和清偿能力，从而评价项目在微观经济上的可行性与合理性。财务评价的主要目标是通过从项目角度分析投资效果来判别企业投资所获得的实际利益，为企业制定资金规划、协调企业利益和国家利益提供参考依据。

财务评价是项目投资决策的重要依据，其作用主要体现在以下三个方面：

1）确定项目的盈利能力。在社会主义市场经济条件下，企业是一个依法自主经营、自负盈亏的经济实体。在投资风险约束机制建立的前提下，项目盈利水平能否达到企业目标收益或国家规定的基础收益率，能否在企业要求的回收期内收回全部投资，项目能否在银行要求的期限内还清贷款等，不仅是项目投资者进行投资决策的依据，也是国家、地方及各决策部门进行投资决策的重要依据。

2）项目资金筹措的依据。项目的实施所需投资金额、资金的可能来源、用款计划的安排和筹资方案的选择都是财务评价要解决的问题。为保证项目资金按时到位，项目经营者和投资者及贷款部门都要明确拟建项目的投资金额，并据此安排投资计划或预算。

3）确定优惠措施。财务评价有助于确定非盈利项目或微利项目的财政补贴及经济优惠措施。在一些非盈利项目或微利项目（如基础性项目）的投资决策中，为了权衡项目在多大程度上要由国家或地方财政给予必要的支持，如进行政策性的补贴或实行减免税等经济优惠政策，或采取其他弥补亏损的措施，也同样需要进行财务分析和评价。

3. 国民经济评价与财务评价的区别

（1）评价角度不同

国民经济评价是从国家整体经济利益的角度考察项目需要国民经济付出的代价和对国民经济带来的效益，确定投资行为的宏观可行性；财务评价是从项目自身财务的角度考虑货币收支和盈利状况及借款偿还能力，以确定投资行为的财务可行性。

（2）评价目标不同

国民经济评价的目标是把国家有限的资源投入到国家和社会最需要的项目上去，达到社会有限资源的合理配置和有效利用，从而获取国民收入的最大经济效益；财务评价是要判别企业投资所获得的实际利益，为企业制定资金规划、协调企业利益和国家利益提供参考依据，从而实现企业或项目本身的净收益最大化。

（3）评价采用的基础数据不同

国民经济评价采用以影子价格体系为基础的预测价格，不考虑价格总水平变动的因素。财务评价采用以市场价格体系为基础的预测价格。在建设期内，财务评价一般应考虑投入的相对价格变动及价格总水平变动。在运营期内，若能合理判断未来市场价格变动趋势，投入与产出可采用相对变动价格；若难以确定投入和产出的价格变动，一般可采用项目运营期初的价格；有特殊要求时也可考虑价格总水平的变动。

（4）评价的主要参数不同

国民经济评价采用的是影子汇率，以社会折现率作为折现率；财务评价采用外汇汇率，并以行业基准收益率作为折现率。

（5）效益与费用的含义及划分范围不同

国民经济评价是根据项目对社会提供的有用产品和服务及项目所耗费的社会有用资源考虑项目的效益和费用；财务评价则着眼于项目的实际收支确定项目的效益和费用，其中补贴计为效益，税金和利息均计为费用。财务评价只计算项目直接发生的效益和费用，国民经济评价对项目引起的间接效益和费用及外部效果也要进行计算和分析。

对于财务评价结论和国民经济评价结论都可行的项目，可予以通过，反之予以否定；对于国民经济评价结论不可行的项目，一般应予以否定；对于关系公共利益、国家安全和市场不能有效配置资源的经济和社会发展项目，如果国民经济评价结论可行，但财务评价结论不可行，应重新考虑方案，必要时可提出经济优惠措施的建议，使项目既能满足国民经济发展需要，又具有财务生存能力。本教材后面章节着重介绍财务评价的相关内容。

4. 项目经济评价方法的主要特点

（1）动态分析与静态分析相结合，以动态分析为主

项目经济评价方法强调考虑资金的时间价值，利用复利计算的方法将不同时点的效益费用的流入和流出折算成同一时点的价值，为不同项目或方案的经济效益和费用提供了比较的基础，并能反映未来某段时期的发展变化情况。同时，项目经济评价方法并不排斥静态分析，静态分析不考虑资金的时间价值。在以动态分析为主时，也可根据需要采用简单、直观的静态指标进行辅助分析。

（2）定量分析与定性分析相结合，以定量分析为主

经济评价的基本要求是通过效益和费用的计算，对项目建设和生产过程中诸多经济因素给出明确、综合的数量概念，从而进行直观具体的经济分析和比较。项目经济评价方法采用的评价指标力求能正确反映项目效益和费用之间的关系，尽可能对项目或方案的优劣给出明确的数量式结论。然而，一个复杂的项目总是会有一些经济因素难以量化，不能直接进行数量分析，对此则应实事求是地进行全面准确的定性描述。

（3）全过程经济效益分析与阶段性效益分析相结合，以全过程分析为主

传统的经济评价方法重建设、轻运营，由于在经济评价时偏重建设期效益，忽视运营期效益，而造成有些项目建成后效益低下甚至亏损。现行的经济评价方法强调包括建设期和运营期在内的全过程经济效益，采用了能够反映项目整个计算期内经济效益的内部收益率、净现值等指标，并用这些指标作为决定项目取舍的判断依据。

（4）宏观效益分析与微观效益分析相结合，以宏观效益分析为主

对项目进行经济评价，不仅要计算项目本身获利多少，是否具备财务生存能力，还要

考察项目的建设和经营对国民经济有多大贡献以及需要国民经济付出多大代价。项目经济评价方法规定，只有财务评价与国民经济评价结论均可行的项目才予以通过；如果财务评价结论可行，国民经济评价结论不可行，应对项目予以否定；如果财务评价结论不可行，但国民经济评价结论可行，应考虑方案的"再设计"，必要时提出采取经济优惠措施的建议，使财务评价结论也可行。这就体现了宏观效益分析与微观效益分析相结合，宏观效益分析为主的原则。

（5）价值量分析与实物量分析相结合，以价值量分析为主

价值量分析用货币单位（元），实物量分析用物理单位（重量、体积、面积等单位）。经济评价方法从适应社会主义市场经济发展的需要出发，强调把物质因素、劳动因素、时间因素等都量化为货币资金因素，对不同项目或方案都用同一可比的货币价值量进行分析比较，作为项目或方案取舍的判别标准。

（6）预测分析与统计分析相结合，以预测分析为主

经济评价方法强调既要以现有状况水平为基础进行统计分析，又要对未来情况进行科学合理的预测分析，在对效益费用流入流出的时间、数额进行常规预测的同时，还要对某些不确定性因素和风险进行估计，做出投资的不确定分析和风险分析。

3.2.2 财务评价的主要内容

财务评价是项目经济评价的重要组成部分，其具体内容应根据项目自身的性质和目标来确定。对于经营性项目，财务评价是在项目财务效益与费用估算的基础上，编制财务分析报表，确定财务评价指标，分析项目的盈利能力、清偿能力和财务生存能力，从而判断项目的经济可行性，明确项目对财务主体及投资者的价值贡献，为项目投资决策、融资决策提供依据；对于非经营性项目，财务评价应主要分析项目的财务生存能力。

根据项目是否考虑融资，财务评价可以分为融资前分析和融资后分析两种情况。一般宜先进行融资前分析，在融资前分析结论满足要求的情况下，初步设定融资方案，再进行融资后分析。

1. 融资前分析

融资前分析是指在考虑融资方案之前就可以开始进行的财务分析，即不考虑债务融资条件下进行的财务分析。融资前分析从项目投资总获利能力的角度（即项目自身的角度）出发，考察项目方案设计的合理性，一般只需进行项目的盈利能力分析。它以动态分析（折现现金流量分析）为主计算项目投资内部收益率和净现值指标，静态分析（非折现现金流量分析）为辅计算投资回收期指标，在对销售（营业）收入、建设投资、经营成本和流动资金进行估算的基础上，考察整个计算期内的现金流入和现金流出，主要应用项目投资现金流量表进行分析。

融资前分析不考虑融资方案变化的影响，因此在各项现金流量的估算中也应剔除利息的因素。如采用不含利息的经营成本作为现金流出，而不是总成本费用；在流动资金估算、经营成本中的修理费和其他费用估算过程中也应注意避免利息的影响。

融资前分析计算的相关指标，可根据需要从所得税前和所得税后两个角度进行考察分析，选择计算所得税前指标和所得税后指标，所得税后分析是所得税前分析的延伸。所得税作为现金流出，可用于非融资条件下判断项目投资对企业价值的贡献，也是进行初步投资决策和融资方案研究的依据和基础。

进行财务评价首先要进行融资前分析，它与融资条件及融资方案无关，所依赖的数据较少，报表编制简单，分析结论可满足方案比选和初步投资决策的需要。如果分析结果表明项目效益符合要求，再考虑融资方案，继续进行融资后分析；如果分析结果表明项目效益不能满足要求，则需要通过修改设计方案，完善项目方案，必要时甚至可据此做出放弃项目的建议或决定。融资前分析广泛应用于项目各阶段的财务评价。在项目规划和项目建议书阶段，可以只进行融资前分析，此时也可只选取所得税前指标。

2. 融资后分析

融资后分析是指以融资前分析和初步的融资方案为基础进行的财务分析。融资后分析考察项目在拟定融资条件下的盈利能力、清偿能力以及财务生存能力，进而判断项目方案在融资条件下的可行性，主要应用项目资本金现金流量表、投资各方现金流量表、利润与利润分配表进行分析。融资后分析是比选融资方案，进行融资决策和投资者最终决定是否出资的依据。可行性研究阶段必须进行融资后分析，但也只是阶段性的。实际项目中，在可行性研究报告完成之后，还需要进一步深入细化融资后分析，才能完成最终的融资决策。

融资后的盈利能力分析，包括动态分析（折现现金流量分析）和静态分析（非折现现金流量分析）。

动态分析是通过编制财务现金流量表，根据资金时间价值的原理，计算财务内部收益率、财务净现值等指标，分析项目的获利能力。动态分析又可分为两个层次：第一，项目资本金现金流量分析，从项目资本金出资整体的角度出发计算项目资本金财务内部收益率，考察项目资本金可获得的收益水平；第二，投资各方现金流量分析，从投资各方实际收入和支出的角度出发计算投资各方的财务内部收益率，考察投资各方可能获得的收益水平。当投资各方不按股本比例进行分配或有其他不对等的收益时，可选择进行投资各方现金流量分析。

静态分析是不采取折现方式处理数据，主要依据利润与利润分配表，并借助现金流量表计算相关的盈利能力指标，包括项目资本金净利润率（ROE）和总投资收益率（ROI）。对静态分析指标的判断，应根据不同指标选定相应的参考值（企业或行业的对比值）。当静态分析指标分别符合其相应参考值时，认为从该指标看项目的盈利能力满足要求；如果不同指标得出的判断结论相反，则应通过分析其中原因得出合理的结论。静态盈利能力分析可根据项目的具体情况选做。

3.2.3 财务评价的步骤

工程项目投资的财务评价是在对项目的技术可行性和市场可行性研究的基础上，利用现行的财务指标核算体系，通过编制财务分析报表，对有关指标及数据进行计算和分析，从而为项目的投资决策提供参考依据及建议。财务评价的具体步骤如下。

（1）财务评价前期的基础准备

财务评价前期准备工作主要是选取财务评价基础数据。首先熟悉拟建项目的基本情况，包括建设目的、意义、要求、建设条件、投资环境、市场预测和主要技术方案等，然后根据项目的技术可行性和市场可行性研究，利用现行的价格核算体系和财税制度，将有关涉及投资成本、收益、税金等财务分析的指标数据汇集和整理，形成一套系统的基础分析数据。

这些基础数据分为两类，一类是与项目投资成本有关的数据，另一类是与项目投资收益有关的数据。包括产品品种方案及生产规模、销售量；项目产品价格、销售收入预测；项目投资固定资产、流动资金估算值、资金年度使用计划及资金来源；项目贷款条件，包括贷款利率及偿还时间、偿还方式；项目涉及产品成本及其构成的预算值；税金及其他专项基金；实施进程表；项目评价计算期限。

在收集基础数据资料时，需要关注的信息资料包括项目投资的市场信息资料、项目投资的生产信息资料、项目投资费用总额及其来源的信息资料。

（2）测算项目的财务效益和财务费用

项目的财务效益主要是指项目实施后所获得的营业收入，对于适用增值税的经营性项目，除营业收入外，其可得到的增值税返还也应作为补贴收入计入财务效益；对于非经营性项目，财务效益应包括可能获得的各种补贴收入。财务费用主要表现为建设项目总投资、成本费用和税金等各项支出。

在财务效益和费用测算中，通常先测算营业收入或建设投资，再依次是经营成本和流动资金，当需要继续进行融资后分析时，可在初步融资方案的基础上估算建设期利息，最后完成总成本费用的估算。

需注意的是，运营期财务效益和费用测算要采用一致的价格体系。采用预测价时，要考虑价格变动因素，对适用增值税的项目，运营期内投入产出的测算价格可采用不含增值税价格，若采用增值税价格，应予以说明，并调整相关价格。

项目的财务效益和费用是财务评价的重要基础，其估算的准确性与可靠性对项目财务评价影响极大。故财务效益和费用的测算应遵循"有无对比"的原则，正确识别和评估"有项目"和"无项目"状态的财务效益和费用。所谓"有项目"是指实施项目后的将来状况，"无项目"是指不实施项目时的未来状况。"有无对比"法是项目财务评价中费用与效益识别的基本原则，可以排除由于项目以外的原因产生的效益和费用。项目财务评价的效益与费用测算应反映行业特点，符合依据明确、价格合理、方法适宜和表格清晰的要求。

（3）编制财务报表

财务评价需要编制一系列报表，并以此为基础进行各项评价指标的计算。用于财务评价的报表一般包括财务报表和辅助报表，为了计算评价指标，考察项目的盈利能力、清偿能力和财务生存能力等财务状况，需要在编制辅助报表的基础上编制财务报表。其中财务报表主要有现金流量表、利润与利润分配表（损益表）、资产负债表、财务计划现金流量表、借款还本付息估算表以及其他报表，如资金来源与运用表（经营状况表）、财务外汇平衡表等；辅助报表主要有建设投资估算表、流动资金估算表和总成本费用估算表等。

（4）计算财务评价指标

根据财务报表的基础数据计算财务评价的一系列指标，并对比基准值，从而对项目有关反映盈利能力、清偿能力和财务生存能力的财务指标做出基本评价。其中，判断项目盈利能力的指标主要不包括财务内部收益率（FIRR）、总投资收益率、项目资本金净利润率等，判断项目清偿能力的指标主要包括利息备付率、偿债备付率、资产负债率、流动比率、速动比率等。

财务评价的基准收益率是指建设项目财务评价中对可货币化的项目费用与效益采用折

现方法计算财务净现值的基准折现率，是衡量项目财务内部收益率的基准值，是项目财务可行性研究和方案比选的主要判断依据。财务评价基准收益率的选取应遵循以下原则：①政府投资项目的财务评价要采用国家行政主管部门发布的行业财务基准收益率。对于项目产出物或服务费这类由市场定价的项目，其基准收益率是政府投资所要求的收益水平上限，但这不是对参与该类项目的其他投资者的要求，他们的收益率通过参加政府招投标或与政府部门协商确定。②企业投资等其他建设项目的财务评价所采用的行业财务基准收益率，既可使用投资者自行测定的最低可接受财务收益率，也可选用国家或行业主管部门发布的行业财务基准收益率。根据投资者意图和项目的具体情况，项目最低可接受的财务收益率取值可高于、等于或低于行业财务基准收益率。

（5）对项目投资的不确定性与风险的财务分析

项目的不确定性与风险分析是根据财务报表的基础数据对投资过程存在的不确定性因素及投资风险进行财务可行性分析，主要包括盈亏平衡分析、敏感性分析和概率分析等。对项目投资的不确定性与风险的财务分析有助于加强项目的风险管理和控制，在不确定性与风险分析基础上所做的决策，可在一定程度上避免决策失误所带来的巨大损失，有助于投资决策的科学化。

（6）撰写财务评价报告

通过投资项目的基础数据与参数的选取、项目财务效益和财务费用的测算、财务报表的编制、相关财务评价指标的计算以及项目的风险与不确定性分析等阶段工作，最后得出财务评价结论，并撰写财务评价报告。

3.2.4 财务评价的报表

工程项目的财务评价主要是在编制财务报表的基础上对项目进行盈利能力分析、清偿能力分析和财务生存能力分析，以便进一步运用财务效益评价指标进行评价。根据《建设项目经济评价方法与参数（第三版）》的规定，用于财务评价的报表主要包括各类现金流量表、利润与利润分配表、财务计划现金流量表、资产负债表和借款还本付息计划表等。

1. 现金流量表

现金流量是指投资项目从项目筹划、设计、施工、投产直至报废整个期间，各年从系统中流入和流出的货币量总称，反映了项目在建设和生产服务年限内的资金运动。现金流量主要由现金流入、现金流出和净现金流量构成，其中现金流入是指投资项目在某一时点或一定时期内流入系统的货币，现金流出是指投资项目在某一时点或一定时期内流出系统的货币，净现金流量是指项目在某一时点或一定时期内现金流入和现金流出的代数和，记为 NCF。

一个项目或方案的实施，其各种现金流量的数额和发生的时间都不尽相同，为了便于分析不同时间点或时间段内的现金流入和现金流出，计算其净现金流量，通常采用现金流量表（表 3-2）或现金流量图（图 3-5）的形式来表示。

现金流量表					表 3-2
年份	0	1	2	3	⋯	6
现金流入	0	0	100	200	⋯	200
现金流出	200	200	0	0	⋯	0
净现金流量	−200	−200	100	200	⋯	200

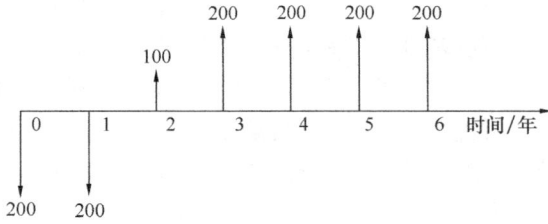

图 3-5　现金流量图举例

若无特别说明，现金流量图中的时间单位均为年，并假设投资均发生在年初，营业收入（销售收入）、经营成本及残值回收等均发生在年末。

（1）项目投资现金流量表（表 3-3）

项目投资现金流量表是融资前进行现金流量分析使用的报表，从项目投资总获利能力的角度，即项目自身角度，考察项目方案设计的合理性。该表设定全部投资（包括固定资产投资和流动资金）均为自有资金，并以其作为计算基础，用以计算所得税前和所得税后的财务内部收益率、财务净现值及投资回收期等评价指标，考察项目全部投资的盈利能力。由于融资前财务分析的现金流量与融资方案无关，因此，不考虑利息的影响，采用不含利息的经营成本作为现金流出，使问题得以简化，为各个投资方案间的比较建立了共同的基础。

现金流入是项目投产后的收入，主要包含营业收入、补贴收入、回收固定资产余值、回收流动资金。营业收入是指企业销售产品或提供劳务等取得的收入；补贴收入是按有关规定估算企业可能得到的补贴收入，包括先征后返的增值税、按销售量或工作量等依据国家规定的补助定额计算并按期给予的定额补贴，以及属于财政扶持而给予的其他形式的补贴等；回收固定资产余值的计算公式为：固定资产余值＝固定资产原值－年折旧额×折旧年限；回收流动资金同回收固定资产余值均要在计算期末回收，故都填列在计算期的最后一年。

现金流出是整个项目计算期的现金投入，主要包含建设投资、流动资金、经营成本、营业税金及附加、维持运营投资。对于维持运营投资，某些项目在运营期内需要投入一定的固定资产投资才能得以维持正常运营，例如设备更新费用、油田的开发费用、矿山的井巷开拓延伸费用等。如果该投资投入后延长了固定资产的使用寿命，或使产品质量实质提高，或成本实质性降低等，使可能流入企业的经济利益增加，那么该固定资产投资应予以资本化，即应计入固定资产原值，并计提折旧。否则该投资只能予以费用化，列入成本。

调整所得税＝利润与利润分配表中的息税前利润×企业的所得税率

项目投资现金流量表　　　　　　　　　　　　表 3-3

人民币单位：万元

序号	项目	合计	计算期					
			1	2	3	4	……	n
1	现金流入							
1.1	营业收入							
1.2	补贴收入							
1.3	回收固定资产余值							
1.4	回收流动资金							
2	现金流出							
2.1	建设投资							
2.2	流动资金							
2.3	经营成本							

续表

序号	项目	合计	计算期					
			1	2	3	4	……	n
2.4	营业税金及附加							
2.5	维持运营投资							
3	所得税前净现金流量（1－2）							
4	累计所得税前净现金流量							
5	调整所得税							
6	所得税后净现金流量（3－5）							
7	累计所得税后净现金流量							

计算指标：
项目投资财务内部收益率（％）（所得税前）
项目投资财务内部收益率（％）（所得税后）
项目投资财务净现值（所得税前）（$i_c=$　　％）
项目投资财务净现值（所得税后）（$i_c=$　　％）
项目投资回收期（年）（所得税前）
项目投资回收期（年）（所得税后）

注：1. 本表适用于新设法人项目与既有法人项目的增量和"有项目"的现金流量分析。
　　2. 调整所得税为以息税前利润为基数计算的所得税，区别于"利润与利润分配表""项目资本金现金流量表"和"财务计划现金流量表"中的所得税。

（2）项目资本金现金流量表（表3-4）

项目资本金现金流量表

表3-4
人民币单位：万元

序号	项目	合计	计算期					
			1	2	3	4	……	n
1	现金流入							
1.1	营业收入							
1.2	补贴收入							
1.3	回收固定资产余值							
1.4	回收流动资金							
2	现金流出							
2.1	项目资本金							
2.2	借款本金偿还							
2.3	借款利息支付							
2.4	经营成本							
2.5	营业税金及附加							
2.6	所得税							
2.7	维持运营投资							
3	净现金流量（1－2）							

计算指标：
资本金财务内部收益率（％）

注：1. 项目资本金包括用于建设投资、建设期利息和流动资金的资金。
　　2. 对外商投资项目，现金流出中应增加职工奖励及福利基金科目。
　　3. 本表适用于新设法人项目与既有法人项目"有项目"的现金流量分析。

项目资本金现金流量表是融资后进行现金流量分析使用的报表，从项目权益投资者整体的角度，考察项目给项目权益投资者带来的收益水平。项目资本金现金流量分析是在拟定的融资方案基础上进行的息税后分析，从项目资本金出资者整体的角度出发确定其现金流入和现金流出，从而计算资本金财务内部收益率。

现金流入，同项目投资现金流量表的现金流入。

现金流出，主要包含项目资本金、借款本金偿还、借款利息支付、经营成本、营业税金及附加、所得税、维持运营投资。其中借款本金偿还和借款利息支付需要逐年填写各种借款（长期借款、短期借款、流动资金借款等）的本金偿还之和与利息支付之和；其他现金流出同项目投资现金流量表的数据。

（3）投资各方现金流量表（表3-5）

投资各方现金流量表是从各个投资者的角度出发，分别编制现金流量表，以投资者的出资额作为计算基础，分别计算投资各方收益率，考察项目给各个投资者带来的收益水平。一般情况下，若投资者各方利益分配是按股本比例分配利润、亏损及风险的，则投资各方的收益水平相同，因此，没有必要分别计算各方的内部收益率。但由于投资各方资金的时间价值有所不同，采用的基准收益率也会不同，因此，投资各方站在各自角度对项目会有不同的评价。

现金流入是出资方因该项目的实施将实际获得的各种收入，主要包含实分利润、资产处置收益分配、租赁费收入、技术转让或使用收入、其他现金流入。实分利润是指各投资者由项目获取的利润，根据利润与利润分配表的数据填列；资产处置收益分配是指对有明确的合营期限或合资期限的项目，在期满时对资产余值按股比或约定比例进行的分配；租赁费收入是指出资方将自己的资产租赁给项目使用所获得的收入，此时应将资产价值作为现金流出，列为租赁资产支出科目；技术转让或使用收入是指出资方将专利或专有技术转让或允许该项目使用所获得的收入。

投资各方现金流量表　　　　表3-5

人民币单位：万元

序号	项目	合计	计算期					
			1	2	3	4	……	n
1	现金流入							
1.1	实分利润							
1.2	资产处置收益分配							
1.3	租赁费收入							
1.4	技术转让或使用收入							
1.5	其他现金流入							
2	现金流出							
2.1	实缴资本							
2.2	租赁资产支出							
2.3	其他现金流出							
3	净现金流量（1—2）							

计算指标：

投资各方财务内部收益率（%）

注：1. 本表可按不同投资方分别编制。

2. 投资各方现金流量表既适用于内资企业也适用于外商投资企业；既适用于合资企业也适用于合作企业。

现金流出是出资方因该项目的实施将实际投入的各种支出，主要包含实缴资本、租赁资产支出、其他现金流出。实缴资本是指公司成立时公司实际收到的各股东的出资总额；租赁资产支出是指以经营租赁方式租入固定资产发生的租赁费支出。

项目财务现金流量表的特点归纳见表 3-6。

项目财务现金流量表的对比总结 表 3-6

报表名称	报表特点	计算评价指标
项目投资现金流量表	从项目投资总获利能力的角度出发，在假设全部投资均为自有资金的基础上进行项目的融资前分析，考察项目方案设计的合理性	项目财务内部收益率（FIRR）是盈利能力分析的动态指标；项目财务净现值（FNPV）是盈利能力分析的绝对指标；投资回收期
项目资本金现金流量表	从项目权益投资者整体的角度出发，在拟定融资方案的基础上进行息税后分析，考察项目给项目权益投资者带来的收益水平	资本金财务内部收益率
投资各方现金流量表	从各个投资者的角度出发，以投资者的出资额作为计算基础，分别计算投资各方收益率，考察项目给各个投资者带来的收益水平	各投资方财务内部收益率

2. 利润与利润分配表（表 3-7）

利润与利润分配表即损益表，是反映项目计算期内各年的利润总额、销售（营业）收入、总成本费用以及所得税及税后利润分配情况的财务报表，该报表的编制以利润总额的计算过程为基础，用于计算总投资收益率、资本金净利润率、投资利润率和投资利税率等指标，同时进行利润分配，并据此计算可用于偿还贷款的利润额，是进行项目盈利能力分析的重要报表。具体项的计算情况如下：

（1）营业收入、营业税金及附加、补贴收入均根据项目投资现金流量表填列。

（2）弥补以前年度亏损由前一期的净利润（为负时）确定。

（3）期初未分配利润等于上一年年末未分配利润。

（4）法定盈余公积金是《公司法》统一规定公司制企业必须提取的公积金，主要用作弥补亏损或增加资本股本，它的提取顺序在弥补亏损之后。根据《公司法》有关规定，按照税后利润扣除被没收的财务损失、支付各项税收的滞纳金和罚款以及弥补以前年度亏损后的 10% 提取，当盈余公积金以达到注册资金的 50% 时可不再提取。非公司制企业法定盈余公积金的提取比例可超过净利润的 10%。

（5）应付优先股股利由投资者签订的协议或公司的章程确定。

（6）任意盈余公积金的提取则由企业自行决定。

利润与利润分配表 表 3-7

人民币单位：万元

序号	项目	合计	计算期					
			1	2	3	4	……	n
1	营业收入							
2	营业税金及附加							
3	总成本费用							
4	补贴收入							
5	利润总额（1－2－3＋4）							
6	弥补以前年度亏损							
7	应纳税所得额（5－6）							
8	所得税							
9	净利润（5－8）							
10	期初未分配利润							
11	可供分配的利润（9＋10）							
12	提取法定盈余公积金							
13	可供投资者分配的利润（11－12）							
14	应付优先股股利							
15	提取任意盈余公积金							
16	应付普通股股利（13－14－15）							
17	各投资方利润分配：							
	其中：××方							
	××方							
18	未分配利润（13－14－15－17）							
19	息税前利润（利润总额＋利息支出）							
20	息税折旧摊销前利润 （息税前利润＋折旧＋摊销）							

注：1. 对于外商出资项目由第 11 项减去储备基金、职工奖励与福利基金和企业发展基金后，得出可供投资者分配的利润。

2. 第 14～16 项根据企业性质和具体情况选择填列。

在很多情况下，利润总额不等于应纳税所得额，必须根据国家规定或具体情况把利润总额先调整为应纳税所得额，再计算所得税。主要从两个方面进行调整：第一，根据国家规定，有些投资分利，在一定时期内可减免所得税；第二，可以用所得税前利润弥补以前 5 个年度的亏损，如果企业发生亏损，只有扣除亏损额后的余额部分才交所得税。

3. 财务计划现金流量表（表 3-8）

财务计划现金流量表是反映项目计算期内各年的投资、融资及生产经营活动所产生的现金流入和现金流出的财务报表，通过计算项目各年的净现金流量和累计盈余资金，考察资金的平衡和余缺情况，分析项目在计算期内是否有足够的用于维持正常运营的净现金流量，计算现金流量比率等评价指标，进而衡量其财务生存能力。该报表是在设计融资方案的基础上，考虑所采用的折旧政策、具体的融资方案、执行的税收政策、还本付息计划、股利支付计划等因素的影响，通过编制反映企业未来将要发生的财务计划现金流量，分析项目的财务生存能力。

在财务计划现金流量表的填写过程中要注意区分增值税销项税额和增值税进项税额。增值税销项税额是销售商品向购买者收取的增值税税额，增值税进项税额是购进原材料、燃料、动力等支付的增值税税额，进项税额可以抵扣销项税额。

"累计盈余资金"用于反映项目计算期内各年的资金是否充裕（是盈余还是短缺），是否有足够的能力清偿债务等。若累计盈余资金大于零，表明当年资金有盈余；若累计盈余资金小于零，则表明当年会出现资金短缺的情况，需要筹措资金或调整借款及还款计划。因此，财务计划现金流量表可用于选择资金的筹措方案，制定适宜的借款及偿还计划，并为编制资产负债表提供依据。

财务计划现金流量表 表 3-8

人民币单位：万元

序号	项目	合计	计算期					
			1	2	3	4	……	n
1	经营活动净现金流量（1.1－1.2）							
1.1	现金流入							
1.1.1	营业收入							
1.1.2	增值税销项税额							
1.1.3	补贴收入							
1.1.4	其他流入							
1.2	现金流出							
1.2.1	经营成本							
1.2.2	增值税进项税额							
1.2.3	营业税金及附加							
1.2.4	增值税							
1.2.5	所得税							
1.2.6	其他流出							
2	投资活动净现金流量（2.1－2.2）							
2.1	现金流入							
2.2	现金流出							
2.2.1	建设投资							
2.2.2	维持运营投资							
2.2.3	流动资金							
2.2.4	其他流出							
3	筹资活动净现金流量（3.1－3.2）							
3.1	现金流入							
3.1.1	项目资本金投入							

续表

序号	项目	合计	计算期					
			1	2	3	4	……	n
3.1.2	建设投资借款							
3.1.3	流动资金借款							
3.1.4	债券							
3.1.5	短期借款							
3.1.6	其他流入							
3.2	现金流出							
3.2.1	各种利息支出							
3.2.2	偿还债务本金							
3.2.3	应付利息（股利分配）							
3.2.4	其他流出							
4	净现金流量（1＋2＋3）							
5	累计盈余资金							

注：1. 对于新设法人项目，本表投资活动的现金流入为零。

2. 对于既有法人项目，可适当增加科目。

3. 必要时，现金流出中可增加应付优先股股利科目。

4. 对外商投资项目应将职工奖励与福利基金作为经营活动现金流出。

4. 资产负债表（表 3-9）

资产负债表是综合反映项目计算期内各年年末的资产、负债和所有者权益的增减变化情况及应对关系的财务报表，用于计算资产负债率、流动比率及速动比率等评价指标，考察项目资产、负债、所有者权益的结构是否合理，进行清偿能力分析，从而了解项目拥有的资产总额及其构成情况，分析企业生产经营情况、资金周转和资金筹集与运用的策略，衡量项目建成投产后生产经营水平和项目投资的回收能力等。资产负债表包括资产、负债和所有者权益三大部分，其结构关系可以用如下公式表示：

$$资产＝负债＋所有者权益$$

资本公积金是指股票发行的溢价收入、接受的赠予、资产增值、因合并而接受其他公司资产净额等。

资产负债表

表 3-9

人民币单位：万元

序号	项目	合计	计算期					
			1	2	3	4	……	n
1	资产							
1.1	流动资产总额							
1.1.1	货币资金							
1.1.2	应收账款							
1.1.3	预付账款							

序号	项目	合计	计算期					
			1	2	3	4	⋯⋯	n
1.1.4	存货							
1.1.5	其他							
1.2	在建工程							
1.3	固定资产净值							
1.4	无形及其他资产净值							
2	负债及所有者权益（2.4＋2.5）							
2.1	流动负债总额							
2.1.1	短期借款							
2.1.2	应付账款							
2.1.3	预收账款							
2.1.4	其他							
2.2	建设投资借款							
2.3	流动资金借款							
2.4	负债小计（2.1＋2.2＋2.3）							
2.5	所有者权益							
2.5.1	资本金							
2.5.2	资本公积							
2.5.3	累计盈余公积金							
2.5.4	累计未分配利润							

计算指标：

资产负债率（%）

注：1. 对外商投资项目，第2.5.3项改为累计储备基金和企业发展基金。

2. 对既有法人项目，一般只针对法人编制，可按需要增加科目，此时表中资本金是指企业全部实收资本，包括原有和新增的实收资本。必要时，也可针对"有项目"范围编制。此时表中资本金仅指"有项目"范围的对应数值。

3. 货币资金包括现金和累计盈余资金。

5. 借款还本付息计划表（见表3-10）

借款还本付息计划表是反映工程项目计算期内各年借款的使用、还本付息以及偿债资金来源等情况的财务报表，用于计算项目借款偿还期、偿债备付率和利息备付率等评价指标，分析项目的清偿能力。

借款偿还期是指以项目投产后获得的可用于还本付息的资金，还清借款本息所需的时间，其值需要满足贷款机构的期限要求。对于要求尽快还款的项目，应采用借款偿还期指标计算；对于已约定还款期限的项目，可采用利息备付率和偿债备付率指标进行评价。

借款还本付息计划表　　　　　　　　　　　　　　　　表 3-10

人民币单位：万元

序号	项目	合计	计算期					
			1	2	3	4	……	n
1	借款 1							
1.1	期初借款余额							
1.2	当期还本付息							
	其中：还本							
	付息							
1.3	期末借款余额							
2	借款 2							
2.1	期初借款余额							
2.2	当期还本付息							
	其中：还本							
	付息							
2.3	期末借款余额							
3	债券							
3.1	期初债务余额							
3.2	当期还本付息							
	其中：还本							
	付息							
3.3	期末债务余额							
4	借款和债券合计							
4.1	期初余额							
4.2	当期还本付息							
	其中：还本							
	付息							
4.3	期末余额							

计算指标：

利息备付率（%）

偿债备付率（%）

　　注：1. 本表直接适用于新设法人项目，如有多种借款或债券，必要时应分别列出。

　　　　2. 对于既有法人项目，在按有项目范围进行计算时，可根据需要增加项目范围内原有借款的还本付息计算；在计算企业层次的还本付息时，可根据需要增加项目范围外借款的还本付息计算；当简化直接进行项目层次新增借款还本付息计算时，可直接按新增数据进行计算。

　　　　3. 本表可另加流动资金借款的还本付息计算。

3.2.5　财务评价指标

工程项目的财务评价是从项目的财务角度出发，以项目获取最大效益为目标对工程项目进行评价。财务评价结果的好坏，不仅取决于基础数据的完整性和可靠性，也取决于所选取评价指标体系的合理性。只有正确地选取合理的评价指标，财务评价的结果才能符合客观实际，从而具有参考价值。

财务评价指标体系根据不同的标准，可进行不同形式的分类：按是否考虑资金时间价值因素，可分为静态指标和动态指标；按指标的性质，可分为时间性指标、价值性指标和比率性指标；按财务评价的目标，可分为反映盈利能力的指标、反映清偿能力的指标和反映财务生存能力的指标。财务评价的主要指标分类归纳见表 3-11。

财务评价的主要指标分类归纳　　　　　　　　　　　　　表 3-11

分类标准	评价指标分类	主要评价指标
资金的时间价值	静态指标	投资利润率、投资利税率、资本金利润率、静态投资回收期、借款偿还期、利息备付率、偿债备付率、资产负债率、流动比率、速动比率等
	动态指标	财务净现值、财务净现值指数、财务内部收益率、动态投资回收期等
指标的性质	时间性指标	投资回收期、借款偿还期
	价值性指标	财务净现值
	比率性指标	财务内部收益率、投资利润率、资本金利润率、资产负债率、流动比率、速动比率等
财务评价的目标	盈利能力指标	投资财务内部收益率、财务净现值、投资回收期、总投资收益率、项目资本金净利润率等
	清偿能力指标	借款偿还期、利息备付率、偿债备付率、资产负债率、流动比率、速动比率等
	财务生存能力指标	净现金流量、累计盈余资金等

下面主要从财务评价的目标，即盈利能力、清偿能力及财务生存能力三个方面进行分析，构建工程项目的财务评价指标体系。

1. 盈利能力分析

项目盈利能力分析是考察企业在项目投产后所具备的盈利水平，通常是将行业平均利润率或国家规定的基准收益率作为分析的基础，通过编制现金流量表，并计算一系列评价指标考察项目可能达到的预期目标值，从而确定其合理性和可行性。

（1）财务内部收益率（O）

财务内部收益率又称内部报酬率或内在报酬率，是指项目在整个计算期内各年净现金流量现值累计等于零时的折现率。它表示了一种预期的投资收益率，即把项目寿命期内的收益计算成贴现率，以此来反映项目所占用资金的最大盈利率，是考察项目盈利能力的主要动态指标。其计算公式如下：

$$\sum_{t=1}^{n} (CI - CO)_t (1 + FIRR)^{-1} = 0$$

式中　　CI——现金流入量；

　　　　CO——现金流出量；

$(CI-CO)_t$——第 t 年的净现金流量；

　　　　n——项目计算期年数。

项目投资财务内部收益率、项目资本金财务内部收益率和投资各方财务内部收益率均可依据上式计算，但所用的现金流入和现金流出有所不同。

财务内部收益率还可根据现金流量表中的净现金流量数据，采用线性插值法（即试算法）进行计算。先假设一个 $FIRR$，代入上式试算，如求出 $FNPV>0$，则增大 $FIRR$ 值代入上式试算，如此反复进行，直到求出 $FNPV<0$。一般来说，试算用的两个相邻的高、低折现率之差最好不超过 2%，最大不要超过 5%。其计算公式如下：

$$FIRR \approx i^* = i_1 + \frac{FNPV_1}{FNPV_1 - FNPV_2}(i_2 - i_1)$$

式中　i_1——试算的低折现率；

　　　i_2——试算的高折现率；

　$FNPV_1$——低折现率的财务净现值，$FNPV_1>0$；

　$FNPV_2$——高折现率的财务净现值，$FNPV_2<0$。

将财务内部收益率与设定的判别基准 i_c（即基准收益率）进行比较：当 $FIRR \geqslant i_c$ 时，说明项目的实际盈利水平满足最低要求，则项目可以考虑接受；当 $FIRR < i_c$ 时，则项目应予以拒绝。

财务内部收益率考虑了资金的时间价值及项目整个寿命期的经济情况，并且能够直接衡量一个项目真正的投资收益率。计算时不需要事先确定一个基准收益率，克服了由于基准收益率确定不当而引起投资决策失误的缺点，因此可以说，财务内部收益率是一个比较可靠的经济评价指标，一般可作为主要的财务评价指标。

（2）财务净现值（$FNPV$）

财务净现值是指项目按基准收益率或设定的折现率（当未制定基准收益率时），将项目计算期内各年的净现金流量折现到建设起点（建设期初）的现值之和，也即项目全部收益的现值减去全部支出的现值之差。它是考察项目在计算期内盈利能力的一个动态评价指标，是一个绝对指标，用于反映项目在满足按设定折现率要求的盈利之外，获得的超额盈利的现值。其计算公式如下：

$$FNPV = \sum_{t=1}^{n} (CI - CO)_t (1 + i_c)^{-t}$$

式中　CI——现金流入量；

　　　CO——现金流出量；

　$(CI-CO)_t$——第 t 年的净现金流量；

　　　n——项目计算期年数。

财务净现值大于或等于零，表明项目的盈利能力达到或超过按设定的折现率计算的盈利水平。当 $FNPV>0$ 时，说明投资项目实施后的收益水平不仅能够达到标准折现率水平，而且还会有盈余，即项目的盈利能力超过其投资收益的期望水平，则项目可行；当 $FNPV=0$ 时，说明投资项目实施后的收益水平恰好达到标准折现率水平，即项目的盈利能力达到投资收益所期望的最低财务盈利水平，则项目可以考虑接受；当 $FNPV<0$ 时，说明投资项目实施后的收益水平达不到标准折现率水平，其盈利能力水平较低，甚至可能出现亏损，则项目应予以拒绝。

对于一般的投资项目，其净现值的大小与折现率的高低有直接关系。折现率越大，净现值越小；折现率越小，净现值越大；随着折现率的逐渐增大，净现值将由大变小，由正变负。财务净现值指标计算简便，结果比较稳定，只要编制了现金流量表，确定好折现率，就可以准确计算出净现值的大小，不会因算术方法的不同而带来差异。在若干备选方案中，财务净现值最大的方案经济效果最佳。

（3）投资回收期（P_t）

投资回收期是指以项目的净收益来抵偿项目全部投资所需要的时间，通常以年为单位，是反映项目财务上投资回收能力的主要静态指标。在财务评价中，投资回收期从项目建设起始年算起，若从项目投产年算起，应予以特别注明。其计算公式如下：

$$\sum_{t=1}^{P_t}(CI-CO)_t=0$$

式中　　CI——现金流入量；

　　　　CO——现金流出量；

$(CI-CO)_t$——第 t 年的净现金流量；

　　　　P_t——投资回收期（年）。

投资回收期亦可根据现金流量表计算求得，现金流量表中累计净现金流量（所得税前）由负值变为零时的时点，即为项目的静态投资回收期。计算公式如下：

$$P_t=\left\{\frac{累计净现金流量}{开始出现正值的年份数}\right\}-1+\frac{上年累计净现金流量绝对值}{当年净现金流量}$$

投资回收期越短，表明项目的盈利能力和抗风险能力越好。在利用投资回收期指标评价投资项目时，需要与根据同类项目的历史数据和投资者意愿确定的基准投资回收期 P_c 相比较：若 $P_t\leqslant P_c$，则项目可以考虑接受；若 $P_t>P_c$，则项目应予以拒绝。

投资回收期在一定程度上反映了项目本身的资金回收能力，比较直观、容易理解，但由于其没有考虑资金的时间价值，无法准确衡量项目投资效益的大小，因此在使用投资回收期进行方案评价时，必须与其他动态指标配合使用，否则可能导致错误的结论。

（4）总投资收益率（ROI）

总投资收益率是指项目达到设计生产能力后的一个正常生产年份的年息税前利润（即年利润总额和年借款利息之和）或运营期内年平均息税前利润与项目总投资的比率，是考察项目总投资盈利水平的一个静态指标。其计算公式如下：

$$ROI=\frac{EBIT}{TI}\times100\%$$

式中　　$EBIT$——项目达产后正常年份的年息税前利润或平均年息税前利润；

　　　　TI——投资总额，包括固定资产投资和流动资金等。

将总投资收益率指标与根据同类项目的历史数据及投资者意愿等确定的基准投资收益率 R_b 进行比较：若 $ROI\geqslant R_b$，则项目可以考虑接受；若 $ROI<R_b$，则项目应予以拒绝。

总投资收益率指标没有考虑资金的时间价值以及项目在建设期、运营期等众多经济数据，故一般仅适用于项目的初步可行性研究阶段或项目投资数额不大、生产比较稳定的财务盈利能力分析。

（5）项目资本金净利润率（ROE）

项目资本金净利润率是指项目达到设计生产能力后的一个正常生产年份的年净利润或运营期内年平均净利润与资本金的比率，用于反映投入项目资本金的盈利水平，也是衡量项目负债资金成本高低的一个静态指标。其计算公式如下：

$$ROE=\frac{NP}{EC}\times100\%$$

式中 NP——项目正常年份的年净利润或运营期内年平均净利润；

EC——项目资本金。

项目资本金是项目吸收投资者投入企业经营活动的各种财产物资的货币表现。在市场经济条件下，投资者关心的不仅是项目全部资金所提供的利润，更关心投资者投入的资本金所创造的利润。一般来说，资本金净利润率指标越高，说明投资者投入项目的资本金盈利能力越大。资本金净利润率还是企业向投资者分配股利的重要参考依据，企业向投资者分配股利的利率一般要低于资本金净利润率。

2. 清偿能力分析

项目清偿能力分析主要是考察项目计算期内各年的财务状况和偿债能力。偿债能力是根据可行性研究中的预期收益，扣除一系列有关费用和税金及应提取的公积金之后，测算项目是否有能力偿还各项借款本息、是否有能力在偿还债务后仍有一定投资回报的分析指标。偿债能力是企业对外融资的参考依据，也是对项目投资进行可行分析性论证的一项重要的财务评价指标。

（1）借款偿还期（P_d）

借款偿还期是指按照国家财税规定及项目具体财务条件，以项目投产后可用于还款的资金偿还借款本金和利息（不包括已用项目资本金支付的利息）所需要的时间，通常以年为单位。其计算公式如下：

$$I=\sum_{t=1}^{P_d}R_t$$

式中 I——借款本金和利息之和；

P_d——从借款开始年计算的借款偿还期；

R_t——第 t 年可用于还款的资金，包括税后利润、折旧费、摊销费及其他还款资金。

借款偿还期亦可由借款还本付息计划表的数据直接推算，其计算公式如下：

$$\text{借款偿还期}=\left\{\begin{matrix}\text{逐年偿还借款，首次}\\ \text{出现盈余的年份数}\end{matrix}\right\}-\text{开始借款年份数}+\frac{\text{当年偿还借款额}}{\text{当年可用于还款的资金}}$$

借款偿还期的指标值应能够满足贷款机构的期限要求。计算出借款偿还期后，要与贷款机构的要求期限进行比较：若借款偿还期小于或等于贷款机构的要求期限，说明项目具备清偿能力，否则项目不可行。

注意，此处的借款偿还期指标值反映的是项目的清偿能力，并非实际偿还借款的时间。

（2）利息备付率（ICR）

利息备付率又称已获利息倍数，是指项目在借款偿还期内各年可用于支付利息的息税前利润与当期应付利息费用的比值，它从付息资金来源的充足性角度反映项目的利润偿付利息的保证倍率。其计算公式如下：

$$ICR = \frac{EBIT}{PI} \times 100\%$$

式中　$EBIT$——息税前利润，利润总额与计入总成本费用的全部利息之和；

　　　　PI——当期应付利息，计入总成本费用的全部利息。

利息备付率越高，表明利润偿付利息的保障程度越高。正常情况下，当 $ICR > 1$ 时，表明企业有偿还利息的能力；当 $ICR < 1$ 时，表明企业没有足够的资金支付利息，即项目的偿债风险很大。

（3）偿债备付率（$DSCR$）

偿债备付率，又称偿债覆盖率，是指项目在借款偿还期内，各年可用于还本付息的资金与当期应还本付息金额的比值，它表示可用于还本付息的资金偿还借款本息的保证倍率。其计算公式如下：

$$DSCR = \frac{EBITAD - TAX}{PD}$$

式中　$EBITAD$——息税前利润加折旧和摊销；

　　　　TAX——企业所得税；

　　　　PD——当期应还本付息金额。

可用于还本付息的资金包括税后净利润、折旧、摊销和计入总成本费用中的利息；当期应还本付息金额包括当期应还贷款本金和计入总成本费用的全部利息。如果项目在运营期内有维持运营的投资，可用于还本付息的资金应扣除维持运营投资。

偿债备付率越高，表明可用于还本付息的资金保障程度越高。正常情况下，当 $DSCR > 1$ 时，表明企业有还本付息的能力；当 $DSCR < 1$ 时，表明当年资金来源不足以偿付当期债务，需要通过短期借款偿付已到期债务。

（4）资产负债率（$LOAR$）

资产负债率是指各期末负债总额与资产总额的比率，表示公司总资产中有多少是通过负债筹集的。该指标用于衡量企业利用债权人提供的资金进行经营活动的能力，能够反映项目各年所面临的财务风险程度及债务清偿能力，以及企业资产对债权人权益的保障程度和债权人发放贷款的安全程度。其计算公式如下：

$$LOAR = \frac{TL}{TA} \times 100\%$$

式中　TL——期末负债总额；

　　　　TA——期末资产总额。

资产负债率一般在 $50\% \sim 70\%$ 之间是合适的。对资产负债率的分析，从不同角度出发有不同的要求。从项目债权人的立场看，债务比例越低越好，企业偿债有保证，贷款不会有太大的风险；从项目权益投资者的立场看，债务比例越高越好，当总投资收益率高于借款利息率时，资产负债率增大会提高资本金利润率。因此，在利用资产负债率进行借入资本决策时，必须充分估计预期的利润和增加的风险，权衡利弊，项目适度的负债有利于企业财务上持续稳定的发展。

（5）流动比率（CR）

流动比率是指项目流动资产总额与流动负债总额的比率，它是反映项目各年偿付流动负债能力的指标，衡量项目流动资产在短期债务到期以前可以变为现金用于偿还流动负债的能力。流动比率可根据资产负债表中的相关数据计算得出，其公式如下：

$$流动比率 = \frac{流动资产总额}{流动负债总额} \times 100\%$$

流动比率的指标值一般应不小于 120%～200%，即 1 元的流动负债最少应有 1.2～2 元的流动资产作为保障，以保证项目按期偿还短期债务。注意，流动比率不能确切地反映项目的瞬时偿债能力。

（6）速动比率（QR）

速动比率是指项目速动资产与流动负债总额的比率，它是衡量项目快速偿付（用可以立即变现的货币资金偿付）流动负债能力的指标，同样可根据资产负债表中的相关数据得出。其计算公式如下：

$$速动比率 = \frac{流动资产总额 - 存货}{流动负债总额} \times 100\%$$

速动比率的指标值一般应不小于 100%～120%，即 1 元的流动负债要有 1～1.2 元的速动资产作为保障，以抵偿短期债务。速动比率因剔除了存货这一类不易变现的流动资产的影响，故其可以确切地反映项目的瞬时偿债能力。

3. 财务生存能力分析

财务生存能力分析又称资金平衡分析，就是在财务评价辅助报表和利润与利润分配表的基础上编制财务计划现金流量表，通过考察项目计算期内的投资活动、融资活动和经营活动所产生的各项现金流入和现金流出，计算净现金流量和累计盈余资金，分析项目是否有足够的净现金流量来维持正常的运营，以实现财务的可持续性。

（1）净现金流量

拥有足够的净现金流量是财务可持续的基本条件，特别是在运营初期。如果一个项目具有较大的净现金流量，说明项目方案比较合理，实现自身资金平衡的可能性较大，不会过分依赖短期融资来维持运营；反之，如果一个项目不能产生足够的净现金流量，或净现金流量为负值，说明维持项目正常运行会遇到财务上的困难，项目方案缺乏合理性，实现自身资金平衡的可能性较小，有可能要依靠短期融资来维持运营；或者是非经营性项目，其本身没有能力实现自身资金的平衡，需要依靠资金补贴来维持运营。

（2）累计盈余资金

各年累计盈余资金不出现负值是财务生存的必要条件。在整个运营期内，可以允许个别年份的净现金流量出现负值，但绝不容许任一年份的累计盈余资金出现负值。一旦出现负值，需适当地进行短期融资，该短期融资体现在财务计划现金流量表中，同时短期融资的利息也应纳入成本费用和其后的计算中。较大的或较频繁的短期融资，有可能导致以后的累计盈余资金无法实现正值，致使项目难以持续运营。

3.2.6　财务评价的不确定性与风险分析

由于外部环境（政治、社会、道德、文化等）的变化以及财务评价方法的局限性，项目经济评价所采用的数据大部分来自于预测和估算，具有一定的风险和不确定性，风险是指未来发生不利事件的概率和可能性，不确定性是指人们对未来事务的状态不能准确地掌握的特性。为了弄清和减少不确定因素对经济评价结果的影响，预测项目可能承担的风险，避免投资决策的失误，有必要进行项目的不确定性分析，确定项目在财务上、经济上的可行性，从而降低项目面临的风险。项目投资财务评价的分析方法主要有盈亏平衡分析、敏感性分析和概率分析等。

1. 盈亏平衡分析

盈亏平衡分析又称量本利分析，是通过计算项目投产后的盈亏平衡点（BEP），分析项目成本与收益之间平衡关系的一种方法，用于反映项目适应市场变化的能力，进而考察项目的抗风险能力，并以此为企业的计划决策和经济核算提供参考依据，使企业获得最大的经济效益。盈亏平衡点又叫盈亏保本点或损益临界点，是指项目的生产水平达到该点时，项目既不盈利也不亏损，处于收支平衡（即项目利润为零）的保本阶段。盈亏平衡点越低，表明项目适应市场变化的能力越强，抗风险能力也越强。

盈亏平衡分析视其判别依据不同，分类情况也有所不同。根据分析要素间函数关系的不同，可分为线性盈亏平衡分析和非线性盈亏平衡分析；根据分析产品品种数目的不同，可分为单一产品盈亏平衡分析和多产品盈亏平衡分析；根据是否考虑资金的时间价值，可分为静态盈亏平衡分析和动态盈亏平衡分析。因项目财务评价中仅进行线性盈亏平衡分析，下面主要从线性角度对盈亏平衡分析进行阐述。

（1）线性盈亏平衡分析

当产量、成本和收益之间呈线性关系时，盈亏平衡分析就是线性盈亏平衡分析。线性盈亏平衡分析包含四个假设条件：①项目总销售收入和生产总成本费用是产品销售量的线性函数；②产品销售量和生产量相等，即各年生产产品全部售出；③产品固定成本和单位售价在项目生产运营期内保持不变；④项目生产的是单一产品，如同时生产几种类似产品，则应把几种产品组合折算为一种产品。

盈亏平衡点的确定方式有很多种，项目财务评价中最常用的是以产量和生产能力利用率表示的盈亏平衡点。

1）以产量表示的盈亏平衡点

根据盈亏平衡点的定义，当达到盈亏平衡状态时，总成本费用等于总营业收入，如果用 Q^* 表示盈亏平衡时的产量（或产品销售量），则计算公式如下：

$$TR = P \times Q^*$$
$$TC = F + C_v \times Q^*$$

令
$$TR = TC$$

则有
$$P \times Q^* = F + C_v \times Q^*$$

故
$$Q^* = \frac{F}{P - C_v}$$

式中　TR——营业收入；

　　　TC——总成本费用；

　　　P——单位产品价格（不含税），若为含税价格则要扣除税点，即 $(1-r)P$；

　　　F——总固定成本；

　　　C_v——单位产品变动成本；

　　　Q^*——盈亏平衡时的产量（或产品销售量）。

盈亏平衡点也可以通过图解法确定（图3-6），当 $0 < Q < Q^*$ 时，TC 曲线位于 TR 曲线之上，此时企业处于亏损状态；当 $Q > Q^*$ 时，TR 曲线位于 TC 曲线之上，此时企业

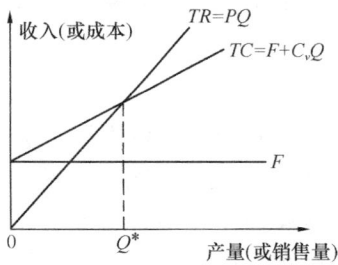

图 3-6　线性盈亏平衡分析图

处于盈利状态。因此，TR 曲线与 TC 曲线的交点对应的产量（或产品销售量）Q^*，就是盈亏平衡时的产量（或产品销售量）。

【例 3-5】 某化工项目总产量 3 万吨，产品单价为 630.24 元/吨，年生产成本为 1352.8 万元，其中固定成本为 112.94 万元，单位可变成本为 413.08 元/吨，销售税率为 3%，求项目投产后的盈亏平衡产量。

【解】 已知 $P=630.24$ 元/吨，$F=112.94$ 万元，$C_v=413.08$ 元/吨，$r=3\%$

$$Q^* = \frac{F}{(1-r)p - C_v} = \frac{112.94}{(1-3\%)\times 630.24 - 413.08} = 0.5697 \text{ 万吨}$$

计算结果表明，项目投产后只要有 0.5697 万吨的订货量，就可以达到盈亏平衡。

2）以生产能力利用率表示的盈亏平衡点

生产能力利用率的盈亏平衡点是指项目不发生亏损时生产能力利用率的最低限度。盈亏平衡时的生产能力利用率越低，表明项目的投资风险就越小。计算公式如下：

$$q^* = \frac{Q^*}{Q_c} \times 100\% = \frac{F}{Q_c \times (P - C_v)} \times 100\%$$

式中　q^*——盈亏平衡时的生产能力利用率；

　　　Q_c——设计年产量。

【例 3-6】 某公司生产某种电子新产品，年设计生产能力为 3 万件，单位产品价格为 3000 元/件，总成本费用为 7800 万元，其中固定成本为 3000 万元，营业税率为 5%，求以产量和生产能力利用率分别表示的盈亏平衡点。

【解】 已知 $Q_c=3\times10^4$ 件，$p=3000$ 元/件，$TC=7800\times10^4$ 元，$F=3000\times10^4$ 元，$r=5\%$。

单位产品变动成本 $C_v = \dfrac{TC-F}{Q_c} = \dfrac{7800\times10^4 - 3000\times10^4}{3\times10^4} = 1600$ 元/件

盈亏平衡点产量 $Q^* = \dfrac{F}{p(1-r)-C_v} = \dfrac{3000\times10^4}{3000\times(1-5\%)-1600} \approx 2.4\times10^4$ 件

盈亏平衡点生产能力利用率 $q^* = \dfrac{Q^*}{Q_c}\times100\% = \dfrac{2.4\times10^4}{3\times10^4}\times100\% = 80\%$

（2）非线性盈亏平衡分析

线性盈亏平衡分析是假设产品销售量和生产量相等，销售收入和生产成本既是产品销售量也是生产量的线性函数，实际上这个线性关系只在产量（或销售量）较低时近似成立，即销售收入只在一定范围内随产量的增加而增加，当产量（或销售量）超过一定的范围，市场需求趋于饱和状态时，销售收入会随着产量增加而增加的幅度越来越小，故销售收入和产量之间呈下凹的非线性关系。同时，单位产品可变成本也是在一定产量范围内才近似常数，当产量超过一定的范围，由于生产条件的逐渐恶化（如设备磨损，环境变差，原材料、动力、燃料价格上涨等），单位产品可变成本也会有所提高，造成生产成本的增加速度会超过产量的增加速度，故生产成本和产量之间呈上凹的非线性关系。

非线性盈亏平衡分析图如图 3-8 所示。

由图 3-7 可知，非线性盈亏平衡分析有两个盈亏平衡点 Q_1 和 Q_2，当 $Q_1 < Q < Q_2$ 时，TR 曲线位于 TC 曲线之上，此时企业处于盈利状态，当 $Q < Q_1$ 或 $Q > Q_2$ 时，TC 曲线位于 TR 曲线之上，此时企业处于亏损状态。

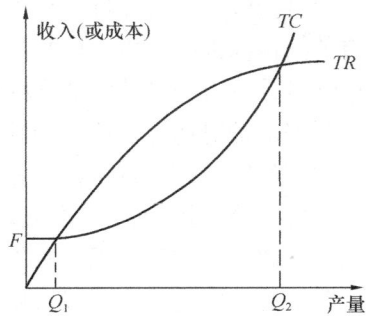

图 3-7 非线性盈亏平衡分析图

【例 3-7】某项目进行经济评价，运营期内正常年份的销售收入、生产成本和产量之间的关系如下：

销售收入：$y_1 = 260x - 0.01x^2$

生产成本：$y_2 = 280000 + 80x + 0.01x^2$

试进行盈亏平衡分析。

【解】达到盈亏平衡时，有 $y_1 = y_2$

即 $260x - 0.01x^2 = 280000 + 80x + 0.01x^2$

解得 $x_1 = 2000 \quad x_2 = 7000$

当产量在 2000~7000 之间时，该项目盈利；当产量小于 2000 或大于 7000 时，该项目亏损。因此该项目的产量应保持在 2000~7000 之间。

盈亏平衡分析方法可用于对项目进行定性的风险与不确定性分析，进行多方案的比较和选择，还可用于分析价格、产销量、成本等因素变化对项目盈利能力的影响，从而确定企业合理的生产规模和降低企业固定成本。但同时也存在一定的局限性，盈亏平衡分析无法定量测度项目风险的大小，没有考虑资金的时间价值和项目整个寿命周期内现金流量的变化，并且通常进行的线性分析是建立在产销平衡和线性关系假设的基础上，故盈亏平衡分析的方法难以得出准确全面的结论。

2. 敏感性分析

敏感性分析是投资项目经济评价中最常用的一种不确定性分析方法，是通过分析、预测项目主要因素（投资、成本、价格、折现率、建设工期等）发生变化时对经济评价指标的影响，计算敏感性系数和临界点，从中找出敏感性因素，并确定其影响程度，采取措施限制敏感性因素的变动范围，以达到降低风险的目的。敏感性分析主要用于了解项目的风险因素和风险程度，考察项目承受风险的能力。

所谓敏感性是指影响因素的变化对投资项目经济评价效果的影响程度。当影响因素发生微小变动时，经济评价指标发生很大幅度的变动，则认为该因素是敏感性因素；反之，当影响因素发生很大变动时，经济评价指标才会有所变动，则认为该因素是非敏感性因素。

敏感性分析有单因素敏感性分析和多因素敏感性分析两种。单因素敏感性分析是对单一不确定性因素变化的影响进行分析，即假设各个不确定性因素之间相互独立，每次只考察一个因素，其他因素保持不变，以分析这个变化的因素对经济评价指标的影响程度和敏感程度，是敏感性分析的基本方法。多因素敏感性分析是在两个或两个以上相互独立的不确定性因素同时变化时，分析这些变化的因素对经济评价指标的影响程度和敏感程度。通常情况下，投资项目的经济评价只要求进行单因素敏感性分析。

敏感性分析的计算过程比较复杂，单因素敏感性分析一般按以下步骤进行。

（1）确定经济评价指标

项目投资的经济评价结果可以用多种指标来表示，在进行敏感性分析时，并不要求对所有的指标都进行分析，而是只选择最能反映项目经济效益的指标作为分析对象。不同类型的项目，反映经济效益的指标也不完全相同，所以要根据项目的特点、不同的研究阶段和实际需求情况选定具体合理的经济评价指标。

选定的敏感性分析指标，必须与方案确定性分析的经济评价指标相一致，不宜另外设立敏感性的分析指标。在项目投资的技术经济评价实践中，最常用的敏感性分析指标主要有投资回收期、方案净现值和内部收益率等。如果主要分析方案状态和参数变化对方案投资回收快慢的影响，则可以选用投资回收期作为分析指标；如果主要分析产品价格波动对方案超额净收益的影响，则可以选用净现值作为分析指标；如果主要分析投资大小对方案资金回收能力的影响，则可以选用内部收益率作为分析指标。

（2）选择不确定性因素

影响项目经济评价指标的因素很多，严格来讲，影响方案经济效果的因素都在一定程度上具有不确定性，事实上不可能也没有必要对所有不确定性因素都进行敏感性分析，往往会选择一些主要的影响因素。在不确定因素的选定过程中主要考虑两个方面：①这些因素在其可能变动的范围内对经济评价指标的影响较大；②这些因素发生变化的可能性较大。

对于一般的投资项目，通常设定的不确定性因素有：产品价格、产销量、主要原材料及动力价格、经营成本、固定资产投资、项目寿命期、建设工期、基准折现率、外汇汇率等。其中产量、价格、成本、投资等因素是最常被选择的变量。一般来说，不稳定的基础数据更适合做敏感性分析变量。

（3）设定变量的变化范围

对选定的不确定性因素，应根据历史的统计资料和对市场的调查预测来估计这些因素的变化范围，估计值可比历史统计资料和预测值略偏大。

在项目的投融资中，一些敏感性分析变量的取值问题要遵循以下原则：产量变化应不超过10％～15％；价格以略低于目前产品的实际价格作为初始价格，考虑到通货膨胀，投资成本的超支应控制在10％～30％的范围内；生产成本的取值可以比基础方案生产成本高出5％～10％，或采用比基础方案通货膨胀率更高的生产成本增长速度；利率取值参考金融市场的可测利率；汇率以当前汇率作为基础，再根据各种权威预测加以调整；如果投资者承担了一些特殊的合同义务，如工程延期或不能按期交付产品而要支付罚款，就需要将工程延期内容单列出来进行分析测算；一般不需要对税率的变化做敏感性分析，但若以税务结构作为一个重要组成部分的融资结构，有时需要对各种可能的财税政策变化影响加以分析。

（4）计算敏感性分析指标

1）敏感度系数

敏感度，即不确定性因素发生不同幅度变动时对方案经济评价指标的影响程度，是衡量变量因素敏感程度的一个指标。敏感度系数是指项目经济评价指标变化的百分率与不确定性因素变化的百分率之比。敏感度系数越高，表明项目经济评价指标对该不确定性因素的敏感程度越高。计算公式如下：

$$S_{AF} = \frac{\Delta A/A}{\Delta F/F}$$

式中 S_{AF}——评价指标 A 对于不确定性因素 F 的敏感度系数；

$\Delta F/F$——不确定性因素 F 的变化率；

ΔA——不确定性因素 F 发生 F 变化率时，评价指标 A 的相应变化率。

当 $S_{AF} > 0$ 时，表明评价指标与不确定性因素同方向变化；当 $S_{AF} < 0$ 时，表明评价指标与不确定性因素反方向变化。$|S_{AF}|$ 越大，敏感度系数越高。

2）临界点

临界点是指不确定性因素的变化使项目由可行变为不可行的临界数值。临界点可采用不确定性因素相对于基本方案经济评价指标的变化率表示，当该不确定性因素为费用科目时，即为其增加的百分率；当该不确定性因素为效益科目时，即为其降低的百分率。临界点也可用该百分率对应的具体数值表示，当不确定性因素的变化超过了临界点所表示的不确定性因素的变化极限时，项目将由可行变为不可行。

临界点的高低与计算临界点的指标初始值有关。以基准收益率为例，对于同一个项目，随着设定基准收益率的提高，临界点就会变低，即临界点表示的不确定性因素的极限变化范围变小。在一定的基准收益率下，临界点越低，说明该不确定性因素对项目评价经济评价指标的影响程度越大，即项目对该因素就越敏感。

对于每一个因素的每一次变动，均计算其敏感度系数和临界点，然后将不确定性因素的变动及对应经济评价指标的变动结果用图或表的形式表示出来，以便于测定敏感因素。

敏感性分析图如图 3-8 所示（以内部收益率指标为例），一张图可以同时反映多个因素的敏感性分析结果。每一条斜线的斜率反映内部收益率对该因素的敏感程度，斜率越大，表示敏感度越高，即该不确定性因素发生变动时对内部收益率指标的影响程度越大。

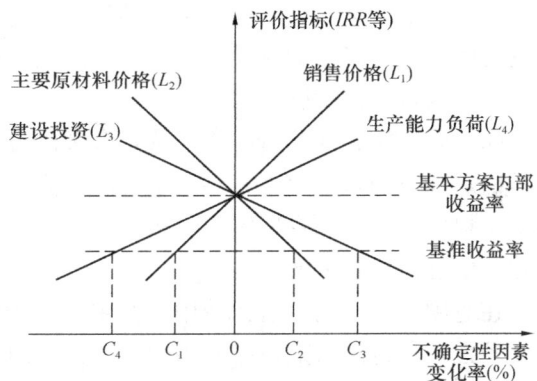

图 3-8 敏感性分析图

敏感性分析表见表 3-12。

敏感性分析表 表 3-12

序号	不确定性因素	变化率（%）	内部收益率	敏感度系数	临界点（%）	临界值
	基本方案					
1	产品产量（生产负荷）					
2	产品价格					
3	主要原材料价格					

续表

序号	不确定性因素	变化率（%）	内部收益率	敏感度系数	临界点（%）	临界值
4	建设投资					
5	汇率					
	……					

（5）确定敏感性因素

敏感性因素是指能引起经济评价指标产生相应较大变化的因素。测定某特定因素敏感与否可采用两种方式进行。

1）相对测定法。设定要分析的不确定性因素均从基准值开始变动，且各因素每次变动幅度相同，比较在同一变动幅度下各因素的变动对方案经济评价指标的影响程度，据此判断方案经济评价指标对各个不确定性因素的敏感程度。

2）绝对测定法。设定各个因素均向对方案不利的方向变动，并取其可能出现的对方案最不利的数值（临界值），据此计算方案的经济评价指标，看其是否可达到使方案不可行的程度。如果某个因素可能出现的最不利的数值能使方案变得不可行，这表明该因素为方案的敏感性因素。如果某个不确定性因素小幅度变动就能使经济评价指标超过临界点，表明这个因素是强敏感因素。

（6）做出敏感性分析结论，选择合理的方案

确定项目的最敏感因素和次敏感因素之后，根据敏感性因素对方案技术经济评价指标的影响程度，结合项目确定性分析的结果做进一步的综合评价，找出对主要不确定性因素变化不敏感的可选方案。

在对项目方案的分析比较中，对主要不确定性因素变化不敏感的方案，其抵抗风险的能力较强，获得经济效益的潜力较大，优于对主要不确定性因素变化敏感的方案，应优先考虑接受。有时还应根据敏感性分析的结果，采取必要的应对措施。

3. 概率分析

概率是对随机事件发生的可能性的度量。概率分析是在选定不确定性因素的基础上，估计其发生变动的范围，然后根据已有资料或经验等情况，估计出相应变化值下的概率，并根据这些概率的大小，预测不确定性因素发生变动对项目经济评价结果影响的稳定性。概率分析是一种定量分析的方法，因为事件的发生具有随机性，故又称为简单风险分析。它在不确定的情况下对项目风险做出直观的定量判断，为项目的投资决策和方案的比选提供了科学的参考依据。

概率分析的内容应根据新项目方案的实际特点和经济评价的要求确定，一般是计算项目方案某个确定性分析指标（例如净现值）的期望值大于或等于零时的累计概率，累计概率值越大，说明不确定性程度越低，即项目承担的风险越小。此外，也可以通过模拟法测算项目经济评价指标（例如内部收益率）的概率分布。应特别注意的是，概率分析时所选定的经济评价指标，要与确定性分析的经济评价指标保持一致。

概率分析的关键是确定各个不确定性因素发生变动的概率。在敏感性分析中，有一个基本假设条件是各个不确定性因素发生变动的概率是相同的，但实际上任何项目中的各个不确定性因素在某一幅度变动的概率是不会相同的。一个敏感性大而发生概率很低的因素对项目的影响程度，可能会小于一个敏感性小而发生概率很高的因素对项目的影响程度。因此，为了对项目风险作直观的定量判断，有必要进行概率分析。

概率分析的方法有很多种，这里主要介绍决策树分析法。决策树法是概率分析最常用的一种风险性决策方法，它运用树型决策网络对项目决策中的不同方案进行比较，从而获得最优的方案。该方法适用于复杂问题的多阶段风险决策分析。分析步骤如下：

1）绘制决策树

决策树是用树枝图反映投资项目的评价过程，由节点和分枝组成，如图 3-9 所示。符号"□"表示的节点为决策点，从决策点引出的分枝 A_i 分别表示一个可供选择的方案，符号"○"表示的节点为状态点，从状态点引出的分枝 Q_j 分别表示一种可能发生的状态，其后括号内的数值表示该状态发生的概率（每个状态节点后各个状态分枝的概率之和为1），每一个状态分枝末端的数值表示相应的损益值（如净现值 NPV_{ij}）。

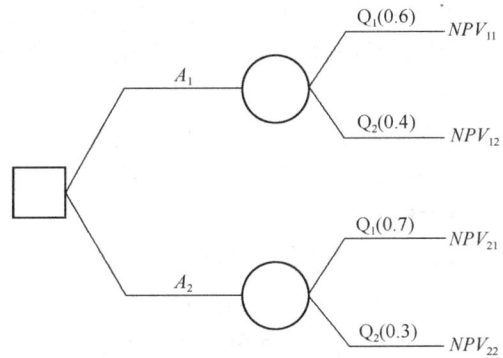

图 3-9 决策树

2）计算期望值

期望值的计算从右向左依次进行。先将每个状态分枝末端的损益值分别乘以各自状态分枝上的概率值，然后将各个相乘的结果加总标到状态节点上，即每一个可供选择的方案对应的期望值。

3）剪枝决策

对比各方案期望值的大小，舍去期望值小的方案，保留期望值最大的方案，最终只剩下一条贯穿始终的方案枝，此方案即为最优方案。

4）多级决策

第一步到第三步可看成是一个单级决策过程，即决策树只有一次决策过程，多级决策是决策树有多次决策过程，其决策步骤与单级决策不同的只是需要进行多次决策，而将每次决策看成是一个单级决策，多级决策从右向左逐次修枝，将每一单级决策的决策点所确定的期望值，作为下一阶段决策的状态点，再以单级决策的方式继续进行，直到最后一个决策点，然后从未被修剪掉的方案枝中选出最优方案。

决策树法列出了决策问题的全部可比方案和可能出现的各种状态，以及各可比方案在不同状态下的期望值，能直观地显示整个决策问题在时间和决策顺序上不同阶段的决策过程。在应用于复杂的多阶段风险决策时，该方法阶段明显，层次清楚，便于决策者周密地思考各种因素，有利于做出正确的决策。但其也有不足之处，如使用范围有限，无法适用于一些不能量化的决策，对各种方案出现概率的确定有时主观性较大，可能导致决策失误等。

3.2.7 项目投资决策的经济效果评价

项目投资决策分析的任务就是要根据所考察工程的预期目标和所拥有的资源条件，分析该工程的现金流量情况，选择合适的决策方案，以获得最佳的经济效果。这里的决策方案是广义的，既可以是工程建设中各种技术措施和方案（如工程设计、施工工艺、生产方案、设备更新、技术改造、新技术开发、工程材料利用、节能降耗、环境技术、工程安全和防护技术等等措施和方案），也可以是建设相关企业的发展战略方案（如企业发展规划、生产经营、投资、技术发展等关乎企业生存发展的战略方案）。

所谓经济效果评价就是根据国民经济与社会发展以及行业、地区发展规划的要求，在拟定的决策方案、财务效益与费用估算的基础上，采用科学的分析方法，对决策方案的财务可行性和经济合理性进行分析论证，为选择决策方案提供科学的决策依据。

1. 经济效果评价的基本内容

经济效果评价的内容应根据决策方案的性质、目标、投资者、财务主体以及方案对经济与社会的影响程度等具体情况确定，一般包括方案盈利能力、偿债能力、财务生存能力等评价内容。

（1）决策方案的盈利能力

决策方案的盈利能力是指分析和测算拟定决策方案计算期的盈利能力和盈利水平。其主要分析指标包括方案财务内部收益率和财务净现值、资本金财务内部收益率、静态投资回收期、总投资收益率和资本金净利润率等，可根据拟定决策方案的特点及经济效果分析的目的和要求等选用。

（2）决策方案的偿债能力

决策方案的偿债能力是指分析和判断财务主体的偿债能力，其主要指标包括利息备付率、偿债备付率和资产负债率等。

（3）决策方案的财务生存能力

财务生存能力分析也称资金平衡分析，是根据拟定决策方案的财务计划现金流量表，通过考察拟定决策方案计算期内各年的投资、融资和经营活动所产生的各项现金流入和流出，计算净现金流量和累计盈余资金，分析决策方案是否有足够的净现金流量维持正常运营，以实现财务可持续性。而财务可持续性应首先体现在有足够的经营净现金流量，这是财务可持续的基本条件；其次在整个运营期间，允许个别年份的净现金流量出现负值，但各年累计盈余资金不应出现负值，这是财务生存的必要条件。若出现负值，应进行短期借款，同时分析该短期借款的时间长短和数额大小，进一步判断拟定决策方案的财务生存能力。短期借款应体现在财务计划现金流量表中，其利息应计入财务费用。为维持决策方案正常运营，还应分析短期借款的可靠性。

在实际应用中，对于经营性方案，经济效果评价是从拟定决策方案的角度出发，根据国家现行财政、税收制度和现行市场价格，计算拟定决策方案的投资费用、成本与收入、税金等财务数据，通过编制财务分析报表，计算财务指标，分析拟定决策方案的盈利能力、偿债能力和财务生存能力，据此考察拟定决策方案的财务可行性和财务可接受性，明确拟定决策方案对财务主体及投资者的价值贡献，并得出经济效果评价的结论。投资者可根据拟定决策方案的经济效果评价结论、投资的财务状况和投资所承担的风险程度，决定拟定决策方案是否应该实施。对于非经营性方案，经济效果评价应主要分析拟定决策方案的财务生存能力。

2. 经济效果评价方法

由于经济效果评价的目的在于确保决策的正确性和科学性，避免或最大限度地降低决策方案的投资风险，明了决策方案投资的经济效果水平，最大限度地提高决策方案投资的综合经济效果。因此，正确选择经济效果评价的方法是十分重要的。

（1）经济效果评价的基本方法

经济效果评价的基本方法包括确定性评价方法与不确定性评价方法两类。对同一个决策方案必须同时进行确定性评价和不确定性评价。

（2）按评价方法的性质分类

按评价方法的性质不同，经济效果评价分为定量分析和定性分析。

1）定量分析

定量分析是指对可度量因素的分析方法。在决策方案经济效果评价中考虑的定量分析因素包括资产价值、资本成本、有关销售额、成本等一系列可以以货币表示的一切费用和收益。

2）定性分析

定性分析是指对无法精确度量的重要因素实行的估量分析方法。

在决策方案经济效果评价中，应坚持定量分析与定性分析相结合，以定量分析为主的原则。

（3）按评价方法是否考虑时间因素分类

对定量分析，按其是否考虑时间因素又可分为静态分析和动态分析。

1）静态分析

静态分析是不考虑资金的时间因素，亦即不考虑时间因素对资金价值的影响，而对现金流量分别进行直接汇总来计算分析指标的方法。

2）动态分析

动态分析是在分析方案的经济效果时，对发生在不同时间的现金流量折现后来计算分析指标。在工程经济分析中，由于时间和利率的影响，对决策方案的每一笔现金流量都应该考虑它所发生的时间，以及时间因素对其价值的影响。动态分析能较全面地反映决策方案整个计算期的经济效果。

在决策方案经济效果评价中，应坚持动态分析与静态分析相结合，以动态分析为主的原则。

（4）按评价是否考虑融资分类

经济效果分析可分为融资前分析和融资后分析。一般宜先进行融资前分析，在融资前分析结论满足要求的情况下，初步设定融资方案，再进行融资后分析。

1）融资前分析

融资前分析应考察决策方案整个计算期内现金流入和现金流出，编制决策方案投资现金流量表，计算决策方案投资内部收益率、净现值和静态投资回收期等指标。融资前分析排除了融资方案变化的影响，从决策方案投资总获利能力的角度，考察方案设计的合理性，应作为决策方案初步投资决策与融资方案研究的依据和基础。融资前分析应以动态分析为主，静态分析为辅。

2）融资后分析

融资后分析应以融资前分析和初步的融资方案为基础，考察决策方案在拟定融资条件下的盈利能力、偿债能力和财务生存能力，判断决策方案在融资条件下的可行性。融资后分析用于比选融资方案，帮助投资者做出融资决策。融资后的盈利能力分析也应包括动态分析和静态分析。

动态分析包括下列两个层次：

① 决策方案资本金现金流量分析。分析应在拟定的融资方案下，从决策方案资本金出资者整体的角度，计算决策方案资本金财务内部收益率指标，考察决策方案资本金可获得的收益水平。

② 投资各方现金流量分析。分析应从投资各方实际收入和支出的角度，计算投资各方的财务内部收益率指标，考察投资各方可能获得的收益水平。

静态分析系指不采取折现方式处理数据，依据利润与利润分配表计算决策方案资本金净利润率（ROE）和总投资收益率（ROI）指标。静态分析可根据决策方案的具体情况选做。

（5）按决策方案评价的时间分类

按决策方案评价的时间可分为事前评价、事中评价和事后评价。

1）事前评价

事前评价，是指在决策方案实施前为决策所进行的评价。显然，事前评价都有一定的预测性，因而也就有一定的不确定性和风险性。

2）事中评价

事中评价，亦称跟踪评价，是指在决策方案实施过程中所进行的评价。这是由于在决策方案实施前所做的评价结论及评价所依据的外部条件（市场条件、投资环境等）的变化而需要进行修改，或因事前评价时考虑问题不周、失误，甚至根本未做事前评价，在建设中遇到困难，而不得不反过来重新进行评价，以决定原决策有无全部或局部修改的必要性。

3）事后评价

事后评价，亦称后评价，是在决策方案实施完成后，总结评价决策方案决策的正确性，决策方案实施过程中项目管理的有效性等。

（6）经济效果评价的程序

1）熟悉决策方案的基本情况

熟悉决策方案的基本情况，包括投资目的、意义、要求、建设条件和投资环境，做好市场调查研究和预测、技术水平研究和设计方案。

2）收集、整理和计算有关技术经济基础数据资料与参数

技术经济数据资料与参数是进行决策方案经济效果评价的基本依据，所以在进行经济效果评价之前，必须先收集、估计、测算和选定一系列有关的技术经济数据与参数。主要包括以下几点：

① 决策方案投入物和产出物的价格、费率、税率、汇率、计算期、生产负荷及基准收益率等。它们是重要的技术经济数据与参数，在对决策方案进行经济效果评价时，必须科学、合理地选用。

② 决策方案建设期间分年度投资支出额和决策方案投资总额。决策方案投资包括建设投资和流动资金需要量。

③ 决策方案资金来源方式、数额、利率、偿还时间以及分年还本付息数额。

④ 决策方案生产期间的分年产品成本。分别计算出总成本、经营成本、单位产品成本、固定成本和变动成本。

⑤ 决策方案生产期间的分年产品销售数量、营业收入、营业税金及附加、营业利润及其分配数额。

根据以上技术经济数据与参数分别估测出决策方案整个计算期（包括建设期和生产期）的财务数据。

3. 根据基础财务数据资料编制各基本财务报表

运用财务报表的数据与相关参数，计算决策方案的各经济效果分析指标值，并进行经济可行性分析，得出结论。具体步骤如下：

1）首先进行融资前的盈利能力分析，其结果体现决策方案本身设计的合理性，用于初步投资决策以及方案的比选。也就是说用于考察决策方案是否可行，是否值得去融资。这对决策方案投资者、债权人和政府管理部门都是有用的。

2）如果第一步分析的结论是"可行"的，那么进一步去寻求适宜的资金来源和融资方案，就需要借助于对决策方案的融资后分析，即资本金盈利能力分析和偿债能力分析，投资者和债权人可据此做出最终的投融资决策。

4. 经济效果评价方案

由于技术经济条件的不同，实现同一目的的决策方案也不同。因此，经济效果评价的基本对象就是实现预定目的的各种决策方案。评价方案的类型较多，但常见的主要有两类。

（1）独立型方案

独立型方案是指决策方案间互不干扰、在经济上互不相关的决策方案，即这些决策方案是彼此独立无关的，选择或放弃其中一个决策方案，并不影响其他决策方案的选择。显然，单一方案是独立型方案的特例。对独立型方案的评价选择，其实质就是在"做"与"不做"之间进行选择。因此，独立型方案在经济上是否可接受，取决于决策方案自身的经济性，即决策方案的经济指标是否达到或超过了预定的评价标准或水平。为此，只需通过计算决策方案的经济指标，并按照指标的判别准则加以检验就可做到。这种对决策方案自身的经济性的检验叫作"绝对经济效果检验"，若决策方案通过了绝对经济效果检验，就认为决策方案在经济上是可行的，可以接受的，值得投资的；否则，应予拒绝。

（2）互斥型方案

互斥型方案又称排他型方案，在若干备选决策方案中，各个决策方案彼此可以相互代替，因此决策方案具有排他性，选择其中任何一个决策方案，则其他决策方案必然被排斥。互斥方案比选是工程经济评价工作的重要组成部分，也是寻求合理决策的必要手段。

方案的互斥性，使我们在若干决策方案中只能选择一个决策方案实施，由于每一个决策方案都具有同等可供选择的机会，为使资金发挥最大的效益，我们当然希望所选出的这一个决策方案是若干备选方案中经济性最优的。因此，互斥方案经济评价包含两部分内容：一是考察各个决策方案自身的经济效果，即进行"绝对经济效果检验"；二是考察哪个决策方案相对经济效果最优，即"相对经济效果检验"。两种检验的目的和作用不同，通常缺一不可，从而确保所选决策方案不但最优而且可行。只有在众多互斥方案中必须选择其中之一时才可单独进行相对经济效果检验。但需要注意的是在进行相对经济效果检验时，不论使用哪种指标，都必须满足方案可比条件。

（3）决策方案的计算期

决策方案的计算期是指在经济效果评价中为进行动态分析所设定的期限，包括建设期和运营期。

1）建设期

建设期是指决策方案从资金正式投入开始到决策方案建成投产为止所需要的时间。建设期应参照决策方案建设的合理工期或决策方案的建设进度计划合理确定。

2）运营期

运营期分为投产期和达产期两个阶段。

投产期是指决策方案投入生产，但生产能力尚未完全达到设计能力时的过渡阶段。

达产期是指生产运营达到设计预期水平后的时间。

运营期一般应根据决策方案主要设施和设备的经济寿命期（或折旧年限）、产品寿命期、主要技术的寿命期等多种因素综合确定。行业有规定时，应从其规定。

综上可知，决策方案计算期的长短主要取决于决策方案本身的特性，因此无法对决策方案计算期做出统一规定。计算期不宜定得太长：一方面是因为按照现金流量折现的方法，把后期的净收益折为现值的数值相对较小，很难对经济效果分析结论产生有决定性的影响；另一方面由于时间越长，预测的数据会越不准确。

计算期较长的决策方案多以年为时间单位。对于计算期较短的决策方案，在较短的时间间隔内（如月、季、半年或其他非日历时间间隔）现金流水平有较大变化，可根据决策方案的具体情况选择合适的计算现金流量的时间单位。

由于折现评价指标受计算时间的影响，对需要比较的决策方案应取相同的计算期。

5. 经济效果评价指标体系

决策方案的经济效果评价，一方面取决于基础数据的完整性和可靠性；另一方面取决于选取的评价指标体系的合理性，只有选取正确的评价指标体系，经济效果评价的结果才能与客观实际情况相吻合，才具有实际意义。一般来讲，决策方案的经济效果评价指标不是唯一的，在工程经济分析中，常用的经济效果评价指标体系如图3-10所示。

静态分析指标的最大特点是不考虑时间因素，计算简便。所以在对决策方案进行粗略评价，或对短期投资方案进行评价，或对逐年收益大致相等的决策方案进行评价时，静态分析指标还是可采用的。

动态分析指标强调利用复利方法计算资金时间价值，它将不同时间内资金的流入和流出，换算成同一时点的价值，从而为不同决策方案的经济比较提供了可比基础，并能反映决策方案在未来时期的发展变化情况。

总之，在进行决策方案经济效果评价时，应根据评价深度要求、可获得资料的多少以及评价方案本身所处的条件，选用多个不同的评价指标，这些指标有主有次，从不同侧面反映评价方案的经济效果。

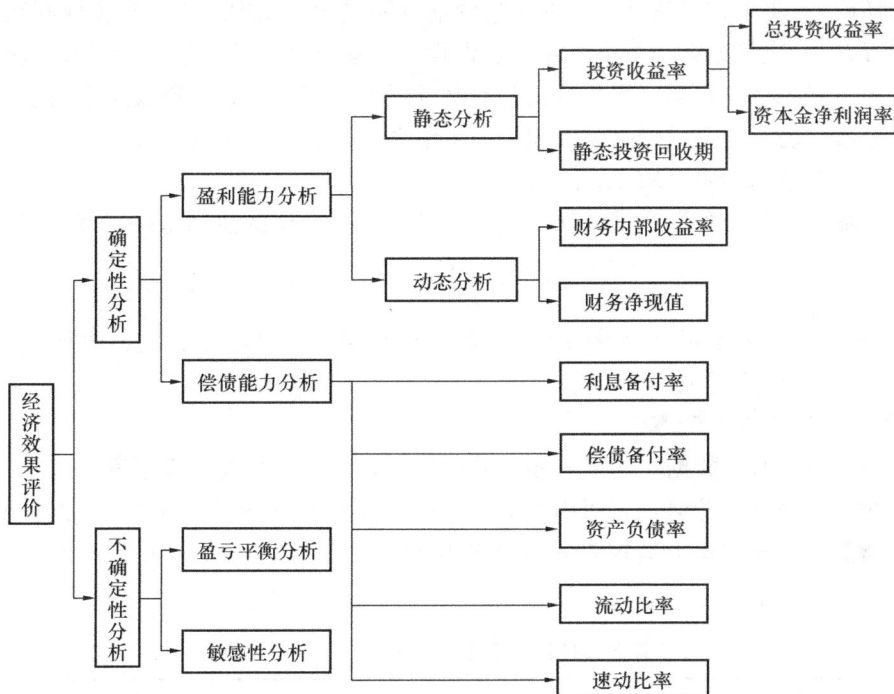

图 3-10 经济效果评价指标体系

3.2.8 投资收益率分析

1. 概念

投资收益率是衡量决策方案获利水平的评价指标，它是决策方案建成投产达到设计生产能力后一个正常生产年份的年净收益额与决策方案投资的比率。它表明决策方案在正常生产年份中，单位投资每年所创造的年净收益额。对生产期内各年的净收益额变化幅度较大的决策方案，可计算生产期年平均净收益额与决策方案投资的比率，其计算公式为：

$$R = \frac{A}{I} \times 100\%$$

式中　　R——投资收益率；

　　　　A——决策方案年净收益额或年平均净收益额；

　　　　I——决策方案投资。

2. 判别准则

将计算出的投资收益率（R）与所确定的基准投资收益率（R_c）进行比较。若 $R \geqslant R_c$，则决策方案可以考虑接受；若 $R < R_c$，则决策方案是不可行的。

3. 应用式

根据分析的目的不同，投资收益率又具体分为：总投资收益率（ROI）、资本金净利润率（ROE）。

（1）总投资收益率（ROI）

总投资收益率（ROI）表示总投资的盈利水平，按下式计算：

$$ROI = \frac{EBIT}{TI} \times 100\%$$

式中　EBIT——决策方案正常年份的年息税前利润或运营期内年平均息税前利润；

　　　　TI——决策方案总投资（包括建设投资、建设期贷款利息和全部流动资金）。

公式中所需的财务数据，均可从相关的财务报表中获得。总投资收益率高于同行业的收益率参考值，表明用总投资收益率表示的决策方案盈利能力满足要求。

（2）资本金净利润率（ROE）

决策方案资本金净利润率（ROE）表示决策方案资本金的盈利水平，按下式计算：

$$ROE=\frac{NP}{EC}\times100\%$$

式中　NP——决策方案正常年份的年净利润或运营期内年平均净利润，净利润＝利润总额－所得税；

　　　　EC——决策方案资本金。

公式中所需的财务数据，均可从相关的财务报表中获得。决策方案资本金净利润率高于同行业的净利润率参考值，表明用资本金净利润率表示的决策方案盈利能力满足要求。

【例3-8】已知某决策方案拟投入资金和利润见表3-13。计算该决策方案的总投资利润率和资本金利润率。

某决策方案拟投入资金和利润表（单位：万元）　　　　　　表3-13

序号	年份 项目	1	2	3	4	5	6	7～10
1	建设投资							
1.1	自有资金部分	1200	340					
1.2	贷款本金		2000					
1.3	贷款利息（年利率为6%，投产后前4年等本偿还，利息照付）		60	123.6	92.7	61.8	30.9	
2	流动资金							
2.1	自有资金部分			300				
2.2	贷款			100	400			
2.3	贷款利息（年利率为4%）			4	20	20	20	20
3	所得税前利润			−50	550	590	620	650
4	所得税后利润（所得税率为25%）							

【解】1）计算总投资收益率（ROI）

①决策方案总投资 TI ＝建设投资＋建设期贷款利息＋全部流动资金

$$=1200+340+2000+60+300+100+400=4400\ 万元$$

②年平均息税前利润 EBIT ＝[（123.6＋92.7＋61.8＋30.9＋4＋20×7）

$$+（-50+550+590+620+650×4）]÷8$$

$$=（453+4310）÷8=595.4\ 万元$$

③计算总投资收益率（ROI）

$$ROI=\frac{EBIT}{TI}\times100\%=\frac{595.4}{4400}\times100\%=13.53\%$$

2）计算资本金净利润率（ROE）

① 决策方案资本金 EC＝1200＋340＋300＝1840 万元

② 年平均净利润 NP＝（－50＋425＋442.5＋465＋487.5×4）÷8

$$＝3232.5÷8＝404.06 万元$$

③ 计算资本金净利润率（ROE）

$$ROE = \frac{NP}{EC} \times 100\% = \frac{404.06}{1840} \times 100\% = 21.96\%$$

总投资收益率（ROI）是用来衡量整个决策方案的获利能力，要求决策方案的总投资收益率（ROI）应大于行业的平均投资收益率；总投资收益率越高，从决策方案所获得的收益就越多。而资本金净利润率（ROE）则是用来衡量决策方案资本金的获利能力，资本金净利润率（ROE）越高，资本金所取得的利润就越多，权益投资盈利水平也就越高；反之，则情况相反。对于决策方案而言，若总投资收益率或资本金净利润率高于同期银行利率，适度举债是有利的；反之，过高的负债比率将损害企业和投资者的利益。由此可以看出，总投资收益率或资本金净利润率指标不仅可以用来衡量决策方案的获利能力，还可以作为决策方案筹资决策参考的依据。

4. 优劣

投资收益率（R）指标经济意义明确、直观，计算简便，在一定程度上反映了投资效果的优劣，可适用于各种投资规模。但不足的是没有考虑投资收益的时间因素，忽视了资金具有时间价值的重要性；指标的计算主观随意性太强，正常生产年份的选择比较困难，其确定带有一定的不确定性和人为因素。因此，以投资收益率指标作为主要的决策依据不太可靠，其主要用在决策方案制定的早期阶段或研究过程，且计算期较短、不具备综合分析所需详细资料的决策方案，尤其适用于工艺简单而生产情况变化不大的决策方案的选择和投资经济效果的评价。

5. 基准收益率的概念

基准收益率也称基准折现率，是企业或行业投资者以动态的观点所确定的、可接受的决策方案最低标准的收益水平。其在本质上体现了投资决策者对决策方案资金时间价值的判断和对决策方案风险程度的估计，是投资资金应当获得的最低盈利率水平，它是评价和判断决策方案在财务上是否可行和决策方案比选的主要依据。因此基准收益率确定得合理与否，对决策方案经济效果的评价结论有直接的影响，定得过高或过低都会导致投资决策的失误。所以基准收益率是一个重要的经济参数，而且根据不同角度编制的现金流量表，计算所需的基准收益率应有所不同。

6. 基准收益率的测定

1）在政府投资项目以及按政府要求进行财务评价的建设项目中采用的行业财务基准收益率，应根据政府的政策导向进行确定。

2）在企业各类决策方案的经济效果评价中参考选用的行业财务基准收益率，应在分析一定时期内国家和行业发展战略、发展规划、产业政策、资源供给、市场需求、资金时间价值、决策方案目标等情况的基础上，结合行业特点、行业资本构成情况等因素综合测定。

3）在中国境外投资的决策方案财务基准收益率的测定，应首先考虑国家风险因素。

　　4）投资者自行测定决策方案的最低可接受财务收益率，除了应考虑上述第 2 条中所涉及的因素外，还应根据自身的发展战略和经营策略、决策方案的特点与风险、资金成本、机会成本等因素综合测定。

　　① 资金成本是为取得资金使用权所支付的费用，主要包括筹资费和资金的使用费。筹资费是指在筹集资金过程中发生的各种费用，如委托金融机构代理发行股票、债券而支付的注册费和代理费，向银行贷款而支付的手续费等。资金的使用费是指因使用资金而向资金提供者支付的报酬。决策方案实施后所获利润额必须能够补偿资金成本，然后才能有利可图，因此基准收益率最低限度不应小于资金成本。

　　② 投资的机会成本是指投资者将有限的资金用于拟实施决策方案而放弃的其他投资机会所能获得的最大收益。换言之，由于资金有限，当把资金投入拟实施决策方案时，将失去从其他最大的投资机会中获得收益的机会。机会成本的表现形式也是多种多样的。货币形式表现的机会成本，如销售收入、利润等；由于利率大小决定货币的价格，采用不同的利率（贴现率）也表示货币的机会成本。我们应当看到机会成本是在决策方案外部形成的，它不可能反映在该决策方案财务上，必须通过工程经济分析人员的分析比较，才能确定决策方案的机会成本。机会成本虽不是实际支出，但在工程经济分析时，应作为一个因素加以认真考虑，有助于选择最优方案。

　　显然，基准收益率应不低于单位资金成本和单位投资的机会成本，这样才能使资金得到最有效的利用。这一要求可用下式表达：

$$i_c \geqslant 1 = \max\{单位资金成本, 单位投资机会成本\}$$

　　如决策方案完全由企业自有资金投资时，可参考的行业平均收益水平，可以理解为一种资金的机会成本；假如决策方案投资资金来源于自有资金和贷款时，最低收益率不应低于行业平均收益水平（或新筹集权益投资的资金成本）与贷款利率的加权平均值。如果有好几种贷款时，贷款利率应为加权平均贷款利率。

　　③ 投资风险。在整个决策方案计算期内，存在着发生不利于决策方案的环境变化的可能性，这种变化难以预料，即投资者要冒着一定的风险作决策。为此，投资者自然就要求获得较高的利润，否则他是不愿去冒风险的。所以在确定基准收益率时，仅考虑资金成本、机会成本因素是不够的，还应考虑风险因素，通常以一个适当的风险贴补率 i_2 来提高 i_c 值。就是说，以一个较高的收益水平补偿投资者所承担的风险，风险越大，贴补率越高。为了限制对风险大、盈利低的决策方案进行投资，可以采取提高基准收益率的办法来进行决策方案经济效果评价。

　　一般说来，从客观上看，资金密集型的决策方案，其风险高于劳动密集型的；资产专用性强的风险高于资产通用性强的；以降低生产成本为目的的风险低于以扩大产量、扩大市场份额为目的的。从主观上看，资金雄厚的投资主体的风险低于资金拮据者。

　　④ 通货膨胀。所谓通货膨胀是指由于货币（这里指纸币）的发行量超过商品流通所需要的货币量而引起的货币贬值和物价上涨的现象。在通货膨胀影响下，各种材料、设备、房屋、土地的价格以及人工费都会上升。为反映和评价出拟实施决策方案在未来的真实经济效果，在确定基准收益率时，应考虑这种影响，结合投入产出价格的选用决定对通货膨胀因素的处理。

　　通货膨胀以通货膨胀率来表示，通货膨胀率主要表现为物价指数的变化，即通货膨胀率约等于物价指数变化率。由于通货膨胀年年存在，因此，通货膨胀的影响具有复利性质。一般每年的通货膨胀率是不同的，但为了便于研究，常取一段时间的平均通货膨胀率，即在所研究的时期内，通货膨胀率可以视为固定的。

综合以上分析，投资者自行测定的基准收益率可确定如下：

若决策方案现金流量是按当年价格预测估算的，则应以年通货膨胀率修正 i_c 值。即：

$$i_c = (1+i_1)(1+i_2)(1+i_3) - 1 \approx i_1 + i_2 + i_3$$

若决策方案的现金流量是按基年不变价格预测估算的，预测结果已排除通货膨胀因素的影响，就不再重复考虑通货膨胀的影响去修正 i_c 值。即：

$$i_c = (1+i_1)(1+i_2) - 1 \approx i_1 + i_2$$

上述近似处理的条件是 i_1、i_2、i_3 都为小数。

总之，合理确定基准收益率，对于投资决策极为重要。确定基准收益率的基础是资金成本和机会成本，而投资风险和通货膨胀则是必须考虑的影响因素。

3.2.9 决策方案不确定分析

不确定性分析是决策方案经济效果评价中的一个重要内容。因为决策的主要依据之一是决策方案经济效果评价，而决策方案经济效果评价都是以一些确定的数据为基础，如决策方案总投资、建设期、年销售收入、年经营成本、年利率和设备残值等指标值，认为它们都是已知的、确定的，即使对某个指标值所做的估计或预测，也认为是可靠、有效的。但事实上，对决策方案经济效果的评价通常都是对决策方案未来经济效果的计算，一个拟实施决策方案的所有未来结果都是未知的。因为计算中所使用的数据大都是建立在分析人员对未来各种情况所作的预测与判断基础之上的，因此，不论用什么方法预测或估计，都会包含有许多不确定性因素，可以说不确定性是所有决策方案固有的内在特性。只是对不同的决策方案，这种不确定性的程度有大有小。为了尽量避免决策失误，我们需要了解各种内外部条件发生变化时对决策方案经济效果的影响程度，需要了解决策方案对各种内外部条件变化的承受能力。

不确定性不同于风险。风险是指不利事件发生的可能性，其中不利事件发生的概率是可以计量的；而不确定性是指人们在事先只知道所采取行动的所有可能后果，而不知道它们出现的可能性，或者两者均不知道，只能对两者做些粗略的估计，因此不确定性是难以计量的。

不确定性分析是指研究和分析当影响决策方案经济效果的各项主要因素发生变化时，拟实施决策方案的经济效果会发生什么样的变化，以便为正确决策服务的一项工作。不确定性分析是决策方案经济效果评价中一项重要工作，在拟实施决策方案未做出最终决策之前，均应进行决策方案不确定性分析。

产生不确定性因素的原因很多，一般情况下，产生不确定性的主要原因有以下几点：

1) 所依据的基本数据不足或者统计偏差。这是指由于原始统计上的误差，统计样本点的不足，公式或模型的套用不合理等所造成的误差。比如说决策方案建设投资和流动资金是决策方案经济效果评价中重要的基础数据，但在实际中，往往会由于各种原因而高估或低估了它的数额，从而影响了决策方案经济效果评价的结果。

2) 预测方法的局限，预测的假设不准确。

3) 未来经济形势的变化。由于有通货膨胀的存在，会产生物价的波动，从而会影响决策方案经济效果评价中所用的价格，进而导致诸如年营业收入、年经营成本等数据与实际发生偏差；同样，由于市场供求结构的变化，会影响到产品的市场供求状况，进而对某些指标值产生影响。

4）技术进步。技术进步会引起产品和工艺的更新替代，这样根据原有技术条件和生产水平所估计出的年营业收入、年经营成本等指标就会与实际值发生偏差。

5）无法以定量来表示的定性因素的影响。

6）其他外部影响因素，如政府政策的变化，新的法律、法规的颁布，国际政治经济形势的变化等，均会对决策方案的经济效果产生一定的甚至是难以预料的影响。在评价中，如果我们想全面分析这些因素的变化对决策方案经济效果的影响是十分困难的，因此在实际工作中，我们往往要着重分析和把握那些对决策方案影响大的关键因素，以期取得较好的效果。

3.2.10 方案选择

如果进行敏感性分析的目的是对不同的决策方案进行选择，一般应选择敏感程度小、承受风险能力强、可靠性大的决策方案。

需要说明的是：单因素敏感性分析虽然对于决策方案分析中不确定因素的处理是一种简便易行、具有实用价值的方法。但它以假定其他因素不变为前提，这种假定条件，在实际经济活动中是很难实现的，因为各种因素的变动都存在着相关性，一个因素的变动往往引起其他因素也随之变动。比如产品价格的变化可能引起需求量的变化，从而引起市场销售量的变化。所以，在分析决策方案经济效果受多种因素同时变化的影响时，要用多因素敏感性分析，使之更接近于实际过程。多因素敏感性分析由于要考虑可能发生的各种因素不同变动情况的多种组合，因此计算起来要比单因素敏感性分析复杂得多。

综上所述，敏感性分析在一定程度上对不确定因素的变动对决策方案经济效果的影响做了定量的描述，有助于搞清决策方案对不确定因素的不利变动所能容许的风险程度，有助于鉴别何者是敏感因素，从而能够及早排除对那些无足轻重的变动因素的注意力，把进一步深入调查研究的重点集中在那些敏感因素上，或者针对敏感因素制定出管理和应变对策，以达到尽量减少风险、增加决策可靠性的目的。但敏感性分析也有其局限性，它主要依靠分析人员凭借主观经验来分析判断，难免存在片面性。在决策方案的计算期内，各不确定性因素相应发生变动幅度的概率不会相同，这意味着决策方案承受风险的大小不同。而敏感性分析在分析某一因素的变动时，并不能说明不确定因素发生变动的可能性是大还是小。对于此类问题，还要借助于概率分析等方法。

复 习 思 考 题

1. 简述工程项目投资估算主要分为哪几个阶段？并说明各阶段分别对应的投资估算误差率。
2. 请从宏观层面和微观层面分析影响投资估算的因素。
3. 简要介绍投资估算的方法。
4. 试述财务评价的主要内容。
5. 请对财务评价指标进行分类论述。
6. 从财务评价的目标出发分析如何构建财务评价指标体系。
7. 请论述财务评价不确定性分析的方法。

4 工程项目投资风险与规避

4.1 工程项目投资风险概述

任何投资，总是预期获得一定的收益。从投资者的愿望出发，当然希望获得最大的投资收益。然而，任何一种投资，也都必须考虑承担某种风险，即有造成某种损失的可能性。对于工程项目，要分析投产后的效益，也要考虑其风险性。那么什么是风险，为什么会存在风险，风险一旦发生会造成什么影响？我们可以从以下几方面来把握风险的定义：

1）风险是与人们有目的的行为、活动有关的，不与行动联系的风险只是一种危险。人们从事各种活动，总是期望一定的结果，如果对于预期结果没有十足的把握，人们就会认为该项活动有风险。

2）条件的变化，即不确定性，是风险的重要成因。这种不确定性既包括主观对事物运行规律认识的不完全确定，这是人类认知客观事物能力的局限性所致；也包括事物本身存在的客观不确定，万事万物处于不断的运动变化中。

3）风险一旦发生，预期结果和实际结果产生差异。这种预期结果和实际结果之间的差异越小或偏离程度越小，则风险越小；反之，则风险越大。而这种差异程度可以用概率的方法加以测度。风险发生的概率在 $0\sim1$ 之间波动，概率越接近于 1，则风险发生的可能性就越大；概率越接近于 0，则风险发生的可能性越小。

差异具有两面性。风险可能给投资人带来超出预期的损失，也可能带来超出预期的收益，也就是说风险可能是威胁也可能是机会，正是风险蕴含的机会诱使人们从事各项活动，而风险蕴含的威胁则唤起人们的警觉。一般来说，主要从不利的方面来考察风险，把风险看成是不利事件发生的可能性。

4.1.1 工程项目投资风险的概念

1. 工程项目投资风险的含义

工程项目投资是指投资者（包括政府、企业和个人投资者）投入一定的货币和其他资源建设成具有一定功能可供人类使用的房屋建筑、构筑物及其设备，对其进行综合开发、经营、管理和服务等活动，以达到一定的社会和经济目标的过程。工程项目的实现过程是一个有着很大不确定性的过程，由于这一过程投资大、周期长，并涉及许多不确定的因素，这些特征造成了工程项目的实施过程中存在着各种各样的风险。如果不能很好地管理这些项目风险，就会造成各种各样的项目损失。

本书对工程项目投资风险下的定义是：工程项目投资风险，指工程项目投资过程中，不利随机事件对达到预期投资目标产生不利影响的危险性。这种不利影响的危险性可能导致工程项目投资的失败，这种失败在经济上表现为投资过程中的经济损失或财务损失；从投资控制的角度来看，就意味着投资控制失败——投资不能回收或不能完全回收。因此，应注重对工程项目投资风险的分析与研究，并采取有效措施进行风险规避。

2. 工程项目投资风险的要素

工程项目投资风险本质上是工程项目未来的不确定性状态。要全面地描述或把握这种状态，识别、估计、规避风险，就必须进一步剖析构成工程项目投资风险的本质要素。根据工程项目投资风险的定义，可从中分解出工程项目投资风险三要素，分别是风险因素、风险事件和风险后果。

（1）风险因素

工程项目投资风险因素一般包括工程变更、不可抗力和其他不可预见因素。在项目建议书和工程可行性研究阶段，一般着重研究可能存在的大的工程变更和不可抗力对工程项目投资的影响程度，分析可能的最大的投资风险以及工程投资的产出在市场的竞争力，为国家和投资人决策工程项目提供依据。在初步设计和招标设计阶段，投资人一般已决定投资工程项目，则风险分析的重点为：根据设计深度掌握的工程地质、水文气象条件和自然环境，在设计的基础上，详细分析可能存在的各种工程变更，分析可能的投资风险，为投资人筹资提供必要的参考依据。在工程实施阶段主要根据建筑市场情况，从执行合同的角度研究可能存在的变更、索赔和其他影响合同价格的风险因素，并提供规避各种风险所应采取的措施，以合理控制和降低工程造价。

（2）风险事件

投资风险事件是指直接或间接造成项目损失（例如成本增加、进度延迟、质量缺陷等）或机遇的偶发事件。一个或几个项目论证与评估项目风险因素一起都有可能导致项目风险事件的发生。项目风险事件是造成项目风险后果的媒介物，只有通过项目风险事件的发生才会产生项目的风险后果。例如，基坑坍塌，就构成了一个风险事件。

（3）风险后果

风险后果是指由于项目风险因素的存在和项目风险事件的发生所导致的项目经济效益或其他利益的意外减少或增加。例如，工程项目中，如果基坑坍塌的项目风险事件发生可能造成项目进度延迟以及项目成本上升（因为处理基坑坍塌需要时间和费用）和项目质量下降等一系列的项目风险后果。

上述项目风险三大要素的基本关系是：项目风险因素可能引起项目风险事件，项目风险事件可能导致项目风险后果，这是项目风险发生并影响项目目标实现的一般规律。但是，项目风险因素、项目风险事件与项目风险后果之间的关系并不具有绝对的必然性。也就是说，项目风险因素并不必定会引起项目风险事件和项目风险后果，项目风险事件也不必然导致项目风险后果。对于不同的项目和项目风险，这三个要素之间有着自己独特的相互关系，人们必须设法认识这种关系，并最终找到具体项目的综合评估的方法。

4.1.2 工程项目投资风险的特征

工程项目投资风险是投资过程中因事物的不确定性而产生的对工程项目实施产生阻碍的因素，即问题发生的可能性及其后果的综合影响度量。工程项目投资风险的基本特征是工程项目风险的本质及其规律的表现，正确认识工程项目投资风险的特征，对于建立和完善风险控制和管理机制，减少风险损失，降低风险发生的可能，提高投资活动的效率具有重要意义。工程项目投资风险的特征可归纳为以下几点：

（1）普遍性

在当前的工程项目投资中，各个环节都存在着风险，包括制定投资方案、投资决策，对投资进行分析研究，乃至风险的控制及资金的管理，风险无处不在，建设项目的投资风险具有广泛分布的特点。

（2）客观性

投资伴随着风险，这种风险是客观的，不随着主观投资者的意志而转移消失。这就造成投资风险的不确定性，不确定性因素导致风险时时刻刻都会客观存在，投资者不能在同一时间控制所有因素，这就造成了投资风险的客观性。

（3）不确定性

不确定性是工程项目风险最本质的特征，由于客观条件的不断变化以及人们对未来环境认识的不充分性，导致人们对事件未来的结果不能完全确定。工程项目风险是各种不确定因素综合的产物。这些不确定性有五种基本类型，即随机性、模糊性、灰性、未确知性和泛灰性。

（4）相对性

在投资者进行工程项目投资过程中，风险都是相对而言的。俗话说高风险高收益，低风险低收益，无风险无收益，风险适中，获得的收益也客观。由此看来，工程项目投资风险不可一概而论，有很强的相对性。

（5）可变性

工程项目投资风险的可变性是指某种风险在一定条件下可以转化的特性。投资风险的变化性比较强，工程项目投资的整个过程中各种风险在质和量上会发生变化。随着工程项目投资的进行，有些风险得到控制，有些风险会发生并得到处理，同时在项目的每一阶段都可能产生新的风险。因此，工程项目投资的变化难以捉摸造成投资风险的可变性强。

（6）可测性

不确定性是工程项目投资风险的本质，但这种不确定性并不是指对客观事物变化的全然不知，人们可以根据以往发生的一系列类似事件的统计资料，经过分析、研究，对风险发生的频率及其造成的损失程度作出统计分析和主观判断或估计，从而对可能发生的风险进行预测与衡量。

（7）行为相关性

行为相关性是指决策者面临的风险与其决策行为是紧密关联的。不同的决策者对同一风险事件会有不同的决策行为，具体反映在其采取的不同策略和不同的管理方法上。因此也会面临不同的风险结果。风险的行为相关性表明，任何一种风险实质上都是由决策行为与风险状态结合而成的，是风险状态与决策行为的统一，风险状态是客观的，但其结果会因不同的风险态度和决策行为而不同。

4.1.3 工程项目投资风险的分类

工程项目投资面临着众多的风险，各种各样的风险在性质、形态、成因及损失状况上都表现出不同的特点。对工程项目投资风险进行分类不仅是对风险研究的需要，而且是风险管理的基础。通过风险类别辨别，可以明确哪些风险可以预测和控制，哪些风险则难以控制，并根据自身情况将损失降至最低程度。

（1）政治风险

政治风险是指由于国家政局、政策变化、政权更迭、罢工、国际局势变化、战争、动乱等因素引起社会动荡而造成财产损失以及人员伤亡的风险。政治风险是一种非常重要的风险源，在国际领域中，政治环境就更加复杂。可以说无论工程项目建设在什么地方，也不论是项目参与的任何方面，都可能需要承担政治风险。政治风险的形式多种多样，从不同的角度进行考察，可以得出不同的结论。从政治风险发生的范围和层次来看，可以把政治风险分成两类：宏观层次的风险（Macro Level Risk）和微观层次的风险（Micro Level Risk）。前者是指会对所有外国企业或外国投资者产生不利影响的政治方面的改变，而不论这些企业和投资者是属于何种行业、采用何种形式；后者则是指只对某个特殊行业、特殊企业、甚至特殊投资计划产生不利影响的政治方面的改变。政治风险的主要影响因素有国家政局、政策法规、权力部门、国家关系、战争、动乱。

1）国家政局

政局不稳可能由政府内部原因造成，也可能由外来势力的干预造成。政局不稳对工程项目，特别是国际工程项目的建设是一大威胁，任何发展和进步都离不开安定的局面、良好的社会秩序和开明的政府。因此，对于人们的经济活动来说，国家政局的确是一项重大的风险因素。

2）政策法规

政策法规风险是指由于政府对建筑业产业政策和技术政策的强制性调整所导致的工程变更风险。如强制推行工程量清单计价、淘汰不符合环保要求的建材产品和施工机具等。

3）权力部门

一个国家的权力部门腐败无能、营私舞弊、执法犯法，必然导致社会混乱，投资环境、经营条件恶化，对项目整体目标的实现构成威胁，因而构成重大政治风险。

4）国家关系

在国际工程中，国家之间的关系十分重要，国家关系的变化往往对项目的建设是决定性的，必须时刻提高警惕，尽量减少其带来的损失。

5）战争、动乱

在不少发展中国家，尽管经济发展很快，但国内动乱不止，国际形势多变，随时都有可能发生战争。这对于建设期较长的工程项目来说，风险是十分明显的。

（2）经济风险

经济风险是指人们在从事经济活动中，由于经营管理不善、市场预测失误、贸易条件变化、价格波动、供求关系转变、通货膨胀、汇率、利率变动等原因所导致的经济损失的风险，是一个国家在经济实力、经济形势及解决经济问题的能力等方面潜在的不确定因素构成的经济领域的可能后果。经济风险是市场经济发展过程中的必然现象，主要由以下因素构成：

1）宏观经济

国家的经济发展不景气，外贸业务实力较弱，市场价格竞争力差，经济结构不合理，债务繁重等。

2）投资环境

工程项目的投资环境包括诸如交通、电力、通信等硬环境和诸如法制建设、政府服务水平、工作效率等软环境。

（3）社会风险

社会风险是一种导致社会冲突，危及社会稳定和社会秩序的可能性，更直接地说，社会风险意味着爆发社会危机的可能性。一旦这种可能性变成了现实性,社会风险就转变成了社会危机。社会风险影响面极广,它涉及各个领域、各个阶层和各个行业。社会风险主发生的原因主要有以下几个:

1)宗教因素

当今世界上宗教影响相当广泛,其势力不容低估。宗教势力常常严重地阻碍着经济的发展,制约各种经济活动,甚至造成民族歧视、敌对心理,在国际工程项目建设活动中,该风险因素不可小视。

2)社会治安

良好的社会秩序是经济活动取得成功的重要保证。社会治安不好还有可能造成人员伤亡、财产损失,从而影响工程项目的实施。

3)文化素质

人员素质风险是指由于工程合同参与各方主要从业人员技术素质和职业道德的欠缺给工程施工带来不利影响的可能性。如主要设计人员素质低下,工程出现大量的设计错误和遗漏;施工管理人员素质低下,使工程出现大面积返工;监理人员素质低下,导致工程变更频繁发生,工程变更处理时间过长;业主管理人员素质低下,导致工程管理失控,项目各方难以协调工作,导致工期延长和成本上升。

4)公众态度

公众对工程项目的认知程度和态度取向在一定程度上会构成对项目参与主体的风险,因此,在考虑风险因素及风险影响时必须考虑公众对风险的感受。

(4)工程风险

工程风险系指一项工程项目在设计、施工及移交运行的各个阶段可能遭受的、影响工程项目系统目标实现的风险。工程项目的建设涉及业主、投资商、承包商、咨询单位、监理单位、设计单位、材料供应商等参与方,但是,工程风险中的有些风险对他们来说是共有的,而有些因素对某一方是风险,而对另一方则不是风险。工程风险主要由以下原因造成:

1)自然风险

自然风险是指由于自然现象、物理现象等风险因素所形成的风险。如严寒、台风、暴雨、洪水、火灾、地震、地质灾害、雷暴等因素都可能给工程施工带来影响和损失。

2)合同条件风险

合同条件风险是指由于合同条件制定的不完善以及合同执行不力给工程施工带来的变更风险。如合同范围界定不清、计价方式不合理、项目组织管理混乱、成本控制不严、劳动力缺乏和劳动生产效率低下、设计图纸供应滞后等风险事件均可对合同管理目标带来负面影响。

3)技术风险

技术风险是指技术条件下的不确定性而引起工程变更的可能性。技术风险主要表现在可行性研究、工程方案选择、工程勘察、工程设计、工程施工、工程监理等,在技术标准选择、计算模型的采用、安全系数的选取以及设计深度和设计质量等问题上出现偏差而形成的技术变更风险。

4)组织与管理风险

组织风险是指由于工程项目有关各方关系不协调以及其他不确定性而引起的风险。由于工程项目有关各方参与项目的动机和目标不一致将会影响合作者之间的关系、影响工程项目进展和工程项目目标的实现。组织风险还包括项目组织内部不同部门对工程项目的理解、态度和行动不一致而产生的风险，以及项目内部对不同工程目标的组织安排欠妥、缺乏对项目目标的排序、不同项目目标之间发生冲突而造成工程损失的风险。管理风险是指项目管理人员管理能力不强、经验不足、对合同条款不清楚、不按照合同履约、劳动积极性低、管理机构不能充分发挥作用造成的风险。

4.2 工程项目投资风险识别

工程项目投资是一个复杂的系统，其影响因素有很多，影响关系错综复杂，有直接的，有间接的，有明显的，也有隐含的，或是难以预料的，而且各风险因素所引起的后果的严重程度也不相同。当进行工程项目投资评价时，完全不考虑风险因素或是忽略了其中的主要因素，都会导致分析失误。但如果对每个风险因素都进行考虑的话，则会使问题复杂化，这也是不恰当的。因此，工程项目投资风险管理中首要的一步就是工程项目投资风险识别，只有全面、正确地识别投资过程中面临的所有风险，才能有的放矢，针对风险进行估计、管理。工程项目投资风险识别可以从以下几个方面进行理解：

（1）风险识别是一项复杂的系统工程

工程项目投资风险识别是一项复杂的系统工程，即使是规模很小的一个工程项目，它所面临的风险也是多方面的，而任何一个风险因素如果处理得不好，都可能使得项目遭受损失。因此，如何把握全局、正确识别全部风险，是理论研究和实践调查中必须解决的实际问题，需要运用科学的方法进行多角度、多层次的认识和分析。

（2）风险识别是一个连续、不间断的过程

工程项目投资风险识别是一个连续的、不间断的过程。因为工程项目建设是一个发展的过程，情况在不断地变化，风险因素当然也就不会一成不变。即使某一工程项目刚进行了一次大规模的风险识别工作，但一段时间后，旧的风险可能消失或减少、新的风险可能出现。因此，工程项目投资风险识别工作是持续不断的。

（3）识别引发风险的来源

工程项目投资风险识别首先要明确工程项目的组成、各个分项的性质和相互间的关系以及项目与环境之间的关系等。在此基础上利用系统的、明确的步骤和方法来查明对工程项目投资可能形成风险的事项。在这个过程中还要调查、了解并研究对工程项目以及工程项目所需资源形成潜在威胁的各种因素的作用范围。

4.2.1 风险识别的特点和原则

风险识别是一种预测，是对即将开展的项目存在的问题进行设想。假设在实施过程中出现了这些问题，应该做出哪些判断，运用哪种方式去解决问题。风险识别是工程项目建设风险管理中的第一步，只有全面、正确地识别工程项目建设过程中面临的所有风险，才能有的放矢、有针对性地进行估计、评价、决策，通过风险识别尽可能全面地找出所有潜在风险因素，采用恰当的方法予以分类，逐一分析各风险因素产生的根源。

（1）风险识别的特点

工程项目投资风险识别具有个别性、主观性、复杂性、不确定性、连续性、全面性的特点。

1）个别性

工程项目投资具有差异性，几乎没有哪两个工程项目是完全一样的，即使设计完全一样，也可能因为它们建造的时间不同、承包商不同、所处不同区位等因素，使其面临的风险有所不同。而且任何风险都有与其他风险不同的地方，没有两个风险是完全一样的。因此，虽然不同的工程项目投资有不少的共同之处，但也一定存在不同之处，在风险识别时尤其要注意这些不同点，突出风险识别的各异性。

2）主观性

工程项目投资的风险识别是由人在掌握一定的专业知识、具有一定的实践经验的基础上，通过一定的风险识别的方法来完成的。而不同的人对风险识别具有很大的差异性，因此，虽然风险是客观存在的，但风险识别却是主观的。在风险识别时要尽量提高风险识别的水平使主观识别的结果更接近客观情况。

3）复杂性

由于工程项目投资建设工期长、投入高、参与方众多、建设条件特殊等特点，其所面临的风险因素及风险事件具有复杂性。而且这些风险因素和风险事件相互影响、关系复杂，因此风险识别是一项复杂的工作。要想充分识别工程项目投资中的风险，就需要风险识别人员掌握翔实的数据及资料。

4）不确定性

由于风险识别具有主观性和客观性，在实践中，可能因风险识别的结论与实际情况不符而造成损失，这往往是因为风险识别结论错误导致风险应对决策错误而造成的。因此风险识别具有不确定性。因而避免和减少风险识别的不确定性也是风险管理不可缺少的一部分。

5）连续性

工程项目投资的投入具有时间性，而事物又是不断变化发展的，随着时间的不断发展新的风险会不断出现，往往通过一些风险应对措施，可以回避和减少已经识别出的风险，而只有没识别出的风险才是真正的风险。因此，应在工程项目投资的整个生命周期中持续地进行风险识别，以不断发现新的风险。

6）全面性

风险识别不能只局限于某个部门、某个环节、某个具体风险，而应该对工程项目投资风险进行全过程、全方位、全要素识别，即全面风险识别。因此，风险识别具有全面性。

（2）风险识别的原则

工程项目投资风险识别遵循全面周详原则、综合考察原则、量力而行的原则、科学计算原则、系统化、制度化、经常化的原则。

1）全面周详原则

为了对工程项目投资风险进行识别，应该全面系统地考察、了解各种风险事件存在和可能发生的概率以及损失的严重程度，风险因素及因风险的出现而导致的其他问题。损失发生的概率及其后果的严重程度，直接影响人们对损失危害的衡量，最终决定风险政策措施的选择和管理效果的优劣。因此，必须全面了解各种风险的存在和发生及其将引起的损失，以便及时而清楚地为决策者提供比较完备的决策信息。

2）综合考察的原则

工程项目投资风险是一个复杂的系统，其中包括不同类型、不同性质、不同损失程度的各种风险。由于风险系统的复杂性，使得某一种独立的分析方法难以对全部风险奏效，因此必须综合使用多种分析方法，根据风险清单列举可知，风险损失一般分为两类：一类是直接损失，是指风险事故直接造成的有形损失，即实质损失；另一类是间接损失，是由直接损失进一步引发或带来的无形损失，包括额外费用损失、收入损失和责任损失。

3）量力而行的原则

工程项目投资风险识别的目的就在于为工程项目投资风险管理提供前提和决策依据，以保工程项目以最小的支出来获得最大的安全保障，减少风险损失。因此，在经费有限的条件下，必须根据实际情况和自身的财务承受能力，来选择效果最佳、经费最省的识别方法。风险识别和衡量的同时，应将该项活动所引起的成本列入财务报表，作综合的考察分析，以保证用较小的支出，来换取较大的收益。

4）科学计算的原则

对工程项目投资风险进行识别的过程，同时就是对工程项目投资状况及其所处环境进行量化核算的具体过程。风险的识别和衡量要以严格的数学理论作为分析工具，在普遍估计的基础上，进行统计和计算，以得出科学合理的分析结果。

5）系统化、制度化、经常化的原则

工程项目投资风险的识别是风险管理的前提和基础，识别的准确与否在很大程度上决定风险管理效果的好坏。为了保证最初分析的准确程度，就应该进行全面系统的调查分析，将风险进行综合归类，揭示其性质、类型及后果。如果没有科学系统的方法来识别和衡量，就不可能对风险有一个总体的综合认识，就难以确定哪种风险是可能发生的，也不可能较合理地选择控制和处置的方法。这就是风险的系统化原则。此外，由于风险随时存在于工程项目投资活动之中，所以，风险的识别和衡量也必须是一个连续不断的、制度化的过程。这就是风险识别的制度化、经常化原则。

4.2.2 工程项目投资风险识别的依据

工程项目投资风险识别的依据主要包括：项目定义与规划、项目风险管理计划、风险种类、历史资料、制约因素和假设条件。

（1）风险管理计划

工程项目投资风险管理计划是规划和设计如何进行项目风险管理的活动过程，它定义了工程项目组织及其成员风险管理的行动方案及方式，是指导工程项目组织选择风险管理的主要方法。工程项目投资风险管理计划针对整个项目生命周期制订如何组织和进行工程项目风险识别、工程项目风险估计、工程项目风险规避的规划。

从工程项目投资风险管理计划中通常可以确定以下信息：

1）工程项目投资风险识别的范围；

2）信息获取的渠道和方式；

3）项目组成员在工程项目投资风险识别中的任务分工和责任分配；

4）需要重点调查的工程项目相关方面；

5）项目组在识别风险过程中可以应用的方法及其规范；

6) 在工程项目投资风险管理过程中风险重新识别的时间、人员和内容人员和内容；

7) 工程项目投资风险识别结果的形式、信息通报和处理程序。

（2）项目规划

工程项目规划包括项目目标、任务、范围、进度计划、费用计划、资源计划、采购计划及项目承包商、业主方和其他利益相关方对项目的期望值等，这些都是工程项目投资风险识别的重要内容。

（3）历史资料

历史资料是工程项目投资风险识别的重要依据之一，即从本项目或其他相似项目的档案文件中，从公共信息渠道中获取对本项目有借鉴作用的风险信息。以往完成的或同本项目类似的项目及其经验教训对于识别本项目的风险是非常有用的。项目管理人员可以翻阅过去的项目档案，向曾参与该项目的有关各方征集相关资料。在项目管理比较规范的组织中，项目记录是一项重要的基础管理材料，这些资料档案中常常有较详细的记录，记载着一些风险或事故的来龙去脉，这些信息对本项目的风险识别有极大的帮助。此外，任何可能显示潜在问题的资料或信息都可用于项目风险的识别，这些资料主要包括：工程系统的文件记录；生命周期成本分析；计划或工作结构的分解；进度计划；文件规定；文件记录的事件教训；假想分析；产业分析或研究；技术绩效测评计划或分析；决策驱动者；专家判断；估计成本底线。

（4）风险种类

风险种类是指那些可能对工程项目产生正面或负面影响的风险源。工程项目的风险种类需反映出工程项目所在行业及应用领域的特征，学习和掌握各类风险的特征规律，是了解和掌握风险识别的关键。

（5）制约因素与假设条件

任何工程项目都存在于特定的制约因素和假设条件之下。项目建议书、可行性研究报告、设计等项目计划和规划性文件一般都是在若干假设、前提条件下估计或预测出来的。这些前提和假设在项目实施期间可能成立，也可能不成立。因此，项目的前提和假设之中隐藏着不同的风险。

4.2.3 工程项目投资风险识别的过程

风险识别首先要弄清项目的组成、各变数的性质和相互间的关系、项目与环境之间的关系等。在此基础上利用系统的、有章可循的步骤和方法查明对工程项目投资可能形成风险的事项，其目的是减少工程项目投资的不确定性。工程项目投资风险识别可分三步进行：收集资料、风险形势估计以及风险识别的结果。

（1）收集资料

工程项目投资风险识别中的很多方法都需建立在大量数据的基础上，一般认为风险是数据和信息不完备而引起的。因此，收集并处理工程项目投资过程中和风险有关的各种信息一般是很困难的，但是风险事件总不是孤立的，可能会存在一些与其相关的信息，或是与其有间接联系的信息，或是与本工程项目投资可以类比的信息。收集资料的过程中主要收集能够帮助人们识别工程项目投资风险的有关资料，主要有以下几个方面：

1) 图纸和设计说明。工程项目的性质涉及多种不确定性，在很大程度上决定了项目会遇到何种风险。图纸和设计说明中记载了工程项目用什么材料、工艺和设备，技术人员和工人从哪里来，产品生产出来是否有销路，销路如何等这些能够反映项目不确定性的有关信息、迹象。这样人们就能够从工程项目的图纸和设计说明中发现该项目的有关风险。

2）工程项目的前提、假设以及制约因素。由于项目的建议书、可行性研究报告、设计或其他文件一般都是在若干前提、假设和预测的基础上做出来的。这些前提和假设在工程项目实施期间可能成立也可能不成立。因此，工程项目的前提和假设之中隐藏着风险。任何一个项目都处于一定的环境之中，受到许多内外因素的制约。其中许多都是项目活动主体无法控制的，例如法律、法规和规章。为了找出工程项目的所有前提、假设和制约因素，应当对工程项目其他方面的管理计划进行审查。

工程项目范围管理计划中的范围说明书可能揭示出工程项目的成本、进度目标是否定得太高，而审查其中的工作分解结构，可以发现以前或他人未曾注意到的机会或威胁。

审查人力资源与沟通管理计划中的人员安排计划，可能会发现哪些人员对工程项目的顺利进展有重大影响。

工程项目采购与合同管理计划中有关于采取何种计价形式合同的说明。不同形式的合同，将使项目管理班子承担不同的风险。一般情况下，成本加酬金合同有利于承包商，而不利于项目业主。但是，如果预测表明，项目所在地经济不景气将继续下去，则由于人工、材料等价格的下降，成本加酬金合同也会给业主项目管理班子带来机会。

3）可与本工程项目类比的先例。例如，以前做过的，同本工程项目类似项目的经验教训及财务资料等都有助于识别本项目的风险。

信息资料是进行风险识别的基础，因此，能否收集到完整可靠的信息资料是保证风险识别成功的关键。任何一条信息，其不确定性若未达到可接受的水平，使用时都要有所保留。

（2）风险形势估计

风险形势估计首先是要明确项目的目标、战略、战术以及实现项目目标的手段和资源，以确定项目及其环境的变数；其次，是要明确项目的前提和假设。所谓项目的变数即是项目各组成部分，例如产业政策、原材料价格、项目的参与者、项目规模、费用、进度、质量等即为项目的一组变数。通过变数来描述项目，在分析项目风险时，要弄清哪些变数需要考虑，哪些变数不需要考虑，这对项目风险分析十分必要；明确项目的前提和假设可以减少许多不必要的风险分析工作。通过风险形势估计，可以重新审查项目计划，认清项目形势，揭露原来隐藏的假设、前提和以前未曾发觉的风险，以达到使项目在早期阶段就能识别出一些风险的效果。

（3）确定风险事件，并将风险归纳、分类

在工程项目风险形式估计的基础上。进一步分析这些风险因素引发工程项目风险的大小。然后对这些风险进行归纳、分类。对这种分类，首先，可按工程项目内、外部进行分类；其次，按技术和非技术进行分类，或按工程项目目标分类。

（4）编制工程项目风险识别报告

风险识别之后要把结果整理出来，形成书面文件。风险识别报告应包含下列内容：

1）风险来源表。表中应列出所有风险，并要有以下文字说明：①风险事件的可能后果；②对预期发生时间的估计；③对该来源产生的风险事件预期发生次数的估计。

2）对确定出的风险进行分类，以便全面识别风险的各种属性。风险分类有多种方法，正确的分类方法是依据风险的性质和可能的结果及彼此间可能发生的关系进行风险分类。常见的分类方法是以由若干个目录组成的框架形式，每个目录中都列出不同种类的风险，并针对各个风险进行全面调查。这样可避免仅重视某一项风险而忽视其他风险的现象。

3）风险征兆。风险征兆又称风险预警信号、风险触发器，它表示风险即将发生。例如，高层建筑中的电梯不能按期到货，就可能出现工期拖延，所以它是项目工期风险的征兆；由于通货膨胀发生，可能会使项目所需资源的价格上涨，从而出现突破项目预算的费用风险，资源价格上涨就是费用风险的征兆。

4）对风险管理其他方面的要求。较为完善的工程项目管理，应在每一阶段的工作成果中对前面的工作进行总结和提出建议，风险识别过程中，往往会发现项目管理其他方面的很多问题，这些都应在报告中加以说明，以促使项目管理的进一步完善。

4.2.4　工程项目投资风险识别的方法

风险识别的方法很多，目前比较常用的方法有：专家调查法、头脑风暴法、情景分析法、核对表法等。

（1）专家调查法

专家调查法是大系统风险识别的主要方法，各领域的专家利用专业方面的理论与丰富的实践经验，找出各种潜在的风险并对其后果作出分析与估计。其优点是在数据和原始资料缺乏的时候可以通过专家的集思广益对风险进行定量估计和分析。但是，这属于定性的方法，容易受到个人主观影响，对个人的经验水平要求较高。其一般比较常见的两种类型是头脑风暴法和德尔菲法。

（2）头脑风暴法

头脑风暴法（Brain Storming）又称为智暴法，是一种刺激创造性，产生新思想的技术。该技术是由美国人奥斯本于1939年首创的。它通过邀请智暴专家，给定风险议题，专家利用自己的经验知识相互进行交流；或自己单独在头脑中就议题做没有限制的智力碰撞，提出个人的思想结果。智暴法一般采用专家小组会议的形式进行，参加的人数不要太多，一般为五、六个人，多则十余人。大家就某一具体问题发表个人意见，畅所欲言，做到集思广益。在参加人员的选择上，应注意使参加者不感到有什么压力和拘束，例如不要有直接领导人参加等。

智暴法适用于探讨的问题比较单纯，目标比较明确，单一的情况。如果问题牵涉面太广，包含因素太多，那就要首先进行分析和分解，然后再采用此法分步进行讨论。对智暴的结论还要进行详细的分析，既不能轻视，也不能盲目接受。一般说来，只要有少数几条意见得到实际应用，已是很有成效了。有时一条意见就可能带来很大的社会经济效益，即使除原有分析结果外，所有智暴产生的新思想都被证明不适用，那么智暴作为对原有分析结果的一种讨论和论证，给领导决策也会带来益处。

（3）德尔菲法

德尔菲法起源于20世纪40年代末期，由美国兰德公司首先使用，很快就在世界上盛行起来，目前此法已经在经济、社会、工程技术等领域广泛应用。采用该方法，首先是由项目风险管理人员选定和该项目有关领域的专家，并与之建立直接的函询联系，通过函询进行调查，收集意见后加以综合整理，然后将整理后的意见通过匿名的方式返回专家再次征求意见，如此反复多次后，专家之间的意见将会逐渐趋于一致，可以作为最后预测和识别的依据。经验表明，采用该方法预测的时间不宜过长，时间越长准确性越差。而且，分析结果往往受组织者、参加者的主观因素影响，因此，有可能发生偏差。

采用德尔菲法的重要一环就是制定函询调查表，调查表制定的好坏，直接关系到预测结果的质量。在制定调查表时，应该以封闭型的问句为主，将问题的答案列出，由专家根据自己的经验和知识进行选择，在问卷的最后，往往加入几个开放型的问句，让专家发挥其自身的主观能动性，充分表述自己的意见和看法。具体的问句设计应该注意以下几点：

1）在调查表中，首先应该对调查的目的和方法做出简要的说明，因为并非每一个被调查的对象都对德尔菲法有具体的了解。

2）问题要集中，用词要确切，排列要合理，问句的内容要具体，以引起专家回答问题的兴趣。

3）调查表要简洁，问题的数量要适当，问题太少达不到调查的目的，太多则容易引起人们厌倦，一般以 20～30 个为宜。

4）避免把两个以上的问题放在一起来提问，如果某个事件包括两个方面，一个方面是专家同意的，而另一个方面是专家不同意的，这时就很难回答。

5）若问题涉及某些可能的数据时，需要给出预测的范围，让专家容易选择。

6）对于敏感性问题的调查，应注意问句表述的技巧和方式。

德尔菲法近年来在国内外都得到了广泛的应用，这种方法实际上就是集中许多专家意见的一种方法，从根本上说就是一种以多数意见为正确意见的方法，容易偏于保守，可能妨碍新思想的产生。

对于调查表确定的主要风险因素，还可以设计更加详细的风险识别问卷，选择若干专家进行进一步调查，着重摸清风险可能发生的时间、影响范围、风险的归属权等问题。这一类的问卷往往采用开放式的问句，必须选择该领域具有丰富实践经验的专家进行调查，因此，人数范围不宜过大，由于回答工作量较大，可以由风险管理人员采用面对面提问记录的方式进行。

（4）流程图法

流程图是另一种工程项目投资风险识别的常用工具。借助于流程图可以帮助项目识别人员分析和了解项目风险所处的具体项目环节、项目各个环节之间存在的风险以及项目风险的起因和影响。通过对项目流程的分析，可以发现和识别项目风险可能发生在项目的哪个环节或哪个地方以及项目流程中各个环节对风险影响的大小。

项目流程图是用于给出一个项目的工作流程，项目各个不同部分之间的相互联系等信息的图表。项目流程图包括：项目系统流程图、项目实施流程图、项目作业流程图等多种形式以及不同详细程度的项目流程图。借用这些流程图可以全面分析和识别工程项目投资风险。绘制项目流程图的步骤如下：

1）确定工作过程的起点（输入）和终点（输出）；

2）确定工作过程经历的所有步骤和判断；

3）按顺序连接成流程图。

流程图用来描述项目工作的标准流程，它与网络图的不同之处在于：流程图的特色是判断点，而网络图不能出现闭环和判断点。流程图用来描述工作的逻辑步骤，而网络图用来排定项目工作时间。

（5）情景分析法

情景分析法实际上就是一种假设分析方法，首先总结整个工程项目投资系统内外的经验和教训，根据其发展的趋势，预先设计出多种未来的情景，对其整个过程做出自始至终的情景描述；与此同时，结合各种技术、经济和社会因素的影响，对工程项目投资的风险进行预测和识别。这种方法特别适合于提醒决策者注意某种措施和政策可能引起的风险或不确定性的后果；建议进行风险监视的范围；确定某些关键因素对未来进程的影响；提醒人们注意某种技术的发展会给人们带来的风险。情景分析法是一种适用于对可变因素较多的工程项目投资进行风险预测和识别的系统技术，它在假定关键影响因素有可能发生的基础上，构造多种情景、提出多种未来的可能结果，以便采取措施防患于未然。

情景分析法在识别工程项目风险时主要表现为以下四个方面的功能：

1）识别工程项目可能引起的风险性后果，并报告提醒决策者。

2）对工程项目风险的范围提出合理的建议。

3）就某些主要风险因素对工程项目的影响进行分析研究。

4）对各种情况进行比较分析，选择最佳结果。

情景分析法可以通过筛选、监测和诊断，给出某些关键因素对于工程项目风险的影响。

筛选：所谓筛选，就是按一定的程序将具有潜在风险的产品过程、事件、现象和人员进行分类选择的风险识别过程。

监测：监测是在风险出现后对事件、过程、现象、后果进行观测、记录和分析的过程。

诊断：诊断是对工程项目风险及损失的前兆、风险后果和各种起因进行评价与判断，找出主要原因并进行仔细检查的过程。

（6）核对表法

人们考虑问题时往往有联想的习惯。在过去经验的启示下，思想常常变得很活跃，浮想联翩。此时，头脑中容易构筑起关于将来的设想。风险识别实际是关于将来风险事件的设想，是一种预测。人们在自身先前的工程项目管理中，或者是其他人在类似工程项目的实践中，对工程项目中可能出现的风险因素，或者成功的经验和失败的教训经常会有一些归纳、总结。这些归纳、总结的资料恰好是识别工程项目风险的宝贵资料，可把这些资料列成表，然后将当前工程项目的建设环境、建设特性、建设管理现状等做比较，分析可能出现的风险。核对表可以包含多种内容，例如以前项目获得成功或遭受失败的原因、项目其他方面规划的结果（范围、成本、质量、进度、采购与合同、人力资源与沟通等计划成果）、项目产品或服务的说明书、项目班子成员的技能、项目可用的资源等。核对表法是一种十分常用和有效的风险识别方法，它主要应用核对表作为风险识别的工具（表4-1）。该方法的优点在于使风险识别的工作变得较为简单，容易掌握；缺点是对单个风险的来源描述不足，没有揭示出风险来源之间的相互关系，对指明重要风险的指导力度不足，而且受制于某些项目的可比性，有时不够详尽，没有列入核对表上的风险容易发生遗漏。

工程项目融资风险核对表 表 4-1

失败原因或成功的条件	本项目情况
1. 工程项目融资失败原因	
（1）工程延期，因而利息增加，收益推迟	
（2）成本、费用超支	
（3）技术失败	
（4）承包商财务失败	
（5）政府过多干涉	
（6）未向保险公司投保人身伤害意外险	
（7）原材料涨价或供应短缺、供应不及时	
（8）项目技术陈旧	
（9）项目产品或服务在市场上没有竞争力	
（10）项目管理不善	
（11）对于担保物，例如油、汽储量和价值的估计过于乐观	
（12）项目所在国政府无财务清偿力	
2. 工程项目融资成功的必要条件	
（1）项目融资只涉及信贷风险，不涉及资本金	
（2）切实地进行了可行性研究，编制了财务计划	
（3）项目要用的产品或材料的成本有保障	
（4）价格合理的能源供应有保障	
（5）项目产品或服务更有市场	
（6）能够以合理的运输成本将项目产品运往市场	
（7）要有便捷、畅通的通信手段	
（8）能够以预想的价格买到建筑材料	
（9）承包商富有经验、诚实可靠	
（10）项目管理人员富有经验、诚实可靠	
（11）不需要未经实际考验过的新技术	
（12）合营各方签有令各方都满意的协议书	
（13）稳定，友善的政治环境，已办妥有关的执照和许可证	
（14）不会有政府信用风险	
（15）国家风险令人满意	
（16）主权风险令人满意	
（17）对于货币、外汇风险事先已有考虑	
（18）主要的项目发起者已投入足够的资本金	
（19）项目本身的价值足以充当担保物	
（20）对资源和资产已进行了满意的评估	
（21）已向保险公司缴纳了足够的保险费，取得了保险单	
（22）对不可抗力已采取了措施	
（23）成本超支的问题已经考虑过	
（24）投资者可以获得足够高的资金收益率、投资收益率和资产收益率	
（25）对通货膨胀率已进行了预测	
（26）利率变化预测现实可靠	

4.2.5 工程项目投资风险识别的成果

工程项目投资风险识别的成果是进行风险估计和风险管理的重要基础，同时，通过风险识别可以增强风险控制的信心。但需要特别指出的是，要识别所有的风险是不可能的，对风险管理人员来说，自信能识别所有的风险会起到相反的效果，并且这本身就是十分危险的。风险识别最主要的成果是风险清单，风险清单是记录和控制风险管理过程的一种方法，并且在做出决策时具有不可替代的作用。风险清单最简单的作用是描述存在的风险并记录可能减轻风险的行为。

当然，在风险识别的深度足够并且条件允许时，也可以在风险清单中列入风险成本效益、风险归属权及残留风险等内容：

（1）对风险进行详细划分和描述。

（2）可能性（概率性）和后果的评估。

（3）风险归属权的识别。

（4）风险的重要性、成本、可接受性。

（5）风险管理的成本和归属权。

（6）行动的时间。

（7）残留风险的评估。

（8）采用减轻风险行动的结果对于风险的重要性、成本、可接受性的变化。

（9）成本收益的评估。

4.3 工程项目投资风险估计

工程项目投资风险估计是指在对不利事件所导致损失的历史资料分析的基础上，运用概率统计等方法对特定不利事件发生的概率以及风险事件发生所造成的损失做出定量估计的过程。如果风险识别要回答的问题是要遇到的风险是什么，则风险估计所回答的问题是这风险有多大。工程项目投资风险估计是对工程项目投资中的风险进行量化，据以确定风险的大小和高低，并为下一步确定风险管理奠定基础。

4.3.1 风险估计的含义

通过风险识别发现风险后，就需要对风险发生的概率、风险的后果和损失的严重程度进行估计，而对工程项目投资风险进行估计的必然前提，就是认为工程项目投资风险是可以量化的，这就需要主观判断和客观统计相结合。一方面根据大量的历史资料用统计的方法计算出描述纯粹风险大小的客观数值，另一方面由相关专家对难以计量的投资风险做出合理的估计。

（1）风险估计的含义

风险估计是在风险识别的基础上，对工程项目投资过程中存在的风险进行量化，确定这些风险可能的影响程度，客观地予以衡量，以便进一步对风险进行评价决策，正确选择风险处理的方法。

风险估计的过程是非常复杂的，对损失发生频率（概率）的估计和损失严重程度的估计是风险估计的两个不可分割的部分。但是，往往有人认为，风险估计的重点是损失的程度，而不是损失发生的频率。比如，对于某些巨灾损失来说，虽然不经常发生，一旦发生，其损失的严重程度却比经常发生的较小风险事件高得多。然而，如果要对风险加以准确评价的话，损失频率的估计仍是必不可少的。在损失程度一致的风险事件中，如果能够估计出损失发生的频率，则具有重要的意义。这是因为，损失频率大的风险事件可能导致较大的总损失额，但某些频率不是很高的风险更能造成严重的损失。所以，风险估计既是对风险发生频率，也是对风险后果损失严重程度的估计，它是风险估计的重点之一。

风险估计的第二个重点是对风险发生时间的估计。这项工作的出色完成对风险管理也有很重要的作用。这是因为，当在知道各种风险何时发生的情况下，管理人员就可以适时采用风险应对措施，既可以降低风险管理成本，又可以防患于未然。

风险估计的第三个重点是风险损失的大小。应当根据不同的应用领域来选择估算风险的方法。在那些可投保的风险中，常用于损失的数据有：损失频率和损失幅度。损失频率测量的是在单位时间内损失事件发生的平均次数。

风险影响范围即风险发生时影响到工程项目的哪些工作或方面，对这种范围的估计是风险估计的第四项任务。有些风险其发生的概率及造成的直接损失可能都不大，一旦发生，影响范围就很大或者对一些关键工作造成影响，对这类风险也要进行严格控制。

风险级别的估计是风险估计的第五个内容，根据风险发生的概率，风险发生的后果等因素将风险进行级别的划分，有利于风险管理者进行风险控制。

（2）风险估计的意义

风险估计是建立在概率论与数理统计的大数法则、类推原理和惯性原理的基础上的。由于在自然界和人类社会中，通过对大量风险事故发生的统计分析，其结果呈现出一定的必然性和统计规律性。因而可以通过某一类风险事故发生的规律性，类推出其他风险事故发生的规律性；由惯性原理可预测将来风险事故发生的可能性。所以，风险估计的意义在于：

1）通过风险估计，较为准确地预测损失概率的损失幅度。通过采取适当的措施，可减少损失发生的不确定性，降低风险。

2）对损失幅度的估计，使风险管理者能够明确风险事故造成的灾难性后果，集中主要精力去控制那些可能发生的重大事故。

3）建立损失概率分布，为风险管理者进行风险决策提供依据。风险管理者根据损失概率分布的状况，结合损失幅度的估计结果，分配风险管理费用，采取相应的风险控制技术，将风险控制在最低限度。对于风险较大，损失严重的情况，则考虑将损失转移给他人共同承担，对于损失较轻微，不致造成较大影响的风险，可通过自身的财务安排解决。

4.3.2 风险估计的理论基础

工程项目投资风险估计的重要内容之一就是对风险损失发生概率的估计，而概率估计的理论基础就是大数定律和概率推断原理。在进行工程项目投资风险估计时，通常是根据相关历史资料和同期类似工程的风险状况来估计目标工程风险，这一估计过程的理论基础就是类推原理和惯性原理。

（1）大数定律

大数定律是概率论中的一条重要定律，它阐述了大量随机现象的平均结果呈现出稳定性的规律。只要被观察的风险样本足够多，就可以估测损失发生的概率和损失的严重程度。被观察的样本越多，估测值与实际值就越接近。比如一家承包商承建一项高层商用住宅工程，就这个工程项目而言，建筑工人在施工中发生高空坠落的风险有多大是不确定的，工程施工中发生部分结构坍塌的风险事故的可能性也是不确定的，但是从以往众多的类似工程项目的风险事故的统计经验来看，可以计算出近似的事故频率、每次事故平均损失额以及总损失额等，那么该承包商可以参照这个平均值，估计其承建项目的损失额和事故频率等。大数定律为工程项目投资风险估计奠定了理论基础。

（2）类推原理

辩证法阐释了世界存在着普遍联系的原理。很多事件的存在和发展伴随着其他事件的存在和发展，因而它们之间存在着相似关系。比如随着工程项目越来越多，功能要求也越来越高，建筑结构也越来越复杂，因而不能达到设计要求的施工风险也越多。类推原理说明了一些相关因素的变化对某一特定因素的影响。工程项目投资风险估计时，往往没有足够的风险统计资料，而且有时因为客观条件的限制，很难甚至不可能取得所需要的足够的风险资料。因此，根据事件的相似关系，利用类推原理，借鉴已掌握的整体或局部类似工程的风险统计资料，就可以估计目标风险载体的风险状况。

（3）概率推理原理

工程项目投资风险事件发生是随机的，引起损失的程度也是不确定的，但就总体而言，投资中风险事件的发生又呈现出统计学上的规律性，因此，在工程项目投资风险估计中，采用概率论方法，通过判断随机变量的取值特点和其他特性，据此判断随机变量符合何种概率分布，确定参数，从而估计出风险事件出现状态的各种概率。

（4）惯性原理

事物的发展除了受外界作用的影响之外，还与其初始状态有关。而初始状态是过去发展的结果，过去的行为不仅影响事物的现在，也影响它的将来，因而事物的发展带有一定的延续性，即惯性，可以利用这个特征来估计工程项目投资的风险。同时，要求系统具有相对的稳定性，能够保持其发展的基本趋势。利用过去的风险资料来估计未来可能发生的状态时，一方面要抓住惯性发展的趋势，另一方还要预测可能出现的偏离和偏离程度，从而对估计结果进行处理，提高估计的可靠度。

4.3.3 风险估计的内容

风险估计又称风险测定、衡量和估算等。工程项目投资风险估计是在工程项目投资风险识别之后，通过定量分析的方法测度风险发生的可能性及风险损失程度，风险估计具体包含了确定风险计量的标度、风险发生的概率估计、风险发生的时间估计、风险的损失度估计、风险事件影响范围的估计、风险的级别估计。

（1）确定风险计量的标度

计量是为了取得有关数值或排列顺序。计量使用标识、序数、基数和比率四种标度。

1）标识标度是标识对象或事件的，可以用来区分不同的风险，但不涉及数量。不同的颜色和符号都可以作为标识标度。在尚未充分掌握风险的所有方面或同其他已知风险的关系时，使用标识标度。例如，项目班子如果感到项目进度拖延的后果非常严重，可用紫色表示进度拖延风险；如果感到比较严重，用红色表示；如果感到严重，则用橘红色表示。

2）序数标度。事先确定一个基准，然后按照与这个基准的差距大小将风险排出先后顺序，使之彼此区别开来。利用序数标度还能判断一个风险是大于、等于还是小于另一个风险。但是，序数标度无法判断各风险之间的具体差别大小。这里所说的基准可以是主观的，也可以是客观的。将风险分为已知风险、可预测风险和不可预测风险用的就是序数标度。

3）基数标度。使用基数标度不但可以把各个风险彼此区别开来，而且还可以确定它们彼此之间差别的大小。如项目进度拖延 20 天造成 800 万元损失，项目超支 230 万元等用的是基数标度。

4）比率标度不但可以确定风险彼此之间差别的大小，还可以确定一个计量起点。风险发生的概率就是一种比率标度。

有些类型的风险，常常要用多种标度。正确地选用计量标度在风险估计中非常重要。此外，还需要知道对于已经收集在手的信息和资料选用哪一种标度才合适。

通常情况下，有关风险的信息资料有三种形式：书面或口头记述性的、定性的或定量的。

记述性信息指出有哪些潜在风险可能会妨碍项目的进行，或指出风险的来源。这时，最好选用标识标度或序数标度来估计风险事件发生可能性的大小或后果。

定性情息和资料通常采用序数标度。例如用不同的颜色区别高风险、低风险或中等风险。

当用语言定性描述风险时，可使用定性标度。例如高、低、或许、预期的、不肯定、有可能、不大可能等。但是这些词、用语或说法，不同的人有不同的理解。

定量估计风险时使用基数或比率标度。在这种情况下，用一个百分数或分数，即概率表示风险发生的可能性大小。概率仍然只是一种概念，并不一定能提高风险估计的准确性。定量估计同定性估计相比，可以减少含混不清，更客观地估计有关风险的信息资料。另外，风险有了数值之后，就可以参与各种运算，就可以确定两个风险之间到底相差多少。

（2）风险发生的概率估计

风险估计是估算风险事件发生的概率及其后果的严重程度，风险发生的可能性有多大，这是风险估计的首要任务。风险事故发生的可能性，我们用概率来表示。风险事件发生的概率和概率分布是风险估计的基础。因此，风险估计的首要工作是确定风险事件的概率分布。一般来讲，风险事件的概率分布应当根据历史资料来确定。数理统计学家们根据大量重复的观察结果总结出来的统计规律性用各种各样的理论概率分布来表示。当项目管理人员没有足够的历史资料来确定风险事件的概率分布时，可以利用理论概率分布进行风险估计。概率是度量风险事件发生可能性大小的指标，可以分为主观概率和客观概率。

1）主观概率估计

主观概率是基于人们所掌握的大量信息或长期经验的积累，而对某一风险事件发生可能性的主观判断。在实际工作中，特别是在工程项目投资风险分析的过程中，人们遇到的风险是不可能重复的，往往是对未来可能发生风险的概率估计，所以不可能做出十分准确的分析，客观概率方法更难以计算出风险发生的概率了。因此，当风险估计和决策需要时，我们可以由风险管理者和相关领域的专家对某些风险出现的概率进行主观判断，对风险发生的概率主观地给出一个数值。主观概率虽然是由风险管理者或专家利用较少的信息而做出的估计，但它是根据个人或集体的硬性知识而做出的合理判断，加上一定的信息、经验和科学分析而得到。这种方法适合于复杂事件，可用信息数据严重不足或根本无可用信息数据，客观概率估计方法完成困难等情况。尤其是工程项目投资风险，由于项目的特殊性，人们遇到的风险是不可以重复的，掌握具有普遍指导意义的历史资料是不现实的，因此，主观概率的方法在工程项目投资风险估计的应用中就显得十分重要。

2）客观概率估计

客观概率是根据大量的实验数据，用统计方法计算某一风险事件发生的可能性，它是不以人的意志为转移的客观存在的概率。客观概率的计算需要足够多的数据支持。在可行性研究中，由于时间及资金的限制，不可能获得大量的实验数据，而决策又需要对事件发生的概率做出估计。因此，可行性研究中风险估计最常用的是主观概率。可以根据风险事件发生的频度将风险事件发生的概率分为 5 个等级，即经常、很可能、偶然、极小、不可能。

对于主观概率与客观概率的概念，人们往往容易产生错误的认识，认为客观概率是客观的，是正确的；而主观概率等同于主观，主观就等同于错误。主观与客观的概念在计量学的范畴内具有不同的意义。它是与测量标准有关的两个概念。人们根据外部标准进行的测量是客观的，但并不等同于结果正确。例如用量尺对建筑四至进行测量，虽然是一件客观活动，但是根据测不准原理，其结果则是不准确的客观实践。一个有经验的工程师对某些风险做出的判断，虽然是主观的，有时却是正确的。我们不能求得绝对反映客观事物的概率数字，即使是根据过去大量的统计数据或实验数据计算出来的数字，也是相对的、有限的，不可能完全反映出事物的全部客观内容。当然，由于人们的主观认识不同、经历不同、知识水平不同、判断能力不同，对同一件事在同一条件下出现的概率会提出不同的数值，而且主观概率是否正确是无法核对的，但是在项目风险管理中却运用得十分普遍。

3）风险发生时间的估计

项目风险事件的发生时间，即风险事件出现的时间，也是工程项目风险事件分析中的重要工作。风险发生在项目的哪个阶段，哪个环节上，何时会发生等，上述因素是风险估计的内容之一。建设项目有明显的阶段性，有的风险直接与具体的工程活动相联系，这种估计对风险的预警有很大的作用。这有两方面的考虑：一是从风险控制角度看，根据风险事件发生的时间先后进行控制。一般情况下，早发生的风险应优先采取控制措施，而对于相对迟发生的风险，则可通过对其进行跟踪和观察，并抓住机遇进行调节，以降低风险控制成本。二是在工程项目实施中，对某些风险事件，完全可以通过时间上的合理安排，以大大降低其发生的概率或其可能带来的损失。例如，大体积混凝土的施工在其他条件相同的情况下，夏期施工比冬期施工出现温度裂缝风险要大，因此，可通过时间的安排尽可能地将大体积混凝土的施工安排在冬季。

4）风险的损失度估计

风险的损失度和影响度是风险估计的第三项内容，这是在风险度量中非常重要的工作。因为即使一项风险事件发生的概率不大，但是如果它一旦发生，其造成的损失巨大，其后果是十分严重的。风险管理人员应根据工程项目的特点，用不同的方法衡量损失幅度。

① 一般衡量。最大可能损失：是指某一风险单位在其整个生存期间，由单一事故引起的可能最坏情况下的损失，其特征是以工程项目生命存在期间为观察期，并且最大可能损失是一种客观存在，与人们的主观认识无关。

最大预期损失：是指某一风险单位，在一定时期内，由单一事故所引起的可能遭受的最坏损失。其特征是不以工程项目生命存在期间为观察期间，并且最大预期损失是一种与概率水平估算相关，即与人们的主观认识相关的概念，它随着人们选择的概率水平的不同而不同。最大预期损失约数值小于或等于最大可能损失。

年度最大可能损失和年度最大预期损失。年度最大可能损失与年度最大预期损失均可来源于单一风险，或者来源于多种风险，它们可包括各种风险事故所致众多风险单位的所有类型损失。年度最大预期损失是面临风险的单个单位或单位群体在一年内可能遭受的最大总损失。与最大预期损失一样，这种损失依风险管理人员选择的概率水平而定，但与最大预期损失不同的是，这种量度并不仅仅是指一次事件的严重性，相反是依据事件的个数以及它们的严重性而定。

另外，所谓的"事件"与"意外事故"概念有所不同，"意外事故"仅指事故的发生是不可预料的，而"事件"包含的范围则比较大，不仅包括意外事故，也包括意料中的事故。

② 阿兰·弗雷德兰德（Alan Friedlander）衡量法。该方法认为每一栋建筑物发生一次火灾，其直接财产损失可根据建筑物防护设施情况，将其损失幅度分为四种。

正常期望损失：是指建筑物在最佳防护系统下，一次火灾发生时的预期损失金额。最佳防护系统是指当火灾发生时，建筑物本身和外部的消防系统和消防设施都能正常运作，且都能发挥预期功能。

可能最大损失：是指建筑物自身和外部环境虽然都有良好的消防系统和消防设施，但保护系统的一个关键设施，如消防设施因供水不足，或其他原因所致，而无法发挥其预期功能时，一次火灾中的预期损失金额。

最大可预期损失：是指当火灾发生时，建筑物本身的消防设施无法发挥其预期功能，致使火势蔓延，烧至防火墙才隔绝了火势；或将所有可燃物燃尽；或者直至公共消防队赶至现场进行灭火，把火熄灭为止，其所造成的最大损失，称为最大可预期损失。

最大可能潜在损失：是指建筑物自身和外部的公共消防设施和防护系统，在火灾发生时均无法正常运作，从而失去了其预防功能的情况下的最大损失。

一般来说，这四种损失在概率上依次递减，但在金额上却逐渐递增。这也说明，损失概率和损失幅度是呈反比关系的。

③ 风险事件影响范围的估计。工程项目风险估计的第四项任务是对风险事件影响范围的估计，其包括分析风险事件可能影响的部位，或可能影响的方面和工作。在工程项目实施过程中，对某些风险事件，其发生的概率和本身造成的后果都可能不是很大，但一旦发生则会影响到工程项目的各个方面或许多工作，此时，有必要对其进行严格的控制。

根据风险影响的范围，风险可以分为局部风险和总体风险。局部风险影响的范围小，而总体风险影响范围大。局部风险和总体风险也是相对的。风险管理人员特别要注意总体风险。例如，项目所有的活动都有拖延的风险，但是处在关键路线上的活动一旦延误，就要推迟整个项目的完成工期，形成总体风险。而非关键路线上活动的延误在多数情况下是局部风险。

④ 风险的级别估计。风险因素是多种多样的，对工程所有风险实施管理与监控是不可能的。因此，风险管理者不要对所有风险都予以同等重视，否则将大大增加风险管理费用。这就需要根据轻重缓急，有取有舍：一是对于估计发生概率和损失度都很大的风险，

要优先考虑其级别；二是对于发生概率和损失度很小的风险，还要考虑其影响全局的程度。如果风险事件发生，将会影响整个工程目标的实现，那么对这样的风险也要给以高级别的重视。估计风险应对级别须考察以下四个方面要素：

一是考虑风险级别。在风险级数提高时，需相应提高其应对级别，较高级别的风险往往会比较低级别的风险需要更多关注和应对。

二是考虑利益相关者级别。有关键利益相关者受到牵连影响的须优先处理。

三是考虑连锁效应级别。可能引发其他连锁反应的风险须优先处理。

四是考虑应对难易程度。可以省时省力较快解决的风险可以优先处理。

4.3.4 风险估计的方法

风险估计的方法有很多，如外推法、层次分析法、蒙特卡罗法、风险模糊估计法等。

（1）外推法

外推法是利用已有数据并结合主观分析判断，来估计工程项目投资风险发生概率的一种综合风险估计方法。外推法又可分为前推法、后推法及旁推法三种。

1）前推法

所谓前推法就是根据以前的历史经验和数据推断出未来事件发生的概率和后果，是最为常用的外推方法。

例如欲在某一个国家进行项目投资，需要考虑项目所处地区可能因为地震、海啸、地质条件等引起的风险。这时，可根据这一地区自然灾害的历史记录进行前推。如果历史数据所反映的自然灾害呈现出明显的周期性或规律性，即可据此数据直接对风险做出的估计，而如果从历史数据看不出自然灾害明显的周期性，就需要用曲线法和分布函数法来拟合这些数据再进行外推，从而估计出项目投资面临的自然灾害风险。

由于历史记录往往有失误或不完整，而且气候和环境因素也在不断发生变化，所以应用前推法进行风险估计，有时需要从逻辑上的可能性及实践经验出发，去推断过去未发生的事件在将来是否有可能发生。

2）后推法

如果没有直接的历史经验数据可供使用，可以采用后推的方法，即把未知想象的事件及后果与某一已知的事件及后果联系起来，这也就是通过有数据可查的造成这一风险事件的一些起始事件来推断未来风险事件。在时间序列上也就是由前向后推算。由于工程项目投资的一次性和不可重复性特点，所以在工程项目投资风险估计时常用后推法。例如，对于工程项目投资自然灾害风险估计，如果没有该地区自然灾害方面的直接历史数据，可将自然灾害的概率与一些自然灾害资料联系起来考虑，估算出足以引起自然灾害的"假象大雨"或"假象风暴"等，根据这些假象灾害发生的概率，就可以对工程项目投资中的自然风险做出风险估计。

3）旁推法

旁推法就是利用情况不同但基本相似的其他地区或工程项目的数据，对本地区或工程项目的风险进行外推。例如，可以通过搜集类似工程投资项目的资料来估计本项目所面临经济风险、合同风险等发生的概率和损失程度。当然这同样需要考虑新环境的各种变化。用某一工程投资项目取得的数据，去预测其他工程投资项目的状态，这是工程项目投资风险估计常用的方法之一。

（2）层次分析法

层次分析法是决策的有效工具，是由托马斯·塞蒂（T. L. Saaty）于 20 世纪年代中期研究出来的。层次分析法是从多方面考虑各种可能引起风险的因素，对其进行细致的分解，以形成有序的递阶层次结构，并通过两两比较判断的方式确定每一层次中各因素的相对重要性。

在风险估计阶段，对很多风险因素的估计都是以人的主观定性判断为主，要直接比较这些风险的发生概率及其产生后果的严重性很困难。层次分析法是一种综合定性与定量分析的方法，它将以人的主观判断为主的定性分析进行量化，从而可以为决策者提供评价风险状况的依据。

利用层次分析法进行风险估计的基本思路与步骤：

① 利用递阶层次结构识别工程项目投资存在的主要风险因素。

② 由多位专家从风险损失额和风险发生概率等方面判断风险因素的相对重要性，并形成相对矩阵。

③ 在此基础上对专家评判矩阵进行一致性检验，若未能通过一次性检验，则组织专家重新评判，得到新的评判矩阵，再进行一致性检验，反复进行直至最后通过检验。

④ 根据相对矩阵计算相对重要度的排序，得出工程项目投资风险估计结论。

（3）蒙特卡罗法

蒙特卡罗法一般又简称为模拟法。它是指对于那些只凭经验和直觉难以下决心的问题，不能用数学公式来表示或求解的复杂问题，以及不易做控制实验的动态系统，所采用的一种经济而有效的求解方法，即利用模拟试验各因素之间的动态关系，来解决这类复杂的问题。蒙特卡罗法的要点是所有的变量都根据其个别的概率分布而随机产生，不论其产生的时间先后如何，各个数值产生的机会都相等。

工程项目投资风险估计的过程中，有几个不确定的投入变量，而每个变量又有几个或无限个（就连续分布来说）可能的数值则获得分析的解将成为不可能或不实际的。对此可以通过取一个包括总体中若干个要素的样本估计出总体参数，例如平均值（或称期望值）和方差（或称标准差）。即可以利用样本参数来估计或模拟总体参数。蒙特卡罗法就是应用这种概念的。应该指出，选择的样本必须是整个总体的代表，并要进行没有偏见的总体分析的估计。这就依赖于对样本的各个要素进行随机观察，建立各种结果的随机分布。样本越多，近似值也就越接近。不确定性是很多因素的作用和相互作用产生的变量数值的变动结果。变量数值的变化模型称为随机变量。在蒙特卡罗法中，随机变化模型是用随机数值来模拟的。随机数值是随便抽取一个数字，这种随机产生数字的方法，是使每次出现的任何数字都具有相同的概率（同样被选取的机会），不管这个数字以前是否产生过。模拟法往往只能提供一个可用的答案，而不能保证得到一个最优的解。

蒙特卡罗法的步骤：

在工程项目投资风险估计中，蒙特卡罗法可以将现金流量计算中的各个变量（如售价、经营成本、投资等）的概率分布组合起来，进而得到该项目评价指标（如内部报酬率、投资回收期等）的概率分布。对于互相有关的预测值，首先应结合起来，然后再赋予概率分布值。蒙特卡罗分析方法的一般步骤为：

1）列出各个不确定因素的概念分布法。根据过去和目前掌握的信息资料，预测出各个不确定因素（变量）在各个可能状态下的相对机率，并计算出各个不确定因素相对机率总和等于1的相应概率，进而计算其累计概率，并找出对应的随机数区间。

2）用不同的随机数找出各个不确定因素的组合值进行函数计算。做出一个有1000个连续整数（从1～1000）的数字表或利用随机数值表，从表中随机选取一个数，与对应的随机数区间相对照，找出该变量的给定值。依法再用另外的随机数找出其他变量的给定值。用对应的各个不确定因素的给定值计算其函数。如此进行多次反复计算。这种方法适宜用电子计算机进行计算，重复演习。

3）把计算的函数值绘成立方图，进行概率分布分析。

（4）风险模糊估计法

在分析风险事件发生的概率和结果缺乏历史数据时，可以采用模糊估计法进行风险评估。该方法的特点是将纯粹定性的风险判断结论与定量的模糊数学方法相结合，既回避了定量描述风险损失额和风险发生概率缺少历史数据的困难，又解决了模糊性语言描述的不准确和不完整的弊端。

模糊风险评估的基本原理是组织风险分析人员和有关专家对风险进行主观估计。当风险因素的估计结果难以量化时，通常以大小、强弱、高低等模糊语言来描述风险概率和风险损失额。采用模糊数学方法进行风险估计时，先要建立评估指标的隶属度函数。通常的指标隶属度函数为：

$$A = \left[x \mid \upsilon_{A(x)} \right]$$

式中，A——指风险指标等级的集合，比如 A 是某一工程风险发生概率的集合，指标等级
　　　　也就是风险发生概率，用很大、大、中、低、很低五个等级表示，每个等级
　　　　都对应一个隶属度函数；

　　　　x——指标的取值，$\upsilon_{A(x)}$ 为 x 对应的隶属度，不同风险因素的风险发生概率及其后
　　　　果的隶属度函数是不同的。

当隶属度函数建立之后，就可以把风险分析人员和有关专家对风险的定性判断结果与隶属度函数对应起来，运用模糊数学原理中的模糊关系运算规则将各风险因素进行组合，得出整个工程项目的风险度模糊逻辑描述。进行模糊风险评估需要解决两个关键问题。一是建立隶属度函数。隶属度函数的构建是基于风险分析人员和专家的经验判断，为了保证隶属度函数能客观反映工程项目的实际风险规律，要求参与模糊评判的风险分析人员和专家具有丰富的工程经验和模糊数学等知识，并采取科学的统计分类方法获得隶属度函数，因而解决这一问题有一定的难度。二是确切地解释模糊风险分析结果有一定的难度。模糊风险估计结果是以模糊语言的形式表示的。由于判断和表达的模糊性，所以用语言描述具体的风险状态存在一定的难度。上述两个问题是模糊风险估计方法普及的瓶颈。

风险估计的方法很多，如损失估计法、盈亏平衡分析、相关效益估计法等，在此不一一赘述。

4.4　工程项目投资风险规避

不确定经济学认为："经济活动经常会产生用基本理论不能把握的复杂问题。一种困境来源于经济生活中大量的不确定性。""今天的投资是为了将来获得利润，实际上是积攒

财富以备应付未来的不确定性。经济生活就是一场充满风险的交易"。经济活动中的不确定性是绝对的，生产经营中遭遇风险是每一个企业都必须面对的一个问题。面对风险，每一个企业为了生存，为了发展都会尽力控制风险。能否成功地规避风险是检验一个企业能否成长壮大的基本原则和标准。现代企业的风险规避和风险管理是核心管理层的重要工作内容。

工程项目投资也和其他投资项目一样是为了完成一个工程项目，并保证该项目建成后能顺利投入营运，得到投资回报。经营活动中的规避风险原则是为了保证企业的经营活动，对外投资尽可能地降低风险，保证生产、建设资金的安全，并达到利润最大化的目的。而工程项目投资是为了在约束条件下，完成项目目标，如果工程项目投资风险太大，如成本太高，时间过长，对工程项目的投资无法产生效益，则该项目是失败的。

风险规避是风险应对的一种方法，风险规避是通过变更工程项目计划，从而消除风险或消除风险产生的条件，或者是保护工程项目的目标不受风险的影响。从风险管理的角度看，风险规避是一种最彻底地消除风险影响的方法，虽然工程项目的风险是不可能全部消除的。但借助于风险规避的一些方法，对某一些特定的风险，在它发生之前就消除其发生的机会或其可能造成的种种损失还是有可能的。

风险规避的方式有如下两种：规避风险事件发生的概率；规避风险事件发生后可能有的损失。

在工程项目风险管理中，风险规避可采用上述两种方式中的任一种，很多情况可能是上述两种方式在同时使用。如，在施工方案制定过程中，尽可能采用一些成熟的施工工艺和方法，而不是去采用一些不成熟的新方法，这就在某一程度上防止了在施工方案选择上引发风险的可能性。在某一工程项目施工分包中，尽可能选择一些熟悉的，并具有类似该施工经验的分包商，而不是去选择不了解的分包商，这基本上也可从源头上引发在选择分包上而出现的风险。又如，高空作业中设置安全网，这并不能规避作业人员坠落的风险，但其可有效地防止高空作业人员坠落而引起的伤亡风险，即避免风险所引起的损失。

4.4.1 工程项目投资风险规避的含义

风险规避是指事先预料风险产生的可能程度，判断其实现的条件和因素，在行动中尽可能地避免或改变行动方向，即以一定的方式中断风险源，使其不发生或不再发展，从而避免可能产生的潜在损失。从风险量大小的角度来考虑，这种风险对策适用于风险量大的风险规避，虽然是一种风险防范措施，但由于风险是广泛存在的，想要完全规避是不可能的，而且很多风险属于投机风险，如果采取风险规避的对策，在避免损失的同时，也失去了获利的机会。因此，在采取风险规避对策时，应对该对策的消极面有个清醒的认识，注意以下几点：

1）当风险可能导致的损失频率和损失幅度极高，且对此风险有足够的认识时，这种策略才有意义；

2）当采用其他风险策略的成本和效益的预期值不理想时，可采用回避风险的策略；

3）不是所有的风险都可以采取回避策略的，如地震、洪灾、台风等；

4）由于回避风险只是在特定范围内及特定的角度上才有效，因此避免了某种风险，又可能产生另一种新的风险。

此外，在许多情况下，风险规避是不可能或不实际的。因为，工程建设过程中会面临许多风险，无论是业主还是承包商，还是监理企业，都必须承担某些风险，因此在采用此对策时，要对风险对象有所选择。

4.4.2 工程项目投资风险规避的类别

工程项目往往具有工期长、投入大、人力物力需求量大、与社会效益和经济效益关系密切等特点，因此，相对于其他项目，工程项目有较高的投资风险。

（1）政治风险与规避策略

政治风险评估旨在预测政治的不稳定性以帮助风险项目管理确定与评价政治事件。在海外工程项目投资决策阶段，国家政治风险对选择和工程项目投资计划的落实十分重要。鉴于目前国际投资政治风险的特点，在整个过程中，分析重点必须放在那些难以预料并可能使经营环境大为改变的各种主要政治力量上，尤其是放在东道国国内的主要利益集团、民族与宗教集团以及该国与区域国家的关系上。考虑到政策变化风险是当今政治风险的主要形式，还需要特别关注有关领域未来政策的可能性与方向。在一般情况下，东道国对海外投资的态度取决于该公司对当地国民经济的贡献，贡献大，则欢迎并给予优惠，反之，则无优惠甚至排斥。在跨国工程项目投资的过程中，特别需要防范的是东道国的态度由欢迎变成不欢迎。

1）预防性策略

风险管理者对特定国家、特定地区的政治风险进行分析，可以采取风险回避策略和投保策略来预防风险发生。回避策略，即放弃从宏、微观层面分析均呈现政治风险的投资项目。但该策略虽然减少了政治风险对工程项目投资的威胁，但同时也失去了国际经济竞争机会和盈利机会，是较为消极的方法。投保策略是一种较为积极的对策，可以通过投保的方式减少风险带来的负担。

2）风险分散化策略

海外工程项目投资的过程中可以运用风险分散化策略，使各种潜藏风险进一步分散，降低对投资活动的影响。

3）缓解政治风险策略

尽管采用了预防和分散风险的策略，但若要从根本上杜绝政治风险是不可能的。当风险发生时，应采取缓解风险的策略以减少政治风险带来的损失。为此应做一些让步措施，诸如聘请当地管理人才担任管理工作、在当地搞好公共关系，树立企业良好的公共形象，并获得有利的公众舆论。

（2）经济风险与规避策略

经济风险是一个特别的概念，且随着国际经济形势的变化而变动。特别是近些年来，国际债务危机的出现使得许多投资在外的巨额资本不能收回，投资方本身大都陷入资金周转的困境。因此经济风险的规避是工程项目投资规避中的重要内容。

1）进行严格的可行性研究

进行严格的可行性研究、选择最佳投资目标。这是获取预期投资收益的根本保证。采用各种方法对拟投资项目所在地的经济形势以及自然状况进行风险分析和投资可行性论证，选择风险和收益最佳组合，并根据投资方自身的抗风险能力，进行投资决策，使项目投资活动严格建立在切实可行的基础上，是规避工程项目投资中经济风险的关键。

2）采取灵活的投资方式

工程项目投资活动中面临的风险具有多样性，投资方可针对不同的风险采取灵活多样的投资管理方式。例如，针对政策变动频繁的地区，宜采取合资的方式。地方考虑到自身的利益，从而可以减少对该投资实施不利政策的可能性；对经济、政局稳定的地区，其政策的稳定性和连续性较好，投资方可以采取独资方式。

3）加强的风险管理

加强风险管理，减少经营风险，从广义上讲，工程项目投资风险管理贯穿于整个投资活动中，一个投资企业既然要生存，就存在一系列人为的管理风险，所以要求管理人员具有较高的管理水平，通过采用多元化的风险管理策略减少工程项目投资的风险、通过敏感性分析等方式来预测和控制经营风险。

（3）社会风险与规避策略

社会风险涉及范围较广，具体包含了宗教信仰冲突、社会治安不良、文化素质低以及公众态度消极。社会风险的规避策略有以下几点：

1）尊重不同的宗教信仰

当今世界上宗教信仰种类较多，宗教信仰不同引起的冲突会给工程项目投资带来财产损失甚至是人员伤亡。尊重不同的宗教信仰，避免宗教冲突是社会风险规避的重要手段。

2）避免社会治安风险

社会治安不好还有可能造成人员伤亡、财产损失，从而影响工程项目的实施。工程项目投资的过程中，充分了解当地的治安情况，避开治安不良地区，选择更好的投资项目。

3）提高从业人员的文化素质

从业人员文化素质低，会给项目带来不必要的错误。聘请专业的从业人员，减少项目参与各方的摩擦，有利于工程项目的顺利实施。

4）争取公众认可

公众对工程项目态度取向在一定程度上会影响项目的实施，因此，争取公众的认可，做好拆迁赔偿工作，减少工程项目投资风险。

（4）工程风险与规避策略

工程风险规避是工程项目投资风险管理中的重要内容。工程风险系指一项工程项目在设计、施工及移交运行的各个阶段可能遭受的、影响工程项目系统目标实现的风险。

1）自然风险规避

充分了解当地的自然环境，做好勘察工作，结合已经发生的类似的工程项目经验，做好风险规避工作。

2）合同条件风险规避

签订完善的施工合同是预防和规避工程风险、保证工程能够顺利进行的前提和基础，施工合同履行过程中加强合同管理。

3）技术风险规避

工程项目投资前，进行可行性研究，制定合理的工程方案，做好工程勘察、工程设计、工程施工、工程监理等工作。

4）组织与管理风险规避

在组织与项目管理上，应实行施工前成本分析预测制、项目经理管理目标责任制、预算财会人员公司委派制、项目管理绩效全员考核制等措施，有效降低效益风险，使施工的成本管理呈现良性发展的态势。

4.4.3 工程项目投资风险规避的方法

在建筑工程项目投资风险应对实践中,人们总结出了处理建筑工程项目投资风险常用的策略。这些策略主要有:风险回避、风险减轻、风险转移、风险自留和风险分散等。

(1) 建筑工程项目投资风险回避

风险回避是建筑工程项目投资风险应对的一个重要措施。在实际建筑工程项目中,经判断该建筑工程项目投资具有较大发生概率的风险时,建筑工程项目投资商就可采取风险回避的方法使自己免遭风险损失。

在完成了项目风险分析和评估后,如果发现项目风险发生的概率很高,而且可能的损失也很大,又没有其他有效的对策来降低该种风险,这时应采取放弃项目、放弃原有行动计划或改变目标的方法,这种方法就是风险回避。从风险管理的角度看,风险回避也就是拒绝承担风险,这是一种最彻底的消除风险的方法。

一方面,风险回避可以在建设项目的不同阶段进行,相应的损失也不同,在项目决策阶段,风险回避的主要方式是拒绝接受风险。例如,在水源保护区内,建设某些特殊的工程项目,可能给该地区的水源造成污染,因此,在进行城市规划时,就不允许建设可能造成水源污染的项目,不允许将有核辐射危险、产生有毒气体的电厂、农药厂建立在人口稠密的城市周围,这是在项目的决策阶段就应回避的风险。而在项目进行的过程中,回避风险往往是采用终止的方法以避免风险的影响蔓延和扩大,虽然这可能会带来相当大的损失。

另一方面,采取风险回避策略,与有关项目参与方的风险态度有关。如前所述,决策者和管理人员可分为保守型、中性型和冒险型三种类型。对于保守型主体认为风险很大,需要回避,而冒险型主体则可能认为风险程度可以接受。众所周知,风险与收益并存,而且风险越大,潜在的收益也越大。尤其是在工程项目进行过程中,实际上不可能完全回避风险,当前的风险回避了,新的风险可能又出现了。如果一味地强调回避风险,则建设工程领域的创新和进步就无从谈起。

(2) 风险回避的局限性及其适用情形分析

风险回避虽能有效地消除风险源,避免可能发生的潜在损失或不确定性,但其在建筑工程项目投资开发运作中应用也具有很大局限性,主要有以下几个方面:

首先,工程项目投资风险回避只有在投资商对风险事件的存在与发生、对损失的严重性完全确定时才具有意义,而一般投资商不可能对建筑工程项目投资中所有的风险都能进行准确识别和衡量。

其次,由于工程项目投资风险回避措施通常与放弃某项工程项目开发活动相联系,这虽使投资商遭受损失的可能性降为零,但同时也使其失去获得相关收益的可能性。

最后,会出现避免某种工程项目投资风险不可能实现情况。工程项目投资中潜藏着的各种经济风险、社会风险和自然风险,如社会经济发展的周期性、气候异常等都是难以回避的。

建筑工程项目投资风险回避具有上述种种局限性,从某种意义上讲是一种消极的建筑工程项目投资风险管理措施,不宜大量采用。

(3) 建筑工程项目投资风险回避的方法

放弃项目：项目实施前发现风险太大，保险公司也拒绝承保，就要考虑放弃项目。

停止项目：有时项目开始后运行一段时间由于环境等各种条件发生变化，通过再次风险评估发现项目面临的风险已超过预先的设想，而该风险无法控制或控制成本太大，这时果断地停止项目也不失为一个很好的补救办法，能避免更大的损失。

转让项目：有时候项目前期投入较大，放弃或停止项目的损失巨大，如能对项目转让也是一个不错的选择，因为不同的组织和个人有不同的优势，对风险的承受能力也不同。

（4）工程项目投资风险减轻

通常把风险控制的行为称为风险减轻，包括降低风险发生的概率或控制风险的损失。风险减轻措施是一种积极的风险处理手段，它是指投资主体对不愿放弃也不愿转移的风险，通过降低其损失发生的可能性，缩小其后果不利影响的损失程度来达到控制投资风险目的的各种控制技术或方法。在某些条件下，采用减轻风险的措施可能会收到比风险回避更好的技术经济效果。如果项目管理人员能了解风险的来源和环境情况，就能更容易地选择风险减轻措施。虽然风险的影响有时很难估计，但有效的风险识别仍然是非常有用的，对于不是十分明确的风险，要将其减轻，困难是很大的。在制定减轻风险措施前，必须将风险降低的程度具体化，即要确定风险降低后的可接受水平。风险降低要达到什么目标，这主要决定于项目的具体情况、项目管理的要求和对风险的认识态度。

早期采用降低风险的措施，比在风险发生后采用补救措施会有更好的效果。风险减轻的收益表现在两个方面，其一是风险发生概率的降低，在项目活动开始之前，采用一定措施，减少风险因素或者是降低其发生的概率，这实际上是一种事前的预防行为；其二是降低风险事件发生所造成的损失，可以用来遏制损失继续扩大或风险分散等方式，将人、财、物与风险源在空间上隔离、在时间上错开，以达到减少损失和伤亡的目的。

（5）工程项目投资风险预防

预防损失是指预先采取各种措施以杜绝损失发生的可能，它与风险回避的区别在于：损失预防不消除损失发生的可能性，而风险回避则使损失发生的概率为零。在工程项目建设过程中，工程项目投资损失预防的运用非常普遍。

在工程投资决策阶段，工程项目投资者预防风险的任务是：建立高水平、多学科的投资管理队伍、树立风险意识、健全风险预警系统、贯彻执行风险管理责任制度。

工程项目前期准备阶段，为预防风险，投资商应注意以下几个方面：

调查、走访当地群众和城市档案、规划、通信、电力、热力、市政、文物管理等有关部门，了解地块的自然属性、使用属性以及地下埋藏物情况；妥善处理征地、拆迁和安置补偿问题；增强合同意识，认真签订各种建筑工程合同，尽量避免合同歧义、漏洞、陷阱。

工程项目建设阶段，风险预防的主要措施有：采用系统的项目管理方法；向建筑工程各方人员灌输安全意识；加强现场质量监控，防止质量缺陷和建筑工程质量通病的发生；做好现场建设日志，注意资料收集和保存。

（6）工程项目投资风险抑制

工程项目投资风险抑制的目标是减少后果的不利影响或降低风险发生的可能性。在实际工作中，将每一个风险都减轻到可接受的水平是不可能，也是不经济的。根据二八原理，项目所有风险中只有一小部分对项目威胁最大。因此，要集中力量专攻威胁最大的那几个风险。

预防损失和减少风险损失是很有必要的，损失预防的目的在于减少损失发生的可能性，减少风险损失的目的在于减少损失程度。在更多的情况下，二者在风险管理过程中往往同时使用。

(7) 做好工程项目投资风险后备措施

在工程项目投资开发过程中，可采取的后备措施有费用后备措施、进度后备措施和技术后备措施等。

预备费：指在项目建议书、可行性研究等阶段，事先准备好一笔资金，用于补偿工作差错、疏漏及其他不确定因素对项目投资的影响。

进度后备措施：从网络计划的观点来看，进度后备措施就是在关键线路上设置一段时差和浮动时间，这是应对项目工期风险的基本手段。

技术后备措施：技术后备措施专门用于应付项目的技术风险，它是一份预先准备的技术备用方案或备用设备，当预想情况未出现，需要采取补救行动时才动用。

(8) 工程项目投资风险转移

风险转移是进行风险管理的一个十分重要的手段，当有些风险无法回避、必须直接面对，而以自身的承受能力又无法有效地承担时，风险转移就是一种十分有效的选择。必须注意的是，所谓风险的转移，是通过某种方式将某些风险的后果连同对风险应对的权力和责任转移给他人。转移的本身并不能消除风险，只是将风险管理的责任和可能从该风险管理中所能获得的利益移交给了他人，工程管理者不再直接地面对被转移的风险。特别要注意的是，某些在业主看来较大的风险，其他方可能认为风险较小或者根本不是风险，甚至可能从风险管理中受益，风险转移并不是纯粹地向他人转嫁风险。在工程建设过程中，可能遇到的风险因素众多，工程项目的管理者不可能样样自己面对，因此，适当、合理的风险转移是合法的、正当的，是一种高水平管理的体现。

1) 风险转移的概念

工程项目投资风险转移是指投资者将项目风险有意识地转给与其有相互经济利益关系的另一方承担的风险处置方式。工程项目投资风险转移是工程项目投资商处理风险的一种重要方法。采用这种策略所付出的代价大小取决于风险发生的可能性和危害程度的大小。风险转移可以消除某些风险，但与风险回避不同的是，它不是放弃或中止某项带有风险的开发活动，而是允许开发活动正常进行，但将开发活动中风险可能所致的损失转嫁给他人承担。

2) 工程项目投资风险转移的方式

工程项目投资风险转移的主要途径有合同、项目资金证券化、保险等方式。

合同风险转移：合同风险转移是指投资主体通过合同条款，将合同中可能发生风险损失的财务负担和法律责任转嫁给合同对方承担。在建筑工程项目投资开发过程中，可采用建筑工程承包合同、材料设备供销合同等转移风险。

合同条件的内容是多种多样的，合理地制定合同条件、采取正确的合同计价方式，可以达到转移风险的目的。在合同中经常采用的固定总价合同、单价合同及成本加酬金合同等，就分别适用于不同的具体条件。例如，在较大型的工程项目中，由于实施的过程较长，施工期间可能遇到物价上涨等情况，因此，采用单价合同，固定其基础的单价，就可以将施工期间物价上涨的风险转移给施工单位。再如，对于施工设计深度还不够的项目，施工过程中可能会遇到大量由于工程量计算不准确带来的风险，如果采用单价合同，工程总价随工程量而变化，业主将承担较大的经济风险，而采用固定总价合同，工程的总价不随工程量而变化，该部分的风险就由业主转移到承包商来承担，同样达到了转移风险的目的。

工程项目资金证券化：工程项目资金证券化是指工程项目直接投资资金转化为有价证券的形态，使投资者与标的物之间由直接的物权关系转变为以有价证券为承担形式的债权债务关系，工程项目资金证券化能较好地转移风险。在建筑工程实践中，通过发行股票、债券等有价证券筹集建筑项目资金的行为较为常见。通过发行股票，每一个持票人都是该建筑项目的股东，股东在分享权益的同时，也承担建筑项目的投资风险，从而把项目一定比例的风险转移给了其他股东；通过发行债券，虽然到期可以兑换，但把在持有期内因利率变动所引起的融资成本加大的风险化解出去了。尤其是股票可以转让，增加了不动产的流动性，发行股票的筹资者在自己认为必要时随时可抛售自己所占的股票份额来转移投资风险。

保险：最普遍的风险转移方式是购买保险。工程项目保险是指以工程产品及其有关利益或责任为保险标的保险。开发商通过对该工程项目开发过程中的风险做出预测，向保险公司投保，以合同的方式将一些自然灾害、意外事故等所引起的风险转移给保险公司。它是一种及时、有效、合理的分摊经济损失和获得经济补偿的方式。但是这并不意味着工程开发商应购买保险公司的所有保险。风险管理的目标是以最小的成本获得最大的安全保障，如果投保险种过多，必将增加投资人成本开支，加重负担，得不到应有的安全保障。

（9）工程项目投资风险风险自留

风险自留也称为风险承担，是指工程项目建设主体非理性或理性地主动承担风险，即指工程项目建设主体以其内部的资源来弥补损失。从某种意义上来说，不论采用了何种风险管理技术，都无法完全彻底地消除风险，也不是所有的风险都可以转移出去，或者是不符合风险管理的成本效益原则。因此，总有一部分风险残留下来，这部分风险就必须由项目参与方自己来承担，无论是项目管理者、承包商还是其他项目管理者，要想完成一个工程项目而又不承担任何风险是不可能的。风险自留和保险同为工程项目投资在发生损失后主要的筹资方式，重要的风险管理手段。目前在发达国家的大型企业中较为盛行。工程项目投资风险自留应对措施：

将损失摊入成本：很多自留财产损失和责任损失的决定都不包括任何正式的预备基金。损失发生后，组织只是简单的承受这种损失，将损失计入当期损益，摊入成本。这种方法能最大限度地减少管理细节，但是如果相似项目的损失波动很大，那么较大的损失会给项目带来很大的麻烦。工程可能被迫停工。显然这种方法只适用于那些损失概率高但是损失程度较小的风险，风险管理者可以通过风险识别将这些风险损失直接打进预算。

建立意外损失基金：意外损失基金的建立可以采取一次性转移一笔资金的方式，也可以采取定期注入资金长期积累的方式。意外损失基金的额度，取决于其现有的变现准备金的大小，以及它的机会成本。建立意外损失基金的方法能够积聚较多的资金储备，因而能自留更多的风险。但是，它有一个不足之处是，按照税务和财务法规，损失费用不可预先扣除，除非损失实际已经发生，而向保险公司缴付保险费却是税前列支。建立此项基金的财源一般是税后的净收入。

借入资金：风险事故发生后，项目可以通过借款以弥补事故损失造成的资金缺口。项目可以向公司求得内部借款，以解燃眉之急，这样会有一定困难。即使借贷成功，由于需求的迫切，也将导致利率提高或其他苛刻的贷款条件。由于风险事故的突发性和损失的不确定性，公司也可以在风险事故发生前，与银行达成一项应急贷款协议，一旦风险事故发生，项目可以获得及时的贷款应急，并按协议约定条件还款。

需要指出的是，风险自留是一种建立在风险评估基础上的财务技术，主要依靠项目参与主体自己的财力去弥补财务上的损失。因此，必须对项目的风险有充分的认识，对风险可能造成的损失有比较准确的评估。总的原则是，如果采用风险自留的方案，所承担的风险必须和所能获得的收益相平衡；同时，所造成的损失不应超过项目参与主体的承担能力，也就是说，风险自留的前提是决策者应掌握较完备的风险信息。

（10）工程项目投资风险风险分散

在工程项目投资风险应对中，有时还会用到投资风险分散策略。分散风险是指通过增加风险承担者，将风险各部分分配给不同的参与方，以达到减轻总体风险的目的。做这样的风险分配必须注意的是，风险要分配给最有能力控制风险的并有最好的控制动机的一方，如果拟分担风险的一方不具备这样的条件，就没有理由将风险传递给他们，否则反而会增大风险。如果试图把风险分配给他人但又不想转移对该风险的控制权，那将导致在风险成本上的全面增加。事实上，单方面地想把风险转移出去是不现实的。风险分散介于风险自留和风险转移之间，属于风险转移的策略范围。风险分散指风险承受主体的多元化，将本来由一个主体承担的风险分成几个主体同时承担，达到降低风险损失的目的。当然，风险利润也随之分散。例如，一个投资项目需要资金，可以由某个投资商投资。风险分散则要求由若干个投资商联合投资，组成合资企业。一方面，一旦合资企业遭到损失，由大家共同承担，所受损失也能承受得起；另一方面，由于实行董事会决策，集中了大家的智慧，企业决策失误降低，经营风险也随之下降，起到了分散风险的目的。

复习思考题

1. 什么是工程项目投资风险？工程项目投资风险有哪些特征？
2. 简述工程项目投资风险识别的特点和原则。
3. 工程项目投资风险识别的方法有哪些？
4. 工程项目投资风险估计的理论基础有哪些？如何进行工程项目投资风险估计？
5. 简述工程项目投资风险规避的含义。
6. 工程项目投资风险规避具体做法有哪几种？

5 工程项目融资管理概述

5.1 项目融资的一般性认识

5.1.1 融资的内涵

从狭义上讲，融资（Financing）即是一个企业的资金筹集的行为与过程，也就是说公司根据自身的生产经营状况、资金拥有的状况，以及公司未来经营发展的需要，通过科学的预测和决策，采用一定的方式，从一定的渠道向公司的投资者和债权人去筹集资金，组织资金的供应，以保证公司正常生产需要，经营管理活动需要的理财行为。从广义上讲，融资也叫金融，就是货币资金的融通，当事人通过各种方式到金融市场上筹措或贷放资金的行为。《新帕尔格雷夫经济学大辞典》对融资的解释是：融资是指为支付超过现金的购货款而采取的货币交易手段，或为取得资产而集资所采取的货币手段。

5.1.2 项目融资的内涵

（1）项目融资的定义

作为金融术语项目融资这一词迄今为止还没有一个公认的定义。综观现已出版的中、外文书籍，对项目融资定义的表述有多种。虽各不相同，但归纳起来基本有两种观点，即广义的项目融资观点和狭义的项目融资观点。从广义上讲，一切以建设一个新项目、收购一个已有项目或者对已有项目进行债务重组为目的所进行的融资活动都可以称为项目融资。在欧洲，一般把一切针对具体项目实施所安排的资金筹措活动都称为项目融资，即广义上的项目融资。但在北美洲，金融界习惯上只将具有无追索权或者只有有限追索权的融资活动称为项目融资，也就是狭义上的项目融资。

对于狭义项目融资，也存在着若干种不同的定义。

对特许经营项目融资的定义，彼得·内维特（Peterk. Nevitt）在其《项目管理》一书中做出如下解释："为一个特定经济实体所安排的融资，其贷款人在最初考虑安排贷款时，将满足于使用该经济实体的现金流量和收益作为偿还贷款的资金来源，并且将满足于使用该经济实体的资产作为贷款的安全保障。"

总部设在英国伦敦的国际著名法律公司 Clifford Chance 编著的《项目融资》一书的定义是："项目融资用于代表广泛的，但具有一个共同特征的融资方式。该共同特征是：第一，在一定程度上依赖于项目的资产和现金流量，贷款人对项目发起人没有完全的追索权；第二，贷款人需要对项目的技术和经济效益、项目发起人和经营者的实力进行评估，并对正在建设或运营中的项目本身进行监控；第三，贷款和担保文件很复杂，并且经常需要对融资结构进行创新；第四，贷款人因承担项目风险（经常是政治风险）而要求较高的资金回报和费用。"

美国财会标准手册中的定义是："项目融资是指对需要大规模资金的项目而采取的金融活动。借款人原则上将项目本身拥有的资金及其收益作为还款资金来源，而且将其项目资产作为抵押条件来处理。该项目事业主体的一般性信用能力，尤其是财务能力通常不被作为重要因素来考虑。这是因为其项目主体要么是不具备其他资产的企业，要么对项目主体的所有者（母体企业）不能直接追究责任。"

中国国家计委与外汇管理局共同发布的《境外进行项目融资管理办法》中的定义是："项目融资是指以境内建设项目的名义在境外筹措外汇资金，并仅以项目自身预期收入和资产对外承担债务偿还责任的融资方式。其具有以下特点：第一，债权人对于建设项目以外的资产和收入没有追索权；第二，境内机构不以建设项目以外的资产、权益和收入进行抵押、质押或偿债；第三，境内机构不提供任何形式的融资担保。"

上述几种定义虽然表述不同，但总体说来都可以归纳成以下几点基本内容：第一，项目融资是以项目为主体安排的融资，项目的导向决定了项目融资最基本的方法；第二，项目融资中的贷款偿还来源仅限于融资项目本身的预期收益和现金流，即项目能否获得贷款完全取决于项目未来可用偿还贷款的净现金流量或项目本身的资产价值。

归根结底，项目融资最突出的特点就是无追索或有限追索，也是本书确定其为项目融资形式的根本准则。

（2）项目融资的特点

1）项目导向

一般来讲，首先有一个特定的项目。如开发油田、兴建大型水电站、高速公路等多个能引起投资主体的兴趣，拟通过开发可获取收益而企业愿意投资的项目。在这些项目中，企业为了实现自己特定生产目的可选定自己参与的项目；银行、保险公司等金融机构能提供项目所需的资金或提供信用支持而又积极参与的项目。这些项目融资不是依赖于项目投资者的财务状况和资金实力，而是依赖于项目本身的现金流入偿还贷款本息。即使项目投资者自身实力不济，但项目获利稳定可靠，也能够取得银行等金融机构的资金支持。

项目融资与传统融资方式相比较一般可以获得较高的贷款比例，根据项目的经济强度的状况通常可以为项目提供60%～75%的资本需求量，在某些项目中甚至可以做到100%的融资，而且还款期限可以根据项目的具体需要和项目的经济生命期来安排设计，有的可以达到20～30年。

2）有限追索

在某种意义上，贷款人对项目借款人的追索的形式和程度是区分融资属于项目融资还是属于传统形式融资的重要标志。作为有限追索的项目融资，贷款人可以在贷款的某个特定阶段（如项目的建设开发阶段和试生产阶段）对项目借款人实行追索，或者在一个规定的范围内（包括金额和形式的限制）对项目借款人实行追索。除此之外，无论项目出现任何问题，贷款人均不能追索到项目借款人除该项目资产、现金流量以及所承担的义务之外的任何形式的财产。有限追索融资的特例是"无追索"融资，即融资百分百地依赖于项目的经济强度。在融资的任何阶段，贷款人均不能追索到项目借款人除项目之外的资产。然而，在实际工作中是很难获得这样的融资结构的。

有限追索的实质是由于项目本身的经济强度还不足以支撑一个"无追索"的结构，因而还需要项目的借款人在项目的特定阶段提供一定形式的信用支持。追索的程度则是根据项目的性质，现金流量的强度和可预测性，项目借款人在这个工业部门中的经验、信誉以及管理能力，借贷双方对未来风险的分担方式等综合因素通过谈判确定的。就一个具体项目而言，由于在不同阶段项目风险程度及表现形式会发生变化，因此贷款人对"追索"的要求也会随之相应调整。例如，贷款人通常会要求项目借款人承担项目建设期的全部或大部分风险，而在项目进入正常生产阶段之后，可以同意只将追索局限于项目资产及项目的现金流量。

3）风险分担

风险分担是将与项目有关的各种风险以某种形式在项目贷款人、借款人和其他参与者或项目利益相关者之间进行分配。借款人、融资顾问在组织项目投融资的过程中，要在识别和分析项目的各种风险因素的基础上，确定项目各参与者承担风险的能力和可能性，充分利用一切可以规避风险的方法或策略，设计出最恰当的融资结构。尽管通过合理制定项目投资决策与融资决策，可使项目公司和项目投资者在一定程度上减轻承担风险的压力。但是，项目风险在项目各参与人之间进行合理分配是一项极其复杂的工作，涉及项目参与人、法律文件以及相关因素。如果风险识别不充分、风险分配不当，则会给项目的实施和合同的执行造成较大的影响。

4）非公司负债型融资

非公司负债型融资（Off-balance Finance）也称表外负债，是指项目的债务不表现在项目投资者（即实际借款人）的公司资产负债表中的一种融资形式。

项目融资，通过对其投资结构和融资结构的设计，可以帮助投资者（借款人）将贷款安排成为一种非公司负债型的融资。根据项目融资风险分担原则，贷款人对于项目的债务追索权主要被限制在项目公司的资产和现金流量中，项目投资者（借款人）所承担的是有限责任，因而有条件使融资被安排成为一种不需要进入项目投资者（借款人）资产负债表的贷款形式。

非公司负债型融资使得投资者可能以有限的财力从事更多的投资，同时将投资的风险分散并限制在更多的项目之中。一个公司在从事超过自身资产规模的项目投资或者同时进行几个较大的项目开发时，这种投资方式的价值就会充分体现出来。大型的工程项目，一般建设周期和投资回收期都比较长，对于项目的投资者而言，如果这种项目的投资安排全部反映在公司资产负债表上，很有可能造成公司的资产负债比平衡超出银行通常可以接受的安全警戒线，并且这种情况可能在很长一段时间内都无法得到改变。公司将因此而无法筹集到新的资金，影响未来的发展能力。采用非公司负债型的项目融资则可以完全避免这一问题。

项目融资这一特点的重要性，过去并没有被我国很多企业所理解和接受，但是，随着我国市场经济的培育和发展，对于我国的公司，特别是将在国际资金市场上集资作为主要资金来源的公司，这一特点将会变得越来越重要和有价值。在国家资金不充裕的情况下，怎样更多、更好地利用外资进行国内项目的投资，是一个值得认真研究的课题。

5）信用结构多样化

在项目融资中，用于支持贷款的信用结构的安排是灵活的、多样的。一个成功的项目融资，可以将贷款的信用支持分配到与项目有关的各个关键方面。典型的做法包括：在市场方面，可以要求对项目产品感兴趣的购买者提供一种长期购买合同作为融资的信用支持（这种信用支持所能起到的作用取决于合同的形式和购买者的资信）。资源性项目的开发受国际市场需求、价格变动影响很大，能否获得一个稳定的、合乎贷款银行要求的项目产品长期销售合同往往成为能否组织成功项目融资的关键；在工程建设方面，为了减少风险，可以要求工程承包公司提供固定价格、固定工期的合同或"交钥匙"工程合同，可以要求项目设计者提供工程技术保证等；在原材料和能源供应的问题上，可以在要求供应商保证供应的同时，根据项目产品的价格设计一定的浮动价格，保证项目的最低效益。所有这些做法，都可以成为项目融资的强有力的信用支持，提高项目的债务承受能力，降低融资对投资者（借款人）资信和其他资产的依赖程度。

6）目标确定

任何工程项目都有明确的目标和要求，否则，工程项目管理将是无的放矢。工程项目目标有约束性和成果性之分。约束性目标是指限制性条件，如我们经常提及的项目的工期、成本、质量目标及要求等。成果性目标是指对项目的功能性要求，亦即整个项目最终的目标和要求，主要是各种类型的效益目标，如兴建一所医院的"病床位"，一座矿山的生产能力及其效益等。显然，项目的约束性目标应该服从于项目的总目标。人们始终是围绕着项目总目标，按照预定的约束条件和限制条件，去开展和进行项目工程管理的。由于工程项目管理目标和要求的明确性，决定其融资目标就是按照项目明确的目标和要求，筹集所需全部资金；而工程项目的规模、效益等约束性和成果性目标，决定了融资的规模、结构、时间等因素。

7）形式的一次性

工程项目的一次性、非重复性不仅决定了任何项目管理的特殊性和复杂性，以及项目作为经济主体的组织形式和管理手段也只存在于某一时间段内，而且决定了其融资形式一般情况下也是一次性的，即工程项目筹集其所需的资金所运用的筹资方式是一次性的、非重复性的。不论是权益资金筹集，还是债务资金筹集，以及其他特殊的筹资方式，都是一次性地把所需资金筹集到位。不像企业在其生产经营活动中反复循环运用各种筹资方式进行多次筹资，以满足企业扩大再生产的持续经营的需要。例如，企业利用发行普通股票投资，可能是初次发行股票筹资，亦可能是增发新股筹资；发行债券筹资可能是不断地发行不同种类、类型、期限的债券进行筹资等。而工程项目融资则不是如此，一般情况下，工程项目融资都是一次性地、非重复性地筹措和集中资金的经济行为。

8）融资成本控制

基础设施建设主要由政府投资、企业自筹和其他途径融资银行贷款和上市融资。目前，政府投资和企业自筹的比例较小，银行贷款仍是我国交通业的主要融资渠道，上市融资只有具有上市资格的一小部分企业。降低融资成本主要通过充分利用利率优惠、票据业务和股权融资等方式，提高项目的综合收益率和偿债能力。

9）融资工作复杂

由于项目融资涉及面广、结构复杂，需要做许多方面的工作，如项目风险的分担、信用结构设计等一系列的技术性工作。同时，起草、谈判、签署的融资法律文件也增加了项目融资的时间。

10）贷款人监管

项目投融资的一个重要特点即是贷款人对项目的监管和参与项目的部分决策。这是因为项目借款人有将贷款资金投向高风险项目的冲动，即所谓的"资产替代"效应指由于资产收益率和风险结构失衡所引发的公众重新调整其资产组合，减持价值被高估的资产，增值价值被低估的资产的套利行为，从而使贷款人承担了一定的项目风险。为防止"资产替代"效应的出现，贷款人可能采取多种监管方式进行监督。如要求借款人提交项目报告、贷款和收益资金使用报告、项目工程技术报告和相关资料、项目经营情况等。

（3）项目融资与公司融资的区别

项目融资是近几年来出现的新型融资方式，它与传统公司融资有很大的区别。公司融资是指依赖一家现有企业的资产负债及总体信用状况（通常企业涉及多种业务及资产），为企业（包括项目）筹措资金的方式，属于完全追索权融资。公司融资主要包括发行公司股票、公司债券、获得银行贷款等形式。而与公司融资不同，项目融资通常是无追索或有限追索形式的筹资方式。

现举一个实例，说明项目融资与传统贷款或一般公司融资的区别。

某省电力有限责任公司现有 A、B 两个电厂，为满足日趋增长的供电需要，决定增建 C 电厂。增建 C 电厂的资金筹集方式有两种：

第一种，借来的款项用于建设 C 电厂，而归还贷款的款项来源于 A、B、C 三个电厂的收益（图5-1）。如果新电厂 C 建设失败，该公司把原来的 A、B 两厂收益作为偿债的担保。这时，贷款方对该公司拥有完全追索权。所谓追索权，是指贷款人在借款人未按期偿还债务时，要求借款人用除抵押资产之外的资产偿还债务的权力。

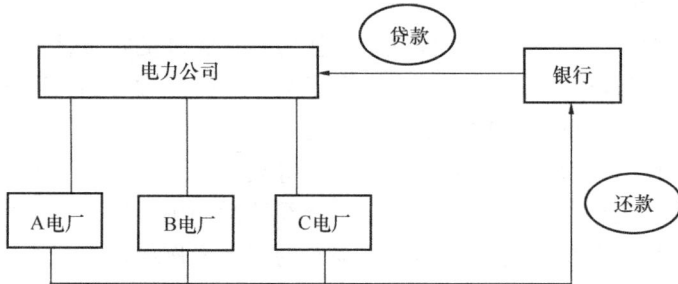

图 5-1 电力公司新建 C 电厂融资方式——公司融资方式

第二种，借来的资金用于建设新电厂 C 用于偿还的资金仅限于 C 电厂建成后的电费和其他收入（图5-2）。如果新电厂 C 建设失败，贷款方只能从清理新电厂 C 的资产中收回一部分借款。除此之外，贷款方不能要求该公司用其他资金来源（包括 A、B 两厂的收益）来归还贷款，这时称贷款方对电力公司无追索权；或者在签订贷款协议时，只要求电力公司把其特定的一部分资产作为贷款担保，这时称贷款方对电力公司拥有有限追索权。

项目融资与公司融资的比较见表5-1。

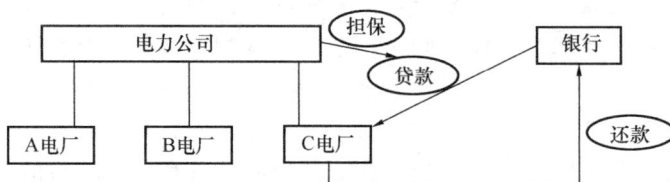

图 5-2 电力公司新建 C 电厂融资方式—项目融资方式

项目融资与公司融资比较   表 5-1

比较项	项目融资	公司融资
贷款对象	项目投资者/项目公司	企业
融资依据	项目的资产价值和现金流量，也称为经济强度	企业的信用等级、资产状况、经营历史和收益，及提供的担保
融资安全保证	项目资产的价值及其变现的可能	借款企业的资信和抵押物的价值
筹资渠道	多元化的筹资渠道	单一的商业银行借款
追索性质	有限追索或无追索	无限追索
还款资金来源	项目本身所产生的现金流量和收益	不局限于贷款使用对象的收益，还包括借款人的其他经营收益
贷款担保结构	复杂，由项目主要参与者和其他利益相关者提供的各种形式的担保构成的信用保证体系	单一的担保结构，如抵押、质押、保证
贷款人参与管理的程度	贷款人参与项目监督和部分决策程序	贷款人按借贷协议发放贷款，不参与管理
风险分担	所有参与者	集中于投资者/贷款者/担保者

工程项目融资具有不同于传统的格式融资，二者的主要区别是：

1）贷款的对象不同

在工程项目融资中，贷款人融资的对象是项目单位（项目发起人为营建某一工程项目而组成的承办单位），它是以项目单位的资产状况及该项目完工后所创造出来的经济效益作为发放贷款的依据。因此，如果是工程项目本身有潜力，即使项目发起人现在的资产少，收益情况不理想，项目融资也完全可以成功。在传统的公司融资中，贷款人融资的对象是项目发起人，贷款人在决定是否对该公司投资或者为该公司提供贷款时，主要依据的是该公司现有的荣誉和资产状况以及有关单位提供的担保。因此，从这个角度讲，工程项目融资比较看重借款人的"未来"，而公司融资比较看重借款人的"过去"。

2）筹资渠道不同

在工程项目融资中，工程项目所需要的建设资金具有规模大、期限长的特点，因而需要多元化的资金筹集渠道，如有限追索的项目贷款、发行项目债券、外国政府贷款、国际金融机构贷款等。而在公司融资中，工程项目一般规模小、期限短，所以一般是较为单一的筹资渠道，如商业银行贷款等。

3）追索性质不同

工程项目融资的突出特点就是融资的有限追索或无追索权。工程项目建成后，如果没有收益，例如矿产资源开采不出来，工程竣工后无法使用等，项目单位无法得到预期收入，就不偿还贷款。贷款人不能追索到除项目资产及相关担保资产以外的项目发起人的资产。从这个角度讲，工程项目融资又可称为"无担保贷款"或"有限担保贷款"。在公司融资中，银行提供的是有完全追索权的资金。一旦借款人无法偿还银行贷款，银行将行使其对借款人的资产处置权，以弥补其贷款本息的损失。

4）还款来源不同

工程项目的资金偿还，是以项目投产后的收益及项目本身的资产作为还款来源的。而在公司融资中，作为资金偿还来源的是项目发起人的所有资产及其收益，如果融资项目失败，不能产生足够的现金流，则贷款银行将会要求借款人用其他项目的收益来偿还银行贷款。

5）担保结构不同

工程项目融资一般需要有结构严谨而复杂的担保体系，它要求与工程项目有利害关系的众多单位对债务、资金可能发生的风险进行担保，以保证该工程按计划完工、营运，并产生足够的现金流用于偿还贷款。而在公司融资中，一般只需要单一的担保结构，如抵押、质押或保证贷款等。

6）会计处理不同

项目融资也称非公司负债型融资，是资产负债外的融资，这是与传统融资在会计处理上的不同之处。资产负债表外融资是指项目的债务不出现在项目投资者的资产负债表上的融资。这样的会计处理是通过对投资结构和融资结构的设计来实现的。非公司负债型融资对于项目投资者的好处在于：可以使投资者以有限的财力从事更多的投资，同时将投资风险分散和限制在更多的项目之中，避免将融资表现为资产负债表上的债务。而在传统融资方式下，项目债务是投资者债务的一部分，出现在投资者的资产负债表上，这样一来，投资者的项目投资和其他投资之间会产生相互制约的现象。

（4）项目融资的适用范围

从项目融资的发展过程来看，无论是发达国家还是发展中国家，采用项目融资这一新兴的融资模式都比较谨慎，尽管它具有筹资能力强，风险分散等优点，但是毕竟风险很大，融资成本高。从世界各国的实际运用来看，项目融资还主要运用于下列三大领域，即资源开发项目、基础设施项目和制造业项目。

1）资源开发项目

资源开发项目包括石油、天然气、煤炭、铁、铜等开采业。项目融资最早就是源于资源开发项目。一般来说，资源开发项目具有两大特点：一是开发投资数额巨大；二是一旦项目运作成功，投资收益将极其丰厚。例如被誉为"开创了澳大利亚铁矿史上的新时代"的澳大利亚恰那铁矿开采项目。

资源开发项目运用项目融资方式的典型是英国北海油田项目。1969—1970 年，刚刚经历过经济危机的英国经济很不景气，为了缓解国家的衰败局面，在进行了一定的储量勘察之后，英国决定开发北海油田。当时，负责该活动的是不列颠石油公司。由于开发项目风险很大，在国内资金不足的情况下，不列颠石油公司不愿意通过股权融资方式向外融资，担心项目失败导致自己破产。最后，大胆的美国银行通过产品支付这种项目融资方式帮助英国完成了北海油田项目，自己也获得了高收益。另外，智利和澳大利亚等国家的铜、铁、铝等矿藏资源开发项目中都使用过项目融资方式。

2）基础设施项目

基础设施项目可以分为三大类：第一类是公共设施项目，比如电力、电信、自来水、排污等；第二类是公共工程，包括铁路、公路、海底隧道等；第三类是其他交通工程，包括港口、机场、城市地铁等项目的建设。基础设施建设是项目融资应用最多的领域，其原因是：一方面，这类项目投资规模巨大，完全由政府出资或者单独由一个项目公司出钱有困难；另一方面，源于商业化经营的需要。只有商业化经营，才能产生良好收益，使得这类项目得以发展。在发达国家中，许多基础设施建设项目因采用项目融资而取得成功，发展中国家也逐渐引入这种融资方式。

在上述三大类项目中，国际上已经成功应用的项目大多是集中在电力、公路、海底隧道等项目。例如，电力项目有美国霍普维尔火力电站项目、巴基斯坦郝步河燃油发电厂项目、菲律宾大马尼拉汽轮机发电厂项目等；公路项目有马来西亚南北高速公路项目、泰国曼谷二期高速公路项目等；海底隧道项目有英法合作的英吉利海峡隧道项目、澳大利亚悉尼海底隧道项目和土耳其的博斯普鲁斯海底隧道项目等。

我国从20世纪80年代初开始尝试使用项目融资方式筹资搞建设。按照我国政府的有关规定，项目融资主要运用于投资规模大、贷款偿还能力强、有长期稳定预期收益的部分基础设施建设项目和少数基础产业建设项目。具体包括发电设施、高等级公路、桥梁、隧道、城市供水和污水处理等基础设施项目以及其他投资大且有长期稳定收益的建设项目。项目的总投资一般应在3000万美元以上，项目融资规模一般也应达到1500万美元以上。特许权项目的范围暂时定位：建设规模为2×30万千瓦以上的火力发电厂、25万千瓦以下的水力发电厂、30～80km高等级公路、1000m以上独立桥梁和独立隧道以及城市供水项目。如电力项目有深圳沙角B电厂、广西来宾电厂、山东日照电厂、合肥二电厂等；公路项目有广州至深圳高速公路、海南东线高速公路、北京京通高速公路等；地铁项目有重庆地铁、深圳地铁等。

3）制造业项目

随着项目融资运用范围的扩大，近年来，项目融资在制造业领域也有发展。如澳大利亚波特兰铝厂项目、加拿大赛尔加纸浆厂项目和中国四川水泥厂项目等。虽然项目融资在制造业领域有所运用，但范围比较窄。因为制造业中间产品很多，工序多，操作起来比较困难；另外，其对资金的需求也不如前两种领域那么大。在制造业，项目融资多用于工程上比较单纯或某个工程阶段中已使用特定技术的制造业项目，同时也适用于委托加工生产的制造业项目。

4）高等教育事业等项目

这是项目融资的创新性应用。近年来我国已有高校在尝试突破传统融资渠道对高等教育事业发展的制约，应用项目融资方式建设教育设施，在不增加学校负债的情况下解决教育设施的融资建设问问题。例如，复旦大学采用PPP融资方式建设该校的金融学院，中南大学采用BOT方式兴建学生公寓、食堂等综合楼项目等。

总之，项目融资一般适用于竞争性不强的行业，具体来说，只有那些通过对用户收费取得收益的设施和服务，才适合项目融资方式。这类项目尽管建设周期长，投资量大，但收益稳定，受市场变化影响小，对投资者有一定吸引力。

（5）项目融资的优势与劣势

1）项目融资的优势

① 实现融资的无追索或有限追索。在无追索权项目融资中，当项目没有达到完工标准以失败而告终或是项目在经营过程中无法产生足够的先进流量时，项目投资者不直接承担任何债务偿还责任。在有限追索权项目融资中，贷款人的追索权往往也在时间、对象和数量上具有一定限制。无追索权或有限追索权使项目的风险和债务责任在一定程度上和投

资者隔离，提高了投资者参与项目的积极性，也使项目发起人有更大的空间去从事其他项目。

② 实现资产负债表外融资。采取项目融资的方式筹集资金的项目通常所需资金数额巨大，如果将项目贷款反映在项目发起人的资产负债表中，则项目发起人本身的资产负债率将受到很大影响，从而影响其自身的经营和发展。在项目融资中，如果采取合适的投资结构和融资模式，例如，采取项目公司型的投资结构，就可以有效地避免将项目的资产负债情况反映到项目发起人的资产负债表中这一问题，但这一优势的实现取决于各国有关会计合并的法律和法规。

③ 允许较高的债务比例。采取项目融资方式筹集资金的项目，通常项目发起人可以投入较少的股本资金，而大部分资金来源于贷款人所提供的货款，从而实现高比例的负债，这是所有其他融资方式不可比拟的特点。贷款人可接受的债务比例依项目不同而有所不同，这一比例主要受项目所在国、项目经济强度、项目融资规模及项目其他当事人是否有股本投入等因素的影响。项目融资方式下一般的债务比例为 $75\%\sim80\%$，有的债务比例甚至可以超过 90%，在一些特殊的项目融资中甚至可以实现 100% 的债务融资。

④ 实现风险隔离和风险分担。融资项目一般具有风险相对较大、风险种类较多的特点，而且项目的参与方相对较多，因此在融资过程中如何合理地分摊项目的各种风险就成为融资成功与否的关键。通常在投资结构和融资模式的设计时要考虑风险在各项目参与方间的合理分配，从而既实现项目风险与项目发起人一定程度的隔离，又能提高各参与方关注项目成功与否的主动性。

⑤ 享受税务优惠。项目融资允许较高的负债比例，这在某种程度上意味着资金成本的降低，因为在大多数国家贷款利息是税前支付的，而股权收益必须纳税。此外，由于在很多国家新企业享受资本支出的税收优惠和一定的免税期，所以成立单一目的公司的做法在项目融资中很普遍。甚至在有些情况下，项目融资结构的设计就是出于税收的考虑。

⑥ 实现多方位融资。项目融资具有融资渠道多元化的重要特点，它除了可以向商业银行、世界银行申请贷款以外，还可以要求外国政府、国际组织、与工程项目相关的第三方当事人参与融资，以满足工程所需的巨额资金。

2）项目融资的劣势

① 融资成本较高。与传统的融资方式比较，项目融资相对成本较高。这主要是由于项目融资涉及面广，结构复杂，前期工作量大且具有有限追索的性质造成的。项目融资需要做好大量有关风险分担、税收结构、资产抵押等一系列技术性的工作，筹资文件比一般公司融资往往要多出几倍，需要几十个甚至上百个法律文件才能解决问题。这就必然要求在组织项目融资花费的时间要长一些，通常从开始准备到完成整个融资计划需要 $3\sim6$ 个月的时间（贷款金额大小和融资结构复杂程度是决定安排融资时间长短的重要因素），有些大型项目融资甚至可以拖上几年。同时，项目融资的有限追索性质，增加了贷款人的风险，必然要求更高的回报补偿。这两方面的原因导致融资成本要比传统融资方式要高。融资成本包括融资的前期费用（融资顾问费、成功费、贷款的建立费、承诺费以及法律费用等）和利息成本两个主要组成部分。融资的前期费用与项目的规模有直接关系，一般占贷款金额的 $0.5\%\sim2\%$，项目规模越小，前期费用所占融资金额的比例就越大；项目融资

的利息成本一般要高出同等条件公司贷款的 $0.3\%\sim1.5\%$，其增加幅度与贷款银行在融资结构中承担的风险以及对项目投资者（即借款人）的追索程度密切相关。另外，国外的一些案例表明，如果在一个项目中有几个投资者共同组织项目融资，那么合理的融资结构和较强的合作伙伴在管理、技术或市场等方面的强势就可以提高项目的经济强度，相对降低较弱合作伙伴的融资成本。

② 风险分配复杂。项目融资的核心是识别和分配风险，由于项目融资风险较大、风险种类较多，且参与方众多，为在各参与方之间适当地分摊风险、满足各参与方的要求，往往需要经过较长时间的谈判，通过若干个合同的形式确定下来。因此，项目融资风险的分配过程较为复杂，极有可能会增加相应的成本。风险分配的复杂性使项目融资方式在发展中国家操作起来比较困难，这是因为这些国家的企业独立承担项目风险的能力较弱。

③ 贷款人的风险增加。在项目融资中，贷款人对项目融资者只拥有有限追索权或没有任何追索权，尽管在融资过程中贷款银行会要求项目投资者或其他利益相关方提供各种形式的担保或抵押，但项目的某些风险仍不可避免地转移给了贷款银行，这与许多国家规定银行不能作为风险的承担者相背。

④ 贷款人的过分监管。由于贷款银行承担了项目中的风险，其必然要加强对项目发起人及项目公司的监管，有时甚至是过分监管。例如，融资项目要将项目报告、项目经营状况、项目工程技术报告等资料及时通报给贷款人，这样不仅会影响项目经营决策的效率，而且也会增加项目的成本。此外，贷款人为规避风险，往往要求对项目进行过度的保险，并限制项目所有权的转移以确保经营管理的连续性。

5.1.3 工程项目融资的内涵

（1）工程项目融资的定义

在对相关概念的界定上，许多国家各个领域学术界的研究者的观点都是不一致的，具体表现在基本内容增减方面，至于内涵的精神概念还是趋向一致的。所以要想开展全面的工程项目融资内容了解，必须对相应概念做出一个较为统一化的定义界定工作。英国的研究者偏向从现实应用和理论根源角度的定义阐述，德国学者则更青睐于功能性的界定。亚洲学者同欧洲学者相比，其定义侧重从特点和效能做出阐述。所以我国相关的学术研究人员在定义概念时，通常界定的方向都是需要根据我国的具体国情来做参考。

本书在参考众多流派的定义方式后做出了相应界定规范，为了避免同其他有关概念产生混淆，保留了国外界定中的共通性特点。综合认为，工程项目融资是指贷款人向特定的工程项目提供贷款协议融资，对于该项目所产生的现金流量享有偿债请求权，并以该项目资产作为附属担保的融资类型。它是一种以项目的未来收益和资产作为偿还贷款的资金来源和安全保障的融资方式。

（2）工程项目融资的特点

1）整体性

因为项目工程集资的施行流程是被一连串互相联系且能够起作用的成分组建的，有的要素的最优化并非其施行的最后时期的目标，而是全局效益的最优，所以，其特点里面需要涵括全局性，因为项目工程集资在切实操作能力上要拥有全局的最好效能。立足于项目工程集资施行的全局结果，发展过程中，不同要素的操作效益可以决定其效能的实现，而此类要素间既是互相独立，也是互相影响的。就纵向视角而言，和项目工程集资的切实操作有联系的级别表现出多元化的特点；就横向的视角而言，项目的运行需要融资，融资运行已深深地浸入到了工程项目的融资实体领域内。对于追求总体效益的项目融资运作来讲，一个项目运作融资的实际进程和不同领域与所有部分都有关，也就是说和实际操作的每一个方面均有联系，还和所有部分都有联系。因此，对于融资业务本身的效益影响不能局限于项目融资的具体运作，而应从全局考虑，通过项目整个建设过程来考察融资的具体运作情况。站在这个立场来看，虽然一个项目的融资有诸多因素处于诸多的层次中，这些因素都有一个整体性的共同特点。从总体来看，若单从个体角度讲，他们虽然互相影响，但又相互独立，因此，我们可以把它当作一个整体。

2）发展性

由于外界环境一直发生变化，项目工程集资的切实操作也表达出了发展性这一特征。因为在项目工程集资的切实操作过程里，外界环境均在随时改变，不一样的环境导致实际需要的标准与作用不同，这就使得其在切实操作的时候期望取得客观环境的要求，也一定要拥有发展性这一特征。因为项目工程集资的施行，最终的目标还是要克服实际生活中的难题，由于客观条件一直改变，所以实际生活里面的困难也是在一直转变，此类转变表现为对社会资源分配的整合与社会效益联系的改变，便需要项目工程集资一定要一直革新其关键内容，来达到客观条件的要求，此类改变与成长并非独立，反而是拥有持续性；为了能确保项目融资在实际应用中的效能，要把项目融资作为一个整体来看，细分成连续不间断的效果。

3）间接性

工程项目融资的切实操作给实际生活变化造成正面或负面的作用，所以，对项目工程集资的切实操作能力的估算，不单单要对项目工程集资的切实操作的直接结论进行思考，还应该考量其间接结论。其有关原理探讨还不能够缓解并影响实际生活里面表达出的困难，要想实现项目融资的运行效果，唯一的路径是用一定的载体来实现，直接通过操作观点对实际生活产生共鸣，并不能从项目融资的实际操作中获取其所具有的不直接的特点。

4）多样性

依据实际的相同要求，项目工程集资的施行涵盖很多领域，其施行效果就可以从多个领域说明。对项目工程集资展开科研，便需要对实际操作的多个领域、不同层级的成长转变和影响原因等展开研究。社会需求具有多层次的特点，这就说明项目工程集资在施行的时候也要具有多样性的特点，这样就建立了项目工程集资的施行结果的各个层面，应该从不同视角出发对其能力展开评价，进行不同层次的解析。

（3）工程项目融资的分类

工程项目融资可按多种标准进行不同的分类，现介绍三种主要的分类方式：

1）按资金追索权大小程度分类

按照资金追索权程度的大小，工程项目融资分为无追索性的工程项目融资和有限追索性的工程项目融资。

无追索权的项目融资是指贷款人对项目发起人无任何追索权，只能依靠项目所产生的收益作为还本付息的唯一来源。当项目现金流不足时，项目发起人对项目债务的偿还还没有直接的法律责任。

工程项目融资的有限追索性是指项目发起人只承担有限的债务和义务：一是时间上的有限性。一般在项目的建设开发阶段，贷款人有权对项目发起人进行追索，而通过完工验收后，项目进入正常营运阶段时，贷款人可能就变成无追索权了。二是金额上的有限性。在项目经营阶段，若不能生产足额的现金流量，其差额部分就向项目发起人追索，因此，是在金额上有限追索的。三是追索对象上的有限性。如果是通过单一目的项目公司进行的融资，则贷款人只能追索到项目公司，而不能对项目的发起人追索，除了发起人为项目公司提供的担保外，在大多数项目融资中都是有限追索的。

2）按资金使用期限的长短分类

按照资金使用期限的长短，可把企业筹集的资金分为短期资金与长期资金两种。

短期资金一般是指供一年以内使用的资金。短期资金主要投资于现金、应收账款、存货等，一般在短期内可收回。短期资金常采取利用商业信用和取得银行流动资金借款等方式来筹集。

长期资金一般是指供一年以上使用的资金。长期资金主要投资于新产品的开发和推广、生产规模的扩大、厂房和设备的更新，一般需几年甚至十几年才能收回。长期资金通常采用吸收投资、发行股票、发行公司债券、取得长期借款、融资租赁和内部积累等方式来筹集。

3）按资金的来源渠道分类

按照资金来源渠道的不同，可将企业资金分为所有者权益和负债两大类。

所有者权益是指投资人对包括投资者投入企业的资本及持续经营中形成的经营积累，如资本公积金、盈余公积金和未分配利润等企业净资产的所有权。资本是各种投资者以实现盈利和社会效益为目的，用以进行生产经营、承担民事责任而投入的资金。负债是企业所承担的能以货币计量，需以资产或劳务偿付的债务。

企业通过发行股票、吸收直接投资、内部积累等方式筹集的资金都属于企业的所有者权益。所有者权益一般不用还本，因而称之为企业的自有资金、主权资金或权益资金。企业采用吸收自有资金的方式筹集资金，财务风险小，但付出的资金成本相对较高。

企业通过发行债券、向银行借款、融资租赁等方式筹集的资金属于企业的负债，到期要归还本金和利息，因而又称之为企业的借入资金或负债资金。企业采用借入资金的方式筹集资金，一般承担较大风险，但相对而言，付出的资金成本较低。

（4）工程项目融资的作用与意义

工程项目融资在我国利用外资项目中已得到了一定的应用。1984年广东沙角B电厂，90年代的山东日照电厂、河北邯峰电厂、唐山赛德电厂、广东珠海电厂、上海闸北燃油电厂、安徽合肥电厂、广西来滨电厂（BOT）、福建湄洲湾电厂、山东中华电力发电厂、上海大场水厂、上海别克汽车、都江堰水泥厂、上海延安路新隧道、湖北中密度层压板厂、成都水厂（BOT）等都具有工程项目融资的性质。还有一批项目正在进行谈判或等待国家审批，其中有几个总投资达300亿元人民币的超大型项目。工程项目融资在我国经历了从不规范到规范发展的过程，我国引入工程项目融资的重要意义如下：

1）提供我国利用外资新手段

工程项目融资已发展成为国际融资领域的重要融资手段，在发达国家不断采纳的同时，越来越多的发展中国家也在利用工程项目融资方式引进外资进行本国基础设施和基础产业的建设。工程项目融资技术可用于我国中外合资、中外合作、外商独资、BOT (TOT) 类特许权投资、国外发行债券、利用国外政府和金融组织贷款等许多方面。工程项目融资模式适用于基础设施、基础产业、制造业、资源开采、化工和农产品等行业，对我国利用外资有促进作用。国外参与发展中国家工程项目融资建设的很多公司为世界知名大企业。由于大企业在经营策略上一般不承担投资项目的债务风险，而且很多时候不百分之百用自有资金投资，采用工程项目融资模式可以吸引跨国公司对我国进行直接投资，并带动国外商业银行和金融机构对我国的融资。而且还可以摆脱国际金融机构对我国的贷款规模限制，减少债券发行评级问题。工程项目融资的还贷款期长，适合于我国利用外资的要求。

2）一定程度上克服我国利用外资中的一些不足或问题

工程项目融资适合于基础设施、城市公共事业和基础产业利用外资，可以起到调整利用外资的产业结构和地区结构的作用。由于它的有限追索性及国外银行的严格审查，利用外资项目采用工程项目融资模式可以减少目前我国利用外资的中方担保责任大，外方出资不到位，以设备出资估价过高，抽逃资本金出资等问题。

3）减少国家财政负担，促进基础产业和基础设施经济的发展

采用工程项目融资吸引外资进行基础设施等行业建设，既可以加强我国基础设施等领域建设，又可以减少国家财政负担。我国工程项目融资借入的债务没有政府机构和国家金融机构的担保，不形成国家主权外债，降低了国家和国内机构的风险。工程项目融资可吸引超大量资金，为我国大规模项目建设创造条件，对改善我国的投资环境，增强我国的经济竞争力有很大好处。

4）引进国外先进经验，加快与国际接轨

工程项目融资涉及金融、法律、保险、工程建设管理、运营管理等方面的知识。我国从工程项目融资的运作中，可学习国外经验，提高项目效率，加快与国际金融等行业的接轨，参与保险、法律、顾问等行业竞争，有助于企业积累经验。工程项目融资项目建设所采用的总承包模式（交钥匙建设模式）是国际工程建设中普遍采用的方法，我国企业参与工程项目融资及工程项目融资的总承包建设，可以积累建设经验，为走出国门，在国际上开拓市场打下基础。国内企业到外国投资和以 BOT 方式投资并承包工程建设时，如果没有对方国家主权担保，则要尽量采取工程项目融资模式，利用完善的合同结构和国际通用法律及国际仲裁，减少自身承担的风险，保护自己的利益。

为人民币融资找到新方式，适宜我国经济建设的需要和国内银行等金融机构的发展及与国外银行的竞争。目前我国人民币融资的模式主要是股东贷款、股东担保贷款、第三方担保贷款、担保下的发行债券等。这样的担保融资，使得项目股东方不仅要承担资本金出资，还要承担债务。这不利于现代企业制度的建立，越来越不适合我国大规模建设的需要，影响我国企业的加速发展，不利于我国银行业将来与外资银行的竞争。在人民币融资领域引入工程项目融资，可以使我国企业更有效地利用自有资金，加大企业的融资能力，降低企业的风险。在我国企业实力相对较弱的情况下，可以开发自身无法开发的有前途的新项目，加快我国企业的发展壮大。同时可以使我们的金融企业学习国际上新的融资技术，积累经验，为参与竞争和向国际上发展打下坚实的基础。

总之，工程项目融资模式的引入，对我国利用外资，保持引进外资的竞争力，对吸引

国外先进经验，对国内人民币投资及企业的发展都有很大的好处。工程项目融资在我国电力、供水、桥梁、制造等行业已有初步的尝试。国内投资企业以中外合作或中外合资的方式参与了一些工程项目融资项目的建设，政府及政府授权机构参与了 BOT 工程项目融资的谈判工作，建设银行等国有商业银行参与了工程项目融资项目的本外币工程项目融资模式的打包贷款，建设企业参与了一些工程项目融资项目的总承包建设，保险、法律、咨询等行业参与了工程项目融资项目的服务。国内参与外商投资工程项目融资较多的银行也在积极思考人民币项目的工程项目融资尝试。虽然工程项目融资在东南亚金融危机后受到较大负面影响，但随着东南亚金融危机影响的弱化，随着我国经济法律体系的完善，随着人民币贬值的预期压力的减少，随着国际上对我国融资条件的放宽，工程项目融资会在我国基础设施、基础产业和制造业中得到进一步发展。

5.1.4 工程项目融资管理

融资管理是指企业向企业外部有关单位或个人以及从企业内部筹措和集中生产经营所需资金的财务管理活动。项目融资管理的重点在于项目管理中的投融资部分，是一个具体的项目。

（1）选择项目融资模式应考虑的主要因素

在整个项目融资结构组成中，核心部分就是项目融资模式。项目融资模式的设计，和项目投资结构的设计保持同步考虑状态，而且一般情况下，在项目投资结构确定以后，再进一步考虑融资模式如何设计。

就像世界上没有完全相同的两片树叶一样，现实中也没有完全一模一样的两个项目融资模式，这是项目在各个方面的差异导致的。然而，无论一个项目的融资模式如何复杂多变，从本身来说，项目融资模式总是会包含或多或少的共性问题和基本特征。下面的问题和特征是投资者在选择和设计项目融资模式时必须认真考虑的。

1）项目有限追索

实现融资对项目投资者的有限追索，是设计项目融资模式的一个最基本的原则。那什么是有限追索呢？有限追索是只贷款人仅在某个特定时间阶段或在一个规定范围内对项目借款人进行追索，在此界定之外，贷款人不能对借款人追索除项目资产、项目先进流量以及有关方承诺义务之外的任何形式的资产用于偿债。

追索的形式和程度，不仅取决于贷款银行对整个项目风险的评价以及融资融资的设计，而且取决于项目所处行业的风险系数、投资规模、投资结构、项目开发阶段、项目经济强度、市场安排以及投资者的组成、财务状况、生产技术管理、市场销售能力等多方面因素。同样条件的项目，如果上述因素存在差异，则追索形式或追索的程度也会发生变化。

为了限制融资对项目投资者的追索责任，需要考虑三个问题：一是项目的经济强度能否足以支持融资的债务偿还；二是项目融资能否找到强有力的投资者以外的信用支持；三是融资结构的设计，能否做出适当的技术性处理。

2）项目风险分担

保证投资者不承担项目的全部风险责任，也是项目融资模式的基本原则。所以该问题的关键就在于，如何在投资者、贷款银行以及其他与项目利益有关的第三方之间，进行合理有效的划分项目风险，来实现对投资者的最低债务追索。项目在不同阶段中产生的各种性质的风险，可以通过合理的融资结构设计得到分散，例如项目投资者要承担项目建设期和试生产期的风险，但是在项目建成达产后，投资者所承担的风险责任有可能被限制在一个范围内，如投资者有可能只承担市场风险，而贷款银行需要承担一部分经营风险。这是因为即使投资者或者项目以外的第三方产品购买者以长期协议形式购买了全部项目产品，但对于投资来说，仍然存在两种潜在的可能性：一是有可能出现市场产品价格过低导致项目现金流量不足的问题；二是有可能出现项目产品购买者不愿意或无力执行产品销售协议而产生的经营风险。

项目风险的分担同样要考虑投资结构的支持。例如在一些合资项目中，主要投资者通过引入一些小股东（投资者），用这种方式来保证部分项目产品市场，可以起到较好的市场风险分担的作用。

3）降低成本

世界上多数国家的税法都对企业税务亏损的结转问题有规定，但是这种税务亏损的结转并不是无限期的，短则 3～5 年，长的则有 10 年左右。与此同时，许多国家政府为了发展经济，还推出了一系列的投资鼓励政策，这些政策大多以税务结构为基础。因此投资者完全可以利用税务减免手段来降低融资成本。

此外，完善项目投资结构可以增强项目经济强度、降低项目风险，从而减少债务资金成本；合理选择融资渠道和优化融资结构也可降低融资成本。

4）项目融资与市场安排之间的关系

项目融资与市场安排之间的关系具有两层：一是长期的市场安排是实现有限追索项目融资的信用保证基础，缺少了这个基础，项目融资是组织不起来的；二是以合理的市场价格从投资项目中获取产品是很大一部分投资者从事投资活动的主要动机。但是从贷款银行的角度来看，低于公平价格的市场安排意味着银行要承担更大的风险，但从投资者的角度来看，高于公平价格的市场安排意味着全部或者部分地失去了项目投资的意义。因此，如何确定项目产品的公平市场价格，对于借贷双方来说，都是处理融资市场安排的焦点问题。

国际项目融资在这么多年的发展过程中，总结出了大量处理融资与市场关系的方法和手段，如包括一些将融资与项目产品联系在一起的结构性市场安排，如产品支付、产品贷款等。如何利用这些市场安排的手段，最大限度地实现融资利益与市场安排利益相结合，应该成为项目投资者设计项目融资模式的一个重要因素。

5）优化融资结构

① 工资方式、种类、结构优化。融资有很多方式，各有各的优缺点，所以筹资人必须进行适当的选择，如股权和债务的适当组合等，以确立最佳的融资模式，使资金来源多元化，同时，资本结构也得到优化。

② 融资成本优化。筹资人在选择何种融资方式时，要先熟悉各类金融市场的性质和业务活动，以获得更多的资金来源。货比三家，在同一市场环境，也应和多家融资机构进行洽谈，从而增加选择的余地。最主要的目的就是要努力降低投资成本。

③ 融资期限结构优化。要控制短期债务，短期债务应用于融通贸易支付或短期调剂，并严格限制其用途，若把短期融资用于长期债务还本付息，就会使债务结构恶化，所以，短期的债务应当控制在总债务的五分之一以内。

债务融资偿还期与筹资人投资回收期衔接。

均衡分开债务的还本付息时间，错开偿债高峰。

④ 融资利率结构优化。当市场利率水平较低且有升势时，应争取固定利率融资；当市场利率较高且有跌势时，应考虑浮动利率签约。长期融资以固定利率融资更为有利。

⑤ 货币币种结构优化。融入资金的币种应与筹资项目未来收入的币种相吻合，而且应当提高融入软币的比重，降低硬币的比重，以此来获得软币币值降低的利益而回避硬币币值上升的风险。而且币种的选择不仅要以融资谈判时的货币市场行情来看，而且要研究国际金融市场汇率变化的趋势，权衡不同货币的汇率与利率变化造成的影响。

⑥ 筹资方式可转换性。筹集资金时要充分考虑筹集的方式和相互转换的能力，然后选择转换能力较强的筹资方式。这就分为短期筹资和长期筹资，短期的筹资时间短、转换能力强，面临风险是也能及时采用其他的筹资方式。长期的则是要考虑发行可转换优先股和可转换债券。要采取多种、分散的筹资方式和渠道，这样才能增强筹资转换能力，降低风险。

（2）工程项目融资成功的基本条件

1）工程项目可融资性分析

工程项目的可融资性，即银行的可接受性。一般地，银行不愿意冒不确定或不能控制的风险，例如，它们一般不愿意承担法律变化的风险，因为这样的风险无法转移给消费者或产品购买者。但它们可以承担石油开发项目中原油价格下跌的风险，因为它们的分析师能根据大量的历史数据预测原油价格的未来趋势。项目的可融资性除了与项目自身的风险和现金流量状况有关以外，还取决于项目风险是如何分配和处理的。

尽管目前尚无一套公认的标准来衡量项目的可融资性，但从银行的角度来讲，衡量项目的可融资性除项目的可行性分析结论外，往往还需要考虑以下几点：①银行一般不愿意承担法律变化等不确定或无法控制的风险。②若存在信用违约或对贷款人进行第一次偿还以前，项目发起人不得进行红利分配。③完工前收入应用于补充项目的资本性支出，以此来减少对银行资金的需求量。④项目风险应进行较好的分摊。项目公司不能承担太多的风险，尤其不能承担东道国政府和项目发起人都不愿承担的风险。⑤项目合同涉及的其他当事人不能因为银行对项目资产或权益行驶了抵押权益而终止与项目公司的合同。

在项目融资实务中，项目发起人在说服银行接受该项目时，应注意利用不可抗力因素来构成"免责条款"。因此，对这一条款的理解对于发起人和银行来说都是非常重要的。一般地，出现以下事件时，就构成了不可抗力因素，可以免除项目发起人的责任：罢工或其他停工行为；战争和其他武装斗争如恐怖分子活动、武装阴谋破坏活动、暴乱等；封锁或禁运导致供应或运输的中断；不利的自然现象，如雷电、地震、地陷、火山爆发、山崩、飓风、暴雨、火灾、洪水、干旱、积雪及陨石等；流行病；辐射和化学污染等；法律和法规的变化；其他人类暂时不能控制的事件等。

以上是构成不可抗力的一些排序，但并不是说所有的项目都可以将以上所有事件视为不可抗力。对于不同的项目，不可抗力的特征是不同的，如在电力开发项目中，能源供应的中断就不构成项目的不可抗力事件，这表明项目公司必须为此承担责任。

项目的可融资性是银行向项目注入资金的先决条件。由于债务资金往往在融资项目资金结构中占有相当大的比例，因此银行除对项目的效益和风险情况进行精准测算外，还要通过对项目有关的各项权益或协议加以严格的限制，以保证项目能正常运营，并使银行所承担的风险与收益相当。通常银行可能提出的限制条件包括：

① 对授权合约的限制。这方面的限制包括：所有授权合约都必须确定项目的有效生命期；如果银行对项目公司行使抵押权时（包括银行卖出项目公司抵押的股份），授权合约不能提前终止，即所有这些合约应与项目而不是项目公司同在；授予的权利应该全部转让等。

② 对股东协议和所有者权益分配的限制。这方面的限制包括：发起人应认购分配给它的全部股份；发起人应补足成本超支的资金；发起人应为保险不能覆盖的部分提供资金保证等。

③ 对特许协议的限制。这方面的限制包括：特许协议应规定项目的固定生命期；不能将不适当的、过重的条款加在项目公司的身上；特许协议的授予者应承担法律变更的风险；出现不可抗力因素时，应延长项目的特许期限；特许协议不能简单地因为银行对项目公司行使了抵押权而提前终止；银行应可以自由地转让特许权给第三者。

④ 对建设合同的限制。这方面的限制包括：建设合同应是一揽子承包合同；在建设合同中，应规定固定价格；应在固定期限内完工；不可抗力事件应控制在有限范围内；如果不能在固定日期完工，承包商应承担由此给项目公司带来的损失，而且这种损失赔偿应至少能弥补项目公司需支付的银行贷款利息额；承包商应提供广泛的担保合同等。

⑤ 对经营和维护合同的限制。这方面的限制包括：对项目经营者提供适当的激励措施以使其保证项目正常有效率地运行，实现项目公司利润最大化的目标；如果由于项目经营管理不善导致经营目标的失败，经营者应承受严格的处罚；银行应有权对经营管理不善的经营者行使开除权或建议开除权。

对于以上五点，应进行一些解释：首先，经营者所得到的激励与所承受的处罚应相对平衡，有时甚至需要进行重新谈判修改条款；其次，对于银行拥有的对经营者的否决权，操作起来有些难度，通常的做法是把项目公司在经营和维护合同中拥有的控制合同终止权授予银行，这样，银行可以控制经营合同的期限但不能直接开除某经营者。

综上所述，只有在解决上述问题之后，才能打消银行的顾虑，银行才能将大量资金长期注入项目中。

2）项目融资成功的条件分析

① 认真完成项目的评价和风险分析工作。项目的好坏，是投资决策的根本，也是能否安排融资的根本，因此，项目的评价和风险的分析是项目融资的重要基础工作。只有好的项目才有可能吸引银行提供贷款；只有对项目风险做出正确的分析，才能找出限制项目风险的方法和途径，设计出风险分担的融资结构。

② 确保项目融资法律结构严谨无误。项目参与方在融资活动中的地位以及它们所拥有的权力、所承担的责任和义务是通过一系列法律文件确定下来的。法律文件是否准确无误地反映出项目各个参与者在项目融资中的地位和要求，各个法律文件之间的关系是否严谨，是影响项目融资成功与否的必要条件。

还有一些法律文件对项目融资的结构设计起着关键的作用，例如项目产品的"无论提货与否均需付款"合同。对于这类法律文件，应在融资工作一开始就加以注意，确定基本原则框架甚至具体细节，否则很有可能影响整个项目融资的进度。

③ 及早确定资金来源。项目主要投资者的股本资金的投入数量和投入方式，以及这些投资者对融资结构中风险分担方式的要求，对贷款银行和其他项目参与者加入该项目融资的态度有着直接的关系。这种态度不仅与项目风险的高低、风险分担形式有关，而且也与项目所需要的绝对资金数量有关。项目的资金构成和来源，应与融资结构的设计同步进行，争取尽早明确将贷款银行作为融资资金的主要提供者，这样融资结构才能稳定。否则，一旦金融市场发生任何突变，项目融资可能要拖上很长时间或者要对结构做出重大的修改才能完成资金的安排工作。

④ 保证项目管理结构的合理性。为了保证项目融资在执行阶段的正常运作，项目合作伙伴的利益一致性和管理结构的合理性是重要因素。出于项目规模的需求或者分担风险的需要，许多项目融资是处于由若干个投资者组成的合资结构的基础上或者对项目有不同利益要求的参与者组成的信用集合体的基础上的。这种做法的优势是可以充分发挥合资或参与各方的长处，但是，如果处理不好也会给项目带来问题，特别是在融资的执行阶段。存在典型问题有以下几个方面：

A. 项目投资（或参与方）各方的利益冲突。投资各方的利益冲突会妨碍项目的正常运行，造成决策程序复杂化和低效率。

B. 项目缺少主要的投资者。如果一个项目缺少主要的投资者，就有可能出现对重大问题无法做出决策以及项目经营战略无连续性等一系列问题。贷款银行对于这类项目的融资持非常谨慎的态度，因为它们不知道谁能代表这个项目，以及组成合资项目的投资者各方是否有能力经营好这个项目。

C. 缺乏有经验的项目管理队伍。项目没有主要的投资者是造成缺乏有经验的项目管理队伍的一个重要因素，因为没有足够的利益驱使投资者在有合资项目的生产技术和管理经验作为依托的情况下，单独建立一支管理队伍负责项目的建设和生产经营。经验证明，这种安排多数情况下是有问题的。

D. 充分利用项目参与者对项目利益的追求和热情。项目在安排融资阶段可能会遇到许多无法避免的困难及问题，有的项目谈判的进程可以长达几年。因此，在项目融资的组织过程中，自始至终注意保持所有的项目参与者在项目中的利益追求和工作热情是十分关键的。谈判从工程公司手中取得更好地完工保证条件，从原材料供应者手中获得更好的价格条件等问题时，要注意分析这些参与者对项目的期望以及对风险的承受极限，保持其参与项目的热情。如果过分地追求分担风险和降低融资成本，有可能造成某些参与者"望而生畏"，退出项目，最后导致整个项目融资进展不顺利，反而增加了成本。

5.2 工程项目融资的环境

融资环境，是指对企业融资财务活动和融资财务管理产生影响作用的企业内外各种条件的统称。

企业财务活动在相当大程度上受理财环境的制约，如生产、技术、供销、市场、物价、金融、税收等因素，对企业财务活动都有重大的影响。只有在融资环境的各种因素作用下实现财务活动的协调平衡，企业才能生存和发展。研究融资环境，有助于正确地制定理财策略。

　　本书主要讨论对工程项目融资财务管理影响比较大的经济环境、法律环境和金融环境等因素。

5.2.1　经济环境

　　影响融资财务管理的经济环境因素主要有经济周期、经济发展水平和经济政策等。

　　1. 经济周期

　　在市场经济条件下，经济发展与运行带有一定的波动性，大体上要经历复苏、繁荣、衰退和萧条几个阶段的循环，这种循环叫作经济周期。资本主义经济周期是人所共知的现象，西方财务学者曾探讨了经济周期中的经营理财策略。现择其要点归纳见表5-2。

经济周期中的经营理财策略 表 5-2

复苏	繁荣	衰退	萧条
(1) 增加厂房设备	(1) 扩充厂房设备	(1) 停止扩张	(1) 建立投资标准
(2) 实行长期租赁	(2) 继续建立存货	(2) 出售多余设备	(2) 保持市场份额
(3) 建立存货	(3) 提高价格	(3) 停产不利产品	(3) 缩减管理费用
(4) 引入新产品	(4) 开展营销规划	(4) 停止长期采购	(4) 放弃次要利润
(5) 增加劳动力	(5) 增加劳动力	(5) 削减存货	(5) 削减存货
		(6) 停止扩招雇员	(6) 裁减雇员

　　我国的经济发展与运行也呈现其特有的周期特征，世界经济发展与运行亦是如此，带有一定的经济波动。各国一般都经历过若干次从投资膨胀、生产高涨到控制投资、紧缩银根和正常发展的过程，从而促进了经济的持续发展。企业的筹资、投资和资产营运等理财活动都要受这种经济波动的影响。比如在治理紧缩时期，社会资金十分短缺，利率上涨，使企业的投资方向会因为市场利率的上涨而转向本币存款或贷款。此外，由于国际经济交流与合作的发展，西方的经济周期也不同程度地影响我国。因此，企业财务人员必须认识到经济周期的影响，掌握在经济发展波动中的理财本领。

　　2. 经济发展水平

　　改革开放以来，我国的国民生产总值高速增长，各项建设方兴未艾。党的十九大的召开，进一步推动了我国国有企业的现代化进程，这就给企业扩大规模、调整方向、打开市场，以及拓宽财务活动的领域带来了机遇。同时，由于高速发展中的资金短缺将长期存在，又给企业财务管理带来了严峻的挑战。因此，企业财务管理工作者必须积极探索与经济发展水平相适应的财务管理模式。

　　3. 经济政策

　　我国经济体制改革的目标是建立社会主义市场经济体制，以进一步解放和发展生产力。在这个总目标的指导下，我国已经并正在进行财税体制、金融体制、外汇体制、外贸体制、计划体制、价格体制、投资体制、社会保障制度等项改革。所有这些改革措施，深刻地影响着我国的经济生活，也深刻地影响着我国企业的发展和财务活动的运行。如金融政策中货币的发行量、信贷规模都能影响企业投资的资金来源和投资的预期收益；财税政策会影响企业的资金结构和投资项目的选择等。可见，经济政策对企业财务的影响是非常大的，这就要求企业财务人员必须把握经济政策，从而更好地为企业的经营理财活动服务。

5.2.2 法律环境

市场经济的重要特征就在于它是以法律规范和市场规则为特征的经济制度。法律为企业经营活动规定了活动空间，也为企业在空间内自由经营提供了法律上的保护。影响财务管理的主要法律环境因素有企业组织形式的法律规定和税收法律规定等。

（1）企业组织形式

企业是市场经济的主体，不同类型的企业在所适用的法律方面有所不同。了解企业的组织形式，有助于企业财务管理活动的开展。企业组织形式可按照不同的标准进行分类，本书着重讲述按企业组织形式的分类。按其组织形式的不同，可将企业分为独资企业、合伙企业和公司。

1）独资企业

独资企业是指由一个自然人投资，财产为投资人个人所有，投资人以其个人财产对企业债务承担无限责任的经营实体。独资企业具有结构简单、容易开办、利润独享、限制较少等优点。但也存在无法克服的缺点，一是出资者负有无限偿债责任；二是筹资困难，个人财力有限，借款时往往会因信用不足而遭到拒绝。我国的国有独资公司不属于本类企业，而是按有限责任公司对待。

2）合伙企业

合伙企业是指由各合伙人订立合伙协议，共同出资、合伙经营、共享收益、共担风险，并对本企业债务承担无限连带责任的营利性组织。合伙企业的法律特征是：有两个以上合伙人，并且都是具有完全民事行为能力，依法承担无限责任的人；有书面合伙协议，合伙人依照合伙协议享有权利，承担责任；有各合伙人实际的出资，合伙人可以用货币、实物、土地使用权、知识产权或者其他属于合伙人的合法财产及财产权利出资，经全体合伙人协商确定；有关合伙企业改变名称、向企业登记机关申请办理变更登记手续、处理不动产或财产权利、为他人提供担保、聘任企业经营管理人员等重要事务，均需经全体合伙人一致同意；合伙企业的利润和亏损，由合伙人依照合伙协议约定的比例分配和分担，合伙协议未约定利润分配和亏损分担比例的，由各合伙人平均分配和分担；各合伙人对合伙企业债务承担无限连带责任。

合伙企业具有开办容易、信用较佳的优点，但也存在责任无限、权力不集中、有时决策过程过于冗长等缺点。

3）公司

公司是指依照公司法登记设立，以其全部法人财产，依法自主经营、自负盈亏的企业法人。公司享有股东投资形式的全部法人财产权，依法享有民事权利，承担民事责任。公司股东作为出资者按投入公司的资本额享有所有者的资产受益、重大决策和选择管理者等权利，并以其中资额或所持股份为限对公司承担有限责任。我国《公司法》所称公司指有限责任公司和股份有限公司。

有限责任公司是指由两个以上 50 个以下股东共同出资，每个股东以其所认缴的出资额为限对公司承担有限责任，公司以其全部资产对债务承担责任的企业法人。其特征有：公司的资本总额不分为等额的股份；公司向股东签发出资证明书，不发股票；公司股份的转让有较严格限制；限制股东人数，不得超过一定限制；股东以其出资比例享受权利、承担义务；股东以其出资额为限对公司承担有限责任。

股份有限公司是指其全部资本分为等额股份，股东以其所持股份为限对公司承担责任，公司以其全部资产对公司的债务承担责任的企业法人。其特征有：公司的资本划分为股份，每一股的金额相等；公司的股份采取股票的形式，股票是公司签发的证明股东所持股份的凭证；同股同权，同股同利；股东出席股东大会，所持每一股份有一表决权；股东可以依法转让持有的股份；股东不得少于规定的数目，但没有上限限制；股东以其所持股份为限对公司债务承担有限责任。

公司的最大优点是公司的所有者——股东，只承担有限责任，股东对公司债务的责任以其投资额为限。公司的另一个优点是比较容易筹集资金，通过发行股票、债券等可以迅速筹集到大量资金，这使公司比独资企业和合伙人企业有更大发展的可能性。公司这一组织形式，已经成为西方大企业所采用的普遍形式，也是我国建立现代企业制度过程中选择的企业组织形式之一。

（2）税收法律

1）税法

国家财政收入的主要来源是企业所缴纳的税金，而国家财政状况和财政政策，对于企业资金供应和税收负担有着重要的影响；其次，国家各种税种的设置、税率的调整，还具有调节生产经营的作用。企业的财务决策应当适应税收政策的导向，合理安排资金投放，以追求最佳的经济效益。

国家税收制度，特别是工商税收制度，是企业财务管理的重要外部条件。我国从1994年1月开始实行一系列新的税收法律制度，现就我国税制作一简要介绍。

2）所得税类

改革后的所得税有3种：

企业所得税。企业所得税适用于境内的实行独立经济核算的企业组织，包括国有企业、集体企业、私营企业、联营企业、股份制企业和其他组织，但外商投资企业和外国企业除外。上述企业在我国境内和境外的生产、经营所得和其他所得为应纳税所得额，按33%的税率计算缴纳税款。

外商投资企业和外国企业所得税。此项所得税适用于在中国境内设立的中外合资经营企业、中外合作经营企业和外商独资企业，在中国境内设立机构的中外合作经营企业和外商独资企业，以及在中国境内设立机构、场所，从事生产、经营和虽未设立机构、场所而有来源于中国境内所得的外国公司、企业和其他经济组织。上述外商投资企业和外国企业的生产、经营所得和其他所得为应纳税所得额，税率为30%；地方所得税税率为3%。

个人所得税。个人所得税税率设有5%～45%、5%～35%的超额累进税率和20%的比例税率。

3）流转税类

流转税对企业的流转额即销售额所征收的税金，从企业的角度看就是销售税金，包括以下4种：①增值税。是就商品生产、流通和加工、修理、修配各个环节的增值额课税的一种流转税。税率分为三档：基本税率为17%，低税率为13%，出口税率为零。增值税属于价外税。②消费税。是对少数特定的消费品需要调节其消费行为而征收的一种税。征收消费税，有利于正确引导消费，调整消费结构，也有助于调节个人收入水平，缓解分配不公的矛盾。③营业税。主要是对提供应税劳务的第三产业（如交通运输、金融保险、邮电通信、文化娱乐、建筑安装、服务业等单位）、转让无形资产或销售不动产的单位和个人征收的一种税。第四，城市维护建设税。是专为筹集城市维护建设资金而征收的一种税。

4）资源税类

目前，资源税主要是对矿产资源和土地资源征收的税种，其目的既有对资源受益的征收，又有对资源极差收入的调节。主要有三种：①资源税。是对我国开采矿产和盐资源的单位和个人取得的极差收入征收的一种税。②土地使用税。是对在城市和县城占用国家和集体土地的单位和个人，按使用土地面积定额征收的一种税。③土地增值税。是为了调节土地增值收益而征收的一种税。

5）财产税类

财产税是对纳税人所有的财产课征的税，主要有房产税，它是对城镇、工矿区的房产，向产权所有人和承租人征收的一种税。

6）行为税类

行为税是以纳税人的某种特定行为为征税对象的税种，主要有四类：①固定资产投资方向调节税。是为了引导投资方向，对我国境内从事固定资产投资行为的单位和个人征收的一种税。②印花税。是对书立、领受应税凭证的行为而征收的一种税。③车船使用税。是对行使于我国境内的车船，按其种类定额征收的一种税。④屠宰税。是对屠宰猪、牛、羊等牲畜行为征收的一种税。

财务人员应当熟悉国家税收法律的规定，不仅要了解各种税种的计征范围、计征依据和税率，而且要了解差别税率的制定精神，减税、免税的原则规定，自觉按照税收政策导向进行经营活动和财务活动。

5.3.3　金融环境

企业总是需要资金从事投资和经营活动，而资金的取得，除了自有资金外，主要来自金融机构和金融市场，工程项目建设也是如此。金融政策的变化必然影响企业的筹资、投资和资金营运活动。所以，金融环境是企业最为主要的环境因素。影响财务管理的主要金融环境因素有金融机构、金融市场和利息率等。

（1）金融机构

社会资金从资金供应者手中转移到资金需求者手中，大多要通过金融机构。金融机构主要包括银行和非银行金融机构。

1）银行

银行是指经营存款、放款、汇兑、储蓄等金融业务，承担信用中介的金融机构。银行的主要职能是充当信用中介、充当企业之间的支付中介、提供信用工具、充当投资手段和国民经济的宏观调控手段。我国银行主要包括：中央银行，即中国人民银行；商业银行，包括国有商业银行（如中国工商银行、中国农业银行、中国银行和中国建设银行）和其他商业银行（如交通银行、中信实业银行、广东发展银行、招商银行、光大银行等）；国家政策性银行，如中国进出口银行、国家开发银行。

2）非银行金融机构

只要包括信托投资公司和租赁公司等。前者主要办理信托存款和信托投资业务，在国外发行债务和股票，办理国际租赁等业务。后者则介于金融机构与企业之间，它先筹集资金购买各种租赁物，然后出租给企业。

（2）金融市场

金融市场是指资金供应者和资金需求者双方通过信用工具融通资金的市场，即实现货币借贷和资金融通、办理各种票据和进行有价证券交易活动的市场。金融市场的主要类型如图5-3所示。

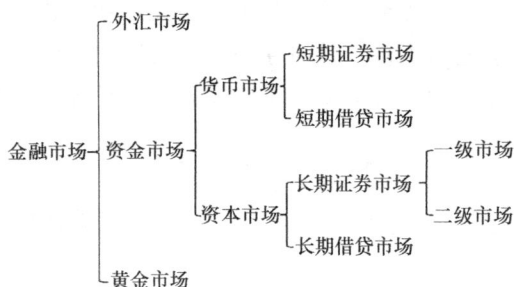

需要强调的是：①金融市场是以资金为交易对象的市场，在金融市场上，资金被当作一种"特殊商品"来交易。②金融市场可以是有形的市场，也可以是无形的市场。前者有固定的场所和工作设备，如银行、证券交易所；后者利用电脑、电传、电话等方式通过经纪人进行资金商品交易活动，而且可以跨越城市、地区和国界。

图 5-3　金融市场分类示意图

金融市场对于商品经济的运行，具有充当金融中介、调节资金余缺的功能。从总体上看，建立金融市场，有利于广泛地积聚社会资金，有利于促进地区间的资金协作和开展资金融通方面的竞争，提高资金使用效益，有利于国家控制信贷规模和调节货币流通。从财务管理的角度来看，金融市场作为资金融通的场所，是其向社会筹集资金必不可少的条件。财务管理人员必须熟悉金融市场的各种类型和管理规则，有效地利用金融市场来组织资金的筹措和进行资本投资等活动。

（3）利息率

利息率简称利息，是利息占本金的百分比指标。从资金的借款关系来看，利率是一定时期运用资金资源的交易价格。资金作为一种特殊商品，以利率为价格标准的融通，实质上是资源通过利率实行的再分配。因此，利率在资金分配及财务决策中起着重要作用。

1）利率的类型

利率可按照不同的标准进行分类：

① 按利率之间的变动关系，分为基准利率和套算利率。基准利率又称基本利率，是指在多种利率并存的条件下起决定作用的利率。所谓起决定作用，即这种利率变动，其他利率也相应变动。因此，了解基准利率水平的变化趋势，就可了解全部利率的变化趋势。基准利率在西方通常是中央银行的再贴现率，在我国是中国人民银行对银行贷款的利率。

套算利率是指在基准利率确定后，各金融机构根据基准利率和借贷款项的特点而换算出的利率。例如，某金融机构规定，贷款 AAA 级、AA 级、A 级企业的利率，应分别在基准利率的基础上加 0.5%、1%、1.5%，加总计算所得的利率便是套算利率。

② 按利率与市场资金供求的关系，分为固定利率和浮动利率。固定利率是指在借贷期内固定不变的利率。受通货膨胀的影响，实行固定利率会使债权人利益受到损害。浮动利率是指在借贷期内可以调整的利率。在通货膨胀的条件下，采用浮动利率，可使债权人减少损失。

③ 按利率形成机制的不同，分为市场利率和法定利率。市场利率是指根据资金市场上的供求关系，随着市场而自由变动的利率。法定利率是指由政府金融管理部门或者中央银行确定的利率。

2）利率的一般计算公式

正如任何商品的价格均由供给和需求两方面来决定一样，资金这种特殊商品的价格——利率，也主要是由供给和需求来决定。但除这两个因素外，经济周期、通货膨胀、国家货币政策和财政政策、国际经济政治关系、国家利率管理制度等，对利率的变动均有不同程度的影响。因此，资金的利率通常由三部分组成：纯利率、通货膨胀补偿率（或称通货膨胀贴水）、风险报酬率。利率的一般计算公式可表示如下：

$$利率＝纯利率＋通货膨胀补偿率＋风险报酬率$$

纯利率是指在没有风险和通货膨胀情况下的均衡点利率。通货膨胀补偿率是指由于持续的通货膨胀会不断降低货币的实际购买力，为补偿其购买力损失而要求提高的利率。风险报酬率包括违约风险报酬率、流动性风险报酬率和期限风险报酬率。其中，违约风险报酬率是指为了弥补因债务人资产流动不好而带来的风险，由债权人要求提高的利率；期限风险报酬率是指为了弥补因偿债期长而带来的风险，由债权人要求提高的利率。

5.3 工程项目融资的运作程序

工程项目融资从运作程序上可以分为计划、实施两个阶段。计划阶段从事工程项目融资的前期分析工作，主要包括投资决策分析、项目投资结构设计、融资决策分析、工程项目融资结构和资金结构设计等；工程项目融资实施阶段的工作包括融资谈判、融资执行两个阶段。

5.3.1　工程项目融资计划阶段

（1）投资决策分析阶段

对于任何一个投资项目，在决策者决定投资以前，都需要经过周密的投资决策分析。投资决策分析的内容应包括：未来宏观经济形势的走势，拟投资行业的发展以及项目在该行业中的竞争力分析，项目的可行性研究等内容。在此基础上做出是否投资的决策。

在这个阶段，项目的可行性研究是核心。在任何项目被推销给商业贷款人之前，必须提供一个有说服力的、权威性的、包括技术和经济效益的项目可行性研究报告。这就要求技术专家、金融和法律顾问之间的协调，以及对项目各个重要方面进行彻底的探讨。项目可行性研究应该考虑如下方面：

对于自然资源开采项目，应考虑储量程度和准确性；对于输油（气）管道和收费（加工）项目，应考虑使用协议；对于交通项目，应考虑可能的乘客或交通流量。

项目的土地成本、建筑成本和发展费用。

项目所在地的辅助设施，如能源、水、交通和通信的可获得性和成本。

原材料供应的途径，来自当地或国外；是否存在关税、进口或外汇控制。

国内或国外对项目提供的产品或服务现有的、可进入的市场和市场需求。

所需要的技术、设备、管理人才和劳动力的可获得性。

项目运营特许权和其他官方特许权的可获得性和可转让性。

在考虑了利率、汇率、通货膨胀、税收、延期等其他偶然事件基础上所作的项目成本和利润计划。

是否存在增值的可能性，如通过房地产或副产品的销售。

项目的环境效应和遵守环境保护法律的需要。

货币的可获得性和可兑换性，以及外汇管制的影响。

项目风险和国家风险保险的可获得性。

（2）投资结构设计阶段

如果经过投资决策分析决定投资某项目，就要研究确定项目实体的投资结构。确定项目投资结构要考虑将要选择的融资结构和可能的资金来源，在很多情况下项目投资决策也是与项目能否融资以及如何融资紧密联系在一起的。投资者在决定项目实体投资结构时需要考虑的因素很多，其中主要包括：项目的产权形式、产品分配形式、决策程序、债务责任、现金流量控制、税务结构和会计处理等方面的内容。投资结构选择将影响到工程项目融资的结构和资金来源的选择；反过来，工程项目融资结构的设计在多数情况下也将会对投资结构的安排做出调整。

（3）融资决策分析阶段

本阶段项目投资者将决定是否采用工程项目融资方式为项目开发筹集资金。是否采用工程项目融资，取决于项目所在的领域、所需资金数量和时间上的要求、投资者对债务责任与风险分担的要求、融资费用的要求及债务会计处理等多方面因素的综合考虑。如果经过分析决定采用工程项目融资方式筹集资金，投资者即需要选择和聘请融资顾问研究设计项目的融资结构和资金结构。融资顾问在通过对项目的融资能力分析的基础上提出可能的融资方案，并对备选方案做出分析和比较，在获得一定的信息反馈后，再做出项目的融资方案决策。一般初步融资方案包括：①建立融资准则：初步确定资本和运营费用、收入、采购计划、投资进度、货币要求等；②确定资金来源：初步确定资本结构（债务和股本比率）、资金来源、初步期限和条件；③开展初步融资计划；④计划融资实施程序：包括怎样从贷款方得到许诺和担保的策略和方法、谈判的进度、文件准备、项目备忘录、协议和融资应用等。

（4）融资结构和资金结构设计

工程项目融资结构设计首先要对项目风险进行分析和评估。工程项目融资信用结构的基础是由项目本身的经济强度以及与之相关的各个利益主体与项目的契约关系和信用保证所构成的。因此，能否采用以及如何设计工程项目融资结构的关键点之一，就是要求工程项目融资顾问和项目投资者一起对于项目有关的风险因素进行全面分析和判断，确定项目的债务承受能力和风险，设计出切实可行的融资方案。工程项目融资结构以及相应的资金结构的设计和选择，必须全面反映出投资者的融资战略要求和考虑。

上述工程项目融资计划阶段的程序不是固定不变的，也不是一蹴而就的。后续阶段很可能会发现新的问题从而否定前一阶段的计划，并对前面的计划进行修订。

5.3.2　工程项目融资的实施阶段

（1）工程项目融资谈判

在工程项目融资计划确定之后，即进入工程项目融资谈判阶段。在这一阶段，融资顾问将有选择地向商业银行或其他一些金融机构发出参加工程项目融资的建议书，组织贷款银行，并提供项目资料及融资可行性研究报告。贷款银行经过现场考察、尽职调查及多轮谈判后，将与投资者共同起草融资的有关文件。同时，投资者还需要按照银行的要求签署有关销售协议、担保协议等文件。这一阶段可能会经过多次的反复，在与银行的谈判中，不仅会对有关的法律文件做出修改，在很多情况下还会涉及融资结构或资金来源的调整问题，有时甚至会对项目的投资结构及相应的法律文件做出修改，以满足贷款人的要求。在这一阶段，融资顾问、法律顾问和税务顾问的作用是十分重要的。强有力的融资顾问和法律顾问可以帮助加强项目投资者的谈判地位，保护投资者的利益，并在谈判陷入僵局时，能及时地、灵活地找出适当的变通办法来解决问题，达成既在最大限度上保护投资者的利益，又能为贷款银行所接受的条件。

（2）工程项目融资执行

在传统的融资方式中，借款人只要求按照贷款协议的规定提款和偿还贷款的利息和本金，对资金使用的监管较少。然而，在工程项目融资中，由于融资银行承担了项目的风险，因此会加大对项目执行过程中的监管力度。融资银行的参与可以按项目的进展划分为三个阶段：项目的建设期、试生产期和正常运行期。在项目的建设期，贷款银行经理人将经常性地监督项目的建设进展，根据资金预算和建设日程表，安排贷款的提取。如果融资协议包括多种货币贷款的选择，贷款银行经理人可以为项目投资者提供各种资金安排上的策略性建议。在项目的试生产期，贷款银行经理人监督项目试生产情况，将实际的项目生产成本数据和技术指标与融资文件的规定指标进行比较，确定项目是否达到了融资文件规定的商业完工标准。在项目的正常运行期，项目的投资者所提供的完工担保将被解除，贷款的偿还将主要依赖于项目本身的现金流量。贷款银行经理人将按照融资文件的规定管理全部或部分项目的现金流量，以确保债务的偿还。除此之外，贷款银行经理人也会参与部分项目生产经营决策，在项目的重大决策问题上（如新增资本支出、减产、停产和资产处理等）有一定的发言权。由于工程项目融资的债务偿还与其项目的金融环境和市场环境密切相关，所以帮助项目投资者加强对项目风险的控制和管理，也是贷款银行经理人在项目正常运行阶段的一项重要工作。

通过银行的参与，在某种程度上也会帮助项目投资者加强对项目风险的控制和管理，从而使参与各方实现风险共担，利益共享。

5.4 项目融资的历史沿革

5.4.1 项目融资的产生

虽然人们普遍认为 20 世纪 60 年代中期英国北海油田的开发项目是最早的有限追索项目融资实例，但是作为一种商业运作模式，项目融资早在 13 世纪就在欧洲出现了。据文献记载，1299 年英国王室为了开发位于德文郡的一座白银矿与一家名为弗雷斯科巴尔迪的意大利银行（也有人说是一家英格兰商业银行）签订了贷款协议。与一般贷款协议不同的是，该协议没有约定利息，却约定这家银行拥有银矿一年的经营权，银行可以取走这一年中所有开采的矿产，但它必须支付矿山开发的所有费用，英国王室不对矿山的质量和产量做任何保证。这种贷款安排其实就是如今所说的"产品支付贷款"的原型，也是现代项目融资模式的最早雏形。

早在 17 世纪，英国的私人业主建造灯塔的投资方式与项目融资中的 BOT 形式也极为相似。当时，私人业主建造灯塔的过程是：首先向政府提出建造和经营灯塔的申请，在申请获得政府批准后，私人业主向政府租用土地建造灯塔，在特许期内管理灯塔并向过往船只收取过路费，特许期后由政府收回灯塔并交给领港公会管理和继续收费。只不过是由于种种原因，这种投资建设方式一直默默无闻，没有引起人们的重视。

5.4.2　项目融资的发展

随着历史的变迁，项目融资经历了多个阶段的发展与演变。总体说来，项目融资主要经历了以下 3 个阶段。

（1）项目融资应用于资源开发项目

石油开发项目。1929 年美国华尔街股票市场暴跌，使美国经济遭受巨大冲击，全国步入经济大萧条时期。在危机过程中，大批企业破产、倒闭，侥幸留存下来的企业也是资产负债状况不好、自身的信誉低。按照传统的以企业财务状况、资信等级为基础的公司融资理念，这样的企业很难从银行获得贷款，也就难以开展正常的经营活动。在这种情况下，企业面临着山穷水尽的局面。

这时美国德克萨斯州的石油开发项目却另辟蹊径，采用项目融资的手法筹集足够的资金，并获得了成功。由于石油商品具有突出的特征：耐储存、能够经受价格变化，石油开采项目的利润也非常丰厚，对一些投资者很有吸引力。项目开发商、投资者以及贷款人约定采取"产品支付（Production Payment）"的方式归还贷款，即贷款银行（主要是一些私人）在石油项目投产后不以石油产品的销售收入来偿还贷款本息，而是直接以石油产品来还本付息，从特定的石油矿区获得将来产出的部分或全部石油产品的所有权。这种新型的贷款方式，相对于以借款人自身的资产和信用为担保的传统方式，将对贷款的风险评估对象从借款人转移到了现存的产品上。后来在产品支付的基础上又产生了预期产品支付方式——远期购买（Forward Purchase）。在这种方式中，矿区所有者划出一部分矿区作为产品卖掉，而买方（贷款人为项目成立的专设公司）将购入的支付产品作为抵押从银行借入购买资金。这实际上是卖方提前卖出即将生产出来的石油，买方以远期购买的产品为抵押品从银行获得贷款，而银行则依靠抵押矿区产出的石油回收贷款。

矿业开发项目。早期因为外部筹资成本较高，采矿业扩建或新建矿山主要依靠自筹资金解决。但自 20 世纪 60 年代后期到 70 年代，项目融资在矿业开发项目中发展起来。这主要是因为以下 3 个原因：首先，资本主义国家政府为缓和经济危机与能源危机的影响和缓和社会矛盾，积极从事大型能源工程项目，以缓解能源短缺，带动经济发展；其次，20世纪 70 年代国有化浪潮迫使私人资本采取与国际组织、国际金融机构甚至跨国公司以多边合伙的方式投资于有利可图的大型矿业和工程项目，以避免私人单独投资的国家政治风险，促进了项目融资这种多元融资新形式的发展；第三，一些发展中国家为了发展本国经济，满足国际市场对燃料、矿产品等初级产品的需要，也掀起兴建大型工程项目的热潮，如巴西的采掘业、委内瑞拉的石油开发、博茨瓦纳有色金融矿开采等，这些国家的项目急需巨额资金，但却缺少高资信等级的大型企业来进行公司融资，因此采取了由政府有关部门作主办单位进行"项目融资"的方式。

（2）项目融资应用于基础设施项目

发展中国家的基础设施项目在第二次世界大战后，都是通过财政拨款、政府贷款和国际金融机构贷款建设的。但进入 20 世纪 70 年代后，发展中国家大量举债导致国际债务危机加剧、对外借款能力下降、预算紧张。在这种情况下，政府很难拿出更多的资金投资需求日益增加的基础设施建设项目。经济要发展，基础设施建设必须加强，此时"项目融资"作为新的资金来源和融资方式就呼之欲出了。进入 20 世纪 80 年代，发展中国家的基础设施项目已经开始使用项目融资，以解决国内资金不足但又要引进设备和技术的矛盾。在发达国家，以往基础设施项目基本上也是通过财政预算，由政府直接拨款建设。进入 20 世纪 70 年代后，情况发生了一些变化，一是随着经济的发展和人民生活水平的提高，对公共基础设施的需求量越来越大，标准越来越高，而政府的财政预算则越来越紧张，由政府出面建设耗资巨大的公共基础设施项目越来越困难。二是西方经济发达国家宏观经济政策的一个重要变化即对国有企业实行私有化，而公共基础设施项目作为国有部门的一个重要领域，在私有化过程中首当其冲。在这种情况下，项目融资也成了发达国家的新宠。

（3）项目融资逐渐向多国和多行业扩展

20 世纪 80 年代初开始的世界性经济危机，使得项目融资的发展进入了一个低潮期。一方面，国际银行界最有利可图的发展中国家贷款市场由于一些国家，特别是南美洲国家发生的债务危机，已不可能再承受大量的新的债务；另一方面，能源、原材料市场的长期衰退，迫使包括工业国家在内的公司、财团对这一领域的新项目投资持非常谨慎的态度，而这一领域又是项目融资的一个主要的传统市场。据统计，1981—1986 年的 6 年间，西方国家在这一领域投资的新项目比上一时期减少了 60%，投资总额减少了 33%。当时，国际金融界流行着一种悲观的看法，认为正统的项目融资理论，即单纯依靠项目的资产和现金流量进行筹资并依赖于完工后的项目现金流量偿还债务的融资方式，似乎已经被 20 世纪 80 年代前期的金融信用紧张所扼杀了。1985 年以后，随着世界经济的复苏和若干具有代表性的项目融资模式的完成，项目融资又重新开始在国际金融界活跃起来，并在融资结构、追索形式、贷款期限、风险管理等方面有所创新和发展。

20 世纪 80 年代末至 90 年代初，世界项目融资高速发展，其中尤以发展中国家为甚。据世界银行统计，截至 1993 年世界上以项目融资模式进行的项目近 150 个，投资总额超过 600 亿美元，其中约一半在发展中国家。从 1994—1997 年世界年项目融资的总量由 350 多亿美元增加到 2364 亿美元。1997 年以前的 10 年，在发展中国家的项目融资比上一个 10 年增长了 25 倍。1997 年发展中国家的项目融资金额达到 1232 亿美元，占世界项目融资额的 52.1%。

目前，项目融资在世界各地运用已经相当普及，它的资金来源更加广泛、期限更长、政府介入更少，涉及项目遍布能源、石化、电子等行业，极大地推动了世界经济的发展。从全球看，项目融资正处在一个应用范围扩大的阶段。可以相信，随着更多金融工具的出现，项目融资必然会越发走向大型化、国际化和技术化，而且其应用重点也必然是在发展中国家。

5.4.3　项目融资在我国的发展

项目融资在 20 世纪 80 年代中期被引入我国，较早使用有限追索权融资方式的项目是深圳沙角火力发电厂，它标志着中国利用项目融资方式进行建设的开始。

20 世纪 90 年代之前，由于多方面原因，项目融资在我国发展较为缓慢。进入 20 世纪 90 年代，我国陆续出现了一些类似 BOT 方式进行建设的项目，如广州至深圳高速公路、三亚凤凰机场、重庆地铁、深圳地铁、北京京通高速公路、广西来宾电厂等。这些项目虽然相继采用 BOT 模式进行建设，但只有重庆地铁、深圳地铁、北京京通高速公路等项目被国家正式认定为采用 BOT 模式的基础设施项目。广西来宾电厂 BOT 项目是经过国家批准的第一个 BOT 试点项目，经过各方的多年努力，该项目已取得了全面成功，被国际上很有影响的金融杂志评为最佳项目融资案例，在国内誉为来宾模式。1995 年 8 月国家计委、电力部、交通部联合下发了《关于试办外商投资特许权项目审批管理有关问题的通知》，规定了国内允许实施项目融资的范围。1997 年 4 月 6 日国家计委、国家外汇管理局颁布了《境外进行项目融资管理执行办法》，规范了项目融资的进一步发展。

在我国的实际运作中，为项目建设而专门设立的项目公司大多是按照《公司法》注册成立的中外合作经营企业；中外两方的出资额占总投资的比例较小。项目建设资金的70％以上是对外融资，并且以国际银团贷款为主。其中，还可能包括在国际金融市场上发行债券和利用融资机构进行融资。只要项目具有稳定的收益，并且将项目与发起人的其他债务分开，能够将风险限制在一定范围内，就可以考虑采用项目融资方式。

在实际工作中，由于投资环境及具体运作等因素的限制，我国项目融资方式发展比较缓慢，大规模开展仍存在很大难度。

目前，项目融资在中国的发展还有相当大的空间，新的投资领域和投资机会的出现，为项目融资的大发展提供了有利时机。随着我国社会和经济的迅速发展、城市化进程的不断加快，城市基础设施建设需要的巨大投资完全依靠政府的公共财政是不可能解决的，在这方面项目融资将大有可为。

复 习 思 考 题

1. 什么是项目融资？
2. 项目融资与公司融资的区别？
3. 项目融资的适用范围？
4. 项目融资的成功条件？
5. 项目融资的分类？
6. 项目融资的特点？

6 工程项目融资主要模式

6.1 BOT 项目融资模式

20世纪80年代初期到中期，是项目融资发展的一个低潮时期。世界性的经济衰退和发展中国家债务危机所造成的影响还远未从人们心中消除，所以如何增强项目金融风险和债务风险的能力，如何提高项目的收益，成为银行、项目投资者、项目所在国政府安排融资必须面临和解决的问题。在这种情况下，BOT融资模式在国际上逐渐兴起，它是一种利用外资和民营资本兴建基础设施的新兴融资模式。

6.1.1 BOT 模式的概念和特点

1. BOT 融资模式的概念

BOT融资模式（Build-Operate-Transfer）即建设—运营—移交，代表一个完整的项目融资过程。BOT融资方式在我国称为"特许经营方式"，是指由国内外财团或投资人作为项目发起人，从一个国家的政府或所属机构获得某项基础设施建设和经营的特许权，然后由其独立或联合其他方组建项目公司，由项目公司负责项目融资、设计、建造、运营和维护，在特许期间，项目公司通过项目运营收取适当费用，获得现金流量偿还项目融资的债务、回收经营和维护成本，并获取合理利润，特许期满后，项目公司将设施无偿地移交给签约方的政府部门。

近年来，无论是发达国家，还是发展中国家，BOT模式都得到了蓬勃的发展，而且也被广泛看好，它被当作一种各国通用的融资模式广泛运用于大型建设项目，特别是用在基础设施领域，并向世人展示了良好绩效。我国自1988年第一个BOT基础设施项目——广东沙角B电厂建设以来，BOT模式就在我国的基础设施及公共事业领域展示出了巨大的优势，应用范围极广。通过BOT模式，我国已将大量国际资本运用于国内基础设施建设中，对发展经济起到了积极促进作用。

2. BOT 融资模式的特点

BOT融资模式实质上是一种债券与股权相混合的产权组合方式，由整个项目公司对项目的设计、咨询、供货和施工实行总承包。项目竣工后，在特许经营权期限内经营，向用户收费，以此回收投资、偿还债务、赚取利润，期满后将项目移交政府。与传统的承包模式相比，BOT模式的特点主要有：

1）BOT项目主要适用于基础设施建设项目，包括道路、桥梁、轻轨、隧道、铁道、地铁、水利、发电厂和水厂等。特许期内项目即生产的产品或提供服务可能销售给国有单位（如自来水、电等），或直接向最终使用者收取费用。

2）能减少政府的直接财政负担，减轻政府的借款负债义务。所有的项目融资负债责任都被转移给项目发起人，政府无须保证或承诺支付项目的借款，从而也不会影响东道国和发起人为其他项目融资的信用，避免政府的债务风险，政府则可以将原来这些方面的资金，用于其他项目的投资与开发。

3）有利于转移和降低风险。国有部门可以把项目风险转移给项目发起人，BOT 模式通过将发起人的投资收益与他们履行合同的情况相联系，从而降低项目的建设风险和运营风险。

4）有利于提高项目的运作效率。一方面，BOT 项目一般有资本投入大、项目周期长等因素带来的风险，同时由于私营企业的加入，贷款机构对项目的要求会严格于政府；另一方面，私营企业为了减少风险，加大收益，客观上会加强管理，控制造价。因此，尽管项目前期准备工作较多，但是进入实施阶段，项目的各种效率将会比较高，无论是设计、建设还是运营，同时用户也可以得到较高质量的服务。

5）BOT 融资模式可以提前满足社会和公众的需求。采用这种方法后，可以让一些急需政府投资建设但是苦于没有资金投资建设的基础项目得到实施。由于其他资金的介入，可以在政府有能力建设前建成基础设施项目并发挥作用，以此来加快社会经济的进步和社会生产力的提高。

6）BOT 项目通常都由外国公司来承包，这会给项目所在国带来先进的技术和管理经验，既给本国的承包商带来较多的发展机会，也促进了国际经济的融合。

总的来说，BOT 模式在项目融资中表现出无限的发展潜力，但是还需要做大量的工作才能将它真正移植到不同的项目中去。BOT 模式涉及的方面多，结构复杂，项目融资前期成本高，且对于不同国家的不同项目没有固定的模式可循。近年来，BOT 模式在我国的若干大型基础设施项目融资中得到了应用。然而，BOT 模式能否在我国的基础设施项目建设中大规模地加以利用及如何进行结构创新，还是一个有待专家学者探讨的课题。注重出口我国大型成套设备以及施工和管理技术，在其他发展中国家利用 BOT 模式建设一些公共基础设施，也是这一模式带给我们最好的启迪。

6.1.2　BOT 模式的具体形式

世界银行在《1994 年世界发展报告》中指出，BOT 至少有三种具体形式，即 BOT、BOOT 和 BOO，除此之外，还有一些衍生形式。

（1）BOT 形式

政府在授予项目公司建设新项目的特许经营权时，通常采取此种方式。

（2）BOOT 形式

BOOT（Build-Own-Operate-Transfer）即建设—拥有—经营—移交，在内容和形式上与 BOT 没有不同，主要区别在于以下：一是所有权的区别，BOT 方式的项目建成后，私人只拥有所建成项目的经营权，但 BOOT 方式在项目建成后，在规定的期限内既有经营权，又有所有权。二是时间上的区别，BOT 方式从项目建成到移交给政府的时间一般比采取 BOOT 方式短。

（3）BOO 形式

BOO（Build-Own-Operate）即建设—拥有—经营，具体是指私营部门根据政府所赋予的特许权，建设并经营某项基础设施。但是，并不在一定时期后将该项目移交给政府部门。该模式在项目财产所有权上与一般私人公司相同，但在经营权取得和经营方式上与 BOT 模式相似，即项目主办人获得政府特许授权，在事先约定经营方式的基础上，从事基础设施项目投资建设和经营的。

（4）TOT

TOT（Transfer-Operate-Transfer）即移交—经营—移交，是指政府与外商或私人企业签订协议，将已建成投产运营的基础设施项目在一定期限内移交给私营企业经营，凭借该设施项目在未来若干年的收益，一次性地从私营企业手中融到一笔资金，用于建设新的基础设施项目。特许期满后，私营企业再把该设施移交给政府。

（5）BOOST

BOOST（Build-Own-Operate-Subsidy-Transfer）即建设—拥有—经营—补贴—移交。开发商在项目建成后，在授权期内，即直接拥有项目资产，又经营管理项目，但由于风险高或经济效益不佳，须由政府提供一定的补贴，授权期满后，将项目移交给政府。

此外，还有如下的变化形式：

POT（Purchase-Operate-Transfer）即购买—经营—移交，即政府出售已经建成的、基本完好的基础设施并授予特许专营权，由投资者购买基础设施项目的股权和特许专营权。与BOT的区别在于"建设"变成"购买"。

BTO（Build-Transfer-Operate），即建设—转让—经营。对于关系到国家安全的产业如通信业，为了保证国家信息的安全性，项目建成后，并不交由外国投资者经营，而是将所有权转让给东道国政府，由东道国经营通信的垄断公司经营，或与项目开发商共同经营项目。

BLT（Build-Lease-Transfer）即建设—租赁—移交。发展商在项目建成后将项目以一定租金出租给政府或其他运营商经营，以租赁收入分期付款给发展商，授权期满后，将项目资产转让给政府。

BT（Build-Transfer）即建设—移交，是由业主通过公开招标的方式确定建设方，由建设方负责项目资金筹措和工程建设，项目竣工验收合格后，由业主向建设方支付回购价款的融资模式。与传统的相比，该模式具有缓解项目业主在项目建设期间的资金压力、降低业主的投资风险和降低工程造价等特点。

在以上的各种形式中，虽然提法不同，具体操作上也存在差异，但它们在运作中与一般的BOT方式在基础原则和思路上并无实质差异，所以习惯把上述的所有形式都看作BOT的具体形式。

6.1.3 BOT模式的结构分析

BOT项目的参与人主要包括政府、项目承办人（即被授予特许权的私营部门）、投资者、贷款人、保险和担保人、总承包商（承担项目设计、建造）及运营开发商（承担项目建成后的运营和管理）等。此外，项目的用户即户主也因投资、贷款或保证而成为BOT项目的参与者。各参与人之间的权利义务关系依各种合同、协议而确定。

BOT项目的全过程设计项目发起与确立、项目资金的筹措、项目设计、建造、运营管理等诸多方面和环节。BOT的总原则就是使项目众多参与方分工、责任和风险分担明确合理，把风险分配给该风险最接近的一方。

BOT模式主要有以下方面组成：

（1）项目的最终所有者（项目发起人）

项目发起人是指项目所在国政府、政府机构或政府指定的公司。从项目所在国政府的角度来考虑，采用BOT模式的主要优点在于：一是可以减少项目建设的初始投入。很多大型的基础设施项目，如发电站、水库、公路铁路等的建设，资金用量大，投资回收期长，而发展中国家面临的普遍性问题就是资金短缺和投资不足。利用 BOT 模式，政府部门就可以把有限的资金投入到更多的领域中。二是吸引外资，引进国外先进的技术来带动和提高项目的管理水平。

在 BOT 模式中，项目发起人与其他几种项目融资模式中投资者的作用有一定程度的区别。在融资期间，项目发起人在法律上既不拥有项目，也不经营项目，而是通过给予项目某些特许经营权和一定数额的从属性贷款或担保作为建设开发和融资安排的支持；在融资期满结束后，项目发起人通常无偿地获得项目的所有权和经营权。由于特许经营协议在BOT 模式中处于核心地位，所以有时 BOT 模式也被称为特许权融资模式。

（2）项目的直接投资者和经营者

BOT 融资模式的主体就是项目经营者。项目经营者从项目所在国政府获得建设和经营项目的特许权，负责组织项目的建设和生产经营，提供项目开发所必需的股本资金和技术，安排融资，承担项目风险，并从项目经营中获得利润。项目经营者的角色可由一个专门组织起来的项目公司承担。该公司的组成以在这一领域具有技术能力的经营公司和工程承包作为主体，有时也吸收项目产品或服务的购买者和一些金融性投资者参与。因为在特许经营协议结束时，项目最终交还给项目发起人，所以从项目所在国政府的角度来看，选择项目经营者的标准和要求如下：

1）具有一定的资金、技术和管理能力，保证能够在特许协议期间提供符合要求的服务。

2）项目产品或服务的收费要合理。

3）经营的项目要符合环保和安全标准。

4）项目经营的同时，要做好设备维修和保养工作，保证在特许经营协议终止时，项目发起人收到的是一个运行正常、保养良好的项目，而不是一个过度运用的超期服役的项目。

（3）项目的贷款银行

BOT 项目中的贷款银行组成较为复杂，主要有三种：商业银行组成的贷款银团、政府的出口信贷机构和世界银行、地区性开发银行的政策性贷款。项目的贷款条件取决于项目本身的经济强度、项目经营者的经营管理能力和资金状况，但是具体情况主要依赖于项目发起人和所在国政府为项目提供的支持和特许经营协议的具体内容。

在具体操作过程中，BOT 融资结构由以下几个部分组成：

1）由项目经营公司、工程公司、设备供应公司以及其他投资者共同组建一个项目公司，从项目所在国政府获得特许经营协议作为项目建设开发和安排融资的基础。特许经营协议通常包括三个方面：①批准项目公司建设开发和经营项目，并给予使用土地、获得原材料等方面的便利条件；②政府按照固定价格购买项目产品，或者政府担保项目可以获得最低收入；③在特许经营协议终止时，政府可以根据协议商定的价格购买或无偿收回整个项目，项目公司保证政府所获得的是一个正常运转并保养良好的项目。为了保证项目公司获得特许经营协议后有能力按计划开发项目，政府有时会要求项目公司或投资财团提供一定的担保。

2）项目公司以特许经营协议作为基础安排融资。发展中国家 BOT 模式中贷款部分的重要组成部分就是外国政府机构的出口信贷。为了减少贷款的风险，融资安排中一般要求项目公司将特许经营协议的权益转让给贷款银行作为抵押，并且设置专门的机构控制项目现金流量。在有些情况下，贷款银行也会要求项目所在国政府提供一定的从属性贷款和贷款担保作为融资的附加条件。

3）在项目的建设阶段，工程承包集团以承包合同形式建造项目。采用这种类型的合同，可以起到类似完工担保的作用，有利于安排融资。

4）在项目进入经营阶段后，经营公司根据经营协议负责项目公司投资建造的公用设施的运行、保养和维修，支付项目贷款本息并使投资财团获得投资利润；并保证在 BOT 模式结束时将一个运转良好的项目移交给项目所在国政府或其他所属机构。

根据 BOT 模式组织项目实施的结构类型、具体项目的特征、项目所在国情况以及项目的承包商情况等存在诸多的差别，可以总结出一个典型的 BOT 融资结构，具体如图6-1所示。

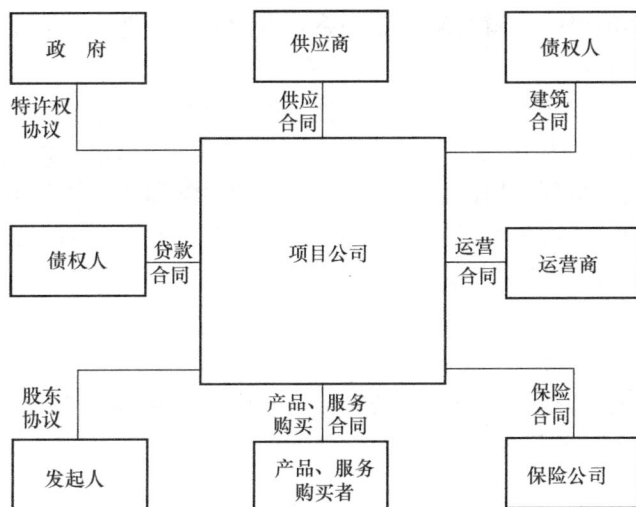

图 6-1 BOT 项目融资结构

（4）BOT 模式的操作程序

BOT 项目虽然不尽相同，但一般来说，每个项目都会经过项目确定、准备、招标、各种协议和合同的谈判与签订，以及建设、运营和移交等过程。在此将其大致分为以下三个阶段：

1）准备阶段

这个阶段主要是选定 BOT 项目，通过资格预审与招标，选定项目承办人。项目承办人选择合作伙伴并取得他们的合作意向，提交项目融资与项目实施方案的文件，项目参与各方签订合作合同，申请成立项目公司。政府根据项目发起人的申请，批准成立项目公司，并通过特许经营协议，授予项目公司特许权。项目公司股东之间签订股东协议，项目公司与财团签订融资等主合同以后，项目公司另与 BOT 项目建设、运营等各参加方签订子合同，提出开工报告。

2）实施阶段

实施阶段包括建设和运营两个阶段。在建设阶段，项目公司通过顾问咨询机构，对项目组织设计与施工，安排进度计划与资金运营，控制工程质量与成本，监督工程承包商，并保证财团按计划投入资金，确保工程按计划投入资金，确保工程按预算和工期完工；在项目运营阶段，项目公司的主要任务是要求运营公司尽可能边建设边经营，争取早投入早受益。同时在运营过程中要注意项目的维修、保养，以保证项目以最大效益运营以及最后顺利移交。

3）移交阶段

在特许期期满时，项目公司把项目移交给东道国政府。项目移交包括资产评估、利润分红、债务清偿、纠纷仲裁等。

（5）BOT 模式的特许经营协议

BOT 项目融资的参与方众多，既有核心参与方，如项目发起人、贷款银行和政府，又有承包商、设备和原材料供应商、项目运营维护上、项目产品服务的购买者，还有工程的咨询、财务、法律、技术以及经济顾问等。为了明确他们的地位，拥有的权利，承担的责任、义务以及分担的风险，就必须签署一系列合同或协议把他们联系在一起，最具代表性的，就是特许经营协议。

所谓特许权就是指政府授予个人从事某种事务的权利。由于基础设施的建设和经营直接关系到国家的国民经济和全民利益，私营机构要从事基础设施项目的融资、建设和经营，最重要的前提就是得到政府的许可，以及在政治风险和法律风险等方面的支持，为此必须签订特许经营协议。特许经营协议是整个项目得以融资、建设和经营的基础和核心，是整个 BOT 项目的最高法律文件；同时还是 BOT 项目框架的中心，它决定了 BOT 项目的基本结构。

1）BOT 特许经营协议的主要内容

主要分为一般条款和权利义务条款两部分。其中一般条款主要包括以下几个方面：

① 特许经营协议的双方当事人。

② 授权目的。

③ 授权方式。

④ 特许权范围。即政府授予项目公司对 BOT 项目的设计、资金筹措、建设、运营、维护和转让的权利，或其中的部分权利，有时还授予该主办者从事和经营其他事务的权利作为补偿或优惠措施。

⑤ 特许期限。即政府许可项目主办者在项目建成后，运营该项目设施的期限。在实践中特许权期限的确定还缺乏科学的依据，这也是项目融资理论领域中等待解决的问题之一。

⑥ 特许经营协议生效的条件。

以上内容与政府及其项目公司等方面的利益有着密切的关系，因而特许权的一般条款是核心条款。

关于权利义务条款，特许经营协议规定了项目公司和政府在 BOT 项目建设、运营以及移交过程中的权利和责任。政府授予项目公司在特许期内建设和运营基础设施的权利，而项目公司则同意为项目进行融资、建设、运营和维护。特许经营协议确定了在协议中各方分担风险的方式和范围，以及一旦项目遇到政治风险或法律障碍时，政府必须提供的支持和各方采取的行动。

常见的特许经营协议有如下几种:

① 政府通过发行文件确立授权关系。

② 以合同或协议的形式确定,即政府或政府授权部门与项目主办人或项目公司签订特许经营合同或协议。

③ 同时并用上述两种方式,即先由政府单方面公布立法性文件,然后由政府或政府授权部门与项目主办人或项目公司签订特许权合同或协议。

特许经营协议的内容反映了政府对待特许项目授权内容的基本原则和立场,项目其他合同如建筑设计合同、运营维护合同或委托管理合同及供应合同等,都是在遵循特许经营协议确定原则的基础上派生的,是对特许经营协议具体条款的细化。一份完备的特许经营协议必须授权明确,能够规范整个 BOT 项目的建设、运营和移交过程。

2)特许经营协议的基本条款

特许经营协议涉及 BOT 项目的产品性能和质量、建设期、特许期、项目公司结构、资本结构、备用资金、原料和燃料供应、项目收费和价格调整方式、最低收入担保、外汇安排、贷款人的权利、不可抗力、项目建设规定、维修计划、移交条件、奖惩以及仲裁等内容。

其中基本条款包括:

① 项目建设的规定。主要是规定项目主办者或其承包商从事 BOT 项目建设的方式,包括项目用地如何解决、项目的设计要求、承包商的具体义务、工程如何施工及采用的施工技术、工程建设质量的保证、工程的进度及工期延误处理等方面的规定。

② 土地征收和使用的规定。主要是规定土地征收是由项目公司还有由政府部门承担。一般情况下,土地征收、居民迁徙等事项由政府或政府委托的公共机构来承担,外国公司是不直接介入的。在明确了征地事项后,还应明确项目公司对土地的使用方式、使用年限、征地费用的承担及偿还事项等。

③ 项目的融资及其方式。主要是规定一个 BOT 项目将如何进行融资、融资的利率水平、资金来源、双方同意将采用什么样的方式融资、利益的分配、支付方式、外汇兑换、经济担保及税收等内容。

④ 项目的经营及维护。即规定项目公司运营和维护合同设施的方式和措施,项目公司、政府等各方的权利和义务,服务标准、收费标准、收费记录的检验,运营维护商的选择和责任等。

⑤ 能源物资的供应。

⑥ 项目的成本计划、收费标准的计算方式。本条款的确定,直接关系到整个 BOT 项目成功与否。主要包括双方在分析确定项目成本计划的基础上,如何确定项目公司对项目设施的收费标准及其计算方式,项目公司将如何向项目设施的用户收取服务费、计价货币币种等内容以及遇到特殊情况需对收费标准做出调整的可能性及其程序等。

⑦ 项目的移交。主要规定项目移交的范围、运营者对设施进行最后检修的方式、项目设施风险转移的时间、项目设施移交的方式及其费用的负担、移交的程序如何商定等。BOT 项目向政府移交,是政府方面最终的,也是最重要的权益。尽管移交的条件在特许经营协议中往往因为授权结束时间很长而难以准确说明,但必须确定原则性条款,以便日后详细制定移交规则时有章可循。

⑧ 协议双方的一般义务。政府的一般义务主要指保证纳税优惠、进出口、入境、就业许可等其他优惠政策，确保第三方不予干涉等。项目公司的一般义务，指遵守法律法规、安全和环境标准的义务，保护考古地址和历史文物的义务，以及保险、纳税、利用政府劳动力义务等。

⑨ 违约责任。出现违约情况后的处理和补救措施，包括协议终止及各种类型的赔偿责任。

⑩ 协议的转让。协议的权利和义务能否转让，在何种情况下可以由哪一方进行转让及转让或处置，包括抵押、征收的限制条件，如对设置财产抵押权的限制等。

⑪ 争议解决和法律适用条款。争议解决方式一般选择协商或仲裁。

⑫ 不可抗力。指不可抗力情况的范围，发生不可抗力情况后的通知程序，风险与费用的分配与承担，终止协议后双方的义务。

从国际金融界的角度来看，BOT 模式在项目融资中表现出无限的潜力，但是还需要做大量的工作才能将它真正用到不同的项目中去。BOT 模式涉及的方面多，结构复杂，项目融资前期成本高，且对于不同国家的不同项目没有固定的模式可循。在当前经济不断发展的形势下，BOT 模式是加快我国的经济建设解决大型基础设施建设资金不足的一种创新途径；另一方面，我国可以通过出口大型成套设备，进行项目施工和提供管理技术，在其他发展中国家利用 BOT 模式建设公共基础设施。

案例讨论

案例项目：印度大博电厂项目

（1）案例简介

印度大博电厂（Dabhol Power Company）由美国安然公司投资近 30 亿美元建成，是印度国内最大的 BOT 项目。

20 世纪 90 年代初，亚洲各国兴起了利用项目融资方式吸引外资投资于基础设施的浪潮。基于印度国内电力市场供需情况，印度政府批准了一系列利用外资的重大能源项目，大博电厂正是在这样的背景下开始运作的。大博电厂项目由安然公司安排筹划，由全球著名的工程承包商柏克德承建，并由通用电气公司（CE）提供设备，这几乎是当时世界上最强的组合。电厂所在地处于拥有印度最大城市孟买的马哈拉斯特拉邦，是印度经济最发达的地区。投资者、承包商以及项目所在地的经济实力均是最强的，当时该项目的前景让不少人看好。

与常见的项目融资做法一样，安然公司为大博电厂设立了独立的项目公司。该项目公司与马哈拉斯特拉邦电力局（国营）签订了售电协议，安排了比较完善的融资、担保、工程承包等合同。在项目最为关键的政府特许售电协议中，规定大博电厂建成后所发的电由马哈拉斯特拉邦电力局购买，并规定了最低的购电量以保证电厂的正常运行。该售电协议除了常规的电费收支财务安排和保证外，还包括马哈拉斯特拉邦政府对其提供的担保，并由印度政府对马哈拉斯特拉邦政府提供的担保进行反担保。

售电协议规定，电价全部以美元结算，这样一来所有的汇率风险都转移到了马哈拉斯特拉邦电力局和印度政府身上。协议中的电价计算公式遵循这样一个基本原则，即成本加分红电价，指的是在一定条件下，电价将按照发电成本进行调整，并确保投资者的利润回报。这一定价原则使项目公司所面临的市场风险减至最小。我们可以将售电协议理解为印度政府为其提供的一种优惠，但正是这一售电协议使得马哈拉斯特拉邦电力局和印度政府不堪重负，随之产生的信用风险导致了该项目最终以失败告终。

从合同条款来看，可以说对项目公司而言是非常有利的，合同中的点点滴滴充分反映了协议各方把项目做好的意愿。然而，正当项目大张旗鼓地开始建设时，亚洲金融危机爆发了。危机很快波及印度，卢比对美元迅速贬值 40% 以上。危机给印度经济带来了很大的冲击，该项目的进程也不可避免地受到了影响。直到 1999 年，一期工程才得以投入经营，而二期工程到 2002 年才接近完成。工程的延期大大增加了大博电厂的建设费用，因建设费用上升导致的整体成本上升使大博电厂的上网电价大幅度提高。

对印度经济发展的乐观预期使马哈拉斯特拉邦电力局和大博电厂签订了购电协议，但金融危机造成的卢比贬值使该电力局不得不用接近两倍于其他来源的电价来购买大博电厂发出的电力。2000 年世界能源价格上涨时，这一差价上升了近 4 倍。到 2001 年，大博电厂与马哈拉斯特拉邦的电费纠纷不断升级，电厂最终停止发电。根据协议，先是马哈拉斯特拉邦政府继而印度联邦政府临时拨付了部分款项，兑现了所提供的担保与反担保。然而它们却无法承受继续兑现其承诺所需的巨额资金，因而不得不拒绝继续拨款。至此，该项目运营中的信用风险全面爆发。

（2）案例分析

根据契约经济学理论，协议中的任何承诺都有预支相对应的承诺成本，随着承诺成本的增加，承诺方产生信用风险的概率也随之加大。在大博电厂案例中，我们可以发现这样一个逻辑推理过程：项目建设、运营中发生的建设风险、汇率风险，导致了大博电厂过高的上网电价，过高的上网电价使马哈拉斯特拉邦电力局、马哈拉斯特拉邦政府、印度政府承受了超出其能力范围的承诺成本，最终它们的违约也就成为一个必然的结果。

实际上，BOT 项目融资的建设风险、金融风险、市场风险与最终的信用风险并没有一个必然的逻辑关系，大博电厂案例中信用风险之所以发生，是与该项目不合理的风险分配结构联系在一起的。如上文提到的，为了吸引外资，印度政府在大博电厂项目中对安然公司提供了极为优惠的待遇，签订了类似于包销的售电协议，因此项目中的金融风险、市场风险等几乎全部落到了印方头上。如果没有亚洲金融危机，如果印度国内经济运行良好，在这样的一种风险分配机构下，大博电厂项目也许可以运营成功。

但经济活动不允许有太多的如果，一个成功的项目，在项目初期就应该考虑到可能出现的种种问题，并据以设计出合理的风险分配方案。对于印度政府而言，部分原因是因为缺乏经验，部分原因是为了尽快促进项目的开展，有关项目的可行性研究、项目成本分析、产品市场、资金回收、风险分配问题都未予以认真考虑。本意为吸引外资的优惠待遇，其结果却导致了政府的失信。大博电厂纠纷的直接效应就是，当时几乎所有的印度境内的独立发电厂都陷于停顿，印度吸引外资的努力也因此受到沉重打击。

（3）结论及建议

外商回报（外方运营期间的购买协议）无法兑现，是外商在东道国投资 BOT 项目的首要风险。由新加坡国立大学博士后王守清先生主持的一份调查也印证了这一点。

政府守信问题的确存在，但更值得我们关注的是问题的另外一面。在很多 BOT 项目的合同中，政府守信的成本过高，也加大了政府守信的不确定性。因此，提出以下建议：

1）合理分担风险，不要试图去签一个不平等条约。政府兑现购买价格和购买量是建立在风险分担、公平合理的基础之上的，如果风险分担原本就不合理，购买协议受外在市场环境变化的影响就很大。

2）不要抛开市场预测。除了合理分担风险，项目本身的风险同样密切地关系到政府兑现合同的可能性。无论签约时政府热情多高、承诺多诱人，充分的市场预测仍是 BOT 成败的关键。市场预测本是投资者与政府共同的任务，但因为政府激励、约束机制方面的原因，投资者最好把这一任务交给自己。

在很多 BOT 项目中，尤其是早期，政府缺资金，外商缺项目，双方一拍即合，对于市场的可行性研究就往往成了一句空话，印度大博电厂项目就是如此。

3）项目招标不要局限于一对一的谈判。陷入困境的 BOT 项目中，多数都是外商与地方政府一对一谈判的产物。一对一谈判的确可能拿到更优厚的条件，但正如上文所示，地方政府是否兑现这些条件，尤其考虑到一般 BOT 项目历时之长，通常都是经历数届政府，从根本上还将取决于兑现成本。

而规范的竞标项目既是对投资方的一种约束，同时也是对政府的一种约束。另外，竞标通常会形成风险分担，这将在很大程度上有助于兑现合同。

总之，一个建立在充分的市场预测、适度的投资回报率基础上的、合理分担风险的 BOT 项目设计将有助于政府兑现合同。

6.2　ABS 项目融资模式

6.2.1　ABS 模式的含义及产生背景

（1）ABS 融资模式的定义

ABS（Asset Backed Securitization）是以项目所属的资产为支撑的证券化融资方式。具体来说，它是以项目所拥有的资产为基础，以该项目资产可以带来的预期收益为保证，通过信用增级，在资本市场上发行债券筹集资金的一种项目融资方式。

ABS 方式的本质在于，通过其特有的提高信用等级方式，使原本信用等级较低的项目照样可以进入国际高档证券市场，利用该市场信用等级高、债券安全性和流动性高、债券利率低的特点，大幅度降低发行债券筹集资金的成本。

（2）ABS 融资产生的背景

资产证券化融资作为一种融资技术的创新，最早起源于美国，后来在美、英、法、日、德等西方国家得到了广泛的应用。

资产证券化融资在美国起源的一个重要原因是美国采取特殊的金融政策。在美国历史上，人们普遍认为总分行式的银行制度不利于竞争，许多州的法律都限制银行分行的发展，这就使得单一银行制在美国成为一种普遍的形式，就数量而言，单一银行组织占到美国 12000 多家银行的一半，众多的小银行在经营中经常面临着客户要求的贷款数额大于其信贷额度的难题。为了不因拒绝提供贷款而失去客户，小银行常常通过向大银行出售其贷款以维持与关键客户的关系。随着贷款出售这一做法的发展，以获得更多的利润和优化资产结构及投资技巧逐渐演变成为主要目的。尽管被出售的代扣款还不能被称为证券，但它却为证券化的产生埋下了伏笔。

资产证券化的第二个背景原因是银行本身面临的日益严峻的外部生存环境。由于银行的革命，竞争日趋激烈，银行的融资成本上升，存贷利差收入下降，理论也随之下降。而在另一方面，银行的利率风险和破产风险却在不断上升，到了 20 世纪 70 年代初，美国的整个储蓄机构已面临着严峻的生存危机。此时，抵押证券市场的出现和发展成为储蓄机构走出困境的转折点，它们纷纷将低收益的固定利率资产经过技术处理通过证券市场出售给投资者，以增加流动性资产，抵御风险。而如此一来便极大地促进了美国抵押证券市场的发展，进而促进资产证券化融资的发展。

6.2.2 ABS 模式的基本要素和特点

（1）资产支持证券融资的基本构成要素

1）标准化的合约。制定标准化合约必须审慎，因为该合约使所有的参与方确信：为满足契约制定的义务，该担保品的存在形式应能够提供界定分明而且在法律上可行的行为。

2）资产价值的正确评估。在信贷资产证券化业务中，通过银行家的尽职调查，向感兴趣的各方提供关于该项目风险性质的描述和恰当的价值评估。

3）具有历史统计资料的数据库。对于拟证券化的资产在过去不同情况下的表现，必须提供一份具有历史统计资料的数据，以使各参加方据此确定这些资产支持证券的风险程度。

4）适用法律的标准化。证券化融资需要以标准的法律为前提。这也是决定 ABS 项目能否成功的重要一环。

5）确定中介机构。这一点对于证券化融资也是非常关键的。不应因金融中介机构的破产或服务权的转让而造成投资者的损失。

6）可靠的信用增级措施。证券化融资的重要特点是可以通过信用增级措施发行高档债券，以降低项目融资的成本。因此，如果没有可靠的资信较高的信用增级措施，资产支持证券化融资是很难操作的。

7）用以跟踪先进流量和交易数据的计算机模型，也是促进证券化交易增长的重要基础。

（2）ABS 模式的特点

1）ABS 代表未来项目融资的发展方向。通过证券市场发行债券筹集资金，是 ABS 不同于其他项目融资方式的一个显著特点。无论是产品的支付、融资租赁，还是 BOT 融资，都不是通过证券化进行融资的，而证券化融资则代表着项目融资的未来发展方向。

2）项目风险分离、投资风险分散。由于 ABS 方式隔断了项目原始权益人自身的风险和项目资产未来现金收入的风险，使其清偿债券本息的资金仅与项目资产的未来现金收入有关，加之在国际高档投资级证券市场发行的债券是由众多的投资者购买，从而分散了投资风险。

3）金融工具的创新。由于 ABS 是通过发行高档投资级债券募集资金，这种负债不反映在原始权益人自身的资产负债表上，从而避免了原始权益人资产质量的限制，同时利用成熟的项目融资改组技巧，将项目资产的未来现金流量包装成高质量的证券投资对象，充分显示了金融创新的优势。

4）简单易行，中间费用低。作为证券化项目方式融资的 ABS，债券的信用风险得到了 SPV 的信用担保，是高档投资级证券，并且还能在二级市场进行转让，变现能力强，投资风险小，因而具有较大的吸引力，易于债券的发行和推销。同 BOT 方式相比，ABS 融资方式涉及的环节比较少，从而最大限度地减少佣金、手续费等中间费用，使融资费用降到最低水平。

5）由于 ABS 方式是在国际高档投资证券市场筹资，首先接触的多为国际一流的债券机构，要求必须抓住国际金融市场的最近动态，按国际上规范的操作流程行事。其次利息率一般比较低，从而降低了筹资成本。而且国际高档投资证券市场容量大，资金来源渠道多样化，因此 ABS 方式特别适合大规模筹集资金。

6.2.3 ABS 模式的主要当事人

（1）原始权益人（或发起人）

原始权益人（或发起人）是拥有一定权益资产的原始人，是创造应收款的实体和基础资产的卖方，能够根据融资需要选择适于证券化的基础资产组成资产池，再将其销售给 SPV，由后者发行资产支持证券。

（2）特设载体 SPV（Special Purpose Vehicle）

SPV 是为债券化交易而专门成立的具有独立法律主体的证券发行机构。独立性体现在：一是 SPV 完全独立于发起人、服务商等；二是 SPV 的业务范围仅限于资产证券化的范围；三是保证 SPV 以平等、专业的身份参与资产证券化，使其成为发起人与投资者之间的中介，证券化交易结构的中心。其形式如下：

1）信托型 SPV。以信托形式建立的 SPV 成为特殊目的的信托（SPT，Special Purpose Trust），通常是经核准有资格经营信托业务的银行、信托公司等。

2）公司型 SPV。便于把一个或一组发起人的基础资产加以证券化，资产池的规模较大，但交易频率有限且难以摆脱双重征税。常用于多宗销售，且形式多样。

3）有限合伙型 SPV。可避免双重征税，但风险隔离不足。

（3）投资银行

投资银行为证券公募发行或私募发行进行有效促销，以确保证券发行成功。

（4）服务机构

服务机构的职能是对这些资产项目及其所产生的先进流量进行监督和保管，即负责收取这些资产到期的本息，并催收过期欠账，确保资金及时足额到位，并定期向受托管理人和投资者提供有关特定资产组合的财务报告。

（5）受托机构

受托机构是面向投资者、担任资金管理和偿付职能的证券化中介机构。受托人的作用是担任证券应用协议条款的管理者，它从服务商、担保人和其他第三方收取应收款本息的偿付资金，并再按协议规定将其偿付给证券的投资者。

（6）信用增级（Enhancement）机构

在多数证券化过程中，有一个环节显得尤为关键，这就是信用增级环节。除以基础资产权益作担保外，还要信用增级机构提供额外信用支撑，提高证券资信等级，以提高定价和上市能力，降低发行成本。所谓信用增级，即信用等级的提高，经信用保证而得以提高等级的证券将不再按照原发行人的等级或原贷款抵押资产等级来进行交易，而是按照提供担保的机构的信用来进行交易。在国际高档资本市场上，经过增级的证券化项目资信级别甚至高于国家主权级。

信用增级由发起人或第三方提供。分为内部信用增级和外部信用增级，前者由发行人提供直接追索权和超额担保；后者由第三方提供保险和设立基金等。

（7）信用评级机构

信用评级机构帮助发行人确定信用增级方式和规模，建立明确的信用标准，其严格的评级程序和标准为投资者提供了最佳保护。

6.2.4 ABS 模式的运行程序

ABS 融资模式的运行程序如图 6-2 所示。

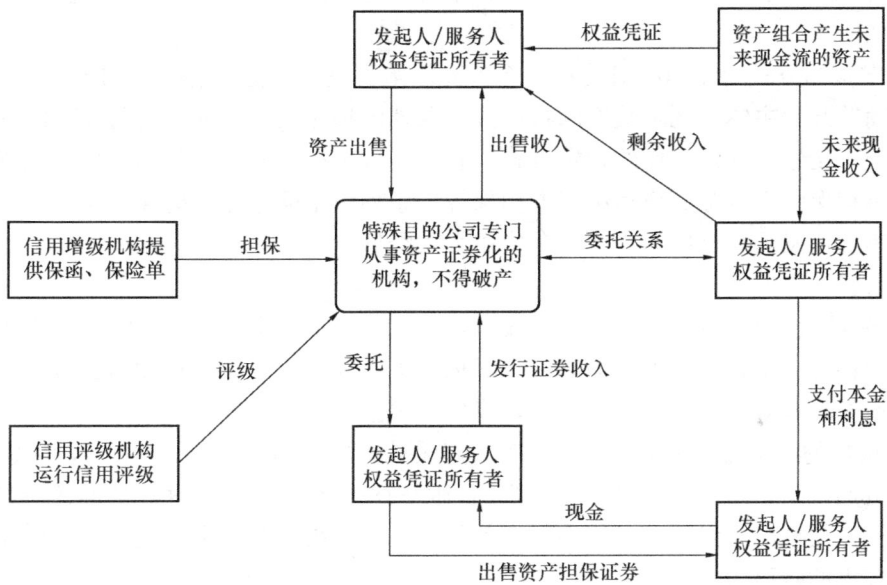

图 6-2　ABS 的运行程序

（1）确定资产证券化目标，并组成资产池

1）企业通过交易向消费者提供信用，生成金融资产。

2）企业根据需求确定资产证券化目标；然后，对所拥有的能产生未来现金流的金融资产进行清理、估算和考核，根据证券化目标确定资产数量。

3）将资产汇集形成一个资产池。

（2）组建特别项目的公司 SPV，实现资产转让

资产转让是指资产证券化的发起人将资产池资产出售并过户给特设机构的过程。即使发起人遭到破产清算，该资产池也不列入清算范围。

（3）信用增级

对资产池组合资产以金融担保、破产隔离、划分证券等级等手段增进信用。

（4）发行评级

证券发行人应该聘请专业评级机构进行信用评级。

（5）债券发行，到期还本付息

证券发行人根据融资成本、目标及市场需求选择证券的种类发行。发起人亲自或授权对已出售的资产实施资产管理，按期兑付证券本息，证券到期后，向聘用的各类机构支付专业服务费，如有剩余，全部退还给原始权益人。

6.2.5 ABS 与 BOT 融资模式的差异比较

ABS 与 BOT 项目融资模式都适用于基础设施建设，但两者在运作过程中的特点及对经济的影响等方面存在很大差异。

（1）运作难度和融资成本方面

BOT 模式的操作较为复杂、难度大、特别是前期准备阶段，必须经过确定项目、项目准备、招标、谈判、签署有关文件合同、维护和移交等阶段，涉及政府的许可，审批，以及外汇担保等诸多环节，牵扯的范围广，不易实施，而且前期融资成本也因中间环节的增加而增加。

ABS 融资的方式运作则相对简单，牵涉到原始受益人、特设信托机构 SPV、投资者、证券承销商等几个主体，无须政府的特许授权及外汇担保，是一种主要通过民间的非政府途径，按照市场经济规则运作的融资方式。它既实现了操作的简单化，又可通过资产结构重组、超额担保、准备金账户和第三方担保等一系列信用证及方式提高信用等级，并通过信用评级制度，发行高档债券，使融资成本大大降低。

（2）投资风险方面

BOT 项目投资人一般都是企业或金融机构，其投资是不能随便放弃和转让的，每一个投资者承担的风险相对较大；同时由于其风险大、周期长，在其建设运营过程中易受政府政策、市场环境等非金融因素的影响，有较大风险。

ABS 项目的投资者一般为国际资本市场上的债券购买者，其数量众多，这就极大地分散了投资的风险，使每一个投资者承担的风险相对较小；而且，这种债券还可以在二级市场上转让，变现能力强，具有较高的资信等级，这使得其在资本市场上风险较小，对投资者具有较大的吸引力。

（3）项目所有权和运营权方面

BOT 的所有权、运营权在特许期内属于项目公司，项目公司再把项目的运营权分包给运营维护承包商，特许期届满，所有权移交给政府。因此，通过外资 BOT 进行基础设计项目融资可以带给国外先进的技术和管理，但会使外商掌握项目控制权。

ABS 模式中，项目资产的所有权根据双方签订的买卖合同由原始权益人即项目公司转至特殊目的的公司 SPV。在债券的发行期内，项目资产的所有权属于 SPV，而项目的运营、决策权属于原始权益人，原始权益人有义务把项目的现金收入支付给 SPV；待债券到期，由资产产生的收入还本付息，支付各项服务费之后，资产的所有权又复归原始权益人。

（4）项目融资的对象方面

BOT 融资对象主要是一些具有未来收益能力的单个新建项目如公路、桥梁等，而且该项目在融资时尚未建成，政府部门主要是通过 BOT 方式为该项目的建设筹集资金。

ABS 融资中项目资产虽然和 BOT 一样，也必须具有稳定的、长期的未来收益，但这些项目资产还可以是许多已建成的良性资产的组合，政府部门可以运用 ABS 方式以这些良性资产的未来收益作为担保，为其他基础设施项目融资。因此，用 ABS 方式融资不仅可以筹集大量资金，还有助于盘活许多具有良好收益的固定资产。

（5）项目资金来源方面

BOT 方式既可利用外资，也可利用国内资本金。有"外资"和"内资"两种。从我国采用 BOT 方式的实践来看，大多数是以利用外资为主，是"外资"BOT。随着外资的介入，国外的承包商和运营维护商也随之参与企业的建筑和运营、维护工作，也带来了国外先进的技术和管理经验。

ABS 方式既可以在国际债券市场上，也可以在国内债券市场上发行债券。目前，我国在国际债券市场上发行 ABS 债券可以吸引更多的外资来进行国内的基础设施建设。但这只是对外资的利用，不能像 BOT 方式一样带来国外先进的技术和管理经验。而在国内债券市场上发行，则因 ABS 债券的投资风险较小，将会对我国日益强大的机构投资者产生强大的吸引力，同时有利于各种基金的高效运作。

（6）适用范围方面

从理论上讲，凡一个国家或地区的基础设施领域内能通过收费获得收入的设施或服务项目都是 BOT 方式的适用对象。但就我国的环境而言，适用 BOT 方式的基础设施项目是有限的，一般适用于那些竞争性不强的行业。在基础设施领域内，只有那些通过对用户收费获得收益的设施或服务项目才适合 BOT 方式。其实质是特许期内的民营化，因此，对那些关系国计民生的重要部门，是不宜采用这种方式的。

ABS 模式在债券的发行期内，项目的资产所有权虽然归 SPV 所有，但项目资产的运营和决策权依然归原始权益人所有。SPV 拥有项目资产的所有权，只是为了实现"资产隔离"，实质上 ABS 项目资产只是以出售为名，而行担保之实。因此，在运用 ABS 方式时，不必担心项目是关系国计民生的基础设施而被外商控制，凡有可预见的稳定的未来收益的基础设施资产，经过一定的结构重组都可以证券化。相比较而言，在基础设施领域，ABS 方式的使用范围要比 BOT 方式广泛。但是，由于 ABS 方式的投资者是公共投资者，如果法律法规不完善、操作不规范，造成的社会风险影响也将相当大。

案例讨论

案例分析：美国运通公司旅行服务公司赊账卡应收账款的证券化过程

（1）美国运通公司旅行服务公司（TRS）简介

美国运通公司（American Express）是在全球有多种投资的旅游和金融服务公司。公司全部或部分拥有的旗下公司有：旅行服务公司（TRS）、IDS 金融公司、美国运通银行和 Sherason Lehman Brothers 持股公司。

TRS 为个人和企业提供各种金融和旅游服务。它通过美国运通卡（即绿卡）、美国运通金卡、白金卡、公司卡和 Optima 卡，提供赊账卡和消费信贷等金融服务业务，还通过美国运通旅行支票为顾客提供旅行结算方便。1991 年末，TRS 把分布在全球 120 个国家的 1878 个办公室和独立代理机构联成网络，利用网络提供旅游服务，其中包括零售、批发和传统的旅游服务如行程安排、预订票等。同时，TRS 还拥有美国运通出版公司，出版杂志如《旅游和休闲》《食品和葡萄酒》《你的公司》等。这些服务通常都与运通卡联系在一起。

到 1991 年末，世界各地有 3600 万张运通卡在使用，有 350 万家企业允许使用运通卡。仅 1991 年这一年，卡上的交易总额就达 1110 亿美元，其中美国持卡人占了 766 亿美元，而且，除了 Optima 卡外，其余卡均为赊账卡。TRS 的战略之一是为持卡人提供高水平的服务。

TRS 赊账卡的主要特点是：

1）没有预先设定的支出限制，使用方便。如果卡员过去的消费和付款记录以及个人资信良好，则用赊账卡购物时，会自动核准进行购物支付；如果不符合上述要求，则只要在购物地点，卡员同 TRS 代表进行一次简短的电话谈话就可以解决。这一特点，使这种卡在全球流行起来。

2）卡员结算时必须一次付清全部款项。对于运通赊账卡而言，卡员在清算时，必须付清全部款项，不能延期付款，而如果是 Optima 卡，则可以在付息的情况下延期付款。这一特点表明赊账卡的违约风险相对较低。

3）TRS 结算赊账卡时，收入较为稳定。一般地，TRS 在卡员购物后的一段时间内才付款给零售商。而且，所付金额为商品面值减去折扣，折扣多少要看零售商的类型、赊账数额、付款时间和方式等，这就给 TRS 带来了较为稳定的收入。如在 1991 年，TRS 总赊账金额为 1110 亿美元，它从折扣中所得收入就达 35 亿美元。

但是，TRS 付款给零售商和卡员付款给 TRS 之间存在着一定的时间差，因为卡员只有在清算时才付款，这就意味着卡员每一次购物都会产生应收账。

（2）莱曼兄弟公司的证券化建议

为 TRS 应收账款融资的任务曾经一直落在它完全拥有的子公司——美国运通信贷公司的身上。美国运通信贷公司成立于 1962 年，于 1965 年被美国运通公司收购，并在 1983 年成为 TRS 完全拥有的子公司。其主要业务是为 TRS 的赊账卡应收账提供周转资金。所有应收账款由信贷公司收购，不占用 TRS 的资金。

许多投资银行陆续提出通过证券化为其应收账款提供资金，到 20 世纪 80 年代，美国资产证券化交易已逐渐活跃，成为各种发行人的主要融资手段。已证券化的资产有信用卡应收款、汽车贷款、住房贷款及其他资产。但是到 1991 年末，美国运通公司旅行服务公司还未对赊账卡应收账款证券化。

作为美国运通公司所拥有的投资银行——莱曼兄弟公司就向 TRS 提出了对 TRS 的赊账卡应收款进行证券化的建议。经过谨慎考虑之后，TRS 接受了这一建议。

莱曼兄弟公司是美国最早的投资银行之一。近 150 年来，一直为金融机构、公司和政府委托人提供融资服务，它的业务部门主要有五个，分别是投资和商业银行部，固定收入部，权益证券部，互换和金融商品部，外汇、期货和商品部。

莱曼把美国运通信贷公司 TRS 赊账卡证券化作为其业务能力的一个重要标志，希望以此来进一步确立它作为创新意识的主要资产抵押证券承销人的地位。为此，莱曼兄弟公司在固定收入部设立了不同的业务组来完成 TRS 赊账卡证券化项目融资过程。即：

1）资产抵押证券银行业务组。主要负责与评级机构磋商，并在系统、会计和法律方面给 TRS 提出建议。

2）资产抵押证券银行业务组。负责为新发行证券发现一级市场和维持二级市场。

3）固定收入调查组。负责制定计划，使投资人认识证券的价值，便于新证券的发行。

4）固定收入银团组。负责新证券的定价并协调承销银团承销证券。

5）筹资保证组。为 TRS 提供所有资金增值策略，负责莱曼与 TRS 之间的投资银行业务联系。

（3）TRS 证券化的处理过程

1992 年，TRS 决定接受莱曼兄弟的建议，对运通消费者赊账卡的应收账款的一部分进行证券化，包括运通卡（绿卡）、金卡、白金卡产生的近 24 亿美元应收账款。决定在初始阶段只将 5 年期和 7 年期的两种各 5 亿美元的应收账款出售给投资者，其余由 TRS 保留，如首次发行成功并且实际需要则可以再发行。

鉴于证券化的需要，TRS 必须对其赊账卡的财务报表和业务的信息系统进行处理，以使指定账户独立出来达到风险隔离的目的，便于证券化。为此，TRS 与资产抵押证券银行业务组的代表多次拜访了 TRS 西部区业务中心（WROC），它负责赊账卡业务的服务、收款和维护赊账卡资产组合的信息系统。1992 年 5 月，在 TRS 消费者赊账卡（绿卡、金卡和白金卡）的合格账户中抽出了 6995152 个账户，这些就是所指定的账户，其应收账款要证券化，总计金额约 24 亿美元，分散在美国各地。其中，加利福尼亚州占 15%、纽约州占 15%、德克萨斯州占 9.3%、新泽西州占 6.5%，其余的分散在其他各州，各州均不超过 4.3%，复合资产证券化要求的资产分散的特点。同年 6 月初，WROC 已将这些指定账户分离出来的计算机程序完成，并由一名独立审计员批准生效。

根据莱曼兄弟公司的建议，这些指定账户被转到一个特别指定的债券信托公司。该信托公司能够得到指定赊账卡账户上的各种现在和将来应收的账款。

该账户需在开始时就指定，正如上面的操作，是从指定账户中随机取得的。该信托公司应该是一家主信托，它要给 TRS 各种灵活性，比如发放多种债务，在不同的时期发放债务，甚至在后期增加或减少账户。

使用主信托和指定账户可以说是赊账卡应收账款证券化的典型特征。

（4）评级机构的评级过程

莱曼兄弟公司于 1992 年 2 月获得 TRS 的同意后，立即通知评级机构马上进行证券化。6 月初，该评级机构取得了关于 TRS 服务和收款能力的报告以及赊账卡业务的详细情况。Murray Weiss 是莱曼兄弟公司资产抵押证券银行业务组的副经理，作为主要负责与评级机构磋商的负责人，他必须向评级机构证明该证券化资产的信用等级，所以他向评级机构主要强调了以下三点：

1）TRS 已把指定账户从其他赊账卡中独立出来，以使评级机构相信 TRS 的业务和管理目标是符合证券化目标的。

2）主信托公司对 TRS 赊账卡应收账款的收购和服务协议是合法的。

3）强调赊账卡应收账款与信用卡应收账款的重要区别，以表明赊账卡应收款证券比信用卡应收账款证券更有优势。赊账卡的优势体现在以下几点：一是卡员无权调用赊账款余额。所以运通赊账卡应收账款债券的周转率一直较高而且稳定，而周转率是用来衡量证券从支出到取得回报的循环频率。如在 1989—1991 年，周转率为每年 7.5～7.7 次，假定有 3% 的收益率因子和 7.4 的周转率，则该证券的每年总收益率就为 22.2%（7.4×3%）。二是 TRS 对付信贷损失的能力较强，因为赊账卡实行的是"实时"清算原则，即卡员的所有购物都要在购买时由 TRS 勾销，且清单时卡员必须付清全部账款，这样有助于减少违约事件的发生。三是制定账户的稳定性较高，因为这些卡员资格保持时间长，而且，账户的地区分散化有助于进行证券化融资。

由于运通卡购物时不付利息的，因此，在具体运作上，莱曼兄弟公司想出一种特殊的结构，以增加信托公司的收入。解决办法是让 TRS 在账面价值的基础上打折将应收账款卖给信托公司，最初定的折扣率为 3％，即为信托公司收取应收账款的收益率。这样，信托公司收购应收账款时按 100％减去收益率计算。因此，信托公司每收购 100 美元应收账款就可以分成 3 美元的利息和 97 美元的本金。

最后，经过考虑，莱曼公司建议最初公开发行 10 亿美元的"A 类"债券，该 A 类债券取得了 AAA 级信用等级，并私募发行 3500 万美元 B 类债券，作为次级债券，以构造一种"超额担保"结构。

6.3　PPP 项目融资模式

6.3.1　PPP 模式的概念

PPP 融资模式（Public-Private-Partnership）也称为 3P 融资模式，可以译为"政府与社会资本合作模式""公私合作制"和"政府民间合作制"等说法，即政府与私营企业合作的项目融资模式。

广义的概念是指政府与私营企业合作的项目融资模式，广义的概念是指政府与私营企业合作项目的过程中，让私营企业所掌握的资源参与提供公共产品和服务，以协议方式明确各自承担的责任和融资风险，最大限度地发挥各方优势，在实现政府职能的同时也为私营企业带来利益。

狭义的概念是指政府与私营企业为建设基础设施、提供公共产品和服务等特殊目的而共同组建机构（SPV），该机构获得项目一定期限的运营特许权，合作各方共同设计开发，共同承担风险，全过程合作，在运营期内收回投资或获得合理收益，特许期满后再把项目移交给政府的融资模式。

PPP 模式是一个宽泛的概念，依具体项目不同，合作的方式不同。通过这种合作形式，合作各方可以达到与预期单独行动相比更为有利的结果：政府方面可以减轻财政压力，解决基础设施建设资金不足的问题，提高基础设施服务效率，而企业则可以降低投资风险并从中获得回报。

6.3.2　PPP 模式的优势、特点和成功运作的条件

（1）PPP 模式的优势

PPP 模式使政府部门和民营企业能够充分利用各自的优势，即把政府部门的社会责任、远景规划、协调能力和民营企业的创业精神、民间资金和管理效率结合到一起。PPP 模式的优点如下：

1）消除费用的超支。在初始阶段，私人企业与政府共同参与项目的识别、可行性研究、设施和融资等项目建设过程，保证了项目在技术和经济上的可行性，缩短了前期工作周期，降低了项目费用。

2）有利于转换政府职能，减轻财政负担。政府可以从繁重的事物中脱身出来，从过去的基础设施公共服务的提供者变成一个监管的角色，从而既保证了质量，也可以在财政

预算方面减轻政府压力。

3）促进了投资主体的多元化。利用私营部门来提供资产和服务能为政府部门提供更多的资金和技能，促进了投融资体制改革。同时，私营部门参与项目还能推动在项目设计、施工、设施管理过程等方面的革新，提高办事效率，传播最佳管理理念和经验。

4）政府部门和民间部门可以取长补短，发挥政府公共机构和民营机构各自的优势，弥补对方身上的不足。双方可以形成互利的长期目标，可以以最有效的投资方式为公众提供高质量的服务。

5）使项目参与各方整合组成战略联盟，对协调各方不同的利益目标起到了关键的作用。

6）风险分配合理。与BOT等模式不同，PPP在项目初期就可以实现风险分配，同时由于政府分担一部分风险，使风险分配更合理，减少了承建商与投资商的风险，从而降低了融资难度，提高了项目融资成功的可能性。政府在分担风险的同时也拥有一定的控制权。

7）应用范围广泛，该模式突破了目前的引入私人企业参与公共基础设施项目组织机构的多种限制，可适用于城市供热等各类市政公用事业及道路、铁路、机场、医院、学校等。

（2）PPP模式的特点

1）伙伴关系

PPP融资模式中，公共部门与民营机构是伙伴关系，共同目标是以最少的资源，实现最多最好的产品或服务的供给，各自达成利益追求。

2）利益共享

PPP融资模式不允许民营部门在项目执行过程中获得超额利润。因为PPP项目具有公益性质，不以利润最大化为目的，所以共享利益是指在公共部门获得满意的社会效益的同时，民营部门取得相对稳定的长期投资回报。

3）风险共担

PPP融资模式中，公共部门与民营部门共担风险是指两方依据各自优势尽可能大地承担自己最善于应对的风险，而回避自己不擅应对的风险。

该特征是区别于公共部门与民营部门其他交易的显著标志。如政府采购过程中，双方都尽可能小地承担风险。但PPP模式中，公共部门却尽可能大地承担自己有优势方面的伴生风险，而让对方承担的风险尽可能小。

如果每种风险都能由最善于应对该风险的合作方承担，就能使基础设施建设项目的成本最小化。PPP管理模式中，更多是考虑双方风险的最优应对、最佳分担，而将整体风险最小化，事实证明，这种追求整个项目风险最小化的管理模式，要比公私双方各自追求风险最小化，更能化解准公共产品供给领域的风险。

（3）PPP模式成功运作的必要条件

从国外近年来的经验看，以下几个因素是成功运作PPP模式的必要条件：

1）政府部门的有力支持。在PPP模式中，公共民营合作双方的角色和责任会随项目的不同而有所差异，但政府的总体角色和责任——为大众提供最优质的公共设施和服务——却是始终不变的。PPP模式是提供公共设施或服务的一种比较有效的方式，但并不是对政府有效治理和决策的替代。在任何情况下，政府均应从保护和促进公共利益的立场出发，负责项目的总体策划，组织招标，理顺各参与机构之间的权限和关系，减低项目总体风险等。

2）健全的法律法规制度。PPP项目的运作需要在法律层面上，对政府部门与企业部门在项目中需要承担的责任、义务和风险进行明确界定，保护双方的利益。在PPP模式下，项目设计、融资、运营、管理和维护等各个阶段都可以采纳公共民营合作，通过完善的法律法规对参与双方进行有效约束，是最大限度发挥优势和弥补不足的有力保证。

3）专业化机构和人才的支持。PPP模式的运作广泛采用项目特许经营权的方式，进行机构融资，这需要比较复杂的法律、金融和财务等方面的认识。一方面要求政策制定参与方制定规范化、标准化的PPP交易流程，对项目的运作提供技术指导和相关政策支持；另一方面需要专业化的中介机构提供具体的服务。

6.3.3　PPP模式的典型操作方式

在PPP模式下，城市公共基础设施的建设可以采用多种方式，主要有以下7种典型方式，它们根据公有化程度到私有化程度排序如下：

1）服务协议（Service Contract）

对一些特殊的公共基础设施，政府可以把服务出包给私人企业，政府公共部门仍需对设施的经营和维护负责，承担项目的融资风险，这种协议的时间一般短于5年。

2）运营和维护协议（Operate & Maintenance Contract）

政府与私人企业签订运营和维护协议，由私人企业负责对基础设施进行运营和维护，获取商业利润。在该协议下，私人企业承担基础设施运行和维护过程中的全部责任，但不承担风险。该模式的目的就是通过引入私人企业，提高基础设施的运营效率和服务质量。

3）租赁—建设—运营（LBO）

政府与私人企业签订长期的租赁协议，由私人企业租赁业已存在的基础设施，向政府交纳一定的租赁费用，并在已有设施的基础上凭借自己的资金融资能力对基础设施进行扩建，并负责其运营和维护，获取商业利润。在该模式中，整体基础设施的所有权属于政府，因而不存在公共产权的问题。

4）建设—移交—运营（BTO）

政府与私人企业签订协议，由私人企业负责基础设施的融资和建设，完工后将设施转移给政府，然后，政府把该项基础设施租赁给该私人企业，由其负责基础设施的运营，获取商业利润。在此模型中，也不存在基础设施公共产权的问题。

5）建设—运营—移交（BOT）、建设—运营—拥有—移交（BOOT）

这一方法见前面所讲BOT方式的内容。

6）扩建后经营整体工程并转移（Wraparound Addition）

政府与私人企业签订协议，由私人企业负责对已有的公共基础设施进行扩建，并负责建设过程中的融资。完工后由私人企业在一定的特许权期内负责对整体公共基础设施进行经营和维护，并获得商业利润。在该模式下，私人企业可以对扩建的部分拥有所有权，因而会影响到基础设施的公共产权问题。

7）购买—建设—运营（BBO）

政府将原有的公共基础设施出售给私人企业，由私人企业负责对该基础设施进行改、扩建，并拥有永久性经营权。

虽然上述各类模式之间的区别不大，但各有各的特点，从而适应于不同的情况中，具体见表 6-1。

PPP 模式在各种情况下的应用

表 6-1

设施类型	适用的方式
已有设施	服务协议（Service Contract） 运营和维护协议（Operate & Maintenance Contract）
对已有设施的扩建	租赁—建设—运营（LBO） 购买—建设—运营（BBO）扩建后经营整体工程并转移（Wraparound Addition）
新设施	建设—移交—运营（BTO） 建设—运营—移交（BOT）、建设—运营—拥有—移交（BOOT）

6.3.4 PPP 模式项目运作程序

根据我国的管理体制，按照财政部的《政府和社会资本合作模式操作指南》，PPP 项目的一般运作程序如下：

（1）项目识别

PPP 项目由政府或社会资本发起，并以政府发起为主。财政部门（政府和社会资本合作中心）会同行业主管部门，对潜在政府和社会资本合作项目进行评估筛选，确定备选项目。财政部门（政府和社会资本合作中心）应根据筛选结果制定项目年度和中期开发计划。对于列入年度开发计划的项目，项目发起方应按财政部门（政府和社会资本合作中心）的要求提交相关资料。新建、改建项目应提交可行性研究报告、项目产出说明和初步实施方案；存量项目应提交存量公共资产的历史资料、项目产出说明和初步实施方案。财政部门（政府和社会资本合作中心）会同行业主管部门，从定性定量两个方面开展物有所值评价工作。定性评价重点关注项目采用政府和社会资本合作模式与采用政府传统采购模式相比能否增加供给、优化风险分配、提高运营效率、促进创新和公平竞争等。定量评价通过政府和社会资本合作项目全生命周期内政府支出成本现值与公共部门比较值进行比较，计算项目的物有所值量值，判断政府和社会资本合作模式是否降低项目全生命周期成本。为确保财政中长期可持续性，财政部门应根据项目全生命周期内的财政支出、政府债务等因素，对部分政府付费或政府补贴的项目开展财政承受能力论证，每年政府付费或政府补贴等财政支出不得超出当年财政收入的一定比例。

（2）项目准备

政府或其指定的有关职能部门或事业单位可作为项目实施机构，负责项目准备、采购、监管和移交等工作。项目实施机构应组织编制项目实施方案，依次对以下内容进行介绍：

1）项目概况。主要包括基本情况、经济技术指标和项目公司股权情况等。基本情况主要是明确项目提供的公共产品和服务内容、项目采用政府和社会资本合作模式运作的必要性和可行性，以及项目运作的目标和意义。经济技术指标主要明确项目区位、占地面积、建设内容或资产范围、投资规模或资产价值、主要产出说明和资金来源等。项目公司股权情况主要明确是否要设立项目公司以及公司股权结构。

2）风险分配基本框架。按照风险分配优化、风险收益对等和风险可控等原则，综合考虑政府风险管理能力、项目回报机制和市场风险管理能力等要素，在政府和社会资本间合理分配项目风险。原则上，项目设计、建造、财务和运营维护等商业风险由社会资本承担，法律、政策和最低需求等风险由政府承担，不可抗力等风险由政府和社会资本合理共担。

3）项目运作方式。

4）交易结构。主要包括项目投融资结构、回报机制和相关配套安排。

5）合同体系。主要包括项目合同、股东合同、融资合同、工程承包合同、运营服务合同、原料供应合同、产品采购合同和保险合同等。其中最核心的法律文件是项目合同。项目边界条件是项目合同的核心内容，主要包括权利义务、交易条件、履约保障和调整衔接等边界。

6）监管架构。主要包括授权关系和监管方式。

7）采购方式选择。采购方式包括公开招标、竞争性谈判、邀请招标、竞争性磋商和单一来源采购。项目实施机构应根据项目采购需求特点，依法选择适当采购方式。

财政部门（政府和社会资本合作中心）应对项目实施方案进行物有所值和财政承受能力验证，通过验证的，由项目实施机构报政府审核；未通过验证的，可在实施方案调整后重新验证；经重新验证仍不能通过的，不再采用政府和社会资本合作模式。

（3）项目采购

项目实施机构应根据项目需要准备资格预审文件，发布资格预审公告，邀请社会资本和与其合作的金融机构参与资格预审，验证项目能否获得社会资本响应和实现充分竞争，并将资格预审的评审报告提交财政部门（政府和社会资本合作中心）备案。

项目采购文件应包括采购邀请、竞争者须知、竞争者应提供的资格、资信及业绩证明文件、采购方式、政府对项目实施机构的授权、实施方案的批复和项目相关审批文件、采购程序、响应文件编制要求、提交响应文件截止时间、开启时间及地点、强制担保的保证金交纳数额和形式、评审方法、评审标准、政府采购政策要求、项目合同草案及其他法律文本等。

评审小组由项目实施机构代表和评审转接共5人以上单数组成，其中评审专家人数不得少于评审小组成员总数的2/3。评审专家可以由项目实施机构自行选定，但评审专家中应至少包含1名财务专家和1名法律专家。项目实施机构代表不得以评审专家身份参加项目的评审。

项目采用公开招标、邀请招标、竞争性谈判、单一来源采购方式开展采购的，按照政府采购法律法规及有关规定执行。

项目实施机构应在项目合同签订之日起2个工作日内，将项目合同在省级以上人民政府财政部门指定的媒体上公告，但合同中涉及国家秘密、商业秘密的内容除外。

（4）项目执行

项目融资由社会资本或项目公司负责。社会资本或项目公司应及时开展融资方案设计、机构接洽、合同签订和融资交割等工作。财政部门（政府和社会资本合作中心）和项目实施机构应做好监督管理工作，防止企业债务向政府转移。

社会资本或项目公司未按照项目合同约定完成融资的，政府可提取履约保函直至终止项目合同；遇系统性金融风险或不可抗力的，政府、社会资本或项目公司可根据项目合同约定协商修订合同中的相关融资条款。

在项目合同执行和管理过程中，项目实施机构应重点关注合同修订、违约责任和争议解决等工作。合同修订就是按照项目合同约定的条件和程序，项目实施机构和社会资本或项目公司可根据社会经济环境、公共产品和服务的需求量及结构等条件的变化，提出修订项目合同申请，待政府审核同意后执行。违约责任是项目实施机构、社会资本或项目公司未履行项目合同约定义务的，应承担相应违约责任，包括停止侵害、消除影响、支付违约金、赔偿损失以及解除项目合同等。争议解决是在项目实施过程中，按照项目合同约定，项目实施机构、社会资本或项目公司可就发生争议且无法协商达成一致的事项，依法申请仲裁或提起民事诉讼。

政府相关职能部门应根据国家相关法律法规对项目履行行政监管职责，重点关注公共产品和服务质量、价格和收费机制、安全生产、环境保护和劳动者权益等。

社会资本或项目公司对政府职能部门的行政监管处理决定不服的，可依法申请行政复议或提起行政诉讼。

（5）项目移交

项目移交时，项目实施机构或政府指定的其他机构代表政府收回项目合同约定的项目资产。

项目合同中应明确约定移交形式、补偿方式、移交内容和移交标准。移交形式包括期满终止移交和提前终止移交。补偿方式包括无偿移交和有偿移交。移交内容包括项目资产、人员、文档和知识产权等。移交标准包括设备完好率和最短可使用年限等指标。

项目移交完成后，财政部门（政府和社会资本合作中心）应组织有关部门对项目产出、成本效益、监管成效、可持续性、政府和社会资本合作模式应用等进行绩效评价，并按相关规定公开评价结果。评价结果作为政府开展政府和社会资本合作管理工作决策参考依据。PPP项目操作流程如图6-3所示。

6.3.5 PPP与BOT融资模式的差异比较

PPP模式是公共部门（政府）与私人部门（社会资本）合作市场化运营基础设施的一种制度安排。BOT实质上是公共部门（政府）与私人部门（社会资本）合作经营基础设施项目的一种特殊运作模式。这一模式强调特许经营权（BOT也称为特许经营项目融资），强调承包商负责筹资，获得收益。所以，PPP不是和BOT等方式相对立的模式，也不是对BOT等方式的替代，PPP包括BOT、TOT、ROT等方式，PPP是私人部门（在我国为社会资本）参与此前由公共部门独家垄断经营的各项事业的各种合作关系的总称，至于具体的合作关系的内容，则需要视具体环境和具体项目而定。

两种模式的不同主要在项目前期，PPP模式中私人企业从项目论证阶段就开始参与项目，而BOT模式从项目招标阶段才开始参与项目（图6-4、图6-5）。

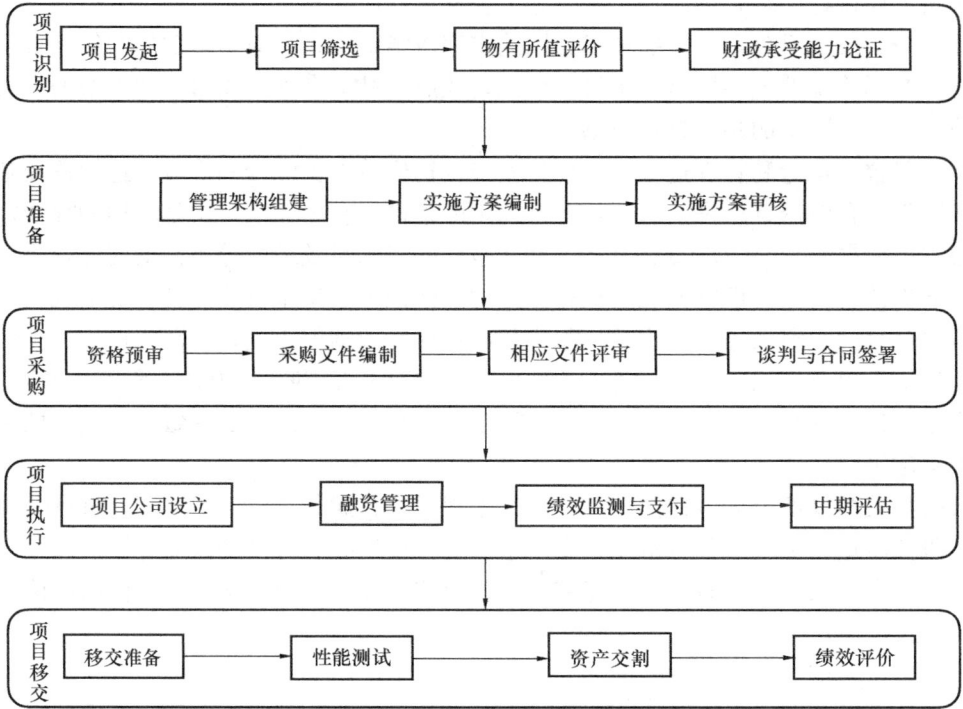

图 6-3 PPP 项目操作流程图

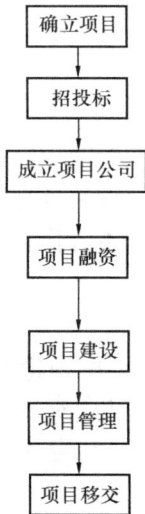

图 6-4 BOT 模式运行程序   图 6-5 PPP 模式运行程序

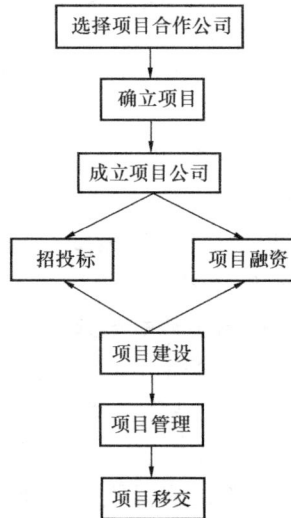

案例讨论

案例分析：山东中华发电项目融资案例

（1）项目简介

山东中华发电项目曾被《欧洲货币》《项目融资》等多家全球著名的金融杂志列为

1998 年度最佳项目融资计划。项目由山东电力控股公司、山东国际信托公司、中国能源投资有限公司以及发过国际电力公司共同发起的山东中华发电有限公司承担。公司于 1997 年成立，于 1998 年开始运营，计划 2004 年最终建成。公司合作经营期为 20 年，经营期结束后，电厂资产全部归中方所有。

经国家电力部介绍，中国能源投资有限公司（中国电力公司的子公司）与山东电力控股公司于 1992 年 7 月进行了首轮接触，并于 1993 年 4 月就山东中华发电项目签订了意向书。双方最初的目标是在山东建立一个基于香港控股模式的合资企业，开发经营一系列电厂。当时该提议得到了电力部和山东省政府的支持，但未获得国家计委的批准。后来法国国际电力公司（EDFI）和山东国际信托公司也加入到该项目中，并于 1994 年 9 月签署了由四方参与的合资协议，1996 年 3 月，项目可行性报告得到了国家计委的批准。1997 年 5 月，签订了合作合资合同，成立了合资公司——山东中华发电有限公司。该项目包括已运行电厂石横发电厂一期工程、即将完工的石横发电厂二期工程和两座即将开工的菏泽二期工程及聊城电厂。该项目总投资为 168 亿元人民币，总装机规模为 300 万千瓦。包括可以独立管理运作的四个电厂，其本质上是一个 IPP 合资公司。项目总投资约为 21.50 亿美元。

1998 年 10 月，菏泽发电厂及聊城电厂获得国务院批准开工建设。

（2）项目投资结构

山东中华发电有限公司的四方发起人的股份所占比例分别为：山东电力控股公司占 36.6%；中国能源投资有限公司占 29.4%（图 6-6）。

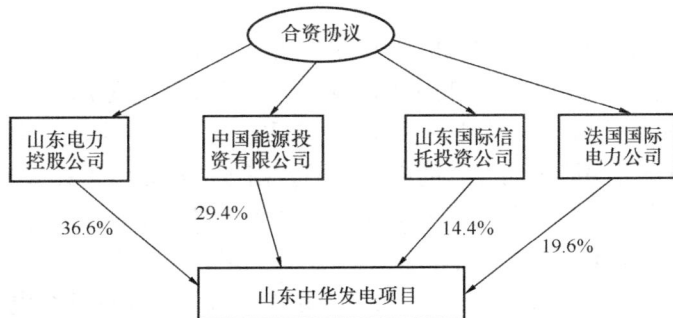

图 6-6 山东中华发电项目投资结构示意图

在这一投资结构中，中方发起人山东电力控股公司和山东国际信托投资公司同意以已经运营的石横一期工程作为它们的股本投资的一部分，所有的发起人也同意在项目运营阶段注入必要的股本资金，以保证项目的完工。

在项目谈判的早期，遇到了来自两方面的挑战：一是如何处理由于当事人的多重作用而引起的利益冲突；二是在决定需要多数同意的主要问题时，如何保护少数人的问题。而且，在谈判过程中，对外贸易经济合作强调不准在向合资企业注入股本时附加任何条件。因此，在项目融资条款尚未达成的情况下，如何使发起人避免不应有的风险，这也是一个挑战，因为合资公司的成立比融资文件的签订要早 11 个月。

（3）项目合同结构

1）合资协议谈判期。在该项目合资协议的谈判期，主旨是在项目融资条款尚未达成的情况下，如何使发起人避免不应有的风险，这是因为合资协议的批准比融资文件的签订要早 11 个月。在这一阶段，主要就以下问题达成一致意见：①利益冲突问题；②保护少数人的权益问题；③建立活动基金的问题。

2）在项目建设期。对于已运营的石横一期工程，通过山东电力控股公司和山东国际信托投资公司签订定期付款协议向其注资，从而使其成为合资公司的一部分。

以已运营的项目代替真实的股本投入，这是一种制度创新，其价值由国有资产管理局担保，要求向各当事人提供保证。

石横二期工程已由山东电力控股公司作为建设公司。从贷款银行的角度看，由于石横二期工程是一个建设项目，它们希望项目公司与承建商签订固定价格、固定工期的建设合同。工程的建设资金由中国建设银行和山东国际信托投资公司的人民币贷款解决。因此，由项目公司安排的项目融资不仅提供美元贷款和人民币贷款作为菏泽和聊城电站的建设，而且要为石横二期工程的运营提供资金，以使其成为合资公司的一部分。

3）项目经营期。在项目经营期，经营与中断合同是该项目的核心，这主要涉及以下问题：①无论交付与否均需付款；②将经营与中断责任在一个合同中加以整合，解决了在经营者和中断者之间无法解决的债务平摊难题；③长期燃料供应和运输合同约定，由山东电力控股公司承担燃料供应和运输风险，从而为合资公司解决了很多困难；④合资公司根据其成本、税金、还贷额及合理的利润进行收费；⑤山东电力控股公司保证建设联合电网以使电厂及时联网；⑥有关电力项目合资规定，由中国国家电力公司对合资公司进行检查。⑦技术服务协议。

（4）项目融资结构

合资公司的资金分为项目发起人的股本资金和债务资金。

山东中华发电有限公司通过合理的合同构成取得了有限追索贷款。

1）无论提货与否均需付款协议。中华发电有限公司是山东省电网中最大的发电企业，其销售对象是山东电力控股公司经营的山东电网。由于与山东电力控股公司的合作对公司的发展影响较大，在项目谈判期间，公司与山东电力控股公司签署了运营购电协议，保障了公司每年的最低售电量，并规定电价位成本分红价格，基本上确保了公司的收益。

2）经营及收入的合并。作为一个项目，山东中华发电公司的四个电厂之间互补有无，一个电厂出现亏空，可由另外的电厂来补足，降低了项目公司的总利润，从而减少了所得税的征收数量。

3）燃料的供应与运输。山东电力控股公司作为发起人之一，通过订立燃料的供应与运输合同，承担了项目运输及燃料供应的风险。从长期来看，大量的不确定因素存在，投资方不愿意承担这种风险，因此，订立燃料的供应与运输是十分必要的。

4）电价。项目公司售电电价将根据其基本成本、税费、贷款利息加上合理的利润等来制定，并可以通过协商根据每年的物价上涨指数进行调整。

5）补充协议。以上所有方面都考虑到并达到融资各方的目标及要求，他们的利益并不只是限制在边际水平上，除非收益中已包含上述的风险收益，由于这种模式以前是从未有过的，也就无法涉及许多先例。

在以上担保结构下，项目公司取得了所需要的融资，分别是：由英国出口信用担保局担保的 3.12 亿美元的出口信用贷款，期限为 17.5 年；由中国建设银行和山东国际信托投资提供的 3.5 亿美元的海外商业贷款，期限为 12 年，以及 68 亿元人民币贷款，期限为 15 年。1998 年 5 月初该项目及融资文件签订后，美元贷款就由三家主牵头行全部承购。四个月后，包括 12 家银行的国际贷款银团成功组建，分别充当牵头行、联合安排行和主要管理行。

中国发电项目融资案例如图 6-7 所示。

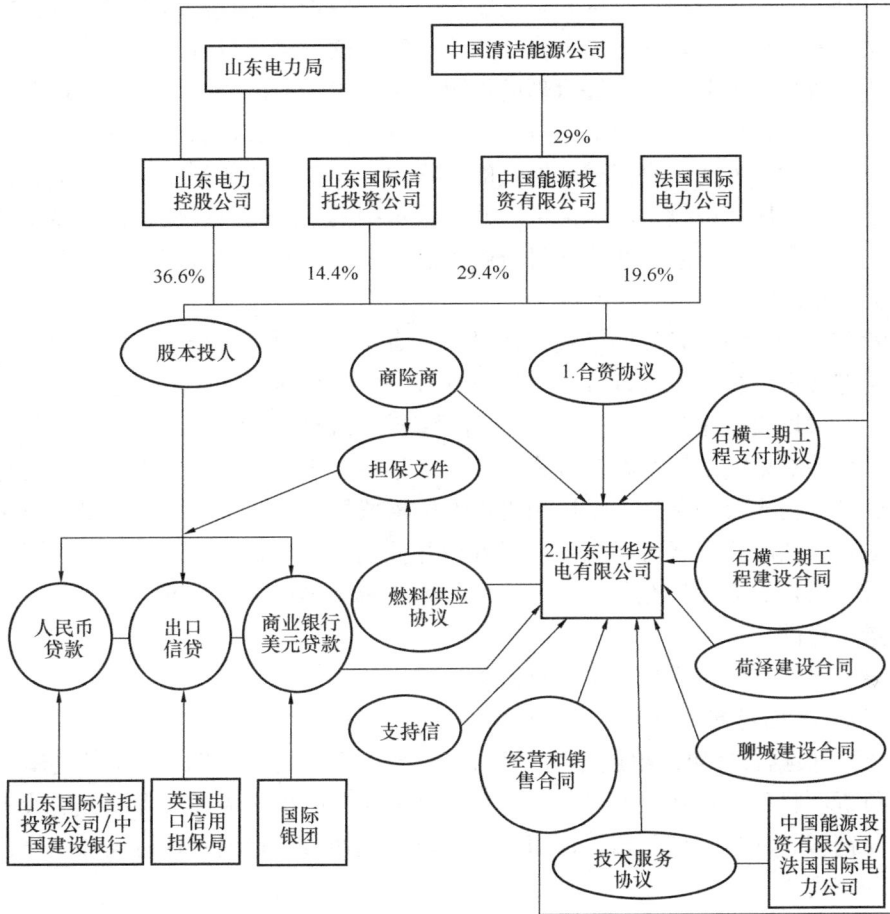

图 6-7　中华发电项目融资结构图

该项目虽然经历了很多波折，但是在中国政府的大力支持下，取得了空前的成功。

该项目有以下几大特点：

1）贷款不得由政府或国家银行的担保。

2）注入存量电力资本作为股本，一方面解决中方融资缺乏的困难，另一方面使合资公司从一开始就有利润。

3）全部使用国产设备。

4）充分利用发起人的技术和运营能力，没有雇佣国际工程分包商。

5）根据配套原则安排了大量人民币贷款和美元贷款。

6）各发起人之间实行风险分摊。

上述特点有效地降低了工程费用和风险。该项目开辟了中国电力项目融资的新纪元，为中国其他领域的融资打开了新视野。

6.4　其他常用融资模式

6.4.1　直接融资模式

直接融资方式是指由项目投资者直接安排项目的融资，并直接承担起融资安排中相应的责任和义务的一种方式，从理论上讲是结构最简单的一种项目融资模式。这种模式比较适合投资者本身公司财务结构良好合理的情况，并且对于资信状况良好的投资者，采用直接融资方式可以获得成本相对较低的贷款，因为资信良好的公司名称对贷款银行来说就是一种担保。但在投资者使用直接融资模式的过程中，需要注意的是如何限制贷款银行对投资者的追索权力问题。由投资者申请贷款并直接承担其中的债务责任，在法律结构上会使实现有限追索变得相对复杂，并使项目贷款很难安排成为非公司负债性的融资，这是该种融资模式的一个缺点。

投资者直接安排项目融资的模式，在投资者直接拥有项目资产并直接控制项目现金流量的非公司型合资结构不允许以合资结构或管理公司的名义举债。直接融资模式的优点主要体现在：①采用直接融资模式，投资者可根据其投资战略的需要，灵活地安排融资结构。如选择合理的融资结构及融资方式，确定合适的债务比例，灵活运用投资者信誉等，这就给投资者更为充分的余地。②运用直接融资模式能在一定程度上降低融资成本。由于采用直接融资模式时投资者可以直接拥有资产并控制项目现金流量，这就使投资者在直接安排项目融资时，可以比较充分地利用项目的税收减免等条件而降低融资成本。

（1）操作思路

直接融资方式在结构安排上主要有两种操作思路：

1）由投资者面对同一贷款银行和市场直接安排融资。

①投资者根据合资协议组成非公司型合资结构，并按照投资比例合资组建一个项目管理公司负责项目的建设和生产经营，项目管理公司同时也作为项目发起人的代理人负责项目的产品销售。项目管理公司的这两部分只能分别通过项目的管理协议和销售代理协议加以规定和实现。

②根据合资协议规定，发起人分别在项目中投入相应比例的自有资金，并统一筹集项目的建设资金和流动资金，但是由每个发起人单独与贷款银行签署协议。

③在建设期间，项目管理公司代表发起人与工程公司签订工程建设合同，监督项目的建设，支付项目的建设费用。在生产经营期间，项目管理公司负责项目的生产管理，并作为发起人的代理人销售项目产品。

④项目的销售收入将首先进入一个贷款银行监控的账户，用于支付项目的生产费用和资本再投入，偿还贷款银行的到期债务，最终，按照融资协议的规定将盈余资金返还给项目发起人。

2）由投资者各自独立地安排融资和承担市场销售责任。在融资过程中，两个投资者组成非公司型合资结构，投资于某一项目，并由投资者而不是项目管理公司组织产品销售和债务偿还。

①项目发起人根据合资协议投资合资项目，选择项目管理公司负责项目的建设生产

管理。

② 发起人按照投资比例，直接支付项目的建设费用和生产费用，根据自己的财务状况自行安排融资。

③ 项目管理公司代表发起人安排项目建设，安排项目生产，组织原料供应，并根据投资比例将项目产品分配给项目发起人。

④ 发起人以"或取或付"合同的规定价格购买项目产品，其销售收入根据与贷款银行之间的现金流量管理协议进入贷款银行监控账户，并按照资金使用有限序列的原则进行分配。

（2）直接融资模式的特点

任何一种融资模式在满足投资者在某些方面需要的同时，难免会存在某些方面的缺憾。直接融资模式也是如此，直接模式的优点如下：

1）选择融资结构及融资方式比较灵活。发起人可以根据不同需要在多种融资模式、资金来源方案之间充分加以选择和合并。

2）债务比例安排比较灵活。发起人可以根据项目的经济强度和本身资金状况较灵活地安排债务比例。

3）可以灵活运用发起人在商业社会中的信誉。同样是有限追索的项目融资，信誉越好的发起人就可以得到越优惠的贷款条件。

直接融资模式的不足之处，主要表现在融资结构设计成有限追索时比较复杂：

1）如果组成合资结构的投资者在信誉、财务状况、市场销售和生产管理能力等方面不一致，就会增加项目资产及现金流量作为融资担保抵押的难度，从而在融资追索的程度和范围上会显得比较复杂。

2）在安排融资时，需要注意划清投资者在项目中所承担的融资责任和投资者其他业务间的界限，这一点在操作上更为复杂。所以，在大多数项目融资中，由项目投资者成立一个专门公司来进行融资的做法比较常见。

3）通过投资者直接融资很难将融资安排成为非公司负债型的融资形式，也就是说在安排成有限追索的融资时难度很大。

6.4.2 设施使用协议融资模式

在项目融资过程中，以一个工业设施或者服务型设施的使用协议为主体安排的融资形式称为设施使用协议融资模式。这种设施使用协议，在工业项目中有时也称为"委托加工协议"，专指在某种工业设施或服务型设施的提供者和这种设施的使用者之间达成的一种具有"无论提货与否均需付款"性质的协议。

设施使用协议融资模式主要应用于一些带有服务性质的项目，如石油、天然气管道、发电设施、某种专门产品的运输系统以及港口、铁路设施等。利用设施使用协议安排项目融资，成败的关键在于项目设施的使用者能否提供一个强有力的具有"无论提货与否均需付款"性质的承诺，其内容是项目设施的使用者在融资期间定期向设施的提供者支付一定数量的项目设备使用费。并且，这种承诺是无条件的，不管项目设施的使用者是否真正地利用了项目设施所提供的服务，该项费用的支付是必需的。

在项目融资过程中，这种无条件承诺的合约权益将转让给提供贷款的银行，并与项目投资者的完工担保共同构成项目信用保证结构的主要组成部分。一般来讲，事先确定的项目设施的使用费在融资期间应足以支付项目的生产经营成本和项目债务的还本付息额。设施使用协议融资模式的特点如下：

1）在投资结构的选择上比较灵活，既可采用公司型合资结构，也可采用非公司型合资结构、合伙制结构或者信托基金结构。按照项目性质、项目投资者和设施使用者的类型及融资、税务方面的要求，设计相应的投资结构。

2）适用于基础设施项目。使用该融资模式时，项目的投资者可以利用与项目利益有关的第三方，即项目设施使用者的信用来安排融资，分散风险，节约初始资金的投入，因而适用于资本密集，收益相对较低但相对稳定的基础设施项目。

3）设施使用协议融资模式中最不可或缺的部分即是具有"无论提货与否均需付款"。签订醒目设施使用协议时，在使用费的确定上需要综合考虑项目投资在生产运行中的成本和资本再投入的费用、融资成本、投资收益等几个方面的资金回收。

4）采用该模式进行的融资活动，在税务结构处理上比较谨慎。这突出表现在国际上有些项目将拥有设施使用协议的公司利润水平安排在损益平衡点上，以达到转移利润为目的，但有些国家的税务制度在这一方面有一定的规制要求。

6.4.3　杠杆租赁融资模式

杠杆租赁融资模式是指在项目投资者的要求和安排下，由杠杆租赁结构中的资产出租人融资购买项目的资产，然后租赁给承租人的一种融资形式。资产出租人和融资贷款银行的收入以及信用保证主要来自该租赁项目的税务优惠、租赁费用、项目的资产以及对项目现金流量的控制，杠杆租赁中，设备等出租标的的购置成本的小部分由出租人承担，大部分由银行提供贷款补足。出租人只需要投资购置出租标的所需款的20%～40%，即可拥有设备所有权，享受对设备百分百投资的同等待遇。购置成本的借贷部分被称为杠杆，可以凭借杠杆效果利用他人的资本来提高自身资本利润，同一般租赁相比，可以是交易各方，特别是出租方、承租方和贷款方获得更多的经济效益。

（1）杠杆租赁融资的优势分析

从一些国家的情况来看，租赁在资本抵押中使用得非常普遍，特别是在购买轮船和飞机的融资活动中。在英国和美国，很多大型工业项目都采用金融租赁，因为金融租赁，尤其是其中杠杆租赁的设备，技术水平先进，资金占用量大，所以它能享受到诸如投资减免、加速折旧、低息贷款等多种优惠待遇，使得出租人和承租人双方都得到好处，从而获得一般租赁所不能获得的更多的经济效益。

对项目发起人及项目公司来说，采用租赁融资方式解决项目所需资金，具有以下好处：

1）项目公司仍拥有对项目的控制权。根据金融租赁协议，作为承租人的项目公司拥有租赁资产的使用、经营、维护和维修权等。在多数情况下，金融租赁项下的资产甚至被看成由项目发起人完全所有、由银行融资的资产。

2）可实现百分百的融资要求。一般来说，在项目融资中，项目发起人总要提供一定比例的股本资金，以增强贷款人提供有限追索贷款的信心。但在杠杆租赁融资模式中，由金融租赁公司的部分股本资金加上银行贷款，就可以全部解决项目所需资金或设备，项目发起人不需要再进行任何股本投资。

3）较低的融资成本。一般情况下，项目公司通过杠杆租赁融资的成本低于银行贷款的融资成本，尤其是在项目公司自身不能充分利用税务优惠的情况下。因为在许多国家，金融租赁可以享受到政府的融资优惠和信用保险。一般来说，如果租赁的设备为新技术型设备，政府将对租赁公司提供低息贷款。如果租赁公司的业务符合政府产业政策的要求，政府可以提供40%~50%的融资等。同时，当承租人无法交付租金时，由政府开办的保险公司向租赁公司赔偿50%的租金，以分担风险和损失。这样，金融租赁公司就可以将这些优惠以较低的租金分配一些给项目承担人——项目公司。

4) 可享受税前偿租的好处。金融租赁结构中，项目公司支付的租金可以被当作是费用支付，这样，就可以直接计入项目成本，不需缴纳税款。这对项目公司而言，就起到减少应纳税额的作用。

(2) 杠杆租赁融资模式的复杂性

1) 与其他融资模式的不同，杠杆租赁融资模式在结构设计时不仅需要以项目本身经济强度，特别是现金流量状况作为主要的参考依据，而且还需要将项目的税务结构作为一个重要的组成部分加以考虑。因此，杠杆租赁融资模式也被称为结构性融资模式。

2) 杠杆租赁融资模式中参与者比其他融资模式多。在一个杠杆租赁融资模式中，至少要有以下四部分人员的介入：

① 至少由两个"股本参加者"组成的合伙制结构（在美国也可以采用信托基金结构）作为资产的法律持有人和出租人。合伙制结构是专门为某一个杠杆租赁融资结构组织起来的，其参加者一般为专业租赁公司、银行和其他金融机构，在有些情况下，也可以是一些工业公司。合伙制结构为杠杆租赁结构提供股本资金（一般为项目建设费用或者项目收购价格的20%~40%），安排债务融资，享受项目结构中的税务好处（主要来自项目折旧和利息的税务扣减），出租项目资产收取租赁费，在支付到期债务、税收和其他管理费用之后取得相应的股本投资收益（在项目融资中这个收益通常表现为一个预先确定的投资收益率）。

② 债务参加者（其数目多少由项目融资的规模决定）。债务参加者为普通的银行和金融机构。债务参加者以对股本参加者无追索权的形式为融资项目提供绝大部分资金（一般为60%~80%）。由债务参加者和股本参加者所提供的资金应构成被出租项目的全部或大部分建设费用或者购买价格。通常，债务参加者的债务被全部偿还之前在杠杆租赁结构中享有优先取得租赁费的权利。对于债务参加者来说，为杠杆租赁结构提供贷款和为其他结构的融资提供贷款在本质上是一样的。

③ 项目资产承租人。项目资产承租人是项目的主办人和真正投资者。项目资产承租人通过租赁协议的方式从杠杆租赁结构的股本参加者手中获得项目资产的使用权，支付租赁费作为使用项目资产的报酬。由于在结构中充分考虑到了股本投资者的税务好处，所以与直接拥有项目资产的融资模式相比较，项目投资者可以获得较低的融资成本。具体地说，只要项目在建设期和生产前期可以有相当数额的税务扣减，这些税务扣减就可以被用来作为支付股本参加者的股本资金投资收益的一个重要组成部分。与其他模式的项目融资一样，项目资产的承租人在多数情况下，也需要为杠杆租赁融资模式提供项目完工担保、长期的市场销售保证、一定形式和数量的资金投入（作为项目中真正的股本资金）以及其他形式的信用保证。由于其结构的复杂性，并不是任何人都可以组织起来以杠杆租赁为基础的项目融资。项目资产承租人本身的资信状况是一个关键的评判指标。

④ 杠杆租赁经理人。杠杆租赁融资结构通常是通过一个杠杆租赁经理人组织起来的。这个经理人相当于一般项目融资结构中的融资顾问角色，主要是由投资银行担任。在安排融资接管，杠杆租赁的经理人根据项目的特点、项目投资者的要求设计项目融资结构，并与各方谈判组织融资结构中的股本参加者和债务参加者。安排项目的信用保证结构。如果融资安排成功，杠杆租赁经理人就代表股本参加者在融资期内管理该融资结构的运作。

3）杠杆租赁融资模式对项目融资结构的管理比其他项目融资模式复杂。一般项目融资结构的运作包括项目建设阶段和经营阶段这两个阶段，但是杠杆租赁项目融资结构的运作需要项目投资组建（合同）阶段、租赁阶段、建设阶段、经营阶段、中止租赁协议阶段这五个阶段。杠杆租赁与其他项目融资模式在运作上的区别主要在：①在投资者确定组建一个项目的投资之后，就需要将项目资产以及投资者在投资结构中的全部权益转让给由股本参加者组织起来的杠杆租赁融资机构，然后再从资产出租人手中将项目资产转租出来；②在融资期限届满或由于其他原因终止租赁协议时，项目投资者的一个相关公司需要以事先商定的价格将项目的资产购买回去。

（3）杠杆租赁融资模式的特点

1）融资模式比较复杂。由于参与者较多，资产抵押以及其他形式的信用保证在股本参加者与债务参加者之间的分配和优先顺序问题比一般项目融资模式复杂，再加上税务、资产管理与转让等方面的问题，造成组织这种融资模式所花费的时间要相对长一些，法律结构及文件的确定也相对复杂一些，但其特别适合大型项目的融资安排。

2）债务偿还较为灵活。杠杆租赁充分利用了项目的税务好处，在一定程度上降低了融资成本，同时也增加了融资结构中债务偿还的灵活性。据统计，利用税务扣减一般可偿还项目融资总额的30%～50%。

3）融资应用范围比较广泛。杠杆租赁融资既可以为大型项目进行融资安排，也可以为项目的一部分建设工程进行融资安排。这种灵活性进一步增强了应用范围的广泛性。

4）融资项目的税务结构以及税务减免的数量和有效性是杠杆租赁融资模式的关键。杠杆租赁模式的税务减免主要包括对设备折旧提取、贷款利息偿还和其他一些费用项目开支上的减免。但一些国家对于杠杆租赁的使用和税务减免有很多具体的规定和限制，使其在减免数量和幅度上较之其他标准减免要多。这就要求在设计融资结构时必须了解和掌握当地法律和具体的税务规定。杠杆租赁融资模式一经确定，重新安排融资的灵活性以及可供选择的重新融资余地变得很小，这也会给投资者带来一定的局限。投资者在选择采用杠杆租赁融资模式时，必须注意这一特点。图6-8是一个典型的融资租赁在不同阶段的融资结构：

1）在合同阶段，项目发起人确定他们希望获得的工厂和设备，并成立一个股份有限公司，即项目公司。

2）在租赁阶段，融资租赁公司将工厂和设备租赁给项目公司。项目公司（或项目发起人之一）将以监督协议为基础，代表出租人来监督建造合同。

3）在建造阶段，租金将被限制成一个与获得成本和建造成本的利息相等的数量。

4）按照与出租人达成的协调协议，银行将要求出租人的项目资产和建造合同做贷款担保。在建造阶段，银行很可能要求一个或几个项目发起人或有限的担保来支持项目公司的反担保责任。

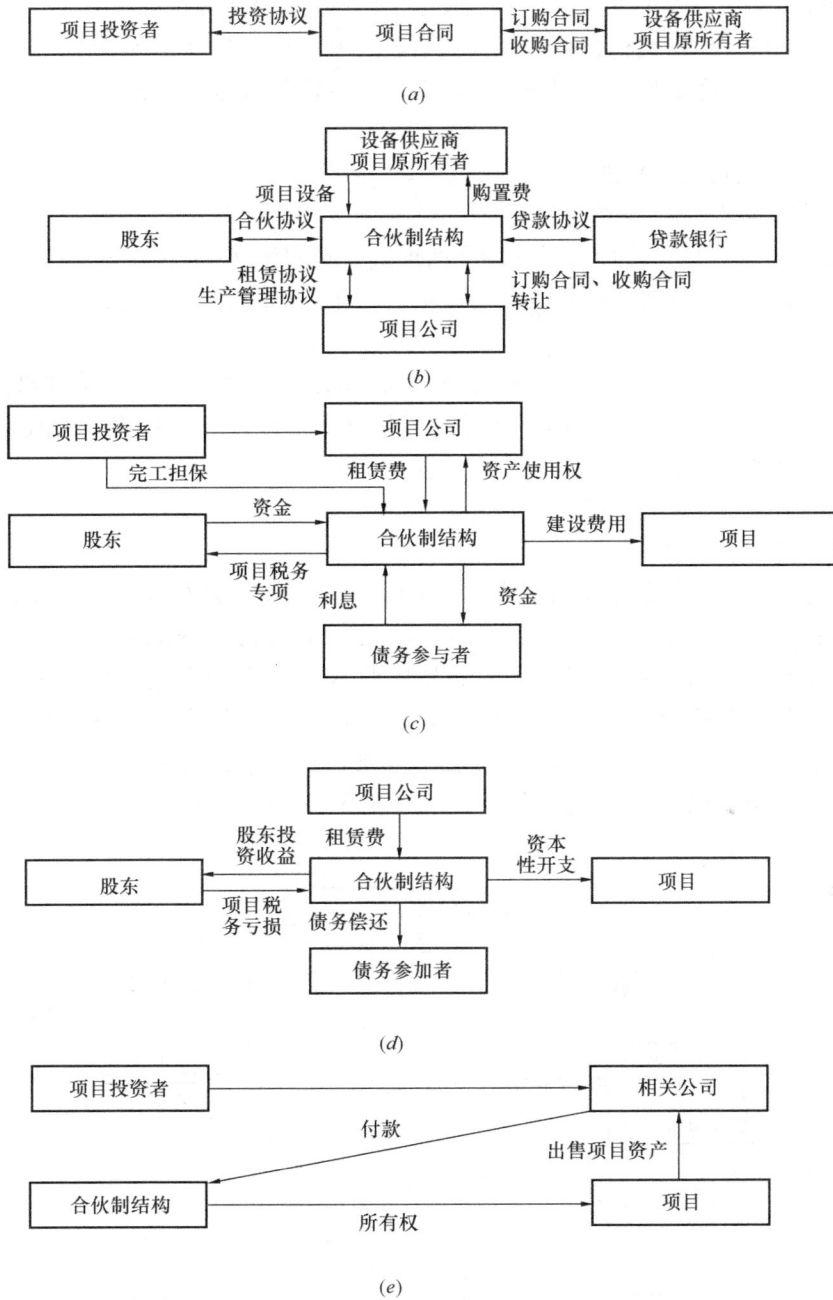

图 6-8 杠杆租赁融资的各个阶段

（a）项目投资组建（合同）阶段；（b）租赁阶段；（c）建设阶段；（d）经营阶段；（e）经营阶段

5）项目竣工后，在运营阶段中，租约规定重新调整租金，使其包括最初租约的本息的差额。项目发起人的担保可能不再存在，银行将承担项目风险。

6）在最后阶段，当出租人的成本被回收并且实现了理想的商业回报后，租约通常在最低租金水平上延续到相当长的租赁期的第二期、第三期。租约很可能规定，项目公司作为唯一代理人在租约期满时以出租人同意的价格销售资产；大部分销售所得将返还给项目公司作为销售代理费。购买方常常与一个或多个项目发起人有关。

对于大型项目，融资结构将变得十分复杂，因为没有一个租赁公司具有足够的缴纳税款的能力来承担整个融资租赁。因此，可以由一个租赁公司集团中的各个租赁公司分别出租资产。

6.4.4 生产支付融资模式

（1）"生产支付"融资模式的含义

"生产支付"融资模式是项目融资的早期形式，它起源于 20 世纪 50 年代美国的石油天然气项目开发的融资安排。该模式直接以项目生产的产品及销售收益的所有权作为担保的还本付息。

在贷款清偿前，贷款方拥有项目部分或全部产品的所有权，生产支付知识产权转移，贷款方通常要求项目公司重新购回产品或充当代理人销售产品，销售方式既可以市场出售，也可以由项目公司签署购买合同一次性统购统销。

（2）生产支付融资模式的特点

1）独特的信用保证结构

生产支付的融资安排是建立在贷款银行购买某一特定矿产资源储量的全部或部分未来销售收入的权益基础上的，这部分产量的收益用于项目融资的还本付息。因此，生产支付是通过直接拥有项目融资的产品和销售收入来实现融资信用保证的。对于资源国有而投资者只能获得资源开采权的国家和地区，生产支付的信用保证主要通过购买项目未来生产的现金流量，加上自主开采权和项目资产的抵押来实现的。生产支付融资适用于资源储藏量已探明并且项目生产的现金流量能够准确计算的项目。其机构如图 6-9 所示。

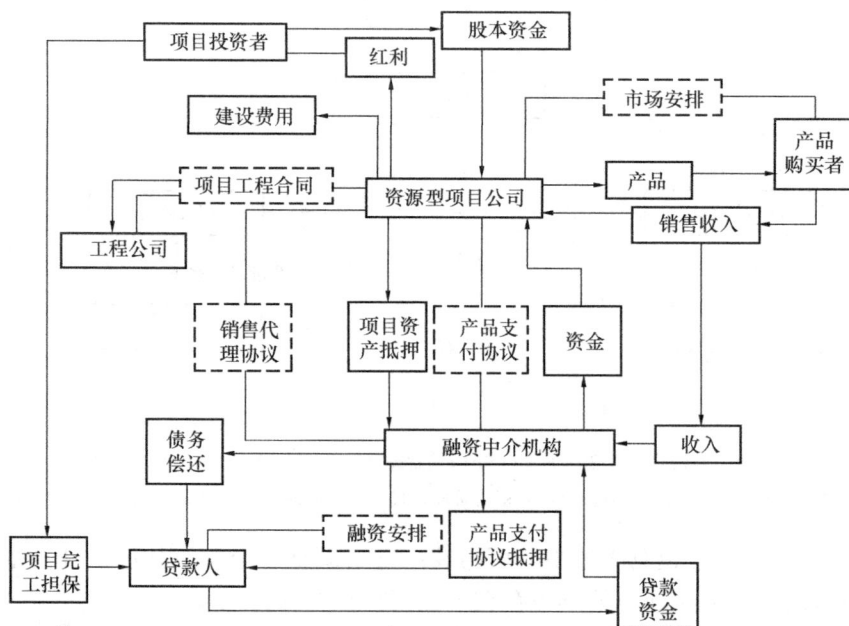

图 6-9 "生产支付"融资模式结构图

2）融资容易被安排成为无追索或有限追索的形式

由于所购买的资源储量及其销售收益被作为生产支付融资的主要偿债资金来源，而融资资金数量决定于生产支付所购买的那一部分资源储量的预期收益在一定利率条件下的贴现值，所以贷款偿还非常可靠，融资容易被安排成无追索或有限追索的形式。在生产支付融资模式中，如何计算所购买的资源储量的现值是安排生产支付融资的关键性问题，也是操作较复杂的问题，需要考虑资源总量、资源价格、生产计划、通胀率、汇率、利率及资源税等一系列相关因素。

3）融资期限短于项目的经济生命期。

4）贷款银行只为项目建设和资本费用提供融资，而不承担项目生产费用的贷款，并且要求项目投资者提供最低产量、最低产品质量标准等方面的担保。

5）融资中介机构在生产支付融资中发挥重要作用

建立专设公司，专门负责从项目公司中购买一定比例的项目产量。

由贷款银行或项目投资者建立一个融资中介机构（专设公司），并从项目公司购买一定比例项目资源的生产量（如石油、天然气、矿藏储量），然后由贷款银行为融资中介机构安排用以购买这部分项目资源生产量的资金，融资中介机构再根据生产支付协议将资金注入项目公司作为项目建设和投资资金。项目公司承诺按一定的公式（购买价格加利息）来安排生产支付，同时，以项目固定资产抵押和完工担保作为项目融资的信用保证。在项目进入生产期后，根据销售代理协议，项目公司作为融资中介机构代理销售产品，销售收入将直接划入融资中介机构用来偿还债务。

生产支付融资也可以不使用中介机构而直接安排融资，如此则融资的信用保证结构将会变得较复杂，增加项目运作难度；另外，中介机构可以帮助贷款银行将一些由于直接拥有资源或产品而引起的责任和义务限制在中介机构内。

生产支付项目融资的另一个方式是生产贷款，它广泛应用于矿产资源项目的资金安排中，生产贷款与项目融资中使用的其他贷款形式没有太大区别，有时甚至可以更灵活地安排成提供给投资者的银行信贷额度，投资者可以根据项目资金的实际需求在额度范围内安排用款和还款。生产贷款的金额是一定比例的项目资源价值，并以项目融资的开采收入作为偿还该部分贷款的首要来源。

生产贷款的特点主要表现在：一是债务偿还灵活，生产贷款可根据项目预期生产水平来设计融资还款计划；二是设计贷款协议灵活，生产贷款协议可以把债务还款计划表确定在一个具有上下限的范围内浮动，也可以根据生产情况在这个范围内调整。

作为一种自我摊销的融资方式，生产支付具有上述特点，但是生产支付融资会受到项目融资储量、经济生产期和经营生命期等因素限制。另外，项目投资者和经营者素质、资信、技术水平和生产管理能力也是生产支付融资设计时不容忽视的重要方面。

（3）生产支付融资模式的操作过程

以生产支付为基础的项目融资结构的基本思路如下：

1）由贷款银行或者投资者建立一个"融资的中介机构"，从项目公司购买一定比例的项目资源的生产量（如石油、天然气、矿藏储量）作为融资的基础。这个中介公司一般由信托基金结构组成。

2）贷款银行作为融资中介机构安排用以购买这部分项目资源生产量的资金，融资中介机构再根据生产协议将资金注入项目公司作为项目的建设和资本投资资金；作为生产支付协议的一个组成部分项目公司承诺按照一定的公式（购买价格加利息）安排生产支付；同时，以项目固定资产抵押和完工担保作为项目融资的信用保证。

3）项目公司从专设公司那里得到"购货款"作为项目的建设和资本投资资金，进行项目的开发建设。

4）在项目进入生产期后，根据销售协议项目公司作为融资中介机构的代理销售其产品，销售收入将直接进入融资中介机构用来偿还债务。在生产支付融资中也可以不使用中介机构而直接安排融资，但是这样融资的信用保证结构将会变得较为复杂；另外，使用中介机构还可以帮助贷款银行将一些由于直接拥有资源或产品而引起的责任和义务（例如环境保护责任）限制在中介机构内。

6.5　项目融资模式的设计与选择

6.5.1　基本原则

项目融资模式的设计与选择是项目融资的核心工作。严格地讲，国际上很少有两个项目融资的模式是完全一样的，这是由于项目在工业性质、投资结构等方面的差异，以及投资者对项目的信用支持，融资战略等方面的不同考虑所造成的。然而，无论一个项目的融资模式如何复杂，结构怎样变化，实际上融资模式中总是包含着一些具有共性的问题即基本原则。

（1）有限追索

实现融资对项目投资者的有限追索，是设计项目及融资模式的一个最基本的原则，追索形式和追索的程度，取决于贷款银行对一个项目的风险评价以及项目融资结构的设计，具体说来取决于项目所处行业的风险系数、投资规模，投资结构、项目开发阶段、项目经济强度、市场安排以及项目投资者的组成、财务状况、生产技术管理、市场销售能力等多方面因素。

为了限制融资对项目投资者的追索责任，需要考虑：①项目的经济强度在正常情况下是否足以支持融资的债务偿还；②项目融资是否能够找到强有力的来自投资者以外的信用支持；③对于融资结构的设计能否做出适当的技术性处理。

（2）项目风险分担

保证投资者不承担项目的全部风险责任是项目融资模式设计的第二条基本原则，其问题的关键是如何在投资者、贷款银行以及其他与项目及有关的第三方之间有效地划分项目的风险。例如项目投资者可能需要承担全部的项目建设期和试生产期风险，但是在项目建成投产以后，投资者所承担的强风险责任将有可能被限制在一个特殊确定的范围内，如投资者有可能只需要以购买项目全部或者绝大部分产品的方式承担项目的市场风险，而贷款银行也可能需要承担项目的一部分经营风险。

（3）实现投资者对项目百分之百融资的要求

任何项目的投资都需要项目投资者注入一定的股本资金作为项目开发的支持。然而这种股本资金的注入方式可以比传统的公司融资更为灵活。例如，如果投资者希望项目建设所需要的全部资金做到百分之百的融资，则投资者的股本资金可以考虑以担保存款、信用证担保等非传统形式出现。但是这时需要在设计项目融资结构过程中充分考虑如何最大限度地控制项目的现金流量，保证现金流量不仅可以满足项目融资结构中正常债务部分的融资要求，而且还可以满足股本资金部分融资的要求。

（4）处理项目融资与市场安排之间的关系

项目融资与市场安排之间具有两层含义，长期的市场安排是实现有限追索项目融资的一个信用保证基础；其次，以合理的市场价格从投资项目中获取产品是很大一部分投资者从事投资活动的主要动机。国际项目融资在多年的发展中积累了大量处理融资与市场关系的方法和手段。如何利用这些市场安排的手段，最大限度地实现融资利益与市场安排利益相结合，应该成为项目投资者设计项目融资模式的一个重要考虑因素。

（5）处理项目投资者的近期融资战略和远期融资战略

大型工程的项目融资一般都是 7~10 年中长期贷款。近些年最长的甚至可以达到 20 年左右。也有投资者的融资战略会是一种短期战略，如果决定采用项目融资的各种基本因素变化不大，就长期保持项目融资的结构；一旦这些因素朝着有利于投资者的方向发生较大变化时，他们就会希望重新安排融资结构，放松或取消银行对投资者的种种限制，降低融资成本，这就是在项目融资中经常会遇到的重新融资问题。

（6）实现投资者非公司负债型融资的要求

通常来讲，项目是以项目负债的形式融资。例如，在项目融资中可以把一项贷款或一项为贷款提供的担保设计成为商业交易的形式，按照商业交易来处理，这样，既实现了融资的安排，也达到了不把这种贷款或担保列入投资者的资产负债表的目的，这样就可以不影响提供贷款或担保人的信用地位。另一种做法是采取 BOT 项目融资模式。这是近十年来在东南亚国家中首先发展起来的一种融资结构，政府以特许权合约为手段，利用私人资本和项目融资兴建本国的基础设施，一方面达到了改善本国基础设施状况的目的，另一方面又减少了政府的直接债务。

在把握以上项目融资特点和原则的基础上，项目投资者可根据项目的具体情况和要求设计合适的融资模式。

6.5.2 建设工程项目融资方式的利用与选择

1）融资模式的利用要与工程项目实际相结合

从实际的操作上来讲，每个融资模式由于性质、适用范围以及相关优势等层面的异同，在利用相关模式时，一定要从工程项目的实际情况出发，不能简单地从国际关注度、热门情况以及以往相关工程项目上进行获取。在选用相关模式时，一定要基于市场的实际情况，以最大利益为前提进行利用。

2）强化法律法规的认识

在一个建设工程项目融资的过程中，一般包括国内外相关企业、金融机构以及中介机构等组织参与，在建设谈判与合同签订时，其所要求遵守的不但包括国内的法律法规与市场情况，还需要遵循国际上的相关惯例。因此相关企业与政府在建设工程项目的融资工作上，一定要强化相关法律法规的认识工作，积极获取国际市场上的相关信息，从而规避相关风险问题的出现。

3）强化市场监管机制的建设

在一个建设工程项目上，政府的有效监管属于一种承诺，其是企业资产安全运转与降低企业融资成本的有效保证，在实际工作上，对企业的资金投资具有直接的激励作用。对于建设工程项目来说，其投资收益的时间较长，因此相关地方政府对工程项目的建设程序一定要积极支持，保证工程的项目可持续性，避免相关财务风险与融资风险的出现，而在这一过程中，积极有效的监管对于相关企业的财务状况具有直接的帮助作用，有利于各组织参与方对财务的把握与后期管理。

（4）加强人才培养

融资模式不仅需要工程技术人员的参与，更需要经济、法律、财务、合同管理等各方面的专业技术人才相互配合互相协作才能完成。目前我国虽然已经拥有了大量的工程技术专业人员以及职业工程建设管理人才，但放眼于国际，仍然缺少能够全面掌握各项必要相关知识，满足国际标准管理要求的复合型人才。

综上所述，在建设工程项目的融资工作上，其融资模式较多，运作的空间也较大，但这并不代表风险问题的减少。在实际运用上，相关工程项目只有严格遵循各融资模式的性质，从实际情况上对相关模式进行取舍，才能够积极规避风险问题，提高工程项目融资与建设工作的有效性。

复 习 思 考 题

1. 如何理解项目融资方案的唯一性和共性？
2. 为什么项目融资方案设计中经常会设置 SPC 或 SPV？
3. 简述 PPP 项目融资模式对一国公用基础设施建设的积极意义。
4. 试分析 PPP 项目融资模式与 BOT 项目融资模式的异同。
5. 一国政府从 BOT 项目融资模式中可以取得哪些宏观效益？
6. 对项目资产证券化融资模式在我国的适应性进行分析，并提出增强该模式适应性的建议？
7. 你认为需要做哪些调整工作才能使"产品支付"项目融资模式更能适应我国资源开发型项目的融资？

7　工程项目融资结构

根据现代资本结构理论，最好的融资模式对应的融资结构往往是最优的，而好的融资结构也往往对应着好的项目治理结构，项目能够发挥好的治理功能，项目组织也能够更高效地运行。因此，加强项目融资管理首先要充分认识项目的融资结构，了解项目融资的运行机制。

7.1　融资结构的基本理解

7.1.1　融资结构的内涵

融资结构的定义很多，按照 P. K. Nevit 所著的《Project Financing C》1995 年第 6 版中的定义："项目融资是为一个特定的经济实体所安排的融资，其贷款人在最初考虑安排贷款时，满足于使用该经济实体的现金流量和收益作为偿还贷款的资金来源，并且满足于使用该经济实体的资产作为贷款的安全保障。"也就是从贷款方的角度看，在对一个项目提供贷款时，需要考虑如下两点：①查看该项目完成之后可能产生的现金流与可能产生的收益，将其作为偿还债务的资金来源；②将该项目的资产作为提供贷款的担保物。工程项目融资和项目投资方案的选择是工程项目管理不可分割的两个部分。融资结构是指项目在筹集资金时，由不同渠道取得的资金之间的有机构成及其比重关系。其中，资金的来源除了资本金外，还可以来自商业银行、出口信贷机构、资本市场以及多边机构，或是政策性银行贷款、外国政府贷款、国际金融组织贷款、银团贷款、国际债券、融资租赁等。

7.1.2　融资结构的分类

不同的项目融资都有具体的融资结构，但基本结构经常是以下两种：

（1）有限追索或无追索权的结构

这种融资结构主要依靠项目现金流量来还款；其中，无追索权是指利用项目贷款本息偿还的来源仅限于该项目本身产生的收益，担保权益可以仅限于本项目的资产，项目的其他阶段，债权人均不能针对项目投资人除项目以外的其他资产进行追索。有限追索除了本项目的收益外，还可以要求项目利益第三方对项目进行担保，这是国际上较常使用的项目贷款方式。

（2）用"预先购买"或"产品支付"的方式预先支付一定数量的奖金来购买项目收益。

不论是哪一种方式，供货方、业主方或使用方承担的"无条件责任"都将有效保证贷款人收回他们的资本并获得一定的回报。此外，按照融资结构的承担主体不同，又可以分为直接融资和独立融资。

1）直接融资

项目发起人不设立独立的融资主体，而是直接向金融市场融资，即项目发起人直接安排融资的融资结构根据项目发起人与资金来源的关系及产品销售方式。直接融资模式又分为一下 4 种模式：统一融资并统一销售，各自融资并统一销售，统一融资并各自销售以及各自融资并各自销售（表 7-1）。

直接融资的四种典型融资结构 表 7-1

产品销售＼债务融资	统一安排	各自安排
统一销售	统一安排融资、统一销售	各自安排融资、统一销售
各自销售	统一安排融资、各自销售	各自安排融资、各自销售

① 统一销售并统一融资。所有的项目发起人面对同一个贷款银行（团）统一安排融资，并且通过项目管理公司统一代理项目产品销售，共同承担市场责任（图 7-1）。操作过程如下：

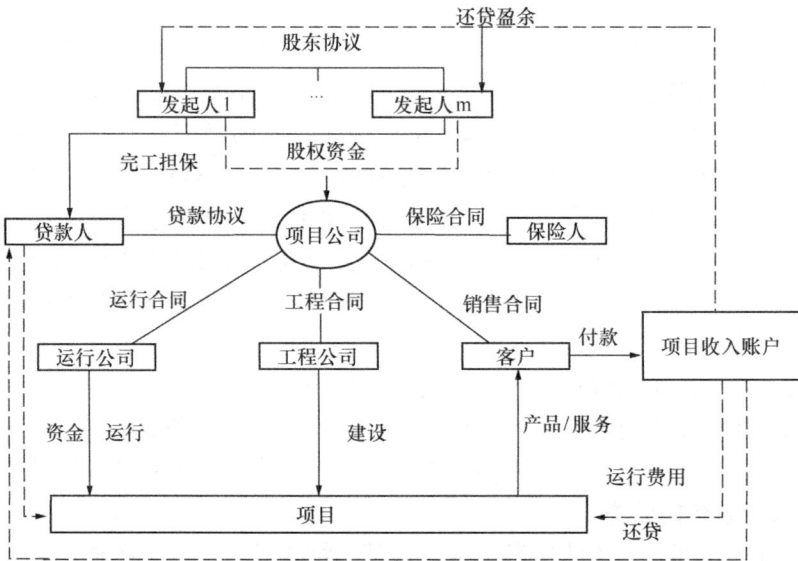

图 7-1 统一销售并统一融资示意图

A. 项目发起人通过签订合作协议组成非公司型合资结构，并按照投资比例合资组建一个项目管理公司。项目发起人与项目管理公司签订项目的管理协议和销售代理协议。

B. 根据合作协议规定，设立项目投资账户，发起人分别按规定的比例投入自有资金，并统一面向同一贷款人（银团）安排贷款，发起人独立签署融资协议，且彼此之间无连带责任。

C. 根据管理协议，项目管理公司代表发起人与项目工程公司签订工程建设合同，监督项目的建设，工程费用由项目投资账户支付。

D. 根据合作协议规定，设立项目收入账户；项目管理公司负责项目的生产管理，并根据销售代理协议，代理销售项目产品，销售收入进入项目收入账户项目收入按事先规定顺序进行使用。

② 各自融资并统一销售。各个项目发起人根据自己的财务状况完全独立地面向各自

的贷款人安排融资；通过项目管理公司统一代理项目产品销售，共同承担市场责任（图7-2）：

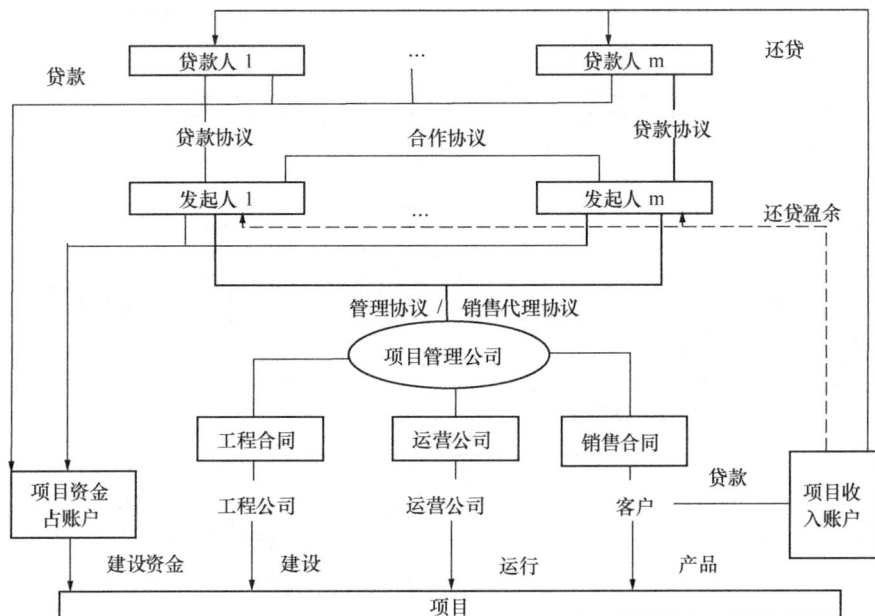

图 7-2　各自融资并统一销售的融资结构

A. 项目发起人通过签订合作协议组成非公司型合资结构，并组建一个项目管理公司。项目发起人与项目管理公司签订项目的管理协议和销售代理协议。

B. 根据合作协议，设立项目投资账户，发起人分别按规定的比例投入自有资金，并各自安排贷款。

C. 根据管理协议，项目管理公司代表发起人与项目工程公司签订工程建设合同，监督项目的建设，工程费用由项目投资账户支付。

D. 根据合作协议规定，设立项目收入账户；项目管理公司负责项目的生产管理，并根据销售代理协议，代理销售项目产品，销售收入进入项目收入账户，项目收入按事先规定顺序使用。

③ 统一融资并各自销售。

所有的项目发起人面对同一个贷款银行（团）统一安排融资；但是各自负责项目产品销售，各自承担市场责任（图7-3）。操作过程如下：

A. 项目发起人通过签订合作协议组成非公司型合资结构，并组建一个项目管理公司。

B. 根据合作协议规定，设立项目投资账户，发起人分别按规定的比例投入自有资金，并统一面向同一贷款人（银团）安排贷款，发起人独立签署融资协议，且彼此之间无连带责任。

C. 根据管理协议，项目管理公司代表发起人与项目工程公司签订工程建设合同，监督项目的建设，工程费用由项目投资账户支付。

D. 项目发起人签署"无论提货与否均需付款"性质的产品购买协议，按协议规定价格购买项目产品按照发起人与贷款人之间的现金流量管理协议，产品销售收入进入贷款人的监控账户，按照资金使用优先序列进行分配。

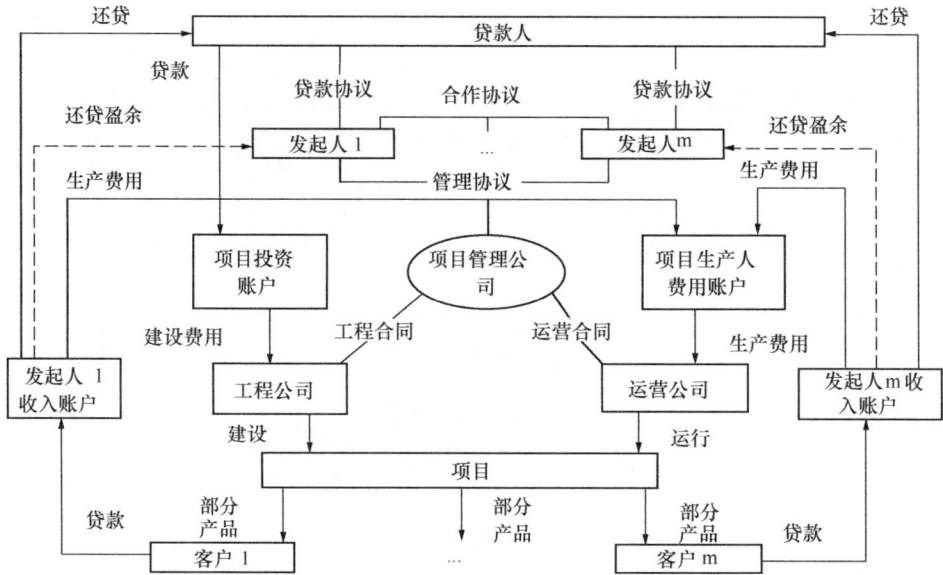

图 7-3 统一融资并各自销售示意图

④ 各自融资并各自销售。各个项目发起人根据自己的财务状况完全独立地面向各自的贷款人安排融资，并且各自负责组织相应份额的产品销售和债务偿还（图 7-4）。操作过程如下：

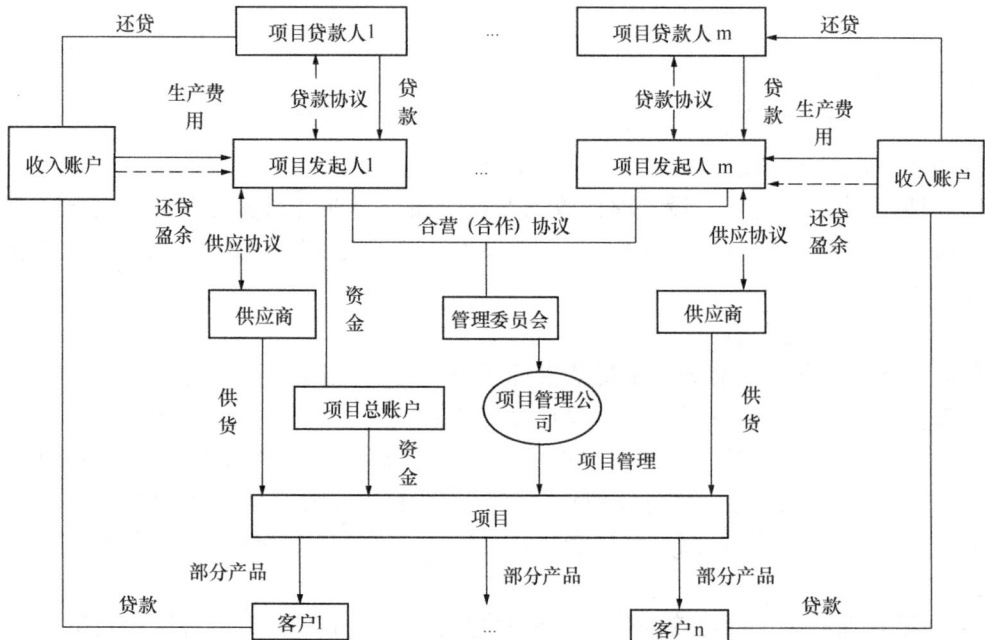

图 7-4 各自融资并各自销售示意图

A. 项目发起人根据合作协议组成非公司型合资结构，并组建一个项目管理公司，用于项目的建设管理和生产管理。

B. 项目管理公司代表发起人安排项目的建设和生产，组织原材料供应，但不负责产品的销售，只是根据投资比例将项目产品分配给项目发起人。

C. 项目发起人按照投资比例提供项目建设资金和流动资金，并且直接向项目支付建设费用和生产费用。

D. 项目发起人签署"无论提货与否均需付款"性质的产品购买协议，并按协议规定价格购买项目产品。按照发起人与贷款人之间的现金流量管理协议，产品销售收入进入贷款人的监控账户，按照资金使用优先序列进行分配。

直接安排融资有其显著的优势和不可忽略的一些劣势。首先，不同投资者可以根据需要在多种融资方式和资金来源中进行自主选择和组合，根据项目现金流和自身资金状况较灵活地安排债务比例；其次，投资者直接拥有项目资产并控制现金流量，有利于作灵活的税务安排，且信誉好的投资者可以充分利用其商业信誉得到优惠的贷款条件。此外，贷款由投资者安排并直接承担债务责任，实现有限追索在法律上相对较复杂，在安排融资时需要划清投资者在项目中所承担的融资责任和其他业务责任之间的界限，比如不同投资者在信誉、财务状况、营销和管理能力等方面不一致的时候会导致以现金流量及项目资产作为融资担保和抵押在法律上有一定困难；而且在选择模式上较难安排成非公司负债型融资。

2）独立融资

项目发起人设立专门的具有独立法人资格的实体机构或借用其他的具有独立法人资格的机构进行融资，即形成通过独立的机构进行融资的融资结构。具有独立法人资格的机构种类很多，相应的融资结构也很多，常见的有：通过成立专门的项目公司向金融市场融资，通过租赁公司向金融市场融资、成立专门的融资公司向金融市场融资等。其中，通过项目公司进行融资的结构常见于建设运营期较长的工程项目。

安排独立融资时项目发起人可以根据其投资战略的需要，较灵活地安排融资结构，有利于发起人进行税务结构方面的安排，降低融资成本，且项目发起人的资信状况对融资条件影响较大，信誉卓著的发起人往往能够得到较优惠的条件。然而，有的项目融资结构的设计比较复杂，实现有限追索相对困难，不易实现资产负债表外融资，会对发起人的其他融资活动和经营活动产生一定影响。

7.1.3 融资结构的设计原则

融资结构设计的目标是在筹足项目所需全部资金的前提下，实现无限追索或有限追索以及风险效益的最优。有时影响到公司融资能力时，要尽可能进行资产负债表外融资。在融资结构中，投资结构最为关键，融资结构的设计主要是围绕投资结构展开的，在融资结构设计方面，要遵循以下几个原则：

（1）有限追索原则

工程项目融资在正常的经济强度下必须足以支持融资债务偿还，并能找到强有力的来自投资者以外的信用支持，融资结构的设计必须做出适当的技术性处理，如提供必要的担保等。一般来说，由项目发起人单独安排融资可以得到成本较低的贷款，但如果由投资者的名义进行融资，对于信誉良好的公司信誉本身就是一种担保。

（2）风险共担原则

对于工程项目而言，投资金较多，风险的不稳定性和发生的可能性也更高，因此，项目融资时要本着风险共担的原则进行。投资者或项目融资中的第三方如何有效的识别风险并制定合理的风险分担原则十分重要。

（3）融资成本最低原则

对于项目投资者和发起人来说，降低融资成本也是很重要的一方面。可以通过借用各种政策背景、建立完善的投资结构以及合理的融资渠道等方式降低融资成本。

（4）项目融资与市场销售合理安排的原则

对于工程项目而言，建设周期长，长期的市场销售安排是实现有限追索项目融资的一个信用保证基础。当然，项目前期的可行性研究以及对市场信息变动能够快速反应十分关键。

（5）融资结构最优化原则

实现融资结构的最优化，应该从工程项目的具体情况出发，对融资结构内部的投资结构、融资模式、资金来源、利率结构等部分进行优化，从而提高融资效率，减少融资风险。

（6）项目融资适应融资期限的原则

对于大型的工程项目而言，贷款期限较长，甚至需要不断变动的融资结构。应该安排合理的融资期限结构，将近期融资与远期融资充分结合起来。

7.1.4 工程项目融资结构的运作

工程项目融资的整体结构设计，并不是简单地完成各个部分的基本设计，而是项目的各个利益相关者、项目资源在项目各个阶段的不断调整、优化的过程。其中一个因素的变动，都可能影响到整个融资结构。此外，由于不存在完全相同的两个项目，因此，可以说每个融资结构都是针对每个具体的项目而设计的（运作流程如图 7-5 所示）。

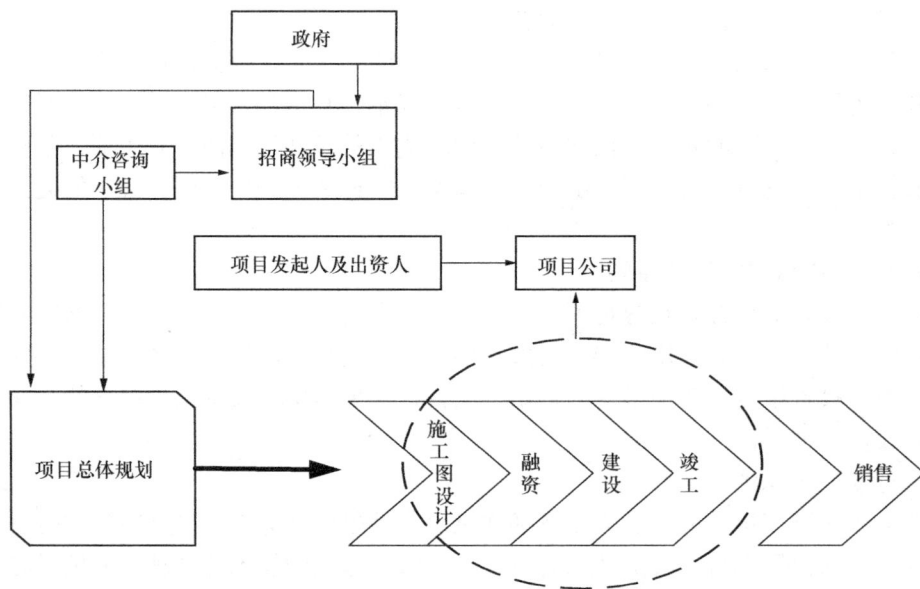

图 7-5　某工程项目全寿命周期示意图

（1）项目前期决策阶段

项目决策阶段亦是投资者做出决策的过程，往往投资者会通过对宏观经济形势、行业发展态势以及项目可行性等情况进行分析，初步确定项目投资结构，并通过对项目进行成本和效益的分析，以及项目风险的整体评估，对各种可能的融资方案进行取舍和调整。

在基本融资方案确定的基础上，进行融资谈判，这个过程包括对选择融资银行、组织贷款银团、起草相关融资的法律文件等过程，有时甚至会涉及融资结构的修改、投资结构变动等问题。

（2）项目建设阶段

融资结构的相关组织安排结束后，进入到融资结构执行阶段，即借款人按照相关协议提款和偿还贷款的本金和利息。贷款被发放，偿债可能通过两种方式被推迟，一种是在项目现金流量的运营阶段到来之前采用利息转本；另一种是在运营阶段之前，允许用新发放的贷款来支付利息。项目建设阶段的风险较高，对这一阶段的融资，常常通过获得项目发起人的有法律约束力的担保来使融资具有完全追索权或贷款人要求比项目其他阶段较高的利率。当然，其中的一些贷款银团也会在一定程度上参与到项目的决策和管理中。

（3）项目运营阶段

在运营阶段，贷款人将用销售收益或项目产生的其他收益作为担保品。偿债的速度通常取决于项目预期产量和应收账款。

7.1.5 融资结构的影响因素

（1）宏观社会因素对融资的影响

宏观经济因素主要包括宏观经济周期、经济制度与市场体系、财政货币政策和法律环境等。

1）宏观经济周期

在经济周期的不同阶段，经济增长速度各有不同，宏观经济政策也大相径庭。对外部融资环境产生重大影响，进而影响项目融资。当经济处于扩张时期时，项目外部资金供给量增加，一些企业的债券资本处于一种固定的状态，因此，项目进行外部融资的阻力较小。反之，当经济处于萧条期时，项目进行债权融资的方式会受到很多限制，项目进行外部融资的阻力较大。

2）经济制度与市场体系

这主要是针对国际工程项目而言的，目前，我国企业实行"走出去"的战略，很多国际工程项目正在陆续展开，而东道国的经济制度与市场体系往往与我国存在差异。总体经济环境决定了整个经济中资本的供给和需求以及预期通货膨胀水平，总体经济环境的变化则体现在无风险回报率上，进而通过影响项目基准收益率等财务指标影响项目融资决策。而市场体系中比较突出的有证券市场条件，证券市场条件影响证券投资的风险，体现在市场流动的难易程度和价格波动程度上，从而影响投资风险而影响项目投融资。

3）财政货币政策

财政货币政策的影响主要体现在利率水平和金融政策的限制上。其中，利率水平可以在一定程度上解释宏观经济信息。因此，利率的变动会直接影响项目的融资行为。自2004年1月1日起，央行扩大了金融机构贷款的利率浮动空间，这意味着银行将综合考虑客户对银行的贡献程度、潜在的风险因素，以及贷款收益水平和风险额度确定不同贷款的利率，利率的范围和影响强度都扩大了，自然对项目的投融资行为也有一定影响。

4）法律环境

法律环境的变化会对项目的投融资的风险有一定的影响，法律的变动有时可以作为一种不可抗力对项目产生影响，尤其是在复杂的国际工程项目环境中。

（2）结构性因素对融资的影响

融资规模是影响投资项目资金成本的另一个因素。项目的融资规模大，资金成本就较高。此外，影响融资决策的结构性因素主要有以下三个方面：

1）现金流量方面的结构特征

现金流量的阶段性特征和强度对于项目的有限追索权或无限追索权有重要影响。在贷款形式上，不外乎以下两种情况：

① 贷款方为借款方提供有限追索权或无追索权的贷款，该贷款的偿还主要依靠项目的现金流量。

② 通过远期购买协议或产品支付协议，由贷款方预先支付一定的资金来购买项目的产品或一定的资源储量。

2）信用担保方面的结构特征

在现金流量方面，有些贷款银行要求对项目的资产具有第一抵押权，并对项目的现金流量有有效的控制权。因此，银行对借款人提供贷款时会体现出现金流量方面的担保结构特征。在契约权益方面，项目公司根据或付或取合同取得项目收入的权利、工程公司向项目公司提供的各种担保的权益必须都转让给贷款人。此外，在完工担保和市场销售安排方面，也会呈现出担保结构特征。

3）贷款发放方面的结构特征

一般在工程项目的贷款协议中，会区分两个阶段的贷款特征，分别是项目的开发建设阶段和项目的经营阶段。由于项目开发阶段的风险较其他阶段更高，因此这个阶段的贷款常常是具有完全追索权的，并需要较好的担保，这些担保有时体现为承建合同的担保或其他形式的履约担保。而在项目经营阶段，贷款人会进一步要求以项目的销售收入和其他收入作为担保。

这种担保构造往往具有以下三个特征：

① 对项目资产的优先抵押权以对项目的现金流量进行有效控制，并要求贷款人提交与项目有关的契约性权益给贷款银行；

② 限制项目作为一个实体筹措其他债务资金；

③ 要求项目提供工程完工担保以及相应的一些市场合约安排。

这里需要特别指出的是，在项目的开发建设阶段，尽管贷款是根据工程进度发放的，但利息的偿还可以延迟。可以将利息累加到项目运营后有了现金流量后再分期偿还，也可以以新的贷款来偿还旧的贷款利息。有时，项目完工后，经过专家的独立审核，可以根据各方在合同中的约定对项目追索权进行重新审视，降低部分贷款利率水平。

（3）税务安排对融资的影响

税收对项目投资结构的影响多表现在项目投资者对不同合资形式的选择上。国家的《税法》为了促进本国经济的发展，充实本国的财政收入，必然会对不同的组织形式规定不同的税收政策。正是由于税收政策的差异性，不同组织形式的税收筹划才有其生存与发展空间。

项目的资金结构是指项目的股本金与债务资金的比例关系。也就是说，在分配项目的股本金和债务资金的同时也要考虑税务安排的影响。一般来说，项目以股本金的形式筹资所承担的税收负担要重于以债务资金的形式筹资所承担的税收负担。因此，项目在设计资金结构，进行投融资决策时应注意以下两个方面：

1）债务资本的筹集费用和利息可以在所得税前扣除；而权益资本只能扣除筹集费用，股息不能作为费用列支，只能在企业税后利润中分配。因此，通过举债方式筹集一定的资金，可以获得节税利益。

2）纳税人进行筹资筹划，除了考虑项目的节税金额和税后利润外，还要对项目的资金结构通盘考虑。因为过高的资产负债率除了会带来高收益外，还会相应加大项目的经营风险，影响项目进一步融资的能力。

以上分析可以看出，税务筹划对项目最后的成功与否发挥了十分重要的作用，所以在项目融资结构的设计中要充分考虑税务安排的影响。

7.2 项目融资的组织结构

由于工程项目融资复杂的结构，因而参与项目融资并在其中发挥不同程度作用的利益主体也要比传统的融资方式多，主要包括几个方面：项目直接主办人、项目实际投资者、项目的贷款银行、项目产品的购买者（或项目设施的使用者）、项目建设的公司（或承包公司）、项目设备、能源、原材料供应商、融资顾问、项目发起人、法律、税务顾问。

工程项目融资参与者之间的关系如图7-6所示。

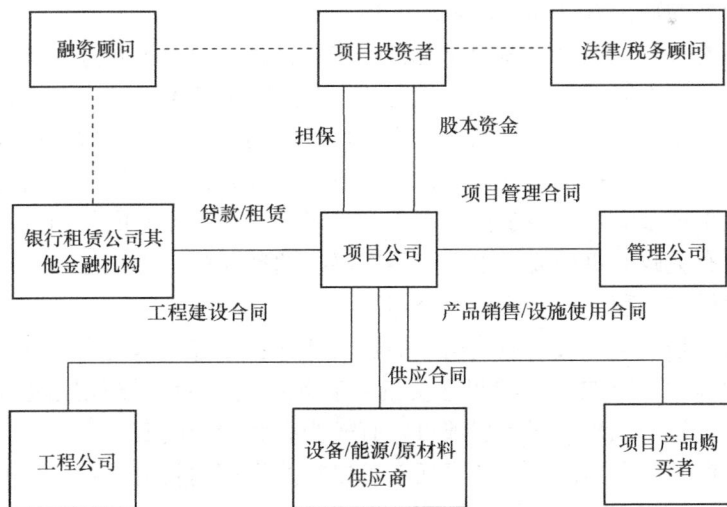

图 7-6 项目融资参与者之间的基本合同关系

（1）项目直接主办方

融资项目的直接主办方是指直接参与项目投资和项目管理，直接承担项目债务责任和项目风险的法律实体。工程项目融资中的一个普遍做法是成立一个单一项目的项目公司，作为项目的直接主办人，而不是由母公司或控股公司，即由项目的实际投资者作为项目的直接主办人。

项目公司可以是一个实体，即实际拥有项目管理所必须具备的生产技术、管理、人员条件；但是项目也可以只是一个法律上拥有项目资产的公司，实际的项目运作则委托给一家富有生产管理经验的管理公司负责。

（2）项目实际投资者

项目投资者通过项目的投资活动和经营活动，获取投资利润和利益，通过组织工程项目融资实现投资项目综合目标要求。

在项目融资中，项目投资者除了拥有公司的全部股权或部分股权，提供一部分股本资金外，还需要以直接担保或者间接担保的形式为项目公司提供一定的信用支持。因而，项目实际投资者是工程项目融资中真正的借款人。项目投资者在融资中，需要承担的责任和义务，需要提供担保的性质、金额和时间要求，主要取决于项目经济强度和贷款银行的要求，是由借款双方通过谈判决定的。

项目投资者可以是单独的一家公司，也可以由多家公司组成的投资财团，可以是私人公司也可以是政府机构或者两者的混合体。

（3）项目贷款银行

项目融资债务资金来源于商业银行、非银行金融机构和一些国家的政府出口信贷机构贷款。本书中把上述金融机构统称"贷款银行"。采用项目融资方式建设的项目规模都十分庞大，因此在融资时必须寻求由十几家银行甚至几十家银行组成的银行贷款，也称为辛迪加贷款。项目融资时，究竟由一家银行还是由多家银行贷款，主要依据贷款的规模和项目的风险两大因素。

（4）项目产品的购买者（项目设施的使用者）

项目产品的购买者（项目设施的使用者）在项目融资中发挥着重要的作用，因为项目建成和经营之后，是否能够有大量的、稳定的现金流量来还本付息，在很大程度上就取决于它。在项目融资实践中，产品的购买者（项目设施的使用者）通过与项目公司签订长期购买协议，尤其是"无论提货与否均需付款"或"提货或付款"性质的购买合同，保证项目产品市场和未来现金流量的稳定性。产品购买者（或项目设施的使用者）角色一般由项目发起人本人、有关政府机构或对项目产品有兴趣的独立第三方担任。

（5）项目建设的工程公司（或承包公司）

项目建设的工程公司（或承包公司）的资金情况、工程技术能力和以往的经营历史记录，可以在很大程度上影响工程项目融资的贷款银行对项目建设期风险的判断。一般来说，如果由信用良好的工程公司承建项目，有较为有利的合同安排，可以帮助项目投资者减少在项目建设期间所承担的义务和责任，可以在建设期间就将工程项目融资安排成有限追索形式。

（6）项目设备、能源、材料供应商

项目供应者通过延期付款或者低息优惠出口信贷的安排，可以构成项目资金的一个重要来源。这种做法为许多国家在鼓励本国设备出口时所采用。项目能源/原材料生产者为寻求长期的稳定的市场，在一定条件下愿意以长期的优惠价格条件为项目提供能源和原材料。这种安排有助于减少项目初期以至项目经营期间的许多不确定因素，为项目投资者安排工程项目融资提供便利条件。

（7）融资顾问

融资顾问通常由商业银行的投资银行业务或专门的投资银行来担任。担任融资顾问的条件包括能够准确了解项目投资者的目标和具体要求；熟悉项目所在国的政治经济结构、投资环境、法律和税务；对项目本身以及项目所属工业部门的技术发展趋势、成本结构、投资费用有清楚的认识和分析；掌握当前金融市场的变化动向和各种新的融资手段；与主要银行的金融机构建立良好关系，具备丰富的谈判经验和技巧等方面。在项目融资谈判过程中，融资顾问周旋于各个有关于利益主体之间，通过对融资方案的反复设计、分析和比较，最终设计一个既能最大限度保护投资者利益又能为贷款银行所接受的融资方案。

工程项目融资顾问分为两类：一类是只担任投资者的顾问，为其安排融资结构和贷款，而自己不参加最终的贷款银团；另一类是在担任融资顾问的同时，也参与贷款，作为贷款银团的成员和经理人。国际上对这两种顾问利弊有争议。一种看法认为，单纯的作为投资者的融资顾问，立场独立，可以更好地代表投资者的利益；但是，另一种说法认为，融资顾问参与贷款，可以起到一个带头作用，有利于组织银团，特别是对于难度较大的工程项目融资，如果融资顾问不准备承担一定的风险，很难说服其他银行加入贷款行列。

(8) 项目的最终所有者——项目发起人

项目发起人是项目所在国政府、政府机构和政府指定的公司。项目发起人在法律上既不拥有项目，也不经营项目，而是通过给予项目某些特许经营权（如：承购项目产品以保证项目的最低收益）和给予项目一定数额的从属贷款或贷款保证作为对项目建设、开发和融资安排的支持。可以从两个层面来理解：

微观方面：项目发起人可以为项目的开发提供土地、良好的基础设施、长期稳定的能源供应、某种形式的经营特许权，减少项目建设的建设风险和经营风险；项目发起人可以为项目提供条件优惠的出口信贷和其他类型的贷款或贷款担保，这种贷款或是贷款担保可以作为一种特殊股本资金进入项目，促成工程项目融资完成。

宏观方面：项目发起人可以为项目提供一种良好地投资环境，例如：利用批准特殊外汇政策和特殊税务结构等种种优惠政策降低项目的综合债务成本，提高项目的经济强度和可融资性。再融资期结束后，项目发起人通常无偿获得项目的所有权和经营权。

(9) 法律、税务顾问

富有经验的法律顾问是项目投资者在安排融资项目时不可或缺的另一个助手。工程项目融资中大量的法律文件需要有经验的法律顾问来起草和把关，而同时，由于工程项目融资结构要达到有限追索的目的，有时有需要充分利用项目投资带来的税务亏损以降低资金的综合成本，或者将融资设计成为非公司负债型贷款结构，所以必须要有丰富的经验的会计税务顾问来检查这些安排是否符合项目所在国的有关规定，是否存在潜在的问题和风险。

7.3 项目融资的合同结构

一个大型的工程项目，所需的资金和资源可能是跨地区、跨国家的，每个工程项目融资结构，项目参与者在融资结构的地位，他们所拥有的权利、所承担的责任和义务是通过一系列法律文件确立下来的。法律文件是否准确无误地反映出项目各个参与者在融资结构中的地位和诉求，各个法律文件之间的结构体系是否严谨，是保证工程项目融资成功的必要条件（图7-7）。

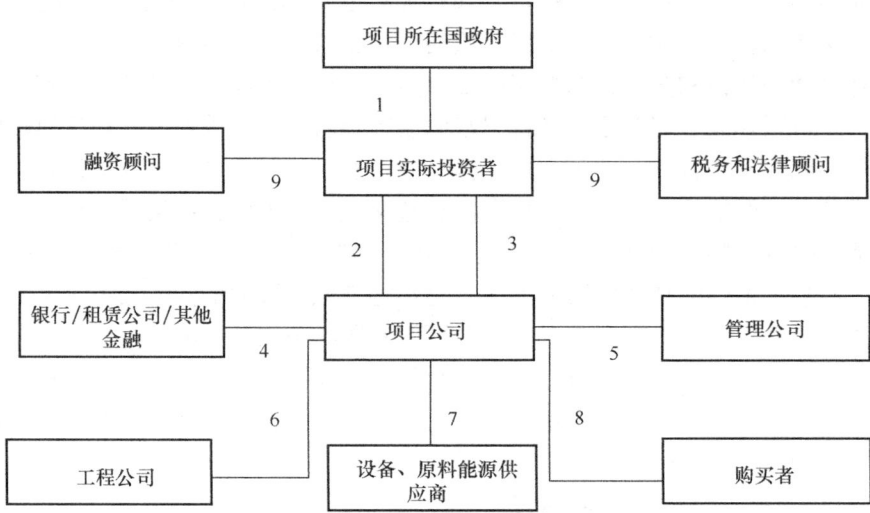

图 7-7 项目融资过程中各参与方的合作协议

1—特许经营协议；2—投资协议；3—担保合同；4—贷款协议、租赁协议、收益转让协议、先期购买
协议；5—经营管理合同；6—建设合同；7—供货协议；8—提货或付款协议；9—委托代理合同

7.3.1 合同文件体系

一般而言，根据参与方和各方之间的关系，项目融资中主要存在以下10个文件：

（1）特许经营协议

需要融资的项目已经获得东道主政府许可，其建设与经营具有合法性的重要标志。

（2）投资协议

项目发起人和项目公司之间签订的协议，主要规定项目发起人向项目公司提供一定金额的财务支持，使项目公司具备足够的清偿债务的能力。

（3）担保合同

包括完工担保协议、资金短缺协议和购买协议，是一系列具有履约担保性质的合同。

（4）贷款协议

是贷款人与项目公司之间就项目融资中贷款权利与义务关系达成一致而订立的协议，是项目融资过程中最重要的法律文件之一。

（5）租赁协议

在BLT（建设—租赁—移交）或以融资租赁为基础的项目融资中承租人和出租人之间签订的租赁协议。

（6）收益转让协议（托管协议）

按照这种合同，通常会将项目产品长期销售合同中的硬货币收益权转让，或将项目的所有产品的收益权转让给一个受托人。这种合同的目的是使贷款人获得收益权的抵押利益，使贷款人对项目现金收益拥有法律上的优先权。

（7）先期购买协议

项目公司与贷款人拥有股权的金融公司或者与贷款人直接签订的协议，按照这个协议，后者同意向项目公司预先支付其购买项目产品的款项，项目公司利用该款项进行项目的建设。这种协议包括了通常使用的"生产支付协议"。

（8）经营管理合同

有关项目经营管理事务的长期合同，利于加强对项目的经营管理，增加项目成功把握。

（9）供货协议

通常由项目发起人与项目设备、能源及原材料供应商签订。通过这类合同，在设备购买方面可以实现延期付款或者获取低息优惠的出口信贷，构成项目资金的重要来源，在材料和能源方面可以获取长期低价供应，为项目投资者安排项目融资提供便利条件。

（10）提货或付款协议

包括"无论提货与否均需付款"协议和"提货与付款"协议。前一种合同规定，无论项目公司能否交货，项目产品或服务的购买人都必须承担支付约定数额贷款的义务；后一种合同规定只有在特定条件下购买人才有付款的义务。其中，当产品是某种设施时，"无论提货与否均需付款"协议可以形成"设施使用协议"。

上述这些文件的签订和履行都围绕项目融资的实施进行，合同之间相互制约，但又互为补充，它们的各自规定共同构成了项目融资的合同文件基础，形成了项目融资的合同文件体系。项目融资方式的不同往往是由于一个或者几个特定合同协议的不同而引起的。本书把决定项目融资资金保障的合同文件称为项目融资中的主合同文件，决定了项目融资文件体系的整体组成；其他的合同文件称为从合同文件，主要包括了采购管理、风险管理、施工管理等具体内容。表7-2为不同合同的相互比较情况。将合同进行主次的划分，可以方便在合同的管理中抓住主要问题，从而提高融资工作的效率。

几种常见的项目融资的方式中的主合同条件及其作用　　　　　　表 7-2

项目融资方式	主合同文件	主合同的特点和作用
投资者直接安排	贷款协议	以贷款人资信作为担保的一种合同
通过项目公司安排	投资协议	实现了有限追索但是需要发起人一定的信用保证
以"设施使用协议"为基础	设施使用协议	为项目的经济强度提供了强有力的保证
以"杠杆租赁"为基础	租赁协议	利用了税务好处，保证了还款金额的稳定
以"生产支付"为基础	生产支付协议	通过项目的产品和销售收入实现了信用保证
BOT 模式	特许权协议	为项目的建设和运营提供了合法地位和专用权

7.3.2　工程项目融资文件设计

工程项目融资文件包括招标投标文件、融资谈判及审查法律文件等。

（1）招标文件

招标文件按照国际惯例，一般由政府委托律师事务所和专业咨询机构编制，主要包括招标通告、招标须知、技术参数说明和相关的合同格式合同条款等。

1）招标通告：指通过国际传媒发布广告。

2）招标须知：介绍工程概况，特许条件、投标准备期、评标标准与办法、投标方法、投标书的内容、投标保证金、开标时间与地点等。

3）技术参数说明：技术参数及与之相关联的图纸，是准备投标书的重要基础材料。根据投标前法规的健全与否以及前期工作的多少，对技术参数可以全面具体地说明，也可以罗列出这一工程所要达到的技术要求。

4）合同格式和合同条款：合同格式根据不同项目安排，其条款内容大致包括特许权的内容、转让与抵押、政府和项目主办人的权利和义务。政府和项目公司的权利和义务、项目建设与运营、收费以及特许权的违约与终止等。

5）投标保证格式和投标履约保证金条款。

6）附件：包括我国政府制定的法律、法规以及已经批准和审查的文件等等。

（2）投标文件

1）项目投标书。项目投标书应说明下列事项：投标人的资信（包括技术水平、生产能力和财务状况等）、项目总投资、项目公司情况、股本结构、资金结构、投资回收计划、项目盈利水平、收费和特许期、建设进度和运营计划以及维修和养护计划等。

2）意向书。项目意向书应包含项目公司与项目主办人（股东）间的投资意向书、项目公司与银行（团）间的融资意向书、项目公司与建筑承包商间的设计和建设意向书等、项目公司与设备供应商间的设备供应意向书、项目公司与运营商间的运营和维修意向书、项目公司与保险公司间的保险意向书等。

（3）融资谈判及审查法律文件

1）特许协议

① 特许协议签字各方的法定名称与地址；

② 特许内容、方式及期限；

③ 我国政府和特许方的权利和义务；

④ 项目工程设计、建筑施工、经营和维护的标准规范；

⑤ 项目的组织实施计划与安排；

⑥ 项目转让、抵押、征管、终止条款；

⑦ 项目风险承担及保险；

⑧ 特许期届满时项目移交标准及程序；

⑨ 责罚；

⑩ 特许协议的仲裁及所适用的准据法等。

在特许经营协议的各项条款中，我国政府和特许各方的权利义务条款尤为重要，要求具体，明确地规定。如政府在设计阶段对项目公司提交方案的审查、修改和取消权，在施工阶段的监理权、变更审批权，在竣工验收阶段的检测验收权和最终确认权，在运营阶段的检察权、劳务政策制定权以及最终接管权等；同时承担为项目公司提供施工用地、水电原（燃）料的供应等各种条件，承诺实现项目收益，以及提供临时资金的义务。项目公司享有收费权、税收优惠权、优先受让权、外汇平衡权、申请政府援助和保护权等；同时承担按政府审查标准确认的规范设计项目、按批准的设计方案建设项目、按规定的收费标准经营并保证项目移交时的完好性义务等。

为减少工程融资的前期费用和缩短谈判时间，特许协议往往由政府部门的律师核定并作为竞标的条件加以确认。

2）完工担保合同：是项目主办人与贷款人之间的一种法律文件。它可是独立合同，也可以附在项目公司与债权人签订的贷款合同中。完工担保合同（或条款）的核心内容是项目主办人向债权人保证，为了使项目能够如期完成并投入运营，除原计划内的融资外，如果还需要额外资金，项目主办人将承担进一步追加资金的义务。如果不履行该义务致使项目达不到要求，则应偿还债权人的贷款。其中要明确规定"完工"的标准和含义、提供额外资金的方式、风险承担及担保有效期等。

3）产品购买合同：又称无论取得货物与否均须付款合同、提货或付款合同等，是项目公司与项目使用者订立的长期购销合同。根据该合同，不论项目公司能否交货，项目使用者都有义务支付约定数额的使用费，其最低数额应相当于偿还贷款所需金额。产品购买合同是买方向项目公司提供的一种财务担保，实际上起着由项目产品的买方向项目的债权人提供担保的作用。

4）贷款合同：是工程项目融资的重要法律文件，合同的内容必须使贷款人满意和放心。

5）运营维护合同：是项目公司与第三人订立的经营管理项目的合同。其目的是加强对项目的经营管理，使项目有更大的成功把握，从而使债权人收回其贷款有更大保障，其核心条款为运营成本的控制条款及相应的奖惩制度。

6）其他法律文件：包括项目主办人为成立项目公司签订的投资协议，项目公司与建筑设计、施工承包商签订的设计建设承包合同，项目公司与保险公司签订的保险合同，项目公司与其他债权人签订的出口信贷合同、协作合同、联合贷款合同，保证金和其他支持文件，资金筹措文件和附属融资文件等。

上述法律文件在工程项目融资中得到了广泛的应用，在新的国际融资技术的发展中起到了重要作用。但并非每个工程项目融资都需要使用上述文件，须当事人根据律师意见并结合项目结构特点选择使用。

7.3.3 合资协议的主要条款

合资协议是项目投资结构的根本性文件。在公司型合资结构中，这种文件通常称为股东协议，但是有些内容也可能被包括进公司章程。对于信托基金结构，文件的形式略微复杂，一般由三个文件构成：信托契约、管理协议和信托基金单位持有人协议。在合伙制结构中，这种文件称为合伙人协议。在非公司型合资结构中，这种文件称为合资协议。除了合资协议外，根据项目的性质和融资安排，投资者之间可能还需要有其他一系列文件作为合资结构的法律基础，这些文件包括：项目管理协议、原材料能源供应协议、市场安排协议、技术转让协议、主要管理人员的聘用协议、项目建设合同以及融资文件等。

无论项目采用哪一种投资结构，有一些带有共性的关键性问题是所有的合资项目都会面对的，并且需要针对项目的法律结构、投资者的性质和战略目标、项目的生产管理和市场安排、项目的融资方式等一系列问题通过投资者之间的谈判协商加以解决。

（1）合资项目的经营范围

一个合资结构的建立是为了开发一个特定的项目。这个项目需要在合资协议上清楚地加以定义和说明。同时在合资协议中投资者之间的法律经济关系也必须清楚地加以规定。特别是对于非公司型合资结构，由于存在混淆非公司型合资结构和合伙制结构性质的潜在不确定性因素，所以很重要的一点是要在合资协议中清楚说明项目的性质，即每一个投资者独立的商业活动是怎样共同地存在于一个合资项目中，以及每一个投资者在项目中所承担的责任。

（2）投资者在合资项目中的权益

合资协议中需要规定每个投资者在项目中的投资以及相应占有的比例。

对于非公司型合资结构，合资协议需要说明投资者在项目中所拥有的资产是全部资产的一个不可分割的部分，投资者同意将项目资产交给合资结构使用但是保留独立的法律所有权。每一个投资者将有权利从合资结构中获得属于自己投资比例的产品。

对于公司型合资结构，投资者持有合资项目公司的股份，项目资产的拥有形式比较简单。然而，对于项目产品的分配与销售、融资担保等关键性问题也需要做出明确的规定。此外，为了安排项目融资，通常也需要投资者提供一定的项目担保和一定的项目资金保证。

（3）项目的管理和控制

合资协议中需要建立相应的项目管理机制，其中包括重大问题的决策和日常的生产管理两个方面。在公司型合资结构中重大问题的决策权在董事会；在非公司型合资结构中这个决策权在项目的管理委员会。合资协议需要规定出会议召开的时间、频率、地点、会议主席的选举、会议代表或董事的任命及取消、会议代表或董事的投票权以及重大问题的决策程序等主要内容。

关于项目重大问题的决策程序，习惯的做法是将决策问题按照性质的重要性分类：最重要的问题，如修改合资协议、改变或增加项目的经营范围、出售项目资产、停产、年度资本开支和经营预算等要求全部同意；相对重要的问题，如一定金额以上的费用支出、重大项目合同等要求绝大多数同意；一般性问题要求简单多数投资者同意。

（4）项目预算的审批程序

在合资协议中需要对预算审批制订严格的程序。项目预算一般由项目经理负责制定，在一个财政年度开始之前，提交项目管理委员会（或合资公司董事会）审批。预算审批程序在合资结构中一般分为三个层次两个阶段。首先，根据项目支出的性质将预算资金分为重大资本支出、日常性资本支出和生产费用支出三个层次。其次，在第一阶段，管理委员会审批项目年度预算，并授权项目经理在预算批准范围内负责日常性资本支出和生产费用支出。但是，在项目进行过程中，对于超出一定金额的重大资本支出，尽管管理委员会在审订项目预算时有自己的批准原则，项目经理在实际支出之前也需要再次报告管理委员会审批，即第二阶段审批以确保项目的资金使用完全符合投资者的利益。

（5）违约行为的处理方法条款

违约行为是指合资结构中的某一个投资者未能履行合资协议所规定的义务。对于非公司型合资结构或合伙制结构最常见的违约行为是投资者不承担和无法承担继续支付项目的资本支出或生产费用的责任。对于公司型合资结构或信托基金结构，投资者违约行为比较复杂，主要取决于投资者在项目中所承担的义务。一个投资者的违约行为有可能立即造成非违约方甚至整个项目的重大损失，因此在合资协议中需要对违约事件的处理做出严格的规定，并对违约行为的补救措施提出多种可选择的方法，为非违约方处理违约事件提供较大的选择余地和利益好处。

（6）融资安排条款

融资安排是合资结构中最为复杂的问题之一。对于非公司型合资结构，如果一个投资者以其相应的项目资产和权益作为抵押安排融资，违约行为的出现就将造成贷款银行与非违约方之间的利益冲突，处理两者之间的关系就变成了一个相当复杂的法律和实际问题。

因此，在一些合资结构中，资金雄厚的投资者可能会要求任何一方均不能用项目资产作为借款抵押。至少在很多情况下，合资结构会要求项目投资者之间的交叉担保的优先序列要高于其中任何一个投资者以项目资产和权益对贷款银行所做出的抵押。但是有时这种序列的存在可能无法安排融资，因此在建立非公司型合资结构时，如果其中一个或几个投资者准备利用其项目资产与权益安排融资，这些问题都必须在起草合资协议时认真加以考虑。

对于公司型合资结构，如果一个投资者以相应的项目公司股权及其他权益作为抵押安排融资也会遇到类似的问题。有些合资协议规定，投资者不能以公司股权作为融资抵押，或者融资安排必须经过其他投资者的批准。

（7）优先购买权

项目的优先购买权是指合资项目中现有投资者按照规定的价格公式和程序可以优先购买其他投资者在项目中的资产（或股权）的权利。在一个合资项目中投资者的资信程度和可靠性是保证项目成功的重要因素之一。为了阻止不被现有投资者欢迎的人进入项目，或者为了阻止某个投资者以低于市场价值的价格出售项目资产（或股权），几乎所有的合资协议中都规定现有投资者拥有项目的优先购买权。

处理项目的优先购买权有三种基本方法：

第一种方法是由卖方在市场上寻找有意购买者，谈妥价格之后首先征求现有投资者的意愿，现有投资者可在规定时间内决定是否以此价格收购，由于在与潜在购买者的谈判过程中要涉及许多项目的保密资料，因此合资协议中一般规定在提供这些信息之前必须得到现有投资者的同意。

第二种方法是在合资协议中事先规定出项目资产（或股份）出售的价格公式，如果现有投资者不愿意按照此公式价格购买，卖方则可以按不低于此价格的售价将项目资产（或股份）出售给第三方。

第三种方法与第二种方法类似，只是改为聘用独立的项目价格评估人（一般为注册会计师事务所）对准备出售的项目资产（或股份）做出价值评估，以此作为是否执行项目优先购买权的标准。

（8）项目决策僵局的处理方法条款

在50％：50％的合资结构中，有时会出现合资双方在某一决策问题上争执不下，互不让步的情况，但是由于双方持有的股份或权利相等，因而无法做出决策，这就是所谓的项目决策中的僵局。在合资结构中，如果一个或数个投资者对项目决策持有否决权时，也会出现项目决策上的僵局。严重的项目决策僵局会造成项目的重大损失。

为了避免项目运转出现僵局而同时又保护一方或一部分投资者的利益，需要在合资协议中规定出相应的处理僵局的机制。一般的处理僵局的方法包括：协商、第三方仲裁、限制性收购。

7.3.4 相关法律问题

（1）项目融资中的一些法律障碍

项目融资的过程中，会存在一些法律方面的障碍，如：

1）担保法律和法规的有效性：有些法律之间存在概念交叉的现象，当出现矛盾时，哪种解释更为有效值得商榷。

2）抵押/质押登记部门的局限性：有些登记部门不能提供相关的文件，以至于不能证明相关的法律关系。

3）浮动抵押的合法性：浮动抵押是一种特别抵押，抵押人将其现在和将来所有的全部财产或者部分财产上设定的担保，在行使抵押权之前，抵押人对抵押财产保留在正常经营过程中的处分权。浮动抵押的概念来源于英国衡平法院在司法实践中发展出来的一种特殊的抵押制度。目前我国浮动抵押的制度还不够完善，可能存在一些法律上的争议。

4）权利质押的范围不确定性：权利质押是指以债务人或第三人享有的实体财产权以外的可让与的财产权利作为质押标的，在债务人届期未履行债务时，债权人可依法就该项权利中的财产利益进行拍卖、变卖或通过其他方式加以处置，并以处置所得优先受偿以担保债权的实现。《物权法》对不动产收益权是否可以用来质押，并未做出明确的规定，只是在《担保法》的基础上，对质权范围新增了"可以转让的基金份额"与"应收账款"两项内容，体现了法律发展服务于社会经济发展的特点。此外，弹性条款规定的内容也有所不同，《物权法》规定，可以出质的权利还包括法律、行政法规规定允许出质的其他财产权利。而《担保法》的规定范围较宽。

（2）有关法律障碍的简单探讨

1）《担保法司法解释》第四十七条规定：以依法获准尚未建造的或者正在建造中的房屋或者其他建筑物抵押的，当事人办理了抵押物登记，人民法院可以认定抵押有效。

2）《担保法司法解释》第九十七条规定：以公路桥梁、公路隧道或者公路渡口等不动产收益权出质的，按照担保法第七十五条第（四）项"依法可以质押的其他权利"的规定处理。国务院发布的一些政策性文件和地方法规、规章中对公路收费权、电网收益权和城市基础设施项目收益权等权利质押作了规定。

3）《公证机关办理抵押登记办法》第十八条：以承包经营权等合同权益、应收账款或未来可得权益进行物权担保的，公证机关办理登记可比照本办法执行。

4）国家外汇管理局 2001 年 5 月 29 日在给国家外汇管理局广东省分局关于保险权益质押登记问题的批复中对保险质押持肯定态度。

5）国家外汇管理局就内地项目融资中的账户质押协议、合同权益质押协议等出具了对外担保登记证或办理了备案手续。

案例分析

国家体育场 PPP 项目融资模式案例分析

（1）项目概况

"鸟巢"是我国首个运用 PPP 模式并由社会资本投资建设和运营的大型体育场馆项目。项目总投资 31.39 亿元，总占地面积 21 公顷，建筑面积 25.8 万平方米。场内观众座席约为 91000 个，其中临时座席 11000 个，项目于 2003 年 12 月开工建设，2008 年 6 月 28 日正式竣工。国家体育场有限责任公司负责国家体育场的融资和建设工作，北京中信联合体体育场运营有限公司负责 30 年特许经营期内的国家体育场赛后运营维护工作（图 7-8）。

（2）项目特征

1）世界同类体育场中规模最大、结构最复杂、技术难度最高、工期和质量要求最严

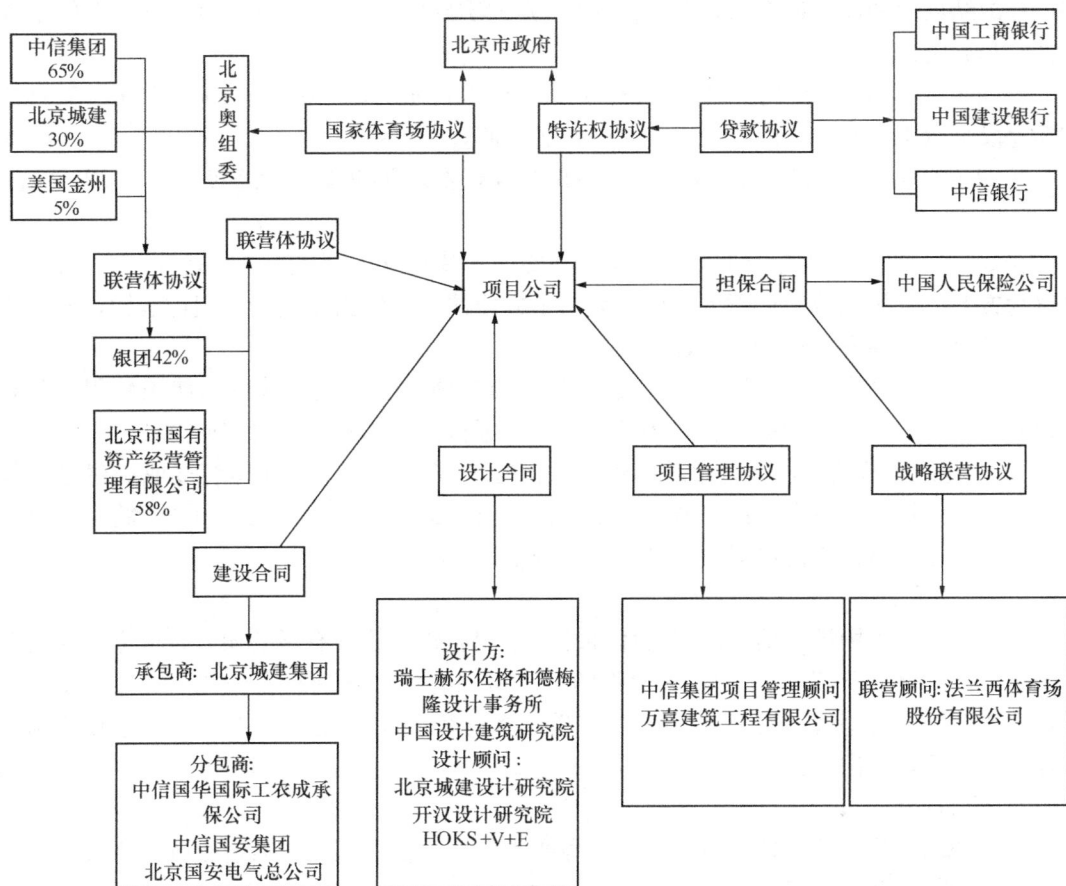

图 7-8 国家体育场 PPP 项目合同结构示意图

格的体育场。

2）作为公众项目，具有公益性，预期盈利低，运营难度大。

3）需要整合国内外多方资源：融资、设计、施工、采购、运营管理、风险控制、保险、移交等多个方面。

4）意义重大，国家体育场是北京市的标志性建筑，也是北京市最大的，具有国际先进水平的多功能体育场，是一项世界级工程。

（3）项目的合同结构

"鸟巢"项目的合同结构有三个关键的节点，即特许权协议、国际体育场协议以及联营体协议。中国中信集团联合体分别与北京市人民政府、北京奥组委、北京市国有资产有限责任公司签署《特许权协议》《国家体育场协议》和《合作经营合同》三个合同协议。之后，联合体与代表北京市政府的国有资产经营管理有限公司共同组建了项目公司——国家体育场有限责任公司，该公司也如愿注册为中外合营企业，以享受相关税收优惠。

有关三个重要的协议是该项目的合同的关键点：

1）政府的特许权协议

根据特许权协议的相关文件要求，北京市政府作为国家体育场项目的真正发起者和特许权合约结束后的项目拥有者，为了以 PPP 方式实施国家体育场项目的建设，提供了许多鼓励和激励措施：

① 北京市政府为项目公司提供低价项目土地（土地一级开发费为 1040 元/m²）。这与相邻地段高达 10000 元/m² 的土地相比确实非常便宜。

② 北京市政府提供 18.154 亿元的补贴（不要求回报），占总投资（31.3 亿元）的 58%。

③ 北京市政府提供与施工场地相连的必要配套基础设施（水、电、路等），以及其他可以为方便体育场建设和运营的帮助，如为了方便体育场的大型钢结构组件运输，北京市政府向项目公司签发了车辆特殊通行证。

④ 在奥运会和测试赛期间，北京奥组委将会向项目公司支付体育场使用费用，北京市政府也会承担专门用于奥运会开闭幕式但赛后不再使用的特殊装置的所有费用。

⑤ 在特许经营期内，北京市政府承诺限制在北京市区北部新建体育场或扩建已有体育场馆，以保护国家体育场的市场。如果确需建设新的体育场，则北京市政府将与项目公司协商，并按照特许权协议对项目公司进行补偿。

2）联营体协议

项目联合体由中国中信集团联合体和北京市国有资产管理有限公司合资成立，注册资本金 10.43333 亿元。其中，由代表政府的北京市国有资产管理有限公司出资 6.05133 亿元，占比 58%，中信集团牵头的中国中信联合体出资 4.3820 亿元，占比 48%，由中信集团作为项目公司的法人代表。

3）贷款协议

项目公司认为对国家体育场表达了浓厚兴趣的国内商业银行都具有很强的人民币和外币贷款能力，因此，项目公司很有信心能从国内商业银行贷款获得贷款。投标前，项目公司得到了国内三家商业银行，即中国工商银行、中国建设银行和中信银行的贷款承诺函，银行贷款主要作为项目的非资本金投入。贷款主要是 16 年期限（包括 6 年宽限期）的优先债务，年利率 5.184%（按基准利率下浮 10% 计），按季度付息。同时银团为项目公司提供了 12 亿元的授信额度。

4）兜底条款

北京市发展与改革委员会协调各部门帮助联合体取得利润。

（4）项目存在的争议

1）项目公司股东之间的争议

项目公司内部各方存在一些争议。首先，所有各方都想从建设承包合同中获利，所以项目的整个建设工程按照中信集团、北京城建和美国金州在项目公司中的股份比例分给各方，导致项目公司对项目建设无法 100% 控制。其次，由于项目结构的特殊性和详细设计的不及时，承包商只能和项目公司签订固定单价合同，北京城建作为总承包商，被其他股东抱怨过于考虑自己的利润、进度和安全而不是整个项目公司的利益，导致建设费用超支和项目建设中的最大争议——北京城建要求技术措施费以部分补偿因设计变更（取消可闭合顶盖）导致的工期延误。

2）项目公司和北京市政府之间的争议

首先，国家体育场原始设计中的停车位是 2000 个，但北京市政府后来打算为整个奥运会公园建设一个大停车场，故要求项目公司减少 1000 个车位。这就导致了停车位不足，许多人不得不把车停到北京市政府的停车场再步行至体育场，部分影响了体育场的商业运营。第二，北京市政府同时要求减少体育场中的商业设施，影响了项目的租金收入。第三，北京市政府后来决定取消可闭合顶盖，影响了体育场的商业运营，减少了项目收益。第四、北京市政府在修改设计的同时要求体育场必须在 2006 年 12 月 31 日前完工，如此紧张的进度要求影响了项目的经济性建设；而且，考虑到工期的紧迫性，融资完成的时间定为 2003 年 12 月 15 日（但实际上延误了两个月），北京城建在特许权协议签订后不得不立即进入现场开始施工，没有足够时间做合理经济的施工组织计划。

　　3）项目公司和设计联合体之间的争议

　　在设计上，项目公司遇到一个很大的问题，北京市政府没有获得国家体育场设计的知识产权，但要求项目公司必须使用该设计。这导致项目公司在与设计联合体谈判时的弱势地位，同时也导致了设计上对体育场赛后商业运营考虑的不足。通常情况下，项目公司是设施的业主，设计方应当满足项目公司的要求。但国家体育场是用于 2008 年奥运会的，北京市政府在确定设计蓝图时处于主导地位，限制了项目公司对体育场商业化和高效率使用最大化。

　　国家体育场是目前我国采用 PPP 模式的典型公益性项目，但只考虑到了有利于建设速度性和对奥运会的服务性而对赛后的运营未作出合理的规划以及相应的风险控制，社会资本方在投标和中标后很可能没能充分识别大型体育场在建设和运营全生命周期中的各种潜在风险和制约因素，并在此基础上建立有效的风险分担机制。相关合同协议也不够明确，使得鸟巢在后期运营中效率较低，这也是该项目的一个缺憾。

7.4　项目融资资金结构

7.4.1　项目融资的资金来源

一般而言，工程项目的资金来源分为两部分：工程项目公司的股本金和债务资金。

（1）股本金

项目公司的股本金是指在建设项目总投资中，由投资者认缴的出资额，对建设项目来说，是非债务性资金，项目不承担这部分资金的任何利息和债务。投资者按其出资比例依法享有所有者权益，也可以转让其出资，但不得以任何方式抽回。投资主体投入项目的资本，是投资者本身对于项目的投资责任承诺，实际上是一种风险投资，构成了项目融资的基础。股本金是一种权益资本，体现了投资主体对项目资产和收益的所有权，它既是承担项目风险的需要，也是为了获取投资收益的需要。

在项目融资结构中，应用最普遍的股本资金形式是认购项目公司的普通股和优先股。股本资金的比例不一定非常大，但是，它却起着非常重要的作用。股本金可以提高项目抗风险的能力。因为股本金在资金偿还序列中排在最后一位，它标志着项目有一个稳定的财务基础。股本资金投入越多，项目的抗风险能力越强，贷款银行的风险也就越小。反之，项目承受的债务越高，现金流量中用于偿还债务的资金占比就越大，贷款银行的潜在风险也就越大。而且股本资金的投入多少决定了投资者对项目的关心程度，能相应降低银行的贷款风险。另一方面股本金的投入也代表投资者对于项目今后现金流量和效益充满自信，因此一定比例的股本金投入可以增强银行及其他债权人参与此项目的信心。

（2）准股本资金

准股本资金是指在偿还顺序上先于股本资金但落后于高级债务和担保债务的次级债务。当项目公司破产时，在偿还所有的项目贷款和其他高级债务之后，它优先于股本资金得到偿还。此类资金的偿还具有一定的灵活性，不能规定在某一特定期间强制性地要求项目公司偿还这类债务。

因此，从项目贷款银行的角度，次级债务属于股本资金的一部分，我们称之为准股本资金。准股本资金可被用作为一种与股本资金和高级债务资金平行的形式进入项目，也可被用作一种准备金形式，用来支付项目建设超支、生产费用以及其他贷款银行要求投资者承担的资金责任。

在项目融资中最常见的准股本资金有无担保贷款、可转换债券换入零息债券三种形式：

1）无担保贷款是最简单的一种形式。这种贷款在形式上与商业贷款相似，贷款协议中包括贷款金额、期限、利率、利息支付、本金偿还等主要条款，但是贷款没有任何项目资产作为抵押和担保，本息的支付也通常带有一定的附加限制条件。

2）可转换债券是从属性债务的另一种形式，可转换债券在其有效期内只需支付利息。但是在一个特定的时期内，债券持有人有权选择将债券按照规定的价格转换成为公司的普通股。可转换债券的发行没有任何公司资产或项目资产作为担保，债券利息一般比同类贷款利息要略低一点。这种形式对于债券持有人的吸引力在于如果公司或项目经营良好，公司未来的股票价格或项目资产价值高于现已规定的转换价格，则债券持有人通过转换可以获得资本增值；相反，如果公司或项目经营结果不如预期，债券持有人仍可以在债券到期日收回债券面值。

3）零息债券也是项目融资中常用的一种从属债务形式。零息债券计算利息，但是不支付利息。在债券发行时，根据债券的面值、贴现率计算其发行价格，债券持有人按发行价格认购债券。因此债券持有人的收益来自债券购买价格与面值的差额，而不是利息收入。零息债券作为一种准股本资金形式在项目融资结构中获得较为普通的应用，其主要原因是这种资金安排既带有一定债务资金特点又不需要实际支付利息，减轻了对项目现金流量的压力。

（3）项目债务资金

项目债务资金是项目资金来源的重要组成部分，如何安排债务资金是解决项目融资的资金结构问题的核心。一个项目投资者面对的债务资金市场可以分为本国资金市场和外国资金市场两大部分。其中外部市场又可分为某个国家的金融市场、国际金融市场以及外国政府出口信贷、世界银行、地方开发银行的政策性信贷，如图7-9所示。

1）国际金融机构贷款

国际金融机构贷款是国际金融组织按照章程向其他成员国提供的各种贷款。许多国际性和地区性金融机构投资于项目的建设，有些国际性金融机构成立的宗旨就是为了项目，尤其是为了发展中国家的大型项目建设提供资金，如国际货币资金组织、世界银行、亚洲开发银行等地区性开发银行是这方面的活跃力量，这些机构不仅以股东投资的方式参与项目建设，同时也以各种的债券投资方式参与有关国家和地区的大型项目建设。这类资金具

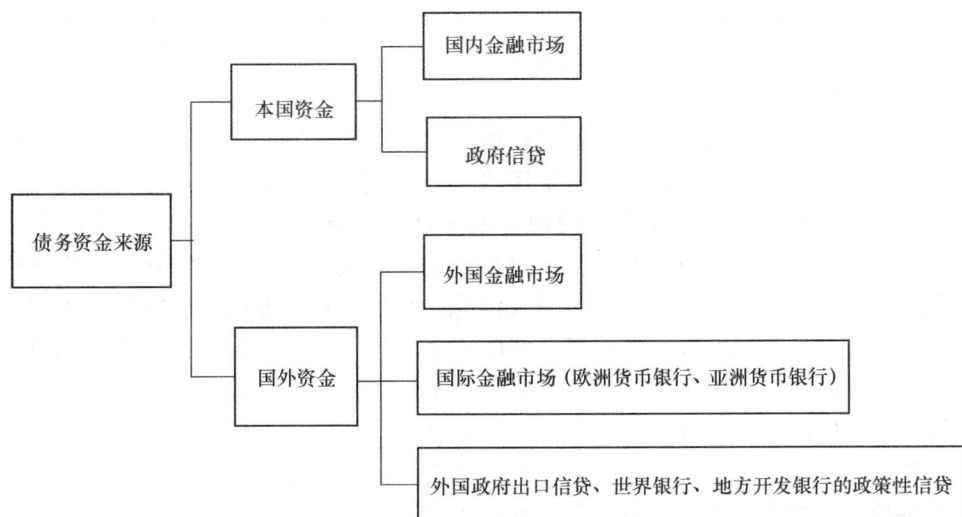

图 7-9 项目融资债务资金来源

有贷款期限长、资金供应量大的特点。但国际金融组织一般都有自己的贷款政策，只是这些组织认为应当支持的项目才能得到贷款。另外这类贷款具有谈判周期最长、附加条件多等特点。

2）外国政府贷款和出口信贷

外国政府贷款是一国政府向另一国政府提供的具有一定的援助或部分赠予性质的低息优惠贷款。政府贷款具有多边经济援助性质的优惠性贷款，一般是发达国家向发展中国家提供的贷款，主要用于环境保护、教育和卫生条件等方面改善投资。外国政府贷款具有期限长，利率优惠等优点。比如上海，利用外国政府贷款支持了一大批公共设施项目建设，浦东国际机场、地铁一号线、浦东垃圾焚烧厂等项目。外国政府贷款也有缺点：一般会指定在贷款国采购，无形中将加大设备采购的成本；政治色彩浓厚、易受两国关系影响，以及申请手续复杂、办理时间长。

出口信贷是贷款国为了支持和扩大本国大型设备的出口，加强国际竞争力，由本国银行对本国出口商或外国进口商（或银行）提供利率较低的一种贷款。出口信贷资金贷款期限一般在 5~10 年之间，利率通常要求低于国际上商业银行的贷款利率，但需要支付一定的附加费用。另外，我国政策规定，外国政府贷款和出口信贷，需要由国内银行进行转贷，这对项目业主来说，将增加银行项目评估和转贷条件谈判等手续，以及增加转贷成本，转贷银行一般会收取转贷利差。

3）发行债券

发行债券是项目建设重要的债务资金来源之一。债券代表着发债企业和债券投资者之间的一种债券债务关系。债券投资者是企业的债权人，不是所有者，有权按期收回本息，但无权参与和干涉企业的经营管理。债券发行筹集的资金具有期限长、成本低的特点，特别适用于资金需求大、偿还能力强的建设项目融资需求。与银行借贷资金相比，债券发行的缺点是程序复杂，需要资信评估机构的比较严格的评估以及发行费用高等。常用于项目建设的债券发行包括国债、市政债券、企业债券、国际债券以及 ABS 债券等收益性债券。

我国债券市场相对于国外发达国家债券市场来说还处于起步阶段，但近年来获得了很大的发展，在项目建设融资发挥着越来越大的作用。

4）商业贷款银行

商业银行贷款就是项目融资中最普遍和最主要的融资来源。这主要是因为商业银行具有雄厚的资金实力和评估项目贷款的信贷风险能力。商业银行针对具体的项目贷款期限，在详细的评估项目状况后，根据预期的现金流量情况测算决定是否贷款。就贷款形式而言，在项目融资中，商业银行主要提供项目长期贷款、项目流动资金贷款、过桥贷款3种形式的贷款。项目长期贷款是由商业银行提供与现金流量相匹配的长期贷款支持，还款期限和每年贷款金额，将根据项目的实际还贷能力来进行安排；项目流动资金贷款则用以满足生产运营是所需的日常运作资金需求。另外由于长期贷款有一个长期的谈判过程，并且长期贷款合同一般附加许多提款前提条件，所以在长期贷款过程中，或者长期贷款合同提款前提条件未能满足之前，为了项目建设合理之需，投资者或项目公司会寻求过桥贷款支持。过桥贷款还款来源一般为项目长期贷款的正式提款，或者投资者股本金的投入等资金来源。

按照贷款银行参与数目来划分，商业贷款银行可分为单一贷款银行、多家银行双边贷款、银团贷款3种形式。由于项目融资具有所需资金量大，风险大的特点，因此，银团贷款是大型项目融资中较多采用的融资方式。银行之间按照贷款份额共担风险，共享利益。

5）租赁融资

融资租赁是一种使用者（即承租者）可以获得某一设备或某一工厂的使用权而不需要在使用初期支付该设备或该工厂全部资本开支的一种融资手段。租赁经常被作为项目融资结构中一项重要的债务资金来源，这种融资方式适用于以购买设备为主的建设项目。基础建设项目往往需要大批的施工设备，与其他信贷筹资方式相比，租赁筹资成本较高，租金包含了设备的价格、租赁公司为购买设备的借款利息以及投资收益。但采用租赁的方式，项目发起方或承包商不必预先筹集一大笔相应资金就可以获得需要的资产使用权，可以缓解项目的资金压力。另外，承租人的租金支付出是在支付所得税前列支，可以租金免税。此外，租赁还可以使项目实体避免设备过时的风险。

7.4.2 资金成本

资金成本就是企业为完成某项目筹集和使用资金而付出的代价，它又称为融资成本。虽然项目公司筹集和使用长短期资金都要发生相应的成本，但资金成本仅指项目公司为筹集和使用长期资金（包括自有资本和借入长期资金）而发生的成本，而短期资金成本一般在资金成本中忽略不计。资金成本包括筹资费用和用资费用两部分。

（1）筹资费用

它是指项目公司在筹措资金的过程中为获取资金而付出的花费，如向银行借款支付的手续费，因发行股票、债券而支付的发行费用、评估费用等。一般情况下，这部分费用在筹资过程中一次性发生，用资过程中不再发生，可以看作筹资金额的一项扣除。

（2）用资费用

它是指项目公司在投资及经营过程中因使用资金而付出的费用，如向股东支付的股利、向银行和债券持有者等债权人支付的利息等。它是资金成本的主要内容。资金的用资费用实际上包括三个部分：一是所使用资金的无风险报酬（又称为时间价值），即资金在经历一段时间的投资和再投资所增加的价值；二是通货膨胀贴水，指由于所处社会发生通货膨胀而需要弥补货币贬值部分；三是风险补偿，是指所有者因资金被具有一定风险的项目使用而要求获取额外报酬。

为了便于比较分析，通常用项目占用资金所负担的费用与筹集资金净额的比值来表示资金成本的大小。用公式表示为：

$$K = \frac{D}{P - F}$$

式中　　K——资金成本率（一般也称为资金成本），以百分率表示；

　　　　D——资金占用费用；

　　　　P——筹集资金总额；

　　　　F——资金筹集费用。

公式中 D 的确定有筹集资金的渠道或方式决定，若资金为债务资金，如银行贷款、发行债券、融资租赁等，D 为利息费用；若 D 为权益资金，D 表示预计的投资利润或股利。

7.4.3 资金结构

(1) 资金结构概述

资金结构是指项目融资方案中各种资金来源的构成及比例关系，又称为资本结构。资金结构有广义和狭义之分。广义的资金构成是指项目公司全部资本的构成，不但包括长期资本，还包括短期资本，主要是短期债务资本。狭义的资金结构是指项目公司所拥有的各种长期资本的构成及比例关系，尤其指长期的股权资本与债务资本的构成及比例关系。

1) 债务资金和权益资金的比例

债务资金与权益资金的比例是项目资金结构的一个基本比例，也成为资金结构。一个项目中资本结构与项目投资结构、融资模式和信用担保结构有着密切的关系。通过合理、灵活、巧妙地安排资本结构，选择适当资金形式，可以有效地降低资金成本和项目风险，提高项目的综合效益。债务资金、权益资金和税收政策是确定资本结构主要考虑的三个因素。

2) 项目资金的期限结构

项目资金期限结构是指构成项目资金的各种资金使用期限的结构比例。合理的项目资金期限结构是保证项目顺利建成和正常运行的重要条件，同时也为债权人能按期收回贷款本息奠定基础。通过项目融资获得的各种资金使用期限是不同的。通常，投资者投入的权益资金比债务资金使用期限更为久远，只要项目和项目公司能正常运行，股本资金可以被永续地使用。在项目融资中债务资金，如贷款、债券、融资租赁等，基本上都属于长期债务，其与短期债务商业票据等比较优点是融资成本低，但如果项目公司的财务流动性不足，会产生较高的财务风险。

3) 利率结构

利率结构是各种债务资金利率结构比例关系。利率形式多种多样，在利率结构分析中，主要是研究债务资金的固定利率、浮动利率以及由浮动利率形式演变出来的其他形式利率结构关系。固定利率由于借贷期限内利率不随借贷资本的供求状况而变化，具有简便易行，计算方便的优点，但在市场利率变化频繁的情况下，借贷双方须承担一定的风险损失。相反，浮动利率在借贷期内随市场利率的变化而定期调整利率，计算繁琐，不可避免的增加资金成本，但它能使借贷双方承担的风险损失降低到最低水平。债务利率结构的确定需要考虑项目现金流的特征、金融市场利率、借贷人对控制融资风险的要求三个因素。

4）货币结构

项目资金的货币结构包括货币的品种结构和货币市场的来源结构，主要体现在外汇币种的选择和境内外借贷占比。不同币种的外汇汇率总是在不断地变化，如果条件许可，项目使用外汇贷款需要仔细选择外汇币种。外汇贷款的借款币种与还款币种有时不一致，特别需要注意对还款币种的选择。为了降低还款成本，一般选择币值较为软弱的币种为还款币种。这样，当这种外汇币值下降时，还款金额相对降低。当然，币值软弱的外汇贷款利率通常较高，这需要在汇率变化与利率差异之间做出预测、权衡选择。境内外借贷的占比主要取决于项目使用外汇的额度，同时主要由借款取得可能性及方便程度决定。项目投资中如果有国外采购，可以附带寻求国外政策贷款、出口信贷等优惠融资。

（2）工程项目融资资金结构的确定

当前项目融资中，确定资金结构的方法有资金成本法和每股收益分析法。

1）比较综合资金成本法

采用比较综合资金成本法，需要先确定不同融资方案的综合资金成本，再对不同方案的资金成本进行比较，选出资金成本最低的融资方案一确定最佳的资金结构。综合资金成本，又称平均资金成本（WACC），是以各种资金占全部资金的比重为权重，对个别资金成本进行加权确定，其计算公式为：

$$K_W = \sum_{j=1}^{n} (K_j \cdot W_j)$$

式中　　K_W——综合资金成本；

　　　　K_j——第 j 种个别资本成本；

　　　　W_j——第 j 种个别资本占全部资本的比重。

个别资金成本是指使用各种长期资金的成本。根据长期资金的来源，个别资金成本可以分为长期借款成本、债券成本、普通股成本、优先股成本、留存收益成本。前两者为债务资本成本、后三者为权益资金成本。

2）长期借款成本

长期借款成本一般由借款利息和借款手续费两部分组成。按照国际惯例和各国税法的规定，借款利息可以计入税前成本费用，起到抵税的作用。由此，一次还本、分期付息借款的成本计算公式为：

$$K_t = \frac{I_t(1-T)}{L(1-F_t)}$$

式中　　K_t——长期借款成本；

　　　　I_t——长期借款年利息；

　　　　T——所得税率；

　　　　L——长期借款筹资额；

　　　　F_t——长期借款筹资费用率。

3）债券成本

　　债券成本主要指债券的利息和筹资费用。债券利息的处理和长期借款利息的处理相同，应以税后的债务成本为计算依据。债券的筹资费用一般比较高，不可以在计算资金成本时忽略。同时，由于债券的发行价格受发行市场利率的影响，致使债券发行价格出现等价、溢价、折价等情况，因此在计算债券成本时，债券的利息按票面利率确定，但债券的筹资金额按照发行价格计算。债券成本的计算公式为：

$$K_{\mathrm{b}} = \frac{I_b \cdot (1-T)}{B \cdot (1-F_{\mathrm{b}})}$$

式中　　K_{b}——债券资金成本；

　　　　I_{b}——债券年利息；

　　　　T——所得税率；

　　　　B——债券融资额；

　　　　F_{b}——债券融资费用率。

　　4）普通股成本

　　普通股成本是普通股股东预期的、要求达到的或实际赚得后可使股票的市场价值保持不变的报酬率。普通股的股利不是不变的，因为其承担的风险比债权人的风险要大，所以其要求的收益也比较高，而且通常要求逐年增长。假设预期企业每期的股利相等，则普通股成本的计算公式为：

$$K_{\mathrm{nc}} = \frac{D_{\mathrm{c}}}{P_{\mathrm{c}} \cdot (1-F_{\mathrm{c}})}$$

式中：K_{nc}——普通股成本；

　　　　D_{c}——每年固定股利；

　　　　P_{c}——普通股市价；

　　　　F_{c}——普通股融资费用率。

　　5）优先股成本

　　优先股介于债务资金和普通股之间，其与债务成本的区别在于优先股股息的支付是税后发生，且没有固定的到期日，企业破产时，优先股持有人求偿权在债权人之后，但在普通股权益人之前，因此其融资成本介于债务资金与普通股权益资金之间。优先股成本的计算公式为：

$$K_{\mathrm{p}} = \frac{D_{\mathrm{p}}}{P \cdot (1-F_{\mathrm{p}})}$$

式中　　K_{p}——优先股成本；

　　　　D_{p}——优先股股息；

　　　　P——优先股发行价格；

　　　　F_{p}——优先股融资费用率。

　　6）留存收益成本

　　留存收益是企业缴纳税后形成的，其所有权属于股东。股东将一部分未分派的税后利润留存于企业，实际上是对企业追加投资。如果企业将留存收益用于再投资所获得收益率低于股东自己进行另一项风险相似的投资收益率，企业就不应该保留留存收益而将其分派给过股东。留存收益的估计比较困难，这是因为很难对诸如企业未来发展前景及股东对未来风险所要求的风险溢价做出准确的测定，计算留存收益有以下 3 种方法：

① 股利增长模型。股利增长模型是依照股票投资收益率不断提高的思路计算留存收益成本，一般假定收益以固定的增长率递增，则留存收益成本计算公式为

$$K_s = \frac{D_c}{P_c} + G$$

式中　K_s——留存收益成本；

　　　　D_c——预期年股利；

　　　　P_c——普通股市价；

　　　　G——普通股利年增长率。

② 资本资产定价模式。按照"资产资本定价模型法"，留存收益成本计算公式为：

$$K_s = R_F + \beta(R_m - R_F)$$

式中　R_F——无风险报酬率；

　　　　R_m——平均风险股票必要报酬率；

　　　　β——股票的贝塔系数。

③ 风险溢价法。根据某项投资"风险越大，要求的报酬率也越高"的原理，普通股股东对企业的投资风险大于债券投资者，因而会在债券投资者要求的收益率上再要求一定的风险溢价，则留存收益成本公式为：

$$K_s = K_b + RP_c$$

式中　K_b——债务成本；

　　　　RP_c——股东比债权人承担更大风险所要求的风险溢价。

债务成本比较好计算，难点在于 RP_c 的确定。一般认为企业普通股风险溢价对其自己发行债券来讲，大约为 3%～5%，当市场利率处于历史性最高点时，风险溢价通常很低，在 3% 左右；当市场利率处于历史性最低点时，风险溢价通常较高，在 5% 左右；通常情况下采用 4% 的平均风险溢价。

【例 7-1】 某工程开发建设需要初始投资 6000 万元，经融资顾问精心设计和安排，有 3 个方案可供选择，其资料如下（表 7-3），假设 3 个融资方案的财务风险相当，请确定初始投资的最佳资金结构。

某项目初始融资方案

表 7-3

筹资方式	融资方案 1		融资方案 2		融资方案 3	
	初始融资额	资金成本（%）	初始融资额	资金成本（%）	初始融资额	资金成本（%）
长期借款	480	5	600	5.5	960	6
长期债券	1200	6	1800	7	1440	6.6
优先股	720	11	1200	11	600	11
普通股	3600	14	1400	14	3000	14
合计	6000		6000		6000	

【解】

第一步：分别计算 3 个融资方案中不同筹资方式下融资额占融资总额的比例，见表 7-4：

不同融资方案下融资额占融资总额的比例　单位：%　　　　　表 7-4

筹资方式	融资方案 1	融资方案 2	融资方案 3
长期借款	8	10	16
长期债券	20	30	24
优先股	12	20	10
普通股	60	40	50

第二步，分别求出 3 个融资方案的综合资金成本。

方案 1 的综合资金成本为：

$$8\% \times 5\% + 20\% \times 6\% + 12\% \times 11\% + 60\% \times 14\% = 11.32\%$$

方案 2 的综合资金成本为：

$$10\% \times 5.5\% + 30\% \times 7\% + 20\% \times 11\% + 40\% \times 14\% = 10.45\%$$

方案 3 的综合资金成本为：

$$16\% \times 6\% + 24\% \times 6.5\% + 10\% \times 11\% + 50\% \times 14\% = 10.62\%$$

通过计算可知融资方案 2 的资金成本最低，该方案为最佳融资方案，即长期借款 600 万元，长期债券 1800 万元，优先股 1200 万元，普通股 1400 万。

④ 无差异点法。每股盈余分析法又称为无差异点法，是利用每股收益无差异点来进行资金结构决策的方法。每股收益无差异点是指两种或两种以上融资方案下普通股每股收益相等时的息税前利润点，也成为息税前利润平衡点。根据每股收益无差异点，分析判断在什么情况下可以利用什么方式融资来安排和及时调整资金结构，进行资金结构决策。

每股收益的计算公式：

$$EPS = \frac{(EBIT - I) \cdot (1 - T) - I_p}{N}$$

式中　$EBIT$ ——息税前利润；

$\quad\quad I$ ——负债利息；

$\quad\quad T$ ——公司所得税；

$\quad\quad N$ ——普通股股数；

$\quad\quad I_p$ ——优先股股利。

当不同筹资方案在某一息税前利润水平的每股收益相等时，下列等式成立：

$$\frac{(EBIT* - I_1) \cdot (1 - T) - I_{p1}}{N_1} = \frac{(EBIT* - I_2) \cdot (1 - T) - I_{p2}}{N_2}$$

式中　$EBIT*$ ——无差异点息税前利润；

$\quad\quad I_1$ ——第一种资本结构所含负债利息；

$\quad\quad I_2$ ——第二种资本结构所含负债利息；

$\quad\quad N_1$ ——第一种资本结构所含普通股股数；

$\quad\quad N_2$ ——第二种资本结构所含普通股股数；

$\quad\quad I_{p1}$ ——第一种资本结构所含优先股股利；

$\quad\quad I_{p2}$ ——第二种资本结构所含优先股股利。

根据公式计算出的不同融资方案间的无差别点之后，通过比较不同息税前利润情况下的每股收益值的大小，分析各种每股收益值与临界点之间的距离及其发生的可能性，来选择最佳方案。

7.5 项目融资担保结构

7.5.1 项目担保概述

担保是指当事人根据法律规定或者双方协议约定，为促使债务人履行债务实现债权人的权利的法律制度。项目融资担保是指借款方或第三方以自己的信用或资产向贷款机构或租赁机构做出的偿还保证，具体分为物的担保或者人的担保。

（1）项目担保人类型

1）项目投资者

项目融资中最常见，最主要的一种形式是项目的直接投资人和主办人作为担保人。通常情况下，项目投资者以建立一个专门的项目公司的方式来经营和安排项目融资，但是由于项目公司资金，经营经验等多方面存在不足以支持融资的问题，所以很多贷款的银行会要求借款人提供来自项目公司以外的担保作为保证贷款银行债权实现的保证，以降低贷款的风险。所以，除非项目投资者能提供其他可以被贷款人接受的担保人，否则项目投资者自己必须提供一定的项目保证（图7-10）。

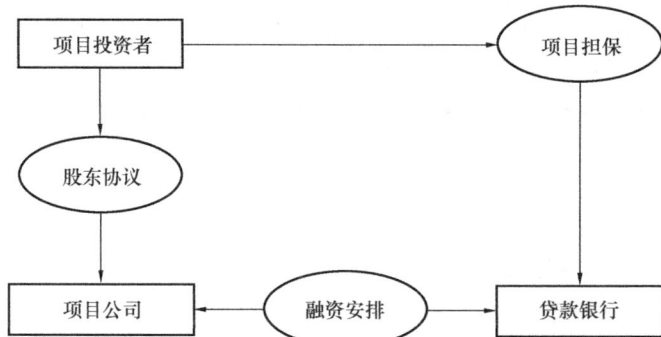

图 7-10　项目投资者作为担保

2）商业担保人

商业担保人以营利为目的的提供担保，承担项目风险并收取服务费用。这些担保通常包括银行、保险公司及其他从事商业担保的金融机构等。

3）第三担保人

第三方担保是指在项目的直接投资者之外与项目开发有直接或间接利益关系的机构为项目提供担保，这些机构包括与项目有直接利益关系的商业机构、政府机构和国际金融机构（图7-11）。

（2）担保的作用

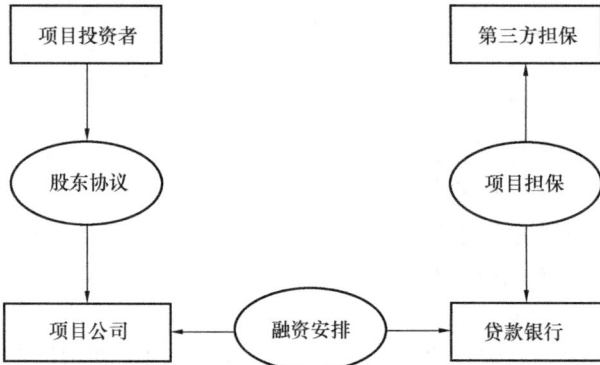

图 7-11　第三方作为担保

项目融资的根本特征体现在项目风险的分担方面，而项目担保正是实现这种风险的分担。项目融资结构以被融资项目本身的经济强度作为保障融资成功的首要条件，债务偿还的来源主要是被限制在项目的现金流量和资产价值上。但是有时候项目本身所处于无法控制的状态，处于超出项目自身承受能力风险，贷款银行必须要求项目的投资者或与项目利益有关的第三方提供附加债权担保。所以项目担保在项目融资中起到以下作用：

1) 降低项目投资者的风险

采用担保形式，项目投资人可以避免承担全部的和直接的项目债务责任，项目投资者的责任被限制在有限的项目发展阶段之内或者有限的金额之内。同时可以将一定的风险转移给第三方。通过组织一些对项目有利，但又不愿意直接参与项目投资或参与项目经营的机构为其提供一定的担保，或者利用商业担保人提供的担保，一定条件下可以将项目的许多风险因素加以转移和分散。

2) 降低贷款人的风险

在项目融资中，项目担保有利于担保人转移风险，因为贷款的风险使得贷款人在贷款活动中，采取各种措施来防范风险，以避免和减少损失。项目担保可使贷款人将可能发生的风险转移给担保人，一旦贷款发生风险，贷款人可从项目担保中得到补偿。同时项目担保还有利于加强对借款人的监督。担保人一经为借款人的借款行为进行担保，就为此承担了责任，这样可以防止借款人将贷款用于非规定项目，监督借款人履行其义务，因此项目担保有利于贷款人防范风险。

（3）担保的步骤

项目融资是一项程序性活动，需要遵循一定的担保步骤。安排项目担保分为四个步骤：

1) 贷款银行向项目投资者或第三方担保人提出项目担保的要求。

2) 项目投资者或第三方担保人可以考虑提供公司担保（对于担保人来讲，公司担保成本最低）；如果公司担保不被接受，则要考虑提供银行担保。

3) 在银行担保的情况下，项目担保成为担保银行与担保受益人之间的一种合约关系，银行提供项目担保，而申请担保人则承诺在必要时补偿银行的一切费用。这时项目投资者或其他第三方担保人并不是项目担保中的直接一方。

4) 如果项目所在国与提供担保的银行不在同一国家，有时担保受益人会要求担保银行安排一个当地银行作为其代理人，承担担保的义务，而担保银行则承诺偿付其代理人的全部费用。

7.5.2 项目融资信用担保

人的担保也称为信用担保，是担保人以自己的资信向债权人保证对债务人履行债务承担责任，有担保（保证书）、安慰信等形式。在项目融资中，信用担保的基本表现形式为项目担保。项目担保是一种以法律协议形式做出的承诺，依据这种承诺担保人向债权人承担了一定的义务。这种担保义务是附属于或依存于债务人和债权人之间的合约，即主债务人不履行其对债权人所承担的义务的情况下，担保人才承担起被担保人的合约义务。

信用担保通常可以分为直接担保、间接担保、或有担保和意向担保四类（图7-12）。

1) 直接担保

直接担保是担保人以直接的财务担保形式为项目公司（借款人）按期还本付息而向贷

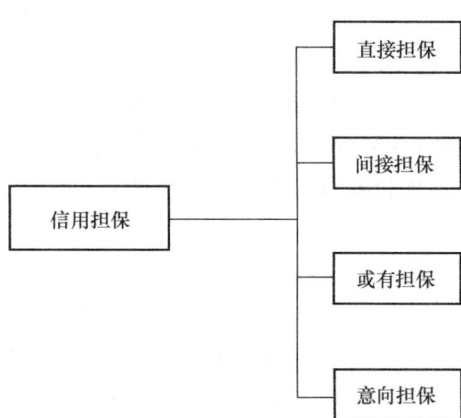

图 7-12 信用担保的分类

款银行提供的担保。它是项目担保中传统的担保方式，是担保人代替第三方贷款人承担义务，具有直接性和无条件性，但它在时间或数量上是有限的，是所有融资项目必需的最低信用担保。如已完工担保和资金缺额担保提供的担保形式。

2）间接担保

间接担保是指项目担保人不以直接的财务担保形式为项目提供的一种担保。间接担保多以合作或政府特许权协议的形式出现。如以无论提货与否均需付款协议和付款协议为基础的项目担保。

3）或有担保

或有担保是针对一些由于项目投资者不可抗拒或不可预测因素造成项目损失的风险所提供的担保。可以分为三种：①由于不可抗拒因素造成的风险；②项目的政治风险；③与项目融资结构特性有关的并且一旦变化将会严重改变项目经济强度的一些项目环境风险。对于以上风险可以通过保险加以转移。

4）意向担保

从严格意义上讲，意向担保或默示担保不是一种真正的担保，因为这种担保不具有法律效力，仅仅表现出担保人有可能对项目提供一定支持的意愿。意向担保不需要在担保人公司的财务报告中显示出来，所以它受到担保人的偏爱，在项目融资中应用的比较普遍。它表现为以下两种形式：

① 安慰信。安慰信一般由项目发起人或政府写给贷款人的对发放给项目公司的贷款表示支持的信。

② 东道国政府的支持。东道国政府在项目融资中扮演的角色虽然是间接的，但很重要。在许多情况下，东道国授予的开发、运营的特许权和颁发的执照是项目开发的前提。虽然东道国政府一般不以借款人或项目公司股东的身份直接参与项目融资，但仍可能通过坚持非歧视原则、担保外汇的可获利性、不对项目实施没收或国有化政策等方式对项目提供间接担保。

7.5.3 项目融资物权担保

物的担保也称为物权担保，是指借款人或担保人以自己的有形财产或权益财产为履行债务而设定的担保物权，如抵押权、留置权等。对于项目贷款人来说，在对项目资产设定担保物权之后，但借款人发生违约事件时，贷款人有权出售担保物及与之相关的权益从出售所得中优先于其他债权人得到补偿。

物权担保按照担保物性质可分为动产物权担保和不动产物权担保；按照担保方式分为固定担保和浮动担保（图7-13）。

按担保方式分类：

（1）固定担保

固定担保是指指定具体担保物的一种担保形式，在此担保形式下，担保人在没有解除

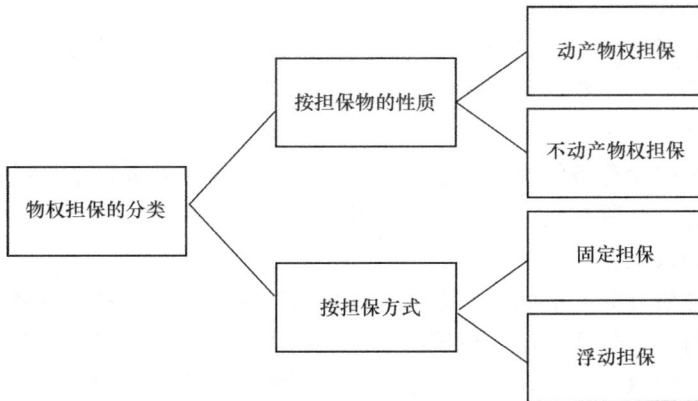

图 7-13　物权担保的分类

担保责任或者得到担保受益人的同意之前不能出售或者以其他形式处置该项资产。如果置于固定设押下的资产属于生产性资产，则担保人只能根据担保协议的规定对该项资产进行正常的生产性使用；如果设押资产是不动产或银行存款，则担保人原则上无权使用该项资产。

固定担保分为不动产物权担保和动产物权担保，即借款方作为还款保证的资产是确定的，如特定的土地、厂房或者特定的股份、特有权、商品等。当借款方违约或项目失败时，贷款方一般只能从担保物中受偿。

（2）浮动担保

浮动担保又称浮动抵押，是指借款人以其全部财产或某类财产向贷款人提供保证，于约定事件发生时，担保标的物的价值才能确定的法律形式。在担保变得具体化之前，担保人可以自主运用该项资产，包括将其出售。在国际借贷法律实践中，这种担保方式一般不被政府或国际金融组织所采用，但在国际商贷特别是项目融资中当事人时有采用。

（3）其他担保形式

在项目融资中除了上述各种担保形式外，还有许多类似担保的交易。这些交易一般在法律上被排除在物权担保范围之外，被视为贸易交易。由于这些交易的经济效果类似物权担保，是为了规避物权担保法的限制而进行的，故应该归入广义担保范围内。

1）融资租赁

融资租赁又称为资本租赁、财务租赁，是有租赁公司按照承租企业的要求融资购买设备，并在契约或者合同约定的较长期限内将该设备出租给承租企业使用的一种租赁活动。融资租赁是现代租赁中典型形式，是融物和融资的结合。从承租企业的角度来看，融资租赁的主要目的是为了融通资本；出租人与承租企业之间的借款关系是一种长期、稳定的关系，是承租企业筹集长期借入资本的一种形式。买方以定期交订金的方式得到融资，而设备本身则起到担保物的作用。

2）出售和租回

出售和租回是指借款方将资产卖给金融公司，然后按与资产使用寿命相应的租期重新租回。在这种方式中，借款起到贷款的作用，租金缴纳就是分期还款，而设备则成为"担保物"。

3）出售和购回

出售和购回是指借款方将资产卖给金融公司而获得借款，然后按事先约定的条件和时间购回。购回实际上是还款，资产在此起到担保作用。

4）所有权保留

所有权保留也称为有条件出售，是指卖方将资产卖给债务人，条件是债务人只有在偿还债务后才能获得资产所有权，在这里资产就成为"担保物"。

（1）不动产物权担保

按担保物的性质分类：不动产指以自然性质或法律规定不可移动或者移动后会引起性质、形状改变的财产，包括土地、建筑物、构筑物等。在项目融资中，项目公司一般以项目资产作为不动产担保。但不动产仅限于项目公司的不动产范围内，而不包括或仅包括少部分项目发起人的不动产。一般情况下，如果借款人违约或者项目失败，贷款人接管公司，或者重新经营，或者拍卖项目资产，以弥补其贷款损失。但这种弥补对于大额贷款来说往往微不足道。因为项目失败往往已经导致项目资产特别是不动产本身价值的下降，难以弥补最初贷款额。比如，如果石油管道流量很少，那么管道设施本身只是一堆废铁。

（2）动产物权担保

动产物权担保是指借款人以其本人或第三人所有的动产作为担保物而设定的担保。动产分为有形动产和无形动产两种。由于动产物权担保在技术上比不动产物权担保方便，所以在项目融资中使用比较多。

1）无形动产物权担保

项目发起人取得的各种协议和合同。例如：购买合同、供应合同、经营维护合同等都可以作为担保物权抵押给贷款人。

① 特许权协议。尤其在 BOT 项目融资模式中，项目公司得到的特许权协议对贷款人来说是一项非常关键的物权担保。如果没有特许权协议作为担保则其他担保功能都十分有限。

② 股份或其他保函。项目发起人将其拥有的项目公司的股份作为担保资产抵押给贷款人。项目承包商从其贷款银行开出的各类保函如完工保函等，也可作为对银行的担保资产。完工保函是由承包商的往来银行签发的一种即期付款凭证，其金额相当于承包价款的 2%～20%，投资者将该种凭证的收款权利转让给贷款人，当贷款人出具票据要求银行付款时，无须提供承包商违约的任何证明。

③ 保险单。即项目保险单的收益权转让给贷款人，此时，贷款人一般要求保险的覆盖期限与项目贷款的有限生命期吻合。

④ 银行账户。一般在项目融资中，至少应有两个银行账户，即支出账户和收入账户，前者负责项目的支出费用，即项目经常性支出、资本性支出和银行利息支出等；后者负责管理项目收入，如项目产品销售收入、保险费理赔等。项目融资必须保证任何时候贷款人相信他们能完全控制项目公司的这些银行账户，以保证在任何时候贷款人都能控制项目现金流入和现金流出。这样，项目公司从这些账户中提取资金将受到贷款人的监督和管理。

2）有形动产权担保

有形动产权担保是指对如机械设备、原材料、半成品等作为对该贷款人的权益担保。

在项目融资中，无形动产担保的意义更大。由于有形动产的价值往往会因为项目的失败而大打折扣甚至失去价值。同时，无形资产涉及多个参与方，项目权利具有以合同等文件作为书面保证的可追溯性。

复 习 思 考 题

1. 简析项目融资成本高的原因。

2. 试述投资结构的种类及其优缺点。

3. 简述以设施使用协议为基础的融资模式的具体操作步骤。

4. 简述担保在项目融资中的主要作用。

5. 试述合资协议主要条款的重要性和意义。

6. 列举能够为项目提供担保的项目参与方，并分析他们为项目提供担保的目的。

7. 项目融资中银团贷款的利弊。

8. 什么是准股本资金，试分析其优缺点及投入形式。

9. 某项目公司拥有长期资金（账面价值）10000 万元，其中长期借款 1500 万元、债券 2000 万元、优先股 1000 万元、普通股 3000 万元、留用利润 2500 万元，其成本分别为 5％、6％、10％、14％、15％。该公司的加权平均资金成本为多少。

10. 某企业拟采用三种方式筹资，并拟定了三个筹资方案，资料见下表，请据以选择最佳筹资方案。

筹资方式	资金贷款	资金结构		
		A	B	C
发行股票	15％	50	40	40
发行债券	10％	30	40	30
长期借款	8％	20	20	30

11. 某公司年息税前盈余 200 万元，资金全部为普通股组成，股票面值 1000 万元，假设所得税率 40％。该公司认为目前的资本结构不够合理，准备用发行债券购回股票的办法予以调整。经咨询调查，目前的债务利率、股票 β 值、无风险报酬、平均风险股票必要报酬率的基本情况如下：（假定债券以平价发行）要求：试确定该公司的最佳资本结构。

债券市场价值（万元）	税前债务成本	股票 β 值	无风险报酬	平均风险股票必要报酬率
0		1.20	10％	12％
100	10％	1.30	10％	12％
200	12％	1.50	10％	12％
300	14％	1.55	10％	12％

8 工程项目融资风险与规避

引导案例

新西兰林地项目融资风险

1990 年，新西兰政府为了削减政府的外债，决定将国有人工种植的一片松林地在国际上公开招标出售，一个由几家公司组成的投标财团准备投标购买这片林地。项目的可行性研究报告表明，从环太平洋经济发展战略的角度看，新西兰森林具有良好的发展前景。

随着环境保护要求的不断加强，北美原木以及东南亚热带森林的出口正在受到越来越多的限制，新西兰和智利人工种植林正好填补了这一空缺，市场潜力非常大。

从投资风险的角度看，新西兰在国家风险和政治风险等方面又较智利较小，投资新西兰土地在战略上是一次很好的投资机会。

就具体的项目经济可行性分析来看，在一个大周期内（根据森林工业的特点，一个周期约为 20～40 年），项目的投资收益是很可观的。但是，由于该林地的平均树龄比较年轻，在未来 8 年内不可能有大量的成品木材出售，这也就意味着在此期间，项目不可能产生可观的净现金流量，因此投标财团为此项目所安排的项目融资就没有成功。道理很简单，贷款银团认为该项目尽管在整个项目生命周期投资收益率是很吸引人的，但是在银行能够承受的贷款期内（项目融资的期限一般为 8～12 年）没有足够的现金流量去偿还债务。

由此可以看出，为了安排项目融资，在项目技术、财务可行性研究的基础上，还必须对项目进行风险分析，根据一定的标准判定项目的经济强度和各种风险要素对项目经济强度的影响。这属于项目融资风险管理的内容。

8.1 工程项目融资风险概述

所谓融资风险，指的是在融资这一事件或过程中，对于融资目标可能产生的不利因素发生的概率及其后果。项目融资风险管理就是为消除或有效控制项目融资风险，必须对项目融资风险进行科学的认识和剖析。项目融资风险是一种不确定时间或状况，一旦发生，会对至少一个项目融资目标，如时间、范围或质量目标产生积极或消极影响。

项目融资风险意味着一种不确定性，意味着可能给企业或项目带来某种影响。这种影响可以从以下五个方面加以分析，它们便是风险的实质：

1) 风险发生概率，即风险发生的可能性，如成本超支的可能性是否会高过 50%。

2) 风险发生频率，即这样的风险事件在项目中多长时间发生一次，如员工流失多久发生一次。

3) 风险发生后果，即风险对项目产生的影响，如风险将会对项目实施的哪些领域产生影响。

4）风险重要程度，如一个估计不足的项目进度计划是否会对项目产生致命影响。

5）风险综合评价。有些风险影响比较大，而发生概率和频率很小；有些风险影响不大，但出现的可能性却很大。所以，需要对风险进行综合评价，将两种因素综合考虑，这就是风险综合评价，最简单的风险综合评价方式是计算风险的重要程度与风险发生概率之积。

8.2　项目融资风险管理

项目融资的风险管理是指有目的地通过计划、组织、协调和控制等管理活动来防止风险损失发生、减少损失发生的可能性以及削弱损失的大小和影响程度，同时采取各种方法促使有利后果的出现和扩大，以获取最大利益的过程。

项目融资风险管理的过程就可以相应地看作是在项目的整个生命周期内为了控制风险而采取的一系列行动，项目融资风险管理贯穿于项目管理的始终。项目融资风险管理是一个动态的、循环的、系统的、完整的过程。项目融资风险管理过程主要包括风险识别、风险评估以及风险规划、控制与规避。图 8-1 为项目融资风险管理的过程。

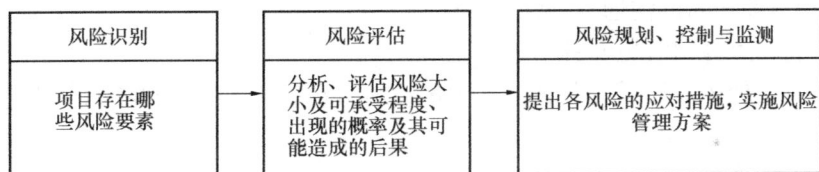

图 8-1　项目融资风险管理的过程

风险识别是风险管理的第一个步骤，风险识别要解决的问题是：存在哪些风险因素、引起风险因素的原因、风险类型等方面。根据风险辨识的结果，对风险进行分析测量，确定出风险的大小，为进一步的风险控制提供可用于指导操作的信息，主要包括风险分析与风险评价两个方面。评估过后，便是针对风险做出决策，一般包含风险规划、控制与监测。

由于融资项目投资规模大、风险分配复杂，因此融资项目的风险管理方案是项目融资设计的重要内容。对于融资项目来说，除了项目技术、财务可行性研究以外，还必须对项目进行风险分析，对有关的风险因素做出评价。所谓评价，就是根据一定的标准去判断项目的经济强度和各种风险要素对项目经济强度的影响程度。对项目风险进行评价，概念上十分简单，但实际操作上往往相当复杂，既包括定性的分析，也包括定量的评价。

在进行项目可行性研究的过程中也要进行项目风险的分析，但可行性研究不能等同于或是替代项目融资的风险分析。虽然项目的可行性研究需要分析和评价许多与项目有关的风险因素，一个高质量、详细的项目可行性研究报告也将有助于项目融资的组织以及对项目风险的分析和判断，但是两者的出发点不同，对项目风险分析的详细程度也不同。项目的可行性研究是从项目投资者的角度分析投资者在项目整个生命周期内是否能够达到预期的经济效益，也就是判断项目是否能够获取一个满意的投资收益率。而项目融资的风险分

215

析则是在可行性研究的基础上，按照项目融资的特点和要求对项目风险做出进一步详细的分类研究，并以这些分析结果为基础，在项目融资结构设计中考虑如何减少或分散相应的风险因素。

对项目投资者来说，完成融资安排仅仅是一个项目成功的开始。在安排融资过程中对项目风险所做出的分析和判断是建立在各种假设条件基础之上的，而在项目的建设和生产阶段，如何降低和减少各种风险因素对项目经营的影响，并最大限度地保证项目的成功，则是项目投资者同时也是贷款银行需要共同面对和解决的实际问题，这就是项目融资风险中的风险应对。

项目融资的风险应对是项目风险识别和评价工作的自然延续，是项目风险管理的一个重要组成部分。近年来，由于国际上项目的投资规模越来越大，项目的融资结构越来越复杂，加之国际经济环境越来越变化莫测，人们开始越来越重视对项目的风险管理。

对工程项目融资实行风险管理的实际意义在于：

1）通过风险分析，可加深对工程项目风险的认识和理解，澄清各方案的利弊，了解风险对工程项目的影响，以便减少或分散风险。

2）通过检查和考虑所有信息、数据和资料，可明确工程项目的各有关前提和假设。

3）通过风险分析不但可提高工程项目各种计划的可信度，还有利于改善工程项目执行组织内部和外部之间的沟通。

4）使编制应急计划时更有针对性。

5）能够将处理风险后果的各种方式更灵活地组合起来，在工程项目管理中减少被动，增加主动。

6）有利于抓住机会，利用机会。

8.2.1　融资风险的识别

项目融资风险识别是进行项目融资风险管理的基础，项目融资风险管理人员在收集资料和调查研究之后，运用各种方法对潜在的以及存在的各种风险进行系统的整理、归类和识别，其中最重要也是最困难的工作就是去了解并寻找项目所有可能遭受损失的来源。也就是项目的风险因素。

进行融资风险识别的目的包括三个方面：①识别出可能对项目融资有影响的风险因素、性质以及风险产生的条件，并据此衡量风险的大小；②记录具体风险的各方面特征，并提供最适当的风险管理策略；③识别风险可能引起的后果。

8.2.2　项目融资风险的评价方法

在项目融资中，风险错综复杂，有些风险因素难以确定其数量值，对于风险发生的可能性和危害程度只能借助于专家的经验和主观判断。对于可量化的风险，必须对其进行定量分析，只有对项目风险做出正确的分析，才能找出限制项目风险的方法和途径，设计出规避风险的融资结构。风险评价是对项目融资整体风险的量化分析，注重的是整体风险程度的综合评价。下面介绍几种具有代表性的风险评价方法。

（1）项目风险收益率——CAPM模型确定

CAPM模型又称资本资产定价模型，是项目融资中被广泛接受和使用的一种确定项目风险收益（贴现）率的方法。在项目融资中，进行项目总体经济强度的分析时，首先遇到的问题就是项目风险贴现率的确定问题，选定了贴现率才能计算项目的投资收益和净现值，并评价项目的经济强度。CAPM 模型如下：

$$R_i = R_f + \beta_i(R_m - R_f) = R_f + 风险收益率$$

式中　R_i——在给定风险水平 β 条件下，项目 i 的合理预期投资收益率，项目 i 带有风险
矫正系数的贴现率（风险校正贴现率）；

　　R_f——无风险投资收益率；

　　β_i——项目 i 的风险校正系数，代表项目对资本市场系统风险变化的敏感程度；

　　R_m——资本市场的平均投资收益率。

将风险校正贴现率代入项目现金流量净现值的计算公式中：

$$NPV = \sum_{t=0}^{n} (CI - CO)_t (1+i)^{-t}$$

将风险校正贴现率代入项目现金流量净现值的计算公式中，就可以计算出考虑到项目
具体风险因素之后的净现值：

$$NPV = \sum_{t=0}^{n} (CI - CO)_t [1 + R_f + \beta_i(R_m - R_f)]^{-t}$$

式中　NPV——项目的净现值；

$(CI - CO)_t$——第 t 年项目的净现金流量，其中 CI 为现金流入量，CO 为现金流出量；

　　n——计算期期数，一般为项目的寿命期；

　　i——折现率。

根据现金流量的净现值的计算，如果 $NPV \geqslant 0$，则表明项目投资者在预期的项目寿命
周期内，至少可以获得相当于项目贴现率的平均投资收益率，项目收益率将大于或等于投
资的机会成本，项目是可行的。如果 $NPV < 0$，说明该项目的投资机会成本过高，项目
不可行。需要注意的是，此处为简化分析做了一定的假设，即无风险投资收益率（R_f）/
资本市场平均投资收益率（R_m）及风险校正系数在项目的寿命期内保持不变。

（2）CAPM 模型的理论假设

1）资本市场是一个充分竞争的和有效的市场。投资者在资本市场上可以不考虑交易
成本和其他制约因素的影响。

2）在资本市场上，追求最大的投资收益是所有投资者的投资目的。高风险的投资有
较高的收益预期，低风险的投资有较低的收益预期。

3）在资本市场上，所有投资者均有机会运用多样化、分散化的方法来减少投资的非
系统性风险。在投资决策中，只需要考虑系统性风险的影响和相应的收益问题即可。

4）在资本市场上，对某一特定资产，所有的投资者是在相同的时间区域做出投资
决策。

根据以上的假设，投资者做出决策时，只需考虑项目的系统风险（与市场客观环境有
关、超出项目自身范围的风险如政治风险、经济衰退等），而无须考虑项目的非系统性风
险（可由项目实体自行控制管理的风险，如完工风险、经营风险等）。

（3）CAPM 模型参数的确定

CAPM 模型的参数主要有：无风险投资收益率（R_f）；风险校正系数（β）；资本市
场平均投资收益率（R_m）。

1）无风险投资收益率（R_f）

无风险投资收益率是指在资本市场上可以获得的、风险极低的投资机会的收益率。在项目风险分析中，需要确定无风险投资收益率这一指标值，一般的做法是在资本市场上，选择与项目预计寿命期相近的政府债券的利率作为 R_f 的参考值，通常 R_f 也被用来作为项目风险承受力底线的指标。

2）风险校正系数（β）

风险校正系数是指风险贴现率计算中较难以确定的指标值，在国际项目融资中，一般的方法是根据资本市场上已有的、同一种工业部门内相似公司的系统性风险的 β 值，作为将要投资项目的风险校正系数。β 值越高，表示该工业部门在经济发生波动时风险性越大。也就是说，当市场宏观环境发生变化时，那些 β 值高的公司对这些变化更加敏感；反之，公司的 β 值越低，市场和宏观环境的变化对其影响相对较小。

3）资本市场平均投资收益率（R_m）

依据现代西方经济理论，在资本市场上存在一个均衡的投资收益率。然而这一均衡的投资收益率在实际的风险分析工作中却很难计算出来。在一些资本市场相对发达的国家，通常以股票价格指数来替代这一均衡投资收益率，作为资本市场的平均投资收益率的参考值，由于股票价格指数的收益率变动频繁、幅度较大，所以，在实际计算资本市场平均投资收益率时，一般是计算一个较长时间段的平均股票价格指数收益率。这样做带来的一个问题是，在实际的风险分析计算时，可能会出现 $R_m - R_f < 0$ 的情况，这是因为 R_m 的估值是过去某一阶段中的平均收益率，而 R_f 的估值，如前所述，是反映对未来收益的预期，两者不匹配，解决这一问题可以采用计算一个较长时间段内的（$R_m - R_f$）的平均值，来代替 R_m 的单独估值。

（4）加权平均资本成本（WACC）

由于项目资金包括债务资金和股本资金两部分，因此运用 CAPM 模型计算项目投资的合理资金成本，即加权平均资本成本，为项目投资决策提供依据。加权平均资本成本，是将债务资本成本和权益资本成本分别乘以两种资本在总资本中所占的比例，再把两个成绩相加所得到的资本成本。其计算公式如下：

$$WACC = R_e + W_e + R_d(1-t)W_d = R_e + E/(E+D) + R_d(1-t) \times D/(E+D)$$

式中　　$WACC$——加权平均资本成本；

R_e——权益资本成本；

W_e——权益资本权重$[W_e = E/(E+D)]$；

$R_d(1-t)$——债务资本成本；

W_d——债务资本权重$[W_d = D/(E+D)]$；

R_d——债务利息；

t——税率，通常是公司所得税税率；

E——权益资本；

D——债务资本；

$E+D$——总资本，即权益资本与债务资本之和。

一般来说，运用 CAPM 模型计算项目投资的资金成本可分为以下四个步骤：

1）确定项目的风险校正系数 β 值。一般是根据所要投资项目的性质和规模及其所属产业市场状况等，在资本市场上寻找相同或相近的公司资料来确定这一数值。

2）根据 CAPM 模型计算投资者股本资金的机会成本。

3）根据各种可能的债务资金的有效性和成本，估算项目的债务资金成本。

4）根据股本和债务资金在资本总额中各自所占的比例并以此为权数，应用加权平均法来计算出项目的投资平均资本成本。

当项目投资者进行投资时，如果其资本额不高于用这种方法所计算出的加权平均资本成本，说明投资者至少可以获得资本市场上相同投资的平均收益率，即项目投资满足了最低风险收益的要求。

8.2.3 项目融资中风险评价指标

对于项目所表现出来的融资风险，常用三个指标说明：项目债务覆盖率（包括单一年度债务覆盖率和累计债务覆盖率）、项目债务承受比率和资源收益覆盖率。

（1）项目债务覆盖率

项目债务覆盖率是指项目可用于偿还债务的有效现金流量与债务偿还责任的比值，它是贷款银行对项目风险的基本评价指标，可以通过现金流量模型计算出项目债务覆盖。项目债务覆盖率可以分为单一年度债务覆盖率和累计债务覆盖率两个指标。

1）单一年度债务覆盖率

单一年度债务覆盖率的计算公式为：

$$DCR_t = \frac{[(CI-CO)_t + RP_t + IE_t + LE_t]}{RP_t + IE_t + LE_t}$$

式中　DCR_t——债务覆盖率；

$(CI-CO)_t$——第 t 年到期债务资金；

RP_t——第 t 年到期债务资金；

IE_t——第 t 年应付债务利息；

LE_t——第 t 年应付项目租赁费用（存在租赁融资的情况下）。

一般项目融资中，贷款银行要求 $DCR_t \geqslant 1$，如果项目融资风险较高，贷款银行会要求相应增加 DCR_t 的值，因为 DCR_t 增大，就意味着有更多的有效净现金流可用于偿还债务。公认的 DCR_t 取值范围在 $1.0 \sim 1.5$ 之间。

2）累计债务覆盖率

累计债务覆盖率的计算公式为：

$$\sum_{i=1}^{n} DCR_t = \frac{\left[\sum_{i=1}^{t}(CI-CO)_t + RP_t + IE_t + LE_t\right]}{RP_t + IE_t + LE_t}$$

式中　$\sum_{i=1}^{t}(CI-CO)_i$——自第 1 年开始到第 t 年项目未分配的净现金流量。

项目融资中应用累计债务覆盖率的作用在于它规定了项目一定比例的盈余金必须保留在项目公司中，只有满足累计债务覆盖率以上的资金部分才被允许作为利润返还给投资者，从而保证项目经常性地满足债务覆盖率的要求。通常情况下，$\sum DCR_t$ 的取值范围在 $1.5 \sim 2.0$ 之间。

在项目融资中，只要 $DCR_t \geqslant 1$ 且 $\sum DCR_t \geqslant 1.5$，就说明项目具有较强的债务承受能力，项目的融资结构是合理的，可以接受的。

（2）资源收益覆盖率

对于依赖某种自然资源（如煤矿、石油、天然气等）的生产型项目，在项目的生产阶段有无足够的资源保证是一个很大的风险因素。因此，对于这类项目的融资，一般要求已经证实的可供项目开采的资源总储量是项目融资期间计划开采资源量的两倍以上。而且，还要求任何年份的资源收益率都要大于2。

资源收益覆盖率的计算公式为：

$$RCR_t = \frac{PVNP_t}{OD_t}$$

式中　RCR_t——第 t 年资源收益覆盖率；

　　　OD_t——第 t 年偿还的项目债务总额；

　$PVNP_t$——第 t 年项目未开发的已证实资源储量的现值。

公式中 $PVNP_t$ 的计算公式为：

$$PVNP_t = \sum_{i=1}^{n} \frac{NP_t}{(1+R)^i}$$

式中　n——项目的经济寿命期；

　　　R——贴现率，一般采用同等期限的银行贷款利率作为计算标准；

　　NP_t——项目第 t 年的毛利润，即销售收入与生产成本之差额。

（3）项目债务承受比率

项目债务承受比率是项目现金流量的现值与预期贷款金额的比值。和项目的债务覆盖率一样，项目债务承受比率也是项目融资中经常使用的指标。在项目融资中，项目债务承受比率的取值范围一般要求在 1.3～1.5 之间。

其计算公式为：

$$CR = \frac{PV}{D}$$

式中　CR——项目债务承受比率；

　　　PV——项目在融资期间内采用风险校正贴现率为折现率计算的现金流量的现值；

　　　D——计算贷款的金额。

8.2.4　项目融资风险的防范方法和措施

在项目融资中，项目参与各方谈判的核心问题之一，就是各方对风险的合理分担和严格的管理，这也是项目融资能否成功的关键。由于项目融资具有有限追索或无追索的特点，对于借款方而言，风险降低了。但是就项目而言，其风险依然存在。所以识别、评估项目中存在的风险，制定相应的措施，编制风险管理计划并付诸实施是十分必要的。下面针对项目融资中的风险，探讨其防范方法和措施。

（1）融资风险的分担结构与原则

对于项目融资而言，有效分担和规避风险是至关重要的。对于项目参与各方而言，它们各自所愿意承担的风险种类以及程度不一，风险分担不是将风险平均地分给参与方，而是采用"将某类风险的全部都分配给最适合承担它的一方"的基本原则。例如，东道国政府不愿意承担商业风险而愿意承担政治风险；境外投资者则正好相反，它们有能力承担商业风险却对政治风险望而却步。项目融资的风险管理就是通过各种合同和信用担保协议，将项目风险在参与方之间进行合理分配。图 8-2 反映了项目融资各方之间的风险分担结构。

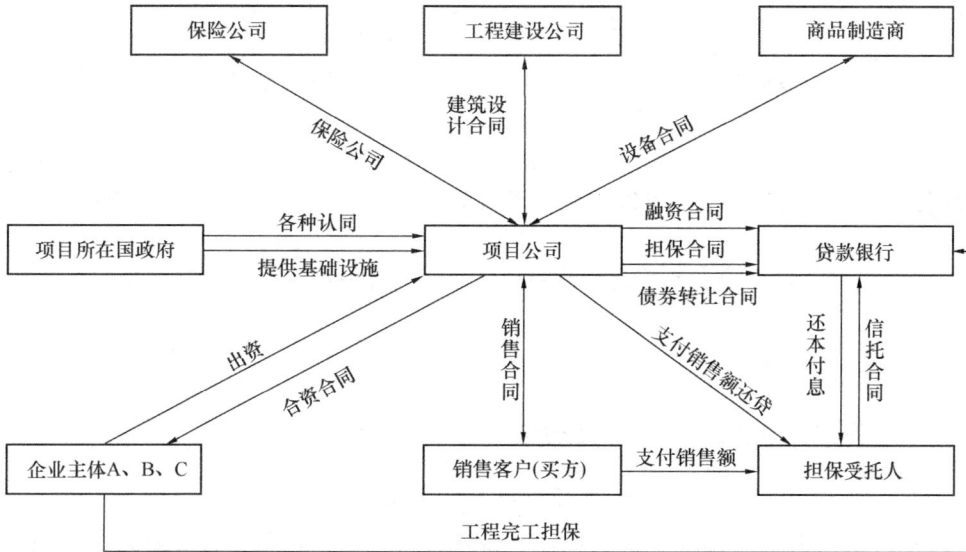

图 8-2　项目融资各方之间的风险分担结构

为了减轻项目融资的风险，项目投资者在运作项目融资的过程中必须坚持以下原则：确定项目的关键风险；评价项目每一种风险的可接受程度；确定最适合承受某种风险的各当事人。

这里主要介绍项目融资风险分担模型的线性化假设模型。

假设某项目融资中共有 n 个项目参与方，面临着 m 种风险（$n, m \in Z$），并且以 R_{ij} 表示第 i 个参与方所承担的第 j 种风险（$1 \leqslant i \leqslant n, 1 \leqslant j \leqslant m$）。由于对风险的偏好程度不同，对任何一方在获得风险收益的同时也必须付出风险成本。假定第 i 方的风险收益是 $Y_i(R_{i1}, R_{i2}, \cdots, R_{im})$，第 i 方的风险成本是：$C_i = C_i(R_{i1}, R_{i2}, \cdots, R_{im})$。

显然只有在风险收益和风险成本相减后还有剩余的情况下，各个参与方才有承担该风险的积极性，我们把这个差额称为风险剩余，记作：$P_i = Y_i - C_i$。风险剩余的大小直接关系到参与方担风险的积极性的大小。

项目融资风险分担的目标是在风险一定的前提下，使项目各参与方的风险剩余最大化，即：

$$f(R_1, R_2, \cdots, R_m) = \max \sum_{i=1}^{n} p_i \tag{8-1}$$

为了简单起见，假定项目各参与方的风险收益和风险成本均为其承担的风险的线性函数，即：

$$Y_{ij} = Y_{i1}R_{i1} + Y_{i2}R_{i2} + \cdots + Y_{im}R_{im} \tag{8-2}$$

$$C_{ij} = C_{i1}R_{i1} + C_{i2}R_{i2} + \cdots + C_{im}R_{im} \tag{8-3}$$

式中　Y_{ij}——第 i 方因承担第 j 种风险而应得到的收益权重；

　　　C_{ij}——第 i 方因承担第 j 种风险所付出的成本权重。

将 $P_i = Y_{ij} - C_{ij}$ 和式（8-2）、式（8-3）代入式（8-1）中，可以得到各个参与风险分配的目标函数

$$f(R_1, R_2, \cdots, R_m) = \max\Big[\sum_{i=1}^{n} \sum_{j=1}^{m} (Y_{ij} - C_{ij})R_{ij}\Big] \qquad (8\text{-}4)$$

根据假设条件，项目融资风险保持一致，因此，存在约束条件：

$$\sum_{i=1}^{n} R_{ij} = R_j$$

根据式（8-4）、式（8-5）可以得到线性规划模型：

$$\begin{cases} f = \max\Big[\sum_{i=1}^{n} \sum_{j=1}^{m} (Y_{ij} - C_{ij})R_{ij}\Big], i = 1, 2, \cdots, n; j = 1, 2, \cdots, m \\ s.t. \sum_{i=1}^{n} R_{ij} = R_j \end{cases}$$

解出上述模型，得到目标函数的最优值：

$$f = \max\sum_{i=1}^{n} \sum_{j=1}^{m} PR = \sum_{j=1}^{m} \Big[(\max\sum_{i=1}^{n} P_{ij})R_j\Big]$$

最后的结论可以这样理解，项目的任一风险完全由对该风险偏好系数最大的项目参与方承担时，项目整体满意度最大。对某种风险的偏好系数最大，就意味着最适合承担该风险。于是，我们得到了风险分配的原则：将所有的风险都分配给最适合承担它的那一方。这个基本原则和我们建立模型之前确定的原则相吻合。

（2）项目融资风险的管理措施

在对项目融资风险进行管理时，可采用灵活多样的方式对项目融资风险进行规避与控制。对项目融资风险的管理，一般可以从风险的规避、风险的分散、风险的转移、风险的损失控制四个方面进行：

1）项目融资风险的规避

风险规避是指由于考虑到风险损失的存在或可能发生，主动放弃或拒绝实施某项可能引起风险的方案。项目投资者在决策中对高风险的领域项目和方案进行回避，进行低风险选择。在进行风险规避时，有三个方面：①回避高风险的项目投资领域；②回避高风险的技术创新项目投资；③回避高风险的技术创新方案。但是风险与收益共存，一味地回避风险是不合适的，它会导致企业争取获得高收益的进取精神不足。规避既然作为风险控制的一种方法，其使用的基本原则是：回避不必要的风险，回避那些远远超过企业承受能力的、可能对企业造成致命打击的风险；回避那些不可控制的、不可转移的、分散性较强的风险。在主观风险和客观风险并存的情况下，以回避客观风险为主。

2）融资风险的分散

项目融资的风险分散是指项目投资者通过科学的投资组合，如选择合适的项目组合、不同成长阶段的投资组合、投资主体组合，使整体的项目融资风险得到分散或降低，从而达到控制的效果。风险分散时应注意以下两点：①高风险项目与低风险项目适当搭配，以便在高风险项目失败时，通过低风险项目的收益弥补部分损失。②项目组合的数量要适当。项目数量太少时，风险分散作用不明显；而项目数量过多时，会加大项目组织的难度，以及导致资源分散，影响项目组合的整体效果。

项目投资都有一个生命周期，从项目启动阶段到中间阶段再到项目结束阶段。每个阶段都会面临着不同的机会与风险，为了使收益最大，尽可能地降低风险，最好采用不同阶段的投资组合。集合多个投资者，联手进行投资活动，分担投资的风险，这已经被其他领域的实践证明是一种有效推动发展、分摊风险的方法。

3）项目融资风险的转移

风险转移是指项目投资者也是风险承担者有意识地将损失或与损失有关的财务结果转嫁给他人的方式。尽管风险转移者的原因和手段各异。但都试图达到同一目的，即将可能由自己承担的风险损失，转由其他人来承担。转移风险一般采用三种形式：

其一是转移会引起风险及损失的活动，即将有可能遭受损失的财产及有关活动转移出去。这种随所有权转移而实现的转嫁属于风险控制型转移，是转移风险的一种重要形式。另外两种风险转移的形式同属于风险管理的财务工具，即将风险及损失的有关后果转嫁出去而不转移财产本身。如通过变更合同的某些条款或巧妙运用合同语言、谈判技巧将某些潜在损失后果转移给合同另一方。一种形式是保险转嫁，即将标的物面临的财务损失转嫁给保险人承担。保险是财务型转移的重要形式；另一种形式的转移称为非保险转移，即除保险转移外，旨在转移财务的后果方式。

4）项目融资风险的损失控制

损失控制是指在损失发生前全面地消除损失发生的根源，并竭力减少事故发生的概率，在损失发生后减少损失的严重程度。所以损失控制的基本点是预防损失发生和减少损失的严重程度。

损失控制既包含预防损失与减少损失，又包含对事件以外的原因进行分析。通过分析原因，有助于发现损失发生的直接原因与间接原因；通过对偶然事件发生的地理条件的分析，判断能否通过改变某一地点而消除导致损失的根源；通过对风险事件发生时间等因素的分析，作好防范和应急的准备。

融资风险的损失控制是指在对项目融资的风险因素进行分析和辨识的情况下，事前对风险进行预测和预控，降低风险发生的可能性或风险发生后的损失程度。项目融资风险因素包括可控制的风险因素和不可控制的风险因素。对于可控制的风险因素，可以通过计划、组织、协调等方式对其加以预防和控制；而对于一些不可控制的风险因素，如宏观政策环境等风险因素，可采用风险回避、风险转移、风险分散等方式。

以上几种融资风险控制方式并不是孤立的，它们是相互联系在一起的，有时是一种方式的运用，有时是几种方式的联合运用，但不管是哪种风险控制方式，都是为了实现风险最小化和利益最大化。对于不同项目的风险，在项目融资中应当采取不同的规避措施和控制方法，这样才能达到预期的效果。

（3）项目融资风险的具体防范措施

在项目融资过程中，项目参与方谈判的核心问题之一，就是各方对风险的合理分析和严格的管理，这也是项目融资能否成功的关键。由于项目融资具有有限追索或无追索的特点，对于借款方而言，风险降低了。但是就项目而言，其风险仍然存在。所以识别、评估项目中存在的风险，制定相应的措施，贬值风险管理计划并付诸实际是十分必要的。经过不断的实践探索和检验，国际上已经逐渐形成了一些行之有效的降低和减少项目融资风险的做法，结合我国的项目融资的特点，可以考虑采用以下措施对融资风险进行控制。

1）信用风险的防范

规避项目信用风险的主要措施是实地考察项目有关参与方的资信，并通过各类资金承诺函、支持函等文件获得保障。以下主要讲述有关政府和债权人对于信用风险的管理及防范方法。

① 政府对于信用风险的防范方法

A. 政府确保发起人完成项目的最有效办法，是对保证的条件给予实质性的落实。例如，土地划拨或出让、原材料供应、价格保证、保证产品最低购买量以及保证外币兑换等。

B. 政府委派法律专家或财务顾问与债权人和发起人接触并协助其工作，要求其将有关财务信息、担保手续公开化，以便确保项目资金按时到位。

② 债权人管理和控制信用风险的方法

A. 项目公司提供担保合同或其他先进差额补偿协议，一旦出现资金不足，能筹措到应急资金以渡过难关。

B. 建筑承包商提供保证，提供因为未能履约造成损失的担保银行的保函。

C. 项目发起人提供股权资本或其他形式的支持。

D. 产品购买者长期销售合同。

E. 项目供应商提供长期供货合同，以保证原材料的来源。

F. 项目运营方提供具备先进的管理技术和管理方法的证明。

G. 评估保险公司、再保险公司按保单支付的能力和保险经纪人的责任。

2）完工风险的防范

超支风险、延误风险以及质量风险均是影响我国工程项目竣工的主要风险因素，统称为完工风险。对项目公司而言，控制它们的最简单的方法就是要求施工方使用成熟的技术，并要求其在一个双方同意的工程进度内完成；或者要求其在自己能够控制的范围内对发生延误承担责任。然而对项目贷款银行或财团而言，如果仅仅由施工方承担完工风险显然是难有保障的，因为项目能否按期投产并按设计指标进行生产和经营将直接影响到项目的现金流量，进而影响到项目的还贷能力，而这恰恰是融资的关键。因此，为了限制和转移项目的完工风险，贷款银行可以要求项目公司提供相应的措施来降低和回避这一风险。

① 利用合同形式来最大限度的规避完工风险。项目公司通过利用不同形式的项目建设合同把完工风险转移给承包商。常见的合同有：固定总价合同、成本加酬金合同、可调价合同。

固定总价合同指双方在专用条款内约定合同价款包含的风险范围和风险费用的计算方法，即以一次包死的总价格委托给承包商，价格不因环境变化和工程量增减而变化，项目公司承担的风险是很小的，而承包商所承担的风险最大。

采用成本加酬金合同，项目公司承担了大部分风险，承包商承担的风险是很小的，项目公司在这种合同中应加强对实施过程的控制，包括决定实施方案，明确成本开支范围，规定项目公司对成本开支的决策、监督和审查的权利，否则容易造成不应有的损失。

采用可调价合同，项目公司和承包商就可对完工风险进行合理的分担。

一般项目公司为了有效回避完工风险，通常采用"固定总价合同"把这一风险转移给承包商。

② 利用担保来规避完工高风险。贷款银行是项目完工风险的主要受害者之一，为了限制和转移项目的完工风险，贷款银行通常要求工程城建公司提供相应的"完工担保"，同时也可以聘请项目管理代表，代表贷款银行监督项目的建设进展、完工情况。项目公司也可以通过投保来寻求完工保证。

由于完工担保的直接经济责任在项目达到商业完工标准后即告终止，贷款人的追索权只能限于项目资产本身，即项目的资产以及其经营所得，再加上"无论提货与否均需付款"等类型的有限信用保证的支持来满足债务偿还的要求。因而，项目的贷款银行或财团为了避免遭受因不能完工或完工未能达到标准所造成的风险，他们对商业完工的标准及检验要求十分严格。无论哪项指标不符合融资文件中规定的要求，都会被认为没有达到担保的条件，项目完工担保的责任也就不能解除。项目完工担保的提供者有两方，一方是项目公司，另一方是承建项目的 EPC 或交钥匙承包商、有关担保公司、保险公司等。

A. 由项目公司作为完工担保人。对贷款银行或财团来说，由项目公司直接为完工担保是最理想的担保方式。因为项目公司不仅是项目的主要受益者，而且由于股本资金的投入使其对项目的建设和运行有着最直接的利益关系，所以如果项目公司未借款并提供完工担保，则会使贷款银行对项目充满信心，并且更会使其尽力支持以使项目按计划完成、按时投产收益，实现贷款的归还。

B. 由 EPC 或交钥匙承包商与金融机构或保险公司联合作为担保人。项目公司承担了完工担保责任，同时也承受了巨大的压力。在这种情况下，它可以通过在工程合同中引入若干完工担保条件将大部分完工风险转移给承建商，使自己承担的风险减少到最低限度，同时由于项目是由较高资信和经验丰富的承建商来承担，也可增加贷款银行对项目的信心。

C. 利用金融衍生工具——远期合约来规避完工风险。以上两种措施都是把完工风险转移给承包商，而承包商也意识到完工风险会给自己带来潜在的损失，为此会采取加快进度，进行全面质量控制，加强科学管理等措施来保证项目按期、保质完工。

3）生产风险的防范

生产风险主要是通过一系列的融资文件和信用担保协议来防范。针对生产风险种类不同，可以设计不同的合同文件。一般通过以下一些方式来实现：项目公司与信用好且可靠的伙伴，就供应、燃料和运输问题签订有约束力的、长期的、固定价格的合同；项目公司拥有自己的供给来源和基本设施（如建设项目专用运输网络或发电厂）；在项目文件中签订严格的条款，涉及承包商和供应商的包括延期惩罚、固定成本，以及项目效益和效率的标准等。另外，提高项目经营者的经营管理水平也是降低生产风险的有效途径。

4）市场风险的防范

降低和防范市场风险的方法需要从价格和销售量两个方面入手。项目融资要求项目必须具有长期的产品销售协议作为融资的支持，这种协议的合同买方可以是项目投资者本身，也可以是对项目产品有兴趣的具有一定资信的任何第三方。通过这种协议安排，合同买方对项目融资承担了一种间接的财务保证义务。市场风险的降低取决于项目初期能否做好充分的可行性研究。在项目的建设和运营过程中，签订的固定价格或是可预测价格基础上的，长期原材料及燃料供应协议和"无论提货能否均需付款"产品销售协议，也可以在很大程度上降低项目的市场风险。

降低和规避市场风险可以从以下几个方面着手：①要求项目有长期产品销售协议；②长期销售协议的期限要求与融资期限一致；③定价充分反映通胀、利率、汇率等变化。

对于市场风险的管理控制方法有：

① 做好国内外市场调研分析。需从项目的需求量多大、还有多少家公司提供这种产品或服务、项目自身市场占有率和市场渗透力如何等多面进行调研分析。

② 签订购买合同，确保项目效益。通过签订或取或付的产品购买合同、或供或付的长期供货合同锁定产品的价格，确保项目收益。其中产品购买合同是项目融资能力的基础，合同中规定的产品购买价格要涵盖产品的固定成本，而且合同必须在整个项目贷款期内都有效。

③ 政府或其公共部门保证。主要是要求政府或其公共部门，在协议中明确承诺项目运营的头几年内，保证最低需求量以确保项目的成功。在 BOT 高速公路、隧道、桥梁、发电项目中经常采用这种方式来分散风险，比如对发电项目，消费者通常是唯一的一个国家或地区的电网。在这种情况下，通常由相关的使用机构来提供最低使用量和价格的保证。

④ 建立独立账户。针对现金流量时高时低的情况，通过设立独立账户，优先支付项目债务利息。政府在项目建设期，提供附属贷款，保证偿还债务利息。

5）金融风险的防范

金融风险相对较为复杂。金融风险中汇兑风险相对简单，而且一般来讲，汇兑可能与政治风险、法律风险相关。汇率风险的消除要利用到一些金融衍生工具，如汇率期权、掉期交易来对冲风险。利率风险的消除也可以通过金融衍生工具来对冲其风险，其条件是资产、负债及收益使用的是可交易的硬通货。常用的消除利率风险的金融衍生工具包括利率期货、期权、远期利率协议等。

对于通货膨胀风险，可采取在协议中规定相应条款，将项目产品和服务的价格，与东道国的通货膨胀和当地货币与贷款货币的利率挂钩，采用包含通货膨胀率与利率因素在内的价格调整价格，或相应增加收费，或延长特许期限，以保证项目产生的现金流足以偿还债务，保证投资收益。另外还可以在产品购买协议中指定逐步提高价格的相应条款。

对于利率变化风险，可采取以某种浮动利率（如伦敦银行同业拆借利率 LIBOR）作为基数，加上一个利差作为项目的贷款利率；或者采用固定利率的担保形式、寻求政府的利息率保证等多种方式进行管理控制。

对于汇率风险，可运用掉期等衍生工具（这种方法主要适用于硬通货之间）、外汇风险均担法或者同东道国政府或结算银行签订远期兑换合同，实现把利率锁定在一个双方都可以接受的价位上等方式进行管理控制。

6）政治风险的防范

降低项目政治风险程度的方法之一是政治风险保险，包括纯商业性质的保险和政府机构的保险。后者多为几个主要的发达国家，为保护本国投资者在海外投资利益时使用。在安排项目融资时应尽可能寻求项目所在国政府、中央银行、税收部门或其他有关政府机构的书面保证。在东道国寻找合作伙伴，或是银团中的贷款人来自东道国友好的国家，也将极大地降低项目融资中的政治风险。

许多国际的或双边的机构都承保政治风险，以促进国际投资的发展。不过其保险的范围一般狭窄，而且保险条款较为繁琐。以下是提供政治保险的机构及承保范围。

① 多边投资担保局。多边投资担保局成立于 1988 年，是世界银行的附属机构，总部在华盛顿。其宗旨是通过对非商业性风险提供担保（保险），鼓励在发展中国家的外国投资。它包括联合保险和再保险。

② 国际金融公司。国际金融公司成立于 1956 年，也是世界银行的附属机构，总部设在华盛顿，旨在促进发展中国家私人经济的发展。与世界银行只向成员国政府提供贷款不同，国际金融公司则向私人部门贷款，甚至投资于私人企业。一般认为，其对项目或企业的投资目的在于吸引其他的贷款和股本投资。这种融资方式常常被称为联合融资。

③ 世界银行。世界银行是世界银行集团的简称，由国际复兴开发银行、国际开发协会、国际金融公司、多边投资担保机构和解决投资争端国际中心 5 个成员机构组成；成立于 1944 年，1946 年 6 月开始营业。凡是参加世界银行的国家必须首先是国际货币基金组织的会员国。世界银行与国际货币基金组织和世界贸易组织一道，成为国际经济体制中的最重要的三大支柱。

世界银行担保的范围主要是由外汇的不能获得或不能转移导致的损失、东道国政府的违约导致的损失等风险，且这种保险可以实现百分之百的理赔。但一般不对被没收风险和战争、暴乱导致损失的风险进行保险。

④ 亚洲开发银行。亚洲开发银行成立于 1966 年，包括 36 个亚洲国家和 16 个亚洲以外的工业化国家。该机构也对政治风险提供担保。其保险的范围同世界银行一样，主要是对外汇的不能获得风险和东道国政府违约风险进行保险。

⑤ 美洲开发银行。美洲开发银行是拉丁美洲和北美洲国家资金的重要提供者，它成立于 1959 年，其成员国共有 46 个，包括拉丁美洲国家、美国和其他工业化国家。美洲开发银行的担保对象主要是对向发展中国家的私人企业提供贷款的投资者提供政治风险，该贷款必须与美洲开发银行成员国的项目密切相关。

⑥ 美国海外私人投资公司。美国海外私人投资公司是美国政府的一个高级附属部门，位于华盛顿，成立于 1971 年，通过提供政治风险担保以支持美国私人企业在发展中国家和经济转型国家的经济开发与建设活动，如对外汇的不可获得风险、没收风险及政治暴乱风险予以担保。除此之外，还提供诸如投资咨询任务、在有限追索基础上对外国直接投资项目提供资金等。

7）法律风险的防范

对于项目贷款人来说，管理法律风险的最好办法是在早期通过自己的律师了解和研究东道国的法律风险。如果可能，最好事先得到东道国政府法律机构的确认。在一些情况下，可能需要修改东道国的某些法律条款，使之作为融资的先决条件。另外，项目公司与东道国政府签订相互担保协议，真正做到互惠互利，在一定程度上也为项目的发起方和贷款人提供了法律保证。

8）环境保护风险的防范

对于环境风险的管理控制方法有：

① 投保。这是项目发起人和债权人通常的做法，当然保险不可能面面俱到，它很难涵盖事故以外的产生连锁效应的风险损失，何况重大环境损害的潜在责任是无限的。

② 可行性研究。把项目的法律可行性研究（特别是环保方面），作为项目总的可行性

研究的一个重点对待。

③ 提出融资特殊条件。债权人可要求债务人将令人满意的环境保护计划作为融资的一个特殊前提条件，并且该计划应留有一定余地，确保将来能适用强度更大的环保管制。

④ 制定好项目文件。该项目文件应包括项目公司的陈述、保证和约定，确保项目公司自身重视环保，遵守东道国的有关法律、法规等。

⑤ 提高生产效率。运营商不断提高生产效率，努力研发符合环保标准的新技术和新产品。

8.3　项目融资风险规避

近年来，随着全球经济一体化的进程加快和国际金融市场的发展，利率、汇率和几种主要国际金融市场的几种基本工具发生了根本性的变化，价格波动幅度明显增大，这些变化使项目与此相关的环境风险迅速增加，进而使项目的环境风险管理在项目融资中显得愈发重要。同时，金融市场的发展也为项目管理这些风险提供了可能的手段，为了控制金融市场的波动风险，相继出现了大量复杂的金融衍生工具。

8.3.1　掉期

在项目融资中，掉期是指用项目的全部或部分现金流量交换与项目无关的另一组现金流量，经常使用的掉期有三种形式：利率掉期、货币掉期和商品掉期。

（1）利率掉期

利率掉期也称利率互换，在20世纪80年代早期，首次出现在欧洲证券市场上，当时主要是那些从事货币业务和国际资本业务的金融机构利用利率互换来减少利率变动的风险，此后，利率掉期交易发展迅速，已成为管理利率风险的主要工具之一。

利率掉期是交易双方将同种货币不同利率形式的资产或者债务相互交换。债务人根据国际资本市场利率走势，通过运用利率掉期，规避利率风险。最常见的利率掉期是用来改变利息支付的性质，即有固定利率转换为浮动利率或由浮动利率转换为固定利率，利率掉期不涉及债务本金的交换。一般的利率掉期是在同一种货币之间进行，从而不涉及汇率风险因素，几乎所有的利率掉期交易的定价都以伦敦同业银行拆放利率（LIBOR）为基准利率。利率掉期一般通过第三方作为中介人安排，投资银行和大型商业银行都可以充当中介人的角色。

在项目融资中，由于大多数的项目长期贷款都采用的是浮动利率的贷款方式，使项目有关各方承担着较大的利率波动风险。这时，通过浮动利率与固定利率的掉期，将部分或全部的浮动利率转换为固定利率贷款，在一定程度上可以起到项目风险管理的作用。

项目融资中的利率掉期结构基本框架如图8-3所示。

利率掉期的基本原理是：假设金融市场的两个借款人A和B，借款人A能够在市场上以较好的条件借到浮动利率贷款，但是由于种种原因希望使用固定利率的资金；而借款人B在市场上可以较容易地借到固定利率的贷款，但是却希望使用低利息成本的浮动利率资金。通过这样的掉期安排，双方都可以获得相应的成本节约。

在项目融资中，利率掉期的的作用可以归纳为以下两个方面：

首先，根据项目现金流量的特点安排利息偿还，减少因利率变化造成项目风险的增

```
                      浮动利率              浮动利率                  ┌─────────────────┐
         ┌──────┐ ────────────→ ┌──────┐ ────────────→ ┌──────┐ 贷款利息 ┌──────┐
  固定利率 │利率  │               │投资银行│               │项目  │ ────────→│项目贷款│
 ←────── │掉期方│               │(中介) │               │公司  │          │银行  │
         └──────┘ ←──────────── └──────┘ ←──────────── └──────┘ ────────→└──────┘
                      固定利率              固定利率                  本金偿还
```

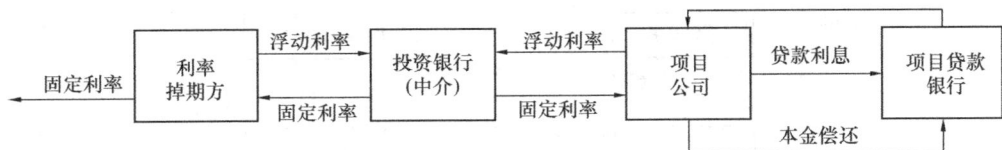

图 8-3 项目融资中的利率掉期结构基本框架

加。由于项目融资在贷款安排方面仍然存在一定的不灵活性,因而可能出现贷款利率结构不一定符合项目现金流量结构的情况。如果浮动利率与固定利率之间的掉期,不同基础的浮动利率之间的掉期,或者不同项目阶段的利率掉期,在一定程度上可以起到项目风险管理的作用。

其次,根据借款人在市场上的位置和金融市场的变化,抓住机会降低项目的利息成本。这方面的做法包括:

1)将固定利率转换为浮动利率。

2)通过先安排浮动利率贷款,然后再将其转化为固定利率的方法,降低直接安排固定利率贷款的成本。

3)同样,通过先安排固定利率贷款,然后再将其转化为浮动利率的方法,降低直接安排浮动利率贷款的成本。

(2)货币掉期

货币掉期是一种货币交易,又称货币互换,是指交易双方按照事先确定的汇率和时间相互交换两种货币。货币掉期的早期形式是由一个国家企业以本国货币贷款给另一个国家的企业,同时又从该企业借回另一个国家的货币。企业之间利用这样的方式达到绕开某些外汇管制或者安排货币保值的目的。但是,在项目融资中这种最基本的货币掉期形式用处有限,较难发挥出风险管理的作用。

项目融资经常使用的货币掉期工具是交叉货币掉期,特别是对于采用类似出口信贷作为主要资金来源的项目融资结构,交叉货币掉期提供了一种灵活的机制,有效地将项目资产或项目债务的风险从一种货币转为另一种更为合理的货币。交叉货币掉期在市场上的出现,公认是以 1981 年世界银行和美国国际商业银行的交易作为标志的。交叉货币掉期的基本特点是在安排货币掉期的同时安排利率掉期,将两者的优点结合起来。图 8-4 是一种浮动利率/固定利率交叉货币掉期的简单说明。

交叉货币掉期在项目融资风险管理中能够发挥的作用有以下几个方面:

1)降低项目的汇率和利率风险。例如,在使用政府出口信贷作为资金来源的项目融资中,虽然一方面项目可以享受信贷的优惠政策,但是另一方面却有可能面临着较大的风险。假设某项目的收入都是美元,但是有一笔固定利率的欧元优惠贷款。由于市场上欧元利率上升,美元利率下降,美元相对欧元的汇率也随之下跌。为了减少项目日益增加的汇率损失风险。该项目安排了一个交叉货币掉期,支付浮动的美元 LIBOR 利率而收取固定的欧元利率。通过这一安排,该项目不仅降低了项目的汇率波动,而且也从不断降低美元利率获得了一定的好处。

2)从事项目的资产/债务管理,对于现有项目的资产/债务结构,如果资产和债务分别涉及几种不同的货币和利率,交叉货币掉期同样是一种有用的工具。除此之外,在很多

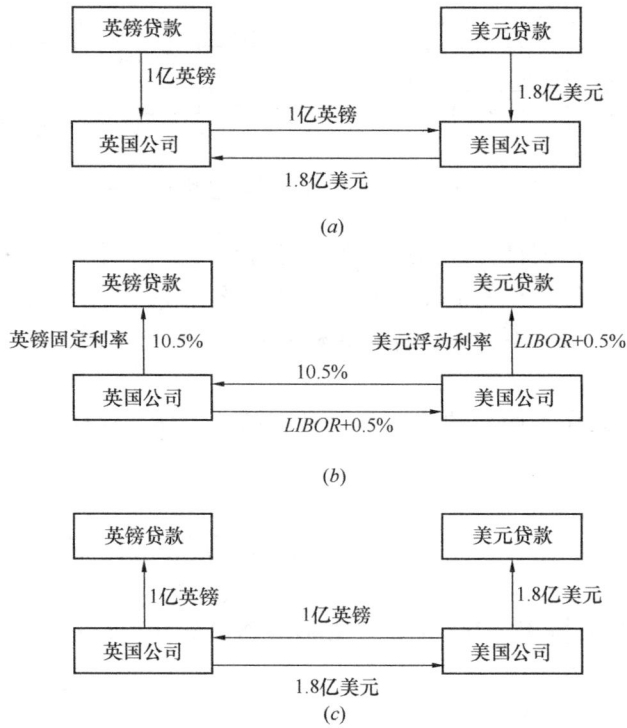

图 8-4 浮动利率/固定利率交叉货币掉期的简单结构
(a) 初始阶段；(b) 执行阶段；(c) 最后阶段

情况下，交叉货币掉期为融资提供了更为灵活的手段，对于分别在不同金融市场上具有优势的借款人来说，可以利用这些优势所带来的成本节约进入其他货币的融资安排。

经过十几年的发展，交叉货币掉期已经成为在国际金融市场上融资以及进行融资风险管理（汇率风险和利率风险管理）的主要工具。与单纯的外汇交易不同，交叉货币掉期的安排可以长达 10 年以上，同时，由于交叉货币掉期是参与掉期安排双方之间的一种特殊合约结构，因而交叉货币掉期成为投资银行根据客户要求专门设计的一种产品。交叉货币掉期的这些特点，使其在项目融资风险管理中发挥着重要作用。

（3）商品掉期

商品掉期是在 1986 年刚刚发展起来的，但是由于它可以锁定商品的市场价格（减少项目的产品市场价格风险或者原材料价格风险），目前已经成为项目融资中十分重要的风险管理工具。

商品掉期是两个没有直接关系的商品生产者和用户之间（或者生产者与生产者之间以及用户与用户之间）的一种合约安排，通过这种安排，双方在两个规定的时间范围内针对一种给定的商品和数量，相互之间定期地用固定价格的付款来交换浮动价格（或市场价格）的付款。

在项目融资中，商品价格波动所引起的风险经常存在，通过把项目原材料或者能源供应的成本与项目最终产出品的市场价格挂钩的方法可以降低这类风险，但商品掉期只适用于具有较强流通性并且已建立有公认国际商品市场的产品，例如，黄金、天然气、石油及有色金属等。商品掉期的交易过程和利率掉期相似，图 8-5 说明的是一种基本的商品掉期安排。

图 8-5 中，假设一个石油项目每月生产 5 万桶石油，根据其生产成本和融资成本结构，希望在未来三年内将其所生产石油的价格固定在每桶 19 美元的水平，以减少项目的价格波动风险。为此，该项目通过投资银行安排了一个商品掉期，每个季度按照市场价格支付投资银行 15 万桶石油的销售收入（为简化问题，假设这就是该石油项目在市场上的实际销售收入），与此对应，投资银行同意在同一时间按每桶 19 美元的价格支付石油项目 15 万石

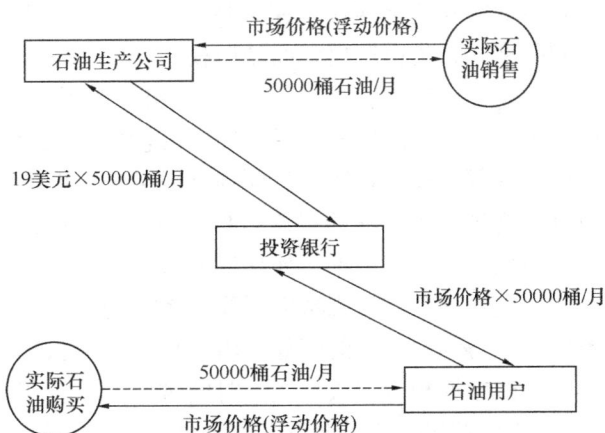

图 8-5　商品掉期安排的基本结构

油的收益。如果实际市场价格高于 19 美元/桶，石油项目就需要支付投资银行其差额；反之如果实际市场价格低于固定价格，则投资银行需要支付石油项目其差额。因此，在任何情况下，通过这个掉期，石油项目的石油销售价格均被固定在 19 美元/桶的水平，排除了价格下跌的风险，但也不可能获得任何价格上升的好处。

作为石油用户，进入这一掉期安排的目的与石油项目是一样的，但是所期望的结果则是相反的，石油用户在掉期安排中根据自身的生产结构将石油成本同样固定在 19 美元/桶，因为如果石油价格上涨，则石油用户的生产成本同样也要上涨。

归纳起来，在图 8-5 的例子中商品掉期对于石油项目和用户都起到了降低风险的作用。在图 8-5 的上半部分，石油项目通过将石油销售价格固定在 19 美元/桶，防止了石油价格下跌从而导致项目现金流量恶化的风险；在图 8-5 的下半部，石油用户通过将石油购买价格固定在 19 美元/桶，防止了石油价格上涨造成项目现金流量恶化的风险。但由于商品掉期的发展历史还不到 10 年，并且受到国际商品市场的流通性、价格机制等因素的制约，所以商品掉期没有像利率掉期那样得到广泛的应用。在商品期限掉期的安排上，一般商品掉期期限基本上不能超过 5 年，只有极少数商品可以安排长期（最长期限为 10 年）的掉期。

8.3.2　期权

期权，又称选择权，是指在未来在一定时期可以买卖的权利，是买方向卖方支付一定数量的金额（指权利金）后拥有的未来一段时间内（指美式期权）或未来某一特定日期（指欧式期权）以事先规定的价格（指履约价格）向卖方购买（指看涨期权）或出售（指看跌期权）一定数量的特定标的物的权利，但不负有必须买进或卖出的义务。期权交易事实上就是这种权利的交易。买方有执行的权利也有不执行的权利，完全可以灵活选择。期权交易可以包括利率、汇率、股票市场的股价指数和其他金融产品交易，也可以包括实际的商品的交易。在期权交易中，如果买方决定执行期权，期权的卖出者就必须履行合约，有卖出或者买入商品的义务。

期权按不同的标准可划分为不同的种类。按期权合约的性质可分为看涨期权、看跌期权和双期权；按执行方式，可分为美式期权和欧式期权；按期权的交割内容可分为指数期权、外币期权和期货期权。在项目融资中，作为风险管理工具经常使用的期权有三种形式：利率期权、货币期权和商品期权。

1）利率期权。利率期权为项目公司提供了一种规避利率风险的金融工具。由于在项目融资中，很多国际融资项目所使用的债务资金的利率结构是以短期欧洲美元利率为基础的，所以这部分投资者经常会面临利率会大幅度增长带来的风险。虽然利率掉期也可以帮助投资者规避利率上涨的风险，但是利率掉期也损失了利率下降的好处。与利率掉期相比，利率期权的优点在于，如果期权所有人认为执行该项交易对他不利，可以不必履行期权合约。这样利率期权既帮助了投资者避免了利率上涨的风险，又在合适的价格条件下帮助投资者获得利率下降的好处。由于项目融资长期性的特点，在项目融资中使用的多数是较为复杂的中期利率期权形式，时间常为3~10年。

2）货币期权。货币期权又称为外汇期权，是近年来兴起的一种交易方式，权利的买方有权在未来的一定时间里按约定的汇率向权力的卖方（如银行）买进或卖出约定数额的货币，同时权利的买方有权不执行上述买卖合约。货币期权既为项目公司提供了套期保值的方法，又为项目公司提供了从汇率变动中获利的机会，在对汇率变化趋势预测不准的情况下，采用货币期权将为项目公司提供较大的风险管理灵活性。

3）商品期权。商品期权和利率期权、货币期权的概念极为相似，根据项目对一种商品市场的不同需求和依赖程度，项目公司可以通过购买期权或者卖出期权进行分析管理。

对于投资者来说，期权交易具有投资少、收益大、降低风险、保有权利的作用。购买者只需支付一笔期权权利金，就可取得买入或卖出商品的权利。一旦投资者预期与市场变化相一致时，即可获得可观收益；如果与预期相反，又可放弃行使权利。在交易中，投资者的风险是固定的，却可能带来潜在收益。但需注意的是，购入期权需支付期权费，期权费通常较高，在项目融资中，需要对风险期权进行全面评价，在此基础上决定是否采用期权作为项目风险管理工具。

8.3.3 期货和远期

远期合约和期货合约与上述两种金融工具相比，历史悠久，形式也相对简单一些。这两种工具本质上是一样的，即合约的买卖双方在未来的某一个时间点上完成一项（或者若干项）其条件（如数量、质量、价格、交货地点等）预先确定好的交易。两者的区别在合约的形式上：远期合约是通过合约双方根据各自需求谈判确定的，因而是一种交换条件（如数量、质量、时间、交货地点等）可以变化的非标准合同形式；而期货合约则是一种标准的合同形式，无论买卖双方都需要按照这种标准合约的交易条件从事交易。由于远期合约和期货合约的期限均比较短（期限多数不超过2年，少数可以达到3年），而项目融资期限往往又以中长期为多，所以限制了远期合约和期货合约在项目融资风险管理中的应用。

1）远期合约

商品的远期合约是由商品买卖双方签订的正式协议，协议中规定买方以某一约定价格从卖方那里购买一定数量的商品，买卖双方并不在签约日交割，而是在将来某一约定的日期交割，这种以签订远期合约来进行的商品买卖，叫作商品的远期交易。

远期合约的历史悠久，它的执行依赖于买卖双方履约的信用。理论上，远期合约适用于任何一种实物产品或金融产品的交易，实际上，最发达的远期合约市场有远期外汇合约和远期商品合约两大类。远期合约在形式上比较灵活，合约双方可以根据各自需要谈判确定，在签署合约时一般不需要合约方支付一定的费用。在项目融资中，项目公司可以通过使用远期市场以远期合约方式来保值或锁定一种商品的价格，有利于消除项目公司在建设和生产过程中价格变化的不确定因素，但是由于远期合约的期限比较短，所以限制了其在项目融资风险管理中的应用。另外，远期交易还有其他不易解决的问题，如交易的一方必须寻找合适的交易对象，交易的数量也要符合对方的要求等。

2）期货合约

期货合约是期权交易所为期货交易而制定发行的标准化合同，一切成交的合约要求购买者和出售者在合同规定的未来时间，按约定价格分别买入和卖出一定数量的某种资产。和远期合约相比，期货合约的流动性很好，期货合约的购买者可以根据市场变化，决定是否提前结束合约。由于期货市场上有大量的投机性买卖行为，所以大多数的期货合约在到期日之前已经卖掉或者是以现金做差额结算，很少实行真正实物交割，实际的产品销售协议和期货合约可以是完全分离的。

期货合约主要包括三种形式：商品期货合约、外汇期货合约和其他金融期货合约（如股指期货合约、定期债券和定期存款期货合约）。在项目融资中，项目经营者可以通过期货市场对其产品、货币、利率进行保值和固定价格，避免其价格波动带来的影响。不过，使用期货合约进行风险管理带来潜在的利润损失，机会成本也比较大，而且期货合约只对特定的商品、货币和金融产品有效，合约条款和合约期限都有局限性，限制了期货合约的使用范围。

案例分析

成都自来水六厂项目风险分析

成都自来水六厂项目是国家计委正式批准立项的第三个BOT试点项目，也是我国城市供水基础设施建设中首例采用BOT方式兴建的试点项目。项目建设规模含80万吨/日的取水工程，40万立方米/日净水厂工程，27km输水管道工程。特许经营期不超过18年（含建设期），法国水务和日本丸红式会社组成的联合投标体中标。

项目建设由法国水务集团三个分公司共同建设。其中西宝集团负责净水厂、取水工程和为污水处理管道服务的民用建筑工程，欧提维公司负责工程设备采购，萨得水利公司负责输水管道的设计、采购和安装。

项目合同结构：在成都自来水六厂BOT项目融资过程中，项目公司主要通过提供各种合同作为项目担保。因此，项目主要合同的订立非常关键。在该项目中，项目公司主要取得了以下合同：①特许经营协议。项目公司与成都市政府签订此协议，以确定项目公司据以融资、设计、建设项目设施、运营和维护水厂，并将项目设施移交给成都市政府或其他指定人。②购水协议。由项目公司与成都市政府指定授权的市自来水总公司签订，用以规定自来水总公司的购水和付费，以及项目公司按照购水协议规定的标准净水质量，提供40万立方米/日净水的义务。③交钥匙建设合同。由项目公司与总承包商签订，用以规定购买设备及项目承建等内容。④融资文件。项目公司与各贷款人就项目的债务融资部分签订的协议。⑤保险协议。

由于成都自来水六厂BOT项目结构、合同结构比较复杂，从而增加了风险分担安排的难度。BOT项目融资将设计完工风险、生产风险、金融风险、市场风险、政治风险及不可抗力风险等。按时间顺序分为完工前、完工后两个阶段。成都自来水厂BOT项目风险分担重点考虑了原水供应、净水销售、金融风险、法律风险和不可抗力风险。并采取了切实可行的防范措施。

1）生产过程中的原水供应风险。生产过程中的原水供应风险由成都市政府承担，在特许经营协议中明确规定，如果原水供应不足，使项目公司无法履行其规定数量的净水，及按照成都自来水总公司的调度制定供应净水的义务，此原水量不足应被视为不可抗力事件。如果原水量不足不是由自然不可抗力事件所导致，成都市自来水总公司应支付实际的净水量的运营费用、原水费和额外不可抗力损失付款。

2）净水销售风险。按照购水协议，净水销售风险由成都市政府、成都市自来水总公司承担。其中，成都市政府是首要义务人，即保证在特许经营期内按协议确定的购水价和生产能力所确定的数量，从项目公司购买净化水。

3）金融风险。金融风险包括：①利率风险。在成都自来水六厂BOT项目中，法国里昂信贷银行和日本进出口银行，对法国联合水务集团的融资贷款利率为$LIBOR+2\%$，为规避利率风险，项目公司指定了利率管理承诺，即通过安排对冲贷款额度，也就是订立利率风险控制协议，来控制定期贷款下至少80%为偿还的利率波动风险。②汇率风险。在建设期，根据建设合同，承包商承担所有由外汇汇率变动引起的建设成本上市的风险。如在特许经营协议和购水协议中规定的运营水价浮动部分，即包含了一个考虑了美元与人民币汇率变化的汇率系数。③外汇兑换风险。根据协议，有外汇短缺造成的风险，由项目公司自己承担。对于外汇汇出风险，则由成都市政府和项目公司或贷款人共同承担。由于人民币在经常项目下可以兑换，所以成都自来水六厂BOT项目中的外汇汇兑问题得到了一定程度的解决。④通货膨胀风险。在成都自来水六厂BOT项目中，整个特许期内的运营水价由投标人在标书中确定，投标人需自行为整个特许期内的通货膨胀作出假设，由此项目公司承担了因实际通货膨胀与假设不相同而带来的风险。

4）法律变更风险。该风险由成都市政府承担。根据特许经营协议，如果因法律变更，项目公司无法履行其重要义务，或履行重要义务按照适用法律成为非法行为，此项法律变更将被视为不可抗力事件，项目公司有权终止履行其义务。如果因法律变更阻止项目公司履行其义务连续超过90天，项目公司和成都市政府，应协商决定继续履行特许经营协议的条件或同意终止协议，任何一方有权在法律变更事件后180天经书面通知终止协议。在此情况下，成都市政府将需支付项目公司相当于项目公司未偿还的本金加累计利息，及股本投资额的终止补偿金，该终止补偿金将视个别情况而定，包括项目公司最长达5年的"净预期利润"的现值。

5）不可抗力风险。在成都自来水六厂BOT项目中，项目公司自费购买在运营期内的保险，包括一切财产险、机器故障险及业务中断险，以保障其因自然不可抗力事件导致的损失及其引起的利益损失。如果在运营期间内，由于非自然不可抗力事件使项目公司无法履行，使成都市自来水总公司获得规定数量及标准质量的净水的义务，则成都市自来水总公司应支付实际供应的净水量的运营水费、原水费和为额外不可抗力损失付款。因此，该项目融资设计了非常详尽的风险分担方案。

拟讨论问题：

1）本项目存在哪些风险？

2）对该 BOT 融资项目影响较大的风险有哪些？

3）可以采用哪些措施和手段来预防和降低这些融资风险？

复 习 思 考 题

1. 简述项目融资风险的概念。

2. 简述项目融资风险的种类与内容。

3. 简述项目风险管理的内容。

4. 项目融资风险的评价方法有哪些？

5. 衡量项目融资风险的指标有哪些？

6. 试对比项目环境风险管理的几种基本工具。

7. 项目融资风险分担的实质是什么？

参 考 文 献

[1] 施炯等．建设工程项目管理[M]．杭州：浙江工商大学出版社，2015.

[2] 范如国等．房地产投资与管理[M]．武汉：武汉大学出版社，2004.

[3] 郑立群等．工程项目投资与融资[M]．复旦大学出版社，2007.

[4] 孙永正．管理学[M]．北京：清华大学出版社，2007.

[5] 蒋昕．工程建设项目投资控制管理探讨[J]．工程建设与设计，2013(12)：186-189.

[6] 夏立新．工程项目投资管理浅谈[J]．企业科技与发展，2013(12)：92-93.

[7] 袁太平，(中文符号)李倩．企业工程项目管理中的投资管理——浅析项目投资管理与固定资产投资管理的关系[J]．项目管理技术，2006(11)：60-62.

[8] 陈顺梁，曲娜．工程项目投资控制[M]．北京：北京大学出版社，2013.

[9] 池晓辉．项目投资决策的不确定性分析[D]．西安建筑科技大学，2005.

[10] 李相然．工程经济学[M]．北京：中国建筑工业出版社，2015.

[11] 李鹏鹏．成都武侯新城 RY 房地产项目投资决策研究[D]．西南交通大学，2017.

[12] 于学奎．房地产项目投资决策研究[D]．天津大学，2007.

[13] 陶长琪．决策理论与方法[M]．北京：中国人民大学出版社，2010.

[14] 李永军，董士波，郭玉庆．对现行工程项目投资决策方法的研究与思考[J]．建筑经济，2005.06.05.

[15] 严玲，尹贻林．工程计价学[M]．北京：机械工业出版社，2006.

[16] 全国造价工程师执业资格考试培训教材编审委员会．建设工程计价[M]．北京：中国计划出版社，2017.

[17] 戴大双．现代项目管理[M]．北京：高等教育出版社，2004.

[18] 付发明．建设项目投资估算研究[D]．西南交通大学，2014.

[19] 冯彬．工程项目投资决策[M]．北京：中国电力出版社，2008.

[20] 冯彬．工程项目投资评价[M]．北京：中国电力出版社，2011.

[21] 祝波．投资项目管理[M]．上海：复旦大学出版社，2009.

[22] 汤伟纲．工程项目投资与融资[M]．北京：人民交通出版社股份有限公司，2015.

[23] 国家发展改革委、建设部．建设项目经济评价方法与参数(第三版)[M]．北京：中国计划出版社，2006.

[24] 林文俏，姚燕．建设项目投资财务分析评价(第3版)[M]．广州：中山大学出版社，2014.

[25] 郑立群．工程项目投资与融资(第二版)[M]．上海：复旦大学出版社，2011.

[26] 李南．工程经济学(第四版)[M]．北京：科学出版社，2013.

[27] 刘国东．工程项目投资风险管理研究[D]．河北农业大学，2005.

[28] 左小德．项目投资管理学[M]．广州：暨南大学出版社，1997.

[29] 杨立波．建设工程项目投资风险分析[J]．广州：现代经济信息，2015(11).

[30] 刘汉云，康崇杰．建筑工程项目投资风险应对策略研究[J]．今日科苑，2008(2)：137-137.

[31] 吴新．工程项目投资风险浅谈[J]．水利水电工程造价，2006(4)：44-45.

[32] 吕宁华．工程项目投资风险现状分析与评价[J]．基建优化，2006，27(2)：78-81.

[33] 黄恒学，李炎. 投资管理学[M]. 北京：中国经济出版社，2011.

[34] 焦洪. 工程项目投资风险分析及应对措施[J]. 商情，2016(26).

[35] 郑立群. 工程项目投资与融资(21 世纪工程管理系列)[M]. 上海：复旦大学出版社，2007.

[36] 程鸿群. 工程项目管理学[M]. 武汉：武汉大学出版社，2008.

[37] 田雷，崔静，谈健息. 工程建设监理[M]. 北京：北京理工大学出版社，2016.

[38] 杨立波. 建设工程项目投资风险分析[J]. 现代经济信息，2015(11).

[39] 孙晓明. 建筑工程项目投资风险管理研究[D]. 重庆大学，2007.

[40] 张辉. 工程项目风险管理方法及应用研究[D]. 华北电力大学(保定)华北电力大学，2008.

[41] 刘国东. 工程项目投资风险管理研究［D］. 河北农业大学，2005.

[42] 玉树伟，廖小新. 建设工程项目风险管理研究综述［J］. 大众科技，2013（10）：36-41.

[43] 李丽. 工程项目全面风险管理的理论与方法研究［D］. 北京工业大学，2002.

[44] 王家远，刘春乐. 建设项目风险管理［M］. 北京：中国水利水电出版社，2004.

[45] 陈伟珂，黄艳敏. 工程风险与工程保险［M］. 天津：天津大学出版社，2005.

[46] 沈其明，刘浪. 工程建设投资控制［M］. 成都科技大学出版社，1994.

[47] 刘严. 现代建设工程项目全过程管理与控制［M］. 郑州：河南科学技术出版社，2014.

[48] 刘家顺，粟国敏. 技术经济学［M］. 北京：机械工业出版社，2002.

[49] 陈津生. 建设工程保险实务与风险管理［M］. 北京：中国建材工业出版社，2008.

[50] 杨克磊，高喜珍. 项目可行性研究［M］. 上海：复旦大学出版社，2012.

[51] 徐选华. 管理运筹学［M］. 武汉：武汉理工大学出版社，2016.

[52] 陈津生. 建设工程保险实务与风险管理［M］. 北京：中国建材工业出版社，2008.

[53] 余子华. 工程项目风险管理与工程保险［M］. 杭州：浙江大学出版社，2005.

[54] 陈池波，吴厚茂，万尚煌. 工程项目评估与决策［M］. 武汉：湖北科学技术出版社，1990.

[55] 范柏乃. 工业企业风险动态预警及全面管理研究［M］. 杭州：浙江大学出版社，2014.

[56] 周云. 房地产经纪业务风险与案例分析［M］. 南京：东南大学出版社，2013.

[57] 李树丞. 现代咨询概论［M］. 长沙：湖南科学技术出版社，2003.

[58] 佘金凤. 项目论证与评估［M］. 上海：华东理工大学出版社，2015.

[59] 王长锋，李建平，纪建悦等. 现代项目管理概论［M］. 北京：电子工业出版社，2013.

[60] 郭庆军. 工程项目投资风险度量研究［D］. 西安工业大学，2007.

[61] 宋健民，郝彤，周巍等. 工程经济学［M］. 北京：中国电力出版社，2013.

[62] 曾赛星，董正英，吕康娟. 项目管理［M］. 北京：师范大学出版社，2007.

[63] 马海英. 项目风险管理［M］. 上海：华东理工大学出版社. 2017

[64] 马丽华，周灿. 风险管理原理与实务操作［M］. 长沙：中南大学出版社，2014.

[65] 张永强. 营销风险及规避策略［M］. 北京：中国经济出版社，2005.

[66] 郭少明，张捷飞. 关于我国应用项目融资的思考［J］. 河北经贸大学学报，2000（02）：24-28.

[67] 林则夫. 基于巴塞尔新资本协议的项目融资贷款风险评价体系［J］. 中国管理科学，2008，16（S1）：346-352.

[68] 汤薇，陈森发，仇向洋. 基于系统集成的地铁项目可融资性研究［J］. 大连理工大学学报（社会科学版），2006（02）：28-32.

[69] 汤薇，吴海龙. 基于政府角度的 PPP 项目融资效益研究——以 BOT 与 BOO 模式为例［J］. 科研管理，2014，35（01），157-162.

[70] 叶晓甦，石世英，刘李红，唐惠珽. 考虑交易成本的公共项目可融资性研究［J］. 财会月刊，2017（05）：3-8.

[71] 娄钰奇，王祥. 商业银行项目融资的社会风险及其管理研究［J］. 西南金融，2014（10）：

63-65.

[72]　苑慧玲，王向荣，刘新民. 拓宽中小企业融资渠道的新方式——项目融资 [J]. 企业经济，2012，31（08）：172-176.

[73]　王立国，杨晴翔. 我国项目融资中存在的问题及对策研究 [J]. 经济问题，2000（05）：45-47.

[74]　戎婷，王华民，尹华富. 项目融资的特点及应注意的问题 [J]. 煤炭企业管理，1998（12）：31.

[75]　姚璐. 项目融资发展综述 [J]. 科技情报开发与经济，2007（04）：139-141.

[76]　王宗发. 项目融资特点分析 [J]. 价格与市场，2004（02）：42-43.

[77]　蓝虹. 项目融资推动赤道原则产生与发展的内在机理分析 [J]. 中央财经大学学报，2011（02）：27-32.

[78]　周运祥，曹国华. 项目融资中风险分担的优化模型分析 [J]. 重庆大学学报（自然科学版），2005（10）：139-141.

[79]　李云. 有限追索权项目融资的特点及应用研究 [J]. 学理论，2010（25）：101-102.

[80]　蔡树文. 项目融资的特点及借鉴意义 [J]. 经济论坛，2000（11）：35-36.

[81]　马秀岩，卢洪升. 项目融资 [M]. 大连：东北财经大学出版社，2015.

[82]　戴大双. 项目融资 [M]. 北京：机械工业出版社，2009.

[83]　张彦春，王孟钧，周卉，肖绍斌. PPP项目运作. 评价. 案例 [M]. 北京：中国建筑工业出版社，2016，09.

[84]　蒋先玲. 项目融资 [M]. 北京：中国金融出版社，2004.

[85]　王虹，徐玖平. 项目融资管理（第2版）[M]. 北京：经济管理出版社，2012.

[86]　杨开明. 项目融资 [M]. 北京：经济管理出版社，2010.

[87]　徐莉. 项目融资 [M]. 武汉：武汉大学出版社，2006.

[88]　杨青. 工程项目融资 [M]. 武汉：华中科技大学出版社，2010.

[89]　赵华，贺云龙. 工程项目融资 [M]. 北京：人民交通出版社，2010.

[90]　王广斌，安玉侠等. 项目融资 [M]. 上海：同济大学出版社，2016.

[91]　刘亚臣，常春光. 工程项目融资（第二版）[M]. 大连：大连理工出版社，2008.

[92]　李波，冯革，徐萍. 项目融资管理 [M]. 上海：上海交通大学出版社，2010.

[93]　马秀岩，卢洪生. 项目融资 [M]. 大连：东北财经出版社，2008.

[94]　郑立群. 工程项目投资与融资（第二版）[M]. 上海：复旦大学出版社，2011.

[95]　孙慧，段志成，姚君. 项目融资合同文件体系及其管理 [J]. 国际经济合作，2007（04）：68-71.

[96]　张婷婷，徐丽群. PPP项目融资的资本结构及补偿模式研究 [J]. 现代管理科学，2016（02）：75-77.

[97]　陈慧芝. 我国农村基础设施建设项目融资问题研究 [J]. 财经问题研究，2015（S1）：24-27.

[98]　吕雪娇，孙文建，吕晔. 基于EMC的绿色建筑节能项目融资模式研究 [J]. 建筑经济，2016，37（11）：79-82.

[99]　林则夫. 基于巴塞尔新资本协议的项目融资贷款风险评价体系 [J]. 中国管理科学，2008，16（S1）：346-352.

[100]　张宝震，郭汉丁. 节能服务企业项目融资效率评价研究 [J]. 建筑经济，2015，36（03）：19-22.

[101]　陈晶. 资产证券化项目融资模式的法律诠释 [J]. 政法论坛，2005（02）：163-169.

[102]　惠恩才. 我国发展风力发电项目融资问题研究 [J]. 经济与管理，2012，26（11）：48-54.

[103]　程哲，王守清. 非营利性医院PPP项目融资的框架结构设计 [J]. 中国卫生事业管理，2011，28（07）：557-559.

［104］ 刘林. 项目投融资管理与决策［M］. 北京：机械工程出版社，2009.

［105］ 刘亚臣，白丽华. 工程项目融资［M］. 北京：机械工程出版社，2011.

［106］ 张悦. 项目融资中的税务筹划［J］. 合作经济与科技，2007（11）：73-74.

［107］ 郭继秋，高雨雷，周贺. 项目融资结构对项目治理结构的影响探析［J］. 吉林建筑工程学报，2013，30（06）：71-74.

［108］ 王乃峰. 阳谷电缆集团超高压电缆项目融资研究［D］. 中国海洋大学，2009.

［109］ 赵华，贺云龙. 工程项目融资［M］. 北京：人民交通出版社，2010.

［110］ 王广斌，安玉侠等. 项目融资［M］. 上海：同济大学出版社，2016.

［111］ 李波，冯革，徐萍. 项目融资管理［M］. 上海：上海交通大学出版社，2010.

［112］ 刘林. 项目投融资管理与决策［M］. 北京：机械工程出版社，2009.

［113］ 刘亚臣，白丽华. 工程项目融资［M］. 北京：机械工程出版社，2011.

［114］ 戴大双. 项目融资（第2版）［M］. 北京：机械工程出版社，2009.

［115］ 李春好，曲久龙. 项目融资（第二版）［M］. 北京：科学出版社，2009.

［116］ 马秀岩，卢洪升. 项目融资（第二版）［M］. 大连：东北财经出版社，2012.

［117］ 李航. A卫校改造工程项目风险管理研究［D］. 西南交通大学，2017.

［118］ 杨光. 岐山小区工程项目风险分析与管理研究［D］. 吉林大学，2017.

［119］ 乔隽. 高等学校基本建设项目风险管理研究［D］. 广西大学，2016.

［120］ 智灿彪. 新都汇建设工程项目风险管理研究［D］. 西南石油大学，2017.